KB091392

3/e

ROS

로보틱스 프로그래밍

3/e
ROS
로보틱스 프로그래밍

자율주행
로봇 및 7-DOF
로봇 팔개발

렌틴 조셉 · 조나단 카카체 지음 배진호 옮김

i!i
에이콘

에이콘출판의 기틀을 마련하신 故 정완재 선생님 (1935-2004)

이 책의 11장에 기여한
프란츠 푸처(Mr. Franz Pucher)에게
특별한 감사를 전한다.

| 지은이 소개 |

렌틴 조셉 Lentin Joseph

인도에서 작가, 로봇공학자이자 로봇 기업가로 활동하고 있다. 케랄라^{Kerala}주 코치^{Kochi}에서 큐보틱스 랩^{Qbotics Labs}이라는 로봇 소프트웨어 회사를 운영하며 ROS, OpenCV, PCL과 함께 로봇공학 분야에서 일한 지 10년이 넘었다. 『파이썬 로보틱스』(에이콘, 2016), 『ROS 로보틱스 프로그래밍』(에이콘, 2017), 『Robot Operating System (ROS) for Absolute Beginners』(Apress, 2022) 등을 썼으며, 인도에서 로봇 및 자동화 석사 학위를 취득했고 미국 CMU의 로보틱스 연구소에서 근무했으며, TEDx 연사이기도 하다.

이 책을 부모님(Jancy Joseph, CG Joseph)과 아내(Aleena Johny)에게 바치고 싶다.

조나단 카카체 Jonathan Cacace

1987년, 이탈리아 나폴리에서 태어났다. 2012년, 나폴리 페데리코 II 대학교University of Naples Federico II에서 컴퓨터공학 석사와 박사 학위를 받았다. 동 대학에서 2016년에 로봇공학사 학위를 받았다. 현재 나폴리 페데리코 II 대학교의 PRISMA 연구실(산업 및 서비스를 위한 로봇공학, 메카트로닉스 및 자동화 연구실)의 조교수로 있으며, 인더스트리 4.0에서 인간-로봇 상호작용 분야의 여러 연구 프로젝트와 검사, 유지 보수, 로봇 조작을 위한 UAV의 자동 제어 연구 프로젝트에 참여하고 있다.

이 책을 가족들에게 바친다.

닉 로텔라 Nick Rotella

쿠퍼 유니온 Cooper Union 에서 기계 공학사 학위를 취득하고, 서던캘리포니아 대학교 University of Southern California 에서 컴퓨터 공학으로 석사 및 박사 학위를 취득했다. 로봇공학자이지만 스스로 다재다능한 과학자, 개발자, 엔지니어라고 생각한다. 박사 과정 동안, 휴머노이드 로봇을 위한 모델 기반 모션 플래닝 및 제어에 중점을 두고 논문을 썼으며 해양, 드론, 자동차, 미니, 물류 공간의 자율 애플리케이션을 연구했다. 제어에 대한 경험은 역학, 추정, 궤적 생성에 대한 깊은 이론적 이해를 기반으로 한다. 고성능 제어를 위해 모든 수준의 자율 시스템 스택에서 소프트웨어를 작성했다.

프라텍 나그라스^{Prateek Nagras}

인도 푸네에 기반을 둔 서비스 기반 로봇공학 스타트업인 테크노얀트라^{Techno Yantra}(https://www.technoyantra.com/)의 설립자다.

독일 비슈와카르마 공과대학^{VIT Pune, Vishwakarma Institute of Technology}에서 제어와 계측공학을 공부했으며 FH 아헨 응용과학대학^{FH Aachen}에서 로봇공학을 전공한 메카트로닉스 엔지니어다.

독일과 오스트리아에서 로봇공학 엔지니어로 값진 경력을 쌓았다. 2019년 12월 인도로 돌아와 미국, 독일, 네덜란드, 사우디아라비아, 싱가포르 등의 자동차, 건강, 산업, 농업 분야의 고객에게 맞춤형 로봇 솔루션을 제공하는 테크노얀트라를 설립했다.

프라텍이 로봇을 만들지 않을 때 축구를 하거나 스포츠를 시청하는 것을 볼 수 있을 것이다.

| 옮긴이 소개 |

배진호(silverbjin@gmail.com)

습득한 지식은 문제 해결을 위한 도구로 활용해야 한다고 생각하며, 지식 자체보다 문제 해결을 위한 논리적인 사고를 중요시한다. 서울과학기술대학교에서 로봇공학을 전공하고 미국 로즈헐만 공과대학교에서 레이저 공학을 전공했다. 여러 로봇 개발 프로젝트 경험을 바탕으로 인공지능과 자율주행 분야의 후학을 양성하며 교육 사업을 준비 중이다. 번역서로는 에이콘출판사에서 출간한 『라즈베리파이와 슈퍼 컴퓨팅』(2018), 『ROS 로보틱스 프로그래밍』(2017)이 있다.

초판의 번역을 결정했을 때 목표는 뚜렷했다. 로봇 개발에 바로 적용할 수 있는 내용으로 구성된 책이어야 한다는 것이었다. 5년이 지났고 3번째 개정판이 출간됐다. 난 그동안 다양한 로봇 개발 프로젝트를 수행하며 이 책의 실효성을 확인했다.

ROS$^{Robot\ Operating\ System}$는 오픈소스 프로젝트로 로봇 및 자율주행 차량 개발에 걸리는 시간을 획기적으로 줄여주는 프레임워크다. 개발에 필요한 다양한 문서가 잘 정리돼 공유되고 있다. 이 책은 ROS를 활용한 저자의 개발 경험을 바탕으로 수많은 ROS 문서 중 개발에 꼭 필요한 내용으로 구성됐다는 데에 효용성이 있다.

로봇 기술의 가장 대중적인 오픈소스 프레임워크인 ROS의 기본 개념부터 고급 개념들을 기술하고 오픈소스 하드웨어인 아두이노와 라즈베리파이에 적용할 수 있는 인터페이스를 함께 기술한다. 로보틱스의 대표 연구 주제인 자율주행 로봇과 7-DOF 로봇 팔을 개발하는 데 필요한 내용 대부분을 다룬다. 이를 통해 독자는 다양한 로봇 제어 알고리듬을 자신의 로봇에 구현할 수 있는 능력을 배양할 수 있다.

"바퀴의 모양을 새로 발명할 필요는 없다." 이미 다양한 형태로 구현돼 있는 알고리듬들이 ROS 생태계에 무수히 존재하는데, 이를 이용하지 않고 새롭게 개발할 필요가 있을까? 물론 필요에 따라 새로운 형태를 개발해야 할 수도 있다. 하지만 '모방은 창조의 어머니'라는 말이 있듯이 새로운 형태를 개발할 때도 기존 형태를 참고해 분석하는 선행 연구가 필요한 게 사실이다.

ROS는 비단 로봇 개발에만 활용되는 것이 아니라 자율주행차량 및 IoT 등 로봇 기술을 활용하려는 다양한 애플리케이션에 적용할 수 있다. 이 책이 연구자 또는 개발자, 심지어 로봇에 관심 있는 일반인에게도 로봇 개발에 대한 진입 장벽을 낮춰 국내 로봇 연구 개발 환경의 활성화에 조금이라도 이바지할 수 있었으면 좋겠다.

| 차례 |

1부   ROS 프로그래밍 핵심

1장   ROS 소개   37

7장 ROS MoveIt!의 고급 기능   273

10장   ROS와 OpenCV, PCL을 활용한 비전 센서 프로그래밍   425

4부 ROS 고급 프로그래밍

| 들어가며 |

ROS^{Robot Operating System}는 전 세계적으로 로봇 애플리케이션을 개발하는 데 사용되는 로봇 미들웨어로서 현재 로봇 회사, 연구 센터, 대학에서 고급 로봇 프로그래밍을 위해 채택하고 있다. 이 책은 ROS 프레임워크의 고급 개념을 알려주고 있어 ROS의 기본 개념에 이미 익숙한 사용자에게 적합하다. 그러나 초심자도 이 책의 예제를 수행할 수 있도록 ROS 개념에 대해서도 간략히 소개한다.

이 책은 새로운 로봇의 생성, 모델링, 설계는 물론 ROS 프레임워크와 시뮬레이션 및 인터페이스 과정을 보여준다. 고급 시뮬레이션 소프트웨어를 사용해 로봇 탐색, 조작, 센서 정교화를 허용하는 ROS 도구를 사용하며, ROS 로우레벨 컨트롤러, **nodelet**, 플러그인과 같은 중요한 개념을 처리하는 방법을 알아본다.

특별한 하드웨어 요구 사항 없이 표준 컴퓨터만 사용해 책의 거의 모든 예제를 실행할 수 있다. 그러나 일부 장에서는 외부 센서, 액추에이터, I/O 보드와 함께 ROS를 사용하는 방법을 살펴보기 위해 추가 하드웨어 구성 요소가 필요하다.

이 책은 다음과 같이 구성돼 있다. ROS의 기본 개념을 소개한 후 로봇을 모델링하고 시뮬레이션하는 방법을 살펴본다. 가제보^{Gazebo}, 코펠리아심^{CoppeliaSim}, 위봇^{Webots} 시뮬레이터는 모델링된 로봇을 제어하고 상호작용하는 데 사용한다. 이 시뮬레이터는 Movelt!, 내비게이션 ROS 패키지를 로봇에 연결하는 데 사용한다. 그런 다음 ROS 플러그인, 컨트롤러, **nodelet**을 알아본다. 마지막으로 이 책에서는 매트랩^{MATLAB}과 시뮬링크^{Simulink}를 ROS와 연결하는 방법을 알아본다.

▶ 이 책의 대상 독자

이 책은 ROS의 기능을 최대한 활용하고자 하는 열정적인 로봇 개발자나 연구원을 대상으로 한다. 이미 일반적인 로봇공학 애플리케이션에 익숙하거나 ROS 세계에서 고급 방식으로 개발하는 방법을 배우고 로봇을 모델링, 구축, 제어하는 방법을 배우려는 사용자에게 적합하다. 내용을 쉽게 이해하기 위해서는 GNU/리눅스, C++ 프로그래밍에 대한 기본 지식이 필요하다.

▶ 이 책에서 다루는 내용

1장, ROS 소개에서는 ROS의 핵심 기본 개념을 이해한다.

2장, ROS 기초 프로그래밍에서는 ROS 패키지 개발 방법을 설명한다.

3장, ROS 3D 모델링에서는 두 종류의 로봇 설계를 설명한다. 하나는 7-자유도^{7-DOF, Degree of Freedom} 매니퓰레이터^{manipulator}고 다른 하나는 차동 구동 로봇^{differential drive robot}이다.

4장, ROS와 가제보를 활용한 로봇 시뮬레이션에서는 가제보에서 로봇 조인트^{joint}를 제어하는 데 도움이 되는 7-자유도 매니퓰레이터, 차동 구동 로봇, ROS 컨트롤러의 시뮬레이션을 설명한다.

5장, ROS, 코펠리아심, 위봇을 활용한 로봇 시뮬레이션에서는 코펠리아심^{CoppeliaSim} 및 위봇^{Webots} 시뮬레이터를 소개하고, 다양한 타입의 로봇을 시뮬레이션하고 제어하는 방법을 소개한다.

6장, ROS MoveIt!과 내비게이션 스택 활용에서는 ROS MoveIt과 내비게이션 스택을 사용해 매니퓰레이팅 및 자율주행과 같은 즉시 활용할 수 있는 기능을 다룬다.

7장, ROS MoveIt!의 고급 기능에서는 충돌 회피, 3D 센서를 이용한 주변 환경 인지 기능과 물체 잡기 및 선별해 특정 위치에 두기와 같은 ROS MoveIt! 기능을 설명한다. 그런 다음 MoveIt!과 로봇 매니퓰레이터 하드웨어를 인터페이스하는 방법을 살펴본다.

8장, ROS 드론에서는 쿼드콥터의 사례를 고려해 ROS로 드론을 시뮬레이션하고 제어하는 방법을 설명한다.

9장, ROS와 I/O 보드, 센서, 액추에이터 인터페이스에서는 센서 및 액추에이터와 같은 하드웨어 구성 요소를 ROS와 인터페이스하는 방법을 설명한다. 아두이노^{Arduino} 또는 라즈베리파이$^{Raspberry\ Pi}$와 같은 I/O 보드를 사용하는 센서와 ROS의 인터페이스를 살펴본다.

10장, ROS와 OpenCV, PCL을 활용한 비전 센서 프로그래밍에서는 다양한 비전 센서를 ROS와 인터페이스하고 OpenCV$^{Open\ Source\ Computer\ Vision}$ 및 PCL$^{Point\ Cloud\ Library}$과 같은 라이브러리를 사용해 프로그래밍하는 방법을 설명한다.

11장, ROS에서 차동 구동 로봇 하드웨어 구축과 인터페이스에서는 차동 구동으로 설정된 자율주행 모바일 로봇 하드웨어와 ROS 사이의 인터페이스 방법을 알려준다.

12장, pluginlib, nodelet, Gazebo 플러그인 활용에서는 pluginlib, nodelet, Gazebo 플러그인과 같은 ROS의 고급 개념을 보여준다. 각 개념의 기능과 적용을 살펴보고 동작을 확인하기 위한 예제를 실행한다.

13장, ROS 컨트롤러와 시각화 플러그인에서는 기본 ROS 컨트롤러를 개발하고 실행하는 방법을 보여주고, RViz용 플러그인을 만드는 방법도 살펴본다.

14장, 매트랩과 시뮬링크에서 ROS 활용에서는 매트랩^{MATLAB} 및 시뮬링크^{Simulink}를 ROS와 연결하는 방법을 설명한다.

15장, 산업용 로봇을 위한 ROS에서는 ROS-Industrial 패키지를 이해하고 설치하는 데 도움이 되는 내용을 소개한다. 산업용 로봇의 MoveIt! IKFast 플러그인을 개발하는 방법을 알아본다.

16장, ROS에서 문제 해결 및 모범 사례에서는 비주얼 스튜디오 코드$^{Visual\ Studio\ Code}$ IDE

에서 ROS 개발 환경을 설정하는 방법, ROS 최적 실행, ROS 실행 중 발생하는 문제의 해결 방법을 설명한다.

⁞⁞ 이 책의 활용 방법

이 책의 예제를 실행하려면 리눅스 OS를 실행하는 PC가 필요하다. 우분투 20.04를 권장하지만 데비안 10도 지원한다. 가제보 시뮬레이션 및 영상 처리 알고리듬 실행을 위해 최소 4GB의 RAM과 최신 프로세서가 필요하다. 가상 머신에 리눅스 OS를 설치하고 윈도우 시스템에서 호스팅되는 VirtualBox 또는 VMware를 사용해 가상 환경설정에서 작업할 수도 있다. 이 선택의 단점은 예제를 실행하는 데 더 많은 컴퓨팅 리소스가 필요하고 ROS를 실제 하드웨어와 인터페이스할 때 문제에 직면할 수 있다는 점이다. 책을 따라 하는 데 필요한 ROS 배포판은 Noetic Ninjemys다. 필요한 추가 소프트웨어는 코펠리아심 및 위봇 시뮬레이터, 깃, 매트랩, 시뮬링크다. 마지막으로 I/O 보드(아두이노^{Arduino}, 오드로이드^{ODROID}, 라즈베리파이 컴퓨터), 비전 센서(Intel RealSense), 액추에이터와 같은 상용 하드웨어와 ROS를 인터페이스하는 방법을 알 수 있다. 이는 책의 몇 가지 예의 실행을 위해 구입해야 하지만 ROS를 배우는 데 꼭 필요한 것은 아닌 특수 하드웨어 구성 요소다.

⁞⁞ 예제 코드 다운로드

이 책에 사용된 스크린샷/도표의 컬러 이미지가 포함된 PDF 파일을 제공하며 다음 링크에서 다운로드할 수 있다.

https://github.com/PacktPublishing/Mastering-ROS-for-Robotics-Programming-Third-edition

코드에 대한 업데이트가 있는 경우 이 깃허브 저장소에 업데이트된다.

에이콘출판사 깃허브 저장소 https://github.com/AcornPublishing/ros-robotics-3e 에서도 동일 예제 코드를 다운로드할 수 있다.

이 책의 코드가 실행되는 동영상은 다음 사이트에서 볼 수 있다.

https://bit.ly/3iYZnGH

칼라 이미지 다운로드

이 책에서 이용된 스크린샷과 다이어그램의 칼라 이미지를 PDF 파일로 제공한다. 이 파일은 http://www.packtpub.com/sites/default/files/downloads/9781801071024_ColorImages.pdf에서 다운로드할 수 있다. 동일한 파일을 에이콘 출판사의 http://www.acornpub.co.kr/book/ros-robotics-3e에서도 다운로드할 수 있다.

⁝⁝⁝ 편집 규약

이 책에서는 몇 가지 유형의 텍스트가 사용된다.

텍스트 안의 코드: 텍스트 내에 코드가 포함된 유형으로, 데이터베이스 테이블 이름, 사용자 입력의 코드 단어 등이 이에 포함된다. 예를 들어 다음과 같다.

"**catkin** 빌드 시스템을 사용해 ROS 패키지를 빌드한다."

코드 블록은 다음과 같이 표시한다.

```
void number_callback (const std_msgs : : Int32 : : ConstPtrSc msg) {
```

```
    ROS_INFO("Received [%d]",msg->data);
  }
```

코드 블록의 특정 부분에 주의를 기울이고 싶을 때 해당 줄이나 항목은 굵게 표시
한다.

```
ssh nvidia@nano_ip_adress
password is nano
```

모든 커맨드라인 입력이나 출력은 다음과 같이 표시한다.

```
$ mkdir css
$ cd css
```

새로운 용어와 중요한 단어는 고딕체로 표시한다. 예를 들어 다음과 같다.

"새 시뮬레이션을 생성하려면 상단 표시줄 메뉴에서 Wizards ▶ New Project Directory
를 선택한다."

NOTE

중요 참고 사항은 이처럼 상자 속에 작성한다.

⁙ 독자 의견

독자 의견은 언제나 환영한다.

오탈자: 내용의 정확성을 위해 모든 노력을 기울였음에도 오류가 있을 수 있다. 이

책에서 잘못된 것을 발견하고 전달해준다면 매우 감사할 것이다. http://www.packtpub.com/submit-errata에서 해당 책을 선택하고 Errata Submission Form 링크를 클릭한 다음 발견한 오류 내용을 입력하면 된다. 한국어판의 정오표는 에이콘출판사의 도서정보 페이지 http://www.acornpub.co.kr/book/ros-robotics-3e에서 볼 수 있다.

저작권 침해: 어떤 형태로든 불법 복제물을 인터넷에서 발견한다면 적절한 조치를 취할 수 있도록 해당 주소나 사이트명을 알려주길 바란다. 의심되는 불법 복제물의 링크는 copyright@packtpub.com으로 보내주길 바란다.

질문: 이 책과 관련해 질문이 있다면 questions@packtpub.com으로 문의하길 바란다. 한국어판에 관한 질문은 에이콘출판사 편집 팀(editor@acornpub.co.kr)이나 옮긴이의 이메일로 문의하길 바란다.

ROS 프로그래밍 핵심

1부에서는 ROS의 기본 개념을 자세히 설명한다. 1부를 마치면 ROS 개념을 명확하고 선명하게 이해할 수 있다. ROS의 고급 개념을 다루는 장에서 작업하려면 이런 개념을 이해해야 한다.

1부는 다음 장으로 구성된다.

- 1장, ROS 소개

- 2장, ROS 기초 프로그래밍

01

ROS 소개

이 책의 처음 두 장에서는 ROS 프로그래밍에 접근하기 위한 기본 ROS 개념과 ROS 패키지 관리 시스템을 소개한다. 1장에서는 ROS 마스터, ROS 노드, ROS 파라미터 서버, ROS 메시지 및 서비스와 같은 ROS 개념을 살펴보고 ROS를 설치하는 데 필요한 것과 ROS 마스터를 시작하는 방법을 설명한다.

1장에서 다루는 내용은 다음과 같다.

- ROS를 배워야 하는 이유

- ROS 파일시스템 레벨 이해

- ROS 연산 그래프 레벨 이해

- ROS 커뮤니티 레벨

⠕ 기술적 요구 사항

1장을 따라가려면 우분투^{Ubuntu} 20.04 LTS 또는 데비안^{Debian} 10 GNU/리눅스 배포판을 실행하는 컴퓨터만 있으면 된다.

⠕ ROS를 사용해야 하는 이유

ROS^{Robot Operating System}는 로봇 소프트웨어를 작성하기 위한 다양한 도구와 라이브러리를 제공하는 유연한 프레임워크다. 메시지 전달, 분산 컴퓨팅, 코드 재사용, 로봇 애플리케이션을 위한 최첨단 알고리듬 구현과 같이 개발자의 작업을 돕는 강력한 기능을 제공한다. ROS 프로젝트는 2007년, 모건 퀴글리^{Morgan Quigley}에 의해 시작됐으며 로봇용 하드웨어 및 오픈소스 소프트웨어 개발을 위한 로봇 연구소인 윌로우 개러지^{Willow Garage}에서 개발이 이어졌다. ROS의 목표는 로봇을 프로그래밍하는 표준 방법을 확립하는 동시에 맞춤형 로봇 애플리케이션과 쉽게 통합할 수 있는 기성 소프트웨어 구성 요소를 제공하는 것이다. ROS를 프로그래밍 프레임워크로 선택하는 데에는 여러 가지 이유가 있으며 그중 일부는 다음과 같다.

* **고급 기능:** ROS는 즉시 사용할 수 있는 기능을 제공한다. 예를 들어 ROS의 SLAM^{Simultaneous Localization And Mapping} 및 AMCL^{Adaptive Monte Carlo Localization} 패키지는 모바일 로봇의 자율주행에 사용할 수 있으며, MoveIt 패키지는 로봇 매니퓰레이터의 동작 계획에 사용할 수 있다. 이런 기능은 추가 설치 없이 로봇에 직접 사용할 수 있다. 여러 경우에 이런 패키지는 다양한 플랫폼에서 핵심 로봇 작업을 수행하는 데 충분하다. 또한 이런 기능은 높은 수준으로 구성할 수 있다. 즉, 다양한 파라미터를 사용해 각각을 미세 조정할 수 있다.

* **수많은 도구:** ROS 생태계는 디버깅, 시각화, 시뮬레이션을 위한 수많은 도구로 가득 차 있다. rqt_gui, RViz, 가제보^{Gazebo}와 같은 도구는 디버깅, 시각화, 시뮬레

이션에 사용되는 가장 강력한 오픈소스 중 일부다. 이렇게 많은 도구가 있는 소프트웨어 프레임워크는 매우 드물다.

- **고급 센서 및 액추에이터 지원:** ROS를 바탕으로 다양한 센서 및 액추에이터의 인터페이스 패키지와 다양한 장치 드라이버를 로봇에 적용할 수 있다. 이런 고급 센서에는 3D 라이다^{LIDAR}, 레이저 스캐너, 깊이 센서, 액추에이터 등이 있다. 추가 설치 없이 이런 구성 요소를 ROS와 인터페이스할 수 있다.

- **플랫폼 간 운용성:** ROS 메시지 전달 미들웨어는 그 외 프로그램 간의 통신을 허용한다. ROS에서는 이 미들웨어를 노드^{node}라고 한다. 이런 노드는 ROS 클라이언트 라이브러리가 있는 모든 언어로 프로그래밍할 수 있다. 우리는 C++ 또는 C로 고급 노드를 작성하고 파이썬^{Python}이나 자바^{Java}로 다른 노드를 작성할 수 있다.

- **모듈성:** 대부분의 독립 로봇 애플리케이션에서 발생할 수 있는 문제 중 하나는 기본 코드의 스레드 중 하나가 충돌하는 경우 전체 로봇 애플리케이션이 중지될 수 있다는 것이다. ROS에서는 상황이 다르다. 각 프로세스에 대해 다른 노드를 작성하며, 한 노드가 충돌하더라도 시스템은 계속 작동할 수 있다.

- **동시 발생 리소스 처리:** 두 개 이상의 프로세스를 바탕으로 하드웨어 리소스를 처리하는 것은 항상 골치 아픈 일이다. 얼굴 및 동작 감지를 위해 카메라의 이미지를 처리한다고 상상해보자. 두 가지를 모두 수행할 수 있는 단일 독립$^{single\ entity}$ 코드를 작성하거나 동시성을 위해 단일 스레드 코드를 작성할 수 있다. 스레드에 두 가지 이상의 기능을 추가하려는 경우 애플리케이션 동작이 복잡해지고 디버그하기 어려워진다. 그러나 ROS에서는 ROS 드라이버의 토픽을 사용해 장치에 접근할 수 있다. 다수의 ROS 노드가 ROS 카메라 드라이버의 이미지 메시지를 구독^{subscribe} 할 수 있으며 각 노드는 다른 기능을 가질 수 있다. 이를 바탕으로 계산의 복잡성을 줄이고 전체 시스템의 디버깅 능력을 향상시킬 수 있다.

ROS 커뮤니티는 매우 빠르게 성장하고 있으며 전 세계적으로 많은 사용자와 개발자가 있다. 대부분의 고급 로봇 회사는 소프트웨어를 ROS로 이식하고 있다. 이렇게 로봇 애플리케이션을 ROS로 전환하는 추세는 기업이 애플리케이션을 자체 개발하는 산업용 로봇에서도 볼 수 있다.

이제 ROS를 공부하는 것이 편리한 이유를 알았으므로 핵심 개념을 소개할 수 있다. ROS에는 3개의 레벨이 있다. 파일시스템 레벨$^{filesystem\ level}$, 연산 그래프 레벨$^{computation\ graph\ level}$, 커뮤니티 레벨$^{community\ level}$이다. 각 레벨을 간략하게 살펴보자.

ROS 파일시스템 레벨 이해

ROS는 개발 프레임워크 그 이상의 의미다. ROS는 도구와 라이브러리뿐만 아니라 하드웨어 추상화, 패키지 관리 및 개발자 툴체인과 같은 OS와 유사한 기능까지 제공하기 때문에 메타OS라고 할 수 있다. 실제 운영체제와 마찬가지로 ROS 파일은 다음 다이어그램처럼 특정 방식으로 하드 디스크에 구성된다.

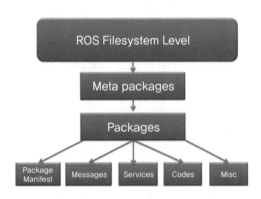

그림 1.1 ROS 파일시스템 레벨

다음은 ROS 파일시스템에서 각 블록들에 대한 설명이다.

- **Packages:** ROS 패키지package는 ROS 소프트웨어의 핵심 요소다. 패키지는 하나 이상의 ROS 프로그램인 노드, 라이브러리, 환경 설정configuration 파일 등을 포함하는데, 모두 하나의 단위로 함께 구성돼 있다. 패키지는 ROS 소프트웨어에서 최소의 빌드 요소build item이자 배포 단위release item다.

- **Package manifest:** 패키지 매니페스트manifest 파일은 패키지와 작성자, 라이선스, 의존성dependencies, 컴파일레이션 플래그compilation flags 등의 패키지 내부 정보를 포함하며 패키지 디렉터리 내에 있다. ROS 패키지 내부의 package.xml 파일은 해당 패키지의 매니페스트 파일이다.

- **Metapackages:** 메타패키지는 느슨하게 그룹화할 수 있는 하나 이상의 관련 패키지를 나타낸다. 원칙적으로 메타패키지는 소스코드나 패키지에서 일반적으로 발견되는 일반적인 파일을 포함하지 않는 가상 패키지다.

- **Metapackages manifest:** 메타패키지 매니페스트는 패키지 매니페스트와 유사하지만 런타임 의존성runtime dependencies 태그로 의존 패키지를 포함시키고 내보내기 태그export tag를 선언할 수 있다는 점에서 차이가 있다.

- **Messages(.msg):** 패키지의 msg 디렉터리에서 사용자 정의 메시지를 정의할 수 있다(예. my_package/msg/MyMessageType.msg). 메시지 파일의 확장자는 .msg다.

- **Services(.srv):** 응답 및 요청 데이터 타입은 패키지의 srv 디렉터리에서 정의할 수 있다(예. my_package/srv/MyServiceType.srv).

- **Repositories:** 대부분의 ROS 패키지는 Git, Subversion(SVN) 또는 Mercurial(hg)과 같은 VCS(버전 관리 시스템)를 사용해 유지 관리된다. VCS에 배치된 파일은 저장소를 나타낸다.

다음 스크린샷은 다음 절에서 만들 패키지의 파일 및 디렉터리의 개념을 보여준다.

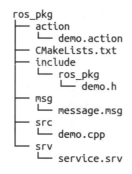

```
ros_pkg
├── action
│   └── demo.action
├── CMakeLists.txt
├── include
│   └── ros_pkg
│       └── demo.h
├── msg
│   └── message.msg
├── src
│   └── demo.cpp
└── srv
    └── service.srv
```

그림 1.2 연습 패키지 내의 파일 리스트

ROS 패키지 내의 파일과 디렉터리의 용도는 다음 절에서 다룬다.

ROS 패키지

일반적인 ROS 패키지의 구조는 다음과 같다.

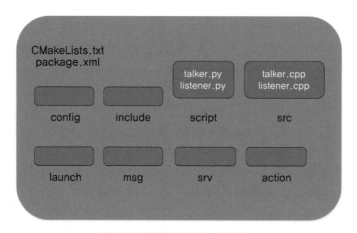

그림 1.3 일반적인 ROS 패키지의 구조

각 디렉터리의 용도를 살펴보자.

- **config**: ROS 패키지에서 사용하는 모든 설정 파일을 이 디렉터리에 보관한다. 이 디렉터리는 사용자가 생성하며 구성 파일을 보관하는 곳이므로 디렉터리

이름을 config로 지정하는 것이 일반적이다.

- **include/package_name:** 이 디렉터리는 패키지 내에서 사용하는 헤더와 라이 브러리로 구성된다.

- **script:** 이 디렉터리에는 실행 가능한 파이썬 스크립트가 들어있다. 블록 다이 어그램에서 두 개의 예제 스크립트를 볼 수 있다.

- **src:** 이 디렉터리는 C++ 소스코드를 저장한다.

- **launch:** 이 디렉터리에는 하나 이상의 ROS 노드를 시작하는 데 사용되는 런치 파일이 있다.

- **msg:** 이 디렉터리에는 사용자 정의 메시지 파일이 있다.

- **srv:** 이 디렉터리에는 사용자 정의 서비스 파일이 있다.

- **action:** 이 디렉터리에는 사용자 정의 액션 파일이 있다. 다음 장에서 이런 종류 의 파일을 자세히 알아본다.

- **package.xml:** 이 패키지의 패키지 매니페스트 파일이다.

- **CMakeLists.txt:** 이 파일에는 패키지를 컴파일하기 위한 지시문^{directives}이 있다.

ROS 패키지를 생성, 수정, 작업하려면 몇 가지 명령을 알아야 한다. 다음은 ROS 패키지 작업에 사용할 수 있는 몇 가지 명령이다.

- **catkin_create_pkg:** 새로운 패키지를 생성할 때 사용하는 명령이다.

- **rospack:** 이 명령은 파일시스템의 패키지에 대한 정보를 가져오는 데 사용한다.

- **catkin_make:** 이 명령은 작업 공간에 패키지를 빌드하는 데 사용한다.

- **rosdep:** 이 명령은 이 패키지에 필요한 시스템 의존성을 설치한다.

패키지 작업을 위해 ROS는 ROS 패키지를 탐색하고 조작하는 데 bash와 유사한 rosbash(http://wiki.ros.org/rosbash)라는 명령을 제공한다. 다음은 rosbash 명령 중 일부다.

- **rosed:** 이 명령은 패키지 이름, 스택 이름, 특수 위치를 사용해 현재 디렉터리를 변경하는 데 사용한다. 인수에 패키지 이름을 지정하면 해당 패키지 디렉터리로 이동한다.

- **rosep:** 이 명령은 패키지에서 파일을 복사하는 데 사용한다.

- **rosed:** 이 명령은 vim 편집기를 사용해 파일을 편집하는 데 사용한다.

- **rosrun:** 이 명령은 패키지 내에서 파일을 실행하는 데 사용한다.

일반적인 패키지에서 package.xml 파일의 정의는 다음 스크린샷과 같다.

```xml
<?xml version="1.0"?>
<package>
  <name>hello_world</name>
  <version>0.0.1</version>
  <description>The hello_world package</description>
  <maintainer email="jonathan.cacace@gmail.com">Jonathan Cacace</maintainer>

  <buildtool_depend>catkin</buildtool_depend>
  <build_depend>roscpp</build_depend>
  <build_depend>rospy</build_depend>
  <build_depend>std_msgs</build_depend>

  <run_depend>roscpp</run_depend>
  <run_depend>rospy</run_depend>
  <run_depend>std_msgs</run_depend>

  <export>
  </export>
</package>
```

그림 1.4 package.xml의 구조

package.xml 파일에는 컴파일에 대한 정보도 포함돼 있다. `<build_dependx/build_depend>` 태그에는 패키지의 소스코드를 빌드하는 데 필요한 패키지가 포함된다. `<run_depend ></run_depend>` 태그 안의 패키지는 런타임에 패키지 노드를 실행하는 데 필요하다.

ROS 메타패키지

메타패키지는 하나의 파일만 있는 특수 패키지다. 해당 파일로는 package.xml 파일이 있다.

메타패키지는 여러 패키지 세트를 하나의 논리적 패키지로 그룹화한다. 메타패키지의 package.xml 파일은 다음과 같이 내보내기 태그를 포함한다.

```
<export>
  <metapackage/>
</export>
```

또한 메타패키지에는 캣킨^{catkin}에 대한 `<buildtool_depend>` 의존성이 없다. 메타패키지 내부에 그룹 지어진 패키지인 `<run_depend>` 의존성만 있다.

ROS 내비게이션^{navigation} 스택은 메타패키지를 포함하는 좋은 예다. ROS 및 해당 탐색 패키지가 설치된 경우 navigation 메타패키지 디렉터리로 전환해 다음 명령을 사용해 볼 수 있다.

```
rosed navigation
```

자주 사용하는 텍스트 에디터(다음 경우는 gedit)를 사용해 package.xml 파일을 열어보자.

```
gedit package.xml
```

원래는 긴 파일이지만 다음은 일부를 제거한 파일 버전이다.

```
<?xml version="1.0"?>
<package>
    <name>navigation</name>
    <version>1.14.0</version>
    <description>
        A 2D navigation stack that takes in information from odometry, sensor
        streams, and a goal pose and outputs safe velocity commands that are sent
        to a mobile base.
    </description>
    ...
    <url>http://wiki.ros.org/navigation</url>
    ...
    <buildtool_depend>catkin</buildtool_depend>

    <run_depend>amcl</run_depend>
    ...
    <export>
        <metapackage/>
    </export>
</package>
```

그림 1.5 메타패키지의 package.xml 구조

이 파일은 패키지 요약 설명, 의존성, 버전 등의 정보를 포함한다.

ROS 메시지

ROS 노드는 다양한 타입의 데이터를 쓰거나 읽을 수 있다. 이런 다양한 타입의 데이터는 ROS 메시지^{messages}라는 단순화된 메시지 디스크립션 언어$^{message\ description\ language}$로 작성된다. 이런 데이터 타입 디스크립션은 다른 종류의 언어에 적절한 메시지 타입으로 변환하는 데 사용할 수 있다.

ROS 프레임워크는 이미 로봇 프로그래밍에 적절한 다양한 메시지를 구현해 제공하지만 개발자는 노드 내에서 사용자 정의 메시지 타입을 정의할 수 있다.

메시지 정의는 필드^{fields}와 상수^{constants}의 두 가지 타입으로 구성될 수 있다. 필드는 필드 타입과 필드 이름으로 구분된다. 필드 타입은 전송 메시지의 데이터 타입이고 필드 이름은 메시지의 이름이다.

다음은 메시지 정의의 예다.

```
int32 number
string name
float32 speed
```

여기서 첫 번째 부분은 필드 타입이고 두 번째 부분은 필드 이름이다. 필드 타입은 데이터 타입이며 필드 이름을 사용해 메시지에서 값에 접근할 수 있다. 예를 들어 **msg.number**를 사용해 메시지[msg]에서 **number**가 가진 값에 접근할 수 있다.

다음은 메시지에서 사용할 수 있는 몇 가지 기본[built-in] 필드 타입을 보여주는 표다.

기본 타입	직렬화	C++	파이썬
bool(1)	unsigned 8-bit int	uint8_t(2)	bool
int8	signed 8-bit int	int8_t	int
uint8	unsigned 8-bit int	uint8_t	int (3)
int16	signed 16-bit int	int16_t	int
uint16	unsigned 16-bit int	uint16_t	int
int32	signed 32-bit int	int32_t	int
uint32	unsigned 32-bit int	uint32_t	int
int64	signed 64-bit int	int64_t	long
uint64	unsigned 64-bit int	uint64_t	long
float32	32비트 IEEE float	float	float
float64	64비트 IEEE float	double	float
string	ascii string(4)	std::string	string
time	secs/nsecs unsigned 32-bit ints	ros::Time	rospy.Time
duration	secs/nsecs signed 32-bit ints	ros::Duration	rospy.Duration

ROS는 일반적인 기하(geometry_msgs) 정보 또는 센서(sensor_msgs) 정보 변경과 같이 특정 애플리케이션을 다루는 데 필요한 메시지 파일을 제공한다. 이런 목적으로 설계된 메시지 파일은 복잡하고 구조화돼 있다. 이런 메시지는 다양한 기본 타입으로 구성된다. 메시지 헤더[header]라는 특별한 타입의 ROS 메시지가 있다. 이 헤더는 시간, 참조 프레임 또는 **frame_id** 및 시퀀스 번호와 같은 정보를 전달할 수 있다. 헤더를 사용하면 번호가 지정된 메시지와 현재 메시지를 보내는 구성 요소에 대한 더 명확한 정보를 얻을 수 있다. 헤더 정보는 주로 로봇 조인트 변환과 같은 데이터를 전송하는 데 사용한다. 다음은 헤더의 정의다.

```
uint32 seq
time stamp
string frame_id
```

rosmsg 명령 도구를 사용해 메시지 헤더와 필드 타입을 검사할 수 있다. 다음 명령은 특정 메시지의 헤더(std_msgs/Header)를 보는 데 사용한다.

```
rosmsg show std_msgs/Header
```

이렇게 하면 이전 예제의 메시지 헤더와 같은 출력을 볼 수 있다. 이 장의 뒷부분에서 **rosmsg** 명령과 사용자 정의 메시지를 사용하는 방법을 살펴본다.

ROS 서비스

ROS 서비스는 ROS 노드 간의 요청/응답 통신 형태다. 한 노드는 요청을 보내고 다른 노드에서 응답을 받을 때까지 기다린다.

.msg 파일에서 메시지 정의를 사용할 때와 유사하게 .srv 파일에 서비스를 정의해야 한다. .srv 파일은 반드시 패키지 내의 srv 디렉터리에 있어야 한다.

서비스 디스크립션 형식의 예는 다음과 같다.

```
#요청 메시지 타입
string req
---
#응답 메시지 타입
string rev
```

첫 번째 부분은 요청의 메시지 타입으로 ----------로 구분되며, 다음 부분에는 응답의 메시지 타입을 포함한다. 이 예에서 요청과 응답은 모두 **string**이다.

다음 절에서는 ROS 서비스를 사용하는 방법을 살펴본다.

ROS 연산 그래프 레벨 이해

ROS에서 연산은 ROS 노드 네트워크를 사용해 수행된다. 이 연산 네트워크를 연산 그래프라고 한다. 연산 그래프의 주요 개념에는 노드[Nodes], 마스터[master], 파라미터 서버[parameter server], 메시지[messages], 토픽[topics], 서비스[services], 백[bags]이 있다. 연산 그래프의 각 개념은 이 그래프에 다양한 방식으로 동작한다.

roscpp 및 **rospython**과 같은 핵심 클라이언트 라이브러리와 토픽, 노드, 파라미터 및 서비스와 같은 개념 구현을 포함한 ROS 통신 관련 패키지는 **ros_comm**(http:// wiki. ros.org/ros_comm)이라는 스택에 포함된다.

이 스택은 **rostopic, rosparam, rosservice, rosnode**와 같은 도구로 구성돼 주요 개념을 그래프에 적용한다.

ros_comm 스택은 ROS 통신 미들웨어 패키지를 포함하고 있고, 이런 패키지들을 묶어 ROS 그래프 레이어[graph layer]라고 한다.

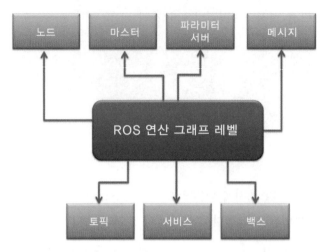

그림 1.6 ROS 그래프 레이어의 구조

ROS 그래프의 몇 가지 새로운 요소는 다음과 같다.

- **노드:** 노드는 연산이 수행되는 프로세스다. 각 ROS 노드는 ROS 클라이언트 라이브러리를 사용해 작성된다. 클라이언트 라이브러리 API를 사용해 노드 간 통신 방법과 같은 다양한 ROS 기능을 구현할 수 있다. 이는 그 외 노드 간에 정보를 교환해야 할 때 특히 유용하다. ROS 노드의 목적 중 하나는 원하는 기능을 모두 갖춘 대규모 프로세스가 아닌 단순한 프로세스를 구축하는 것이다. 단순한 구조이기 때문에 ROS 노드는 디버그하기 쉽다.

- **마스터:** ROS 마스터는 노드 이름 등록 및 조회 프로세스를 제공한다. 노드는 ROS 마스터 없이 서로를 찾을 수 없고 메시지를 교환하거나 서비스를 호출할 수 없다. 분산 시스템에서는 하나의 컴퓨터에서 마스터를 실행해야 한다. 그러면 다른 원격 컴퓨터에 있는 노드는 이 마스터와 통신해 서로를 찾을 수 있다.

- **파라미터 서버:** 파라미터 서버를 사용하면 ROS 마스터의 파라미터 서버에 데이터를 저장할 수 있다. 모든 노드는 이 데이터에 접근하고 수정할 수 있다. 파라미터 서버는 ROS 마스터의 일부다.

- **토픽:** ROS의 각 메시지는 토픽이라는 시스템 버스를 사용해 전송된다. 노드가 토픽으로 메시지를 보낼 때 노드가 토픽을 발행^{publish}하고 있다고 한다. 노드가 토픽으로 메시지를 수신하면 노드가 토픽을 구독^{subscribe} 중이라고 한다. 발행 노드와 구독 노드는 서로의 존재를 모른다. 발행자가 없을 수도 있는 토픽을 구독할 수도 있다. 요컨대 정보의 생산과 소비가 분리돼 있다. 각 토픽에는 고유한 이름이 있으며 올바른 메시지 타입이 있는 한 모든 노드는 이 토픽에 접근하고 이를 바탕으로 데이터를 보낼 수 있다.

- **로깅**^{Logging}**:** 센서 데이터는 로봇 알고리듬 개발 및 테스트에 필요하지만 수집하지 어려울 수 있다. ROS는 이런 데이터를 저장하기 위한 로깅 시스템을 제공한다. 이들은 백^{bag} 파일이다. 백 파일은 복잡한 로봇 메커니즘으로 작업할 때 매우 유용한 기능이다.

다음 그래프는 노드가 토픽을 사용해 서로 통신하는 방법을 보여준다.

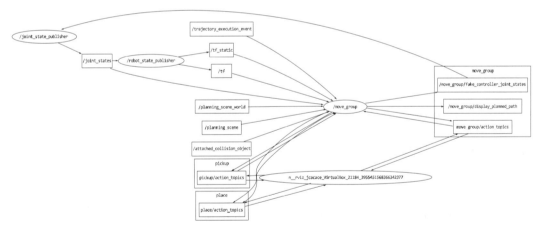

그림 1.7 토픽을 사용하는 노드 간 통신 그래프

그림은 보면 토픽은 직사각형으로 표시되고 노드는 타원으로 표시된다. 메시지와 파라미터는 이 그래프에 포함되지 않는다. 이런 종류의 그래프는 **rqt_graph**(http://wiki.ros.org/rqt_graph)라는 도구를 사용해 생성할 수 있다.

ROS 노드

ROS 노드는 roscpp 및 rospy와 같은 ROS 클라이언트 라이브러리를 사용해 연산을 수행한다.

로봇에는 많은 노드가 포함될 수 있다. 예를 들어 한 노드는 카메라 이미지를 처리하고, 한 노드는 로봇의 직렬 데이터를 처리하고, 한 노드는 주행 거리^{odometry}를 계산하는 데 사용할 수 있다.

노드를 사용하면 시스템이 결함에 둔감$^{fault-tolerant}$해질 수 있다. 노드가 충돌하더라도 전체 로봇 시스템은 여전히 작동할 수 있기 때문이다. 또한 노드는 각 노드가 단일 기능만 처리하기 때문에 모놀리식^{monolithic} 코드에 비해 복잡성을 줄이고 디버그 가능성을 높인다.

실행 중인 모든 노드에는 서로를 구분하는 데 도움이 되도록 이름이 할당돼야 한다. 예를 들어 /earnera_node는 카메라 이미지를 브로드캐스팅^{broadcasting}하는 노드의 이름일 수 있다.

ROS 노드를 검사하기 위한 rosbash 도구가 있다. rosnode 명령은 ROS 노드의 정보를 수집하는 데 사용할 수 있다. rosnode의 사용법은 다음과 같다.

- **rosnode info [node_name]**: 노드에 대한 정보를 출력한다.

- **rosnode kill [node_name]**: 실행 중인 노드를 종료한다.

- **rosnode list**: 실행 중인 노드를 나열한다.

- **rosnode machine [machine_name]**: 특정 시스템이나 시스템 목록에서 실행 중인 노드를 나열한다.

- **rosnode ping**: 노드의 연결을 확인한다.

- **rosnode cleanup**: 연결할 수 없는 노드의 등록을 제거한다.

다음으로 roscpp 클라이언트를 사용하는 몇 가지 예제 노드를 살펴보고 ROS 토픽, 서비스, 메시지, 액션립^{actionlib}과 같은 기능을 사용하는 ROS 노드가 어떻게 작동하는 지 살펴보자.

ROS 메시지

앞에서 다룬 것처럼 메시지는 필드 타입을 포함하는 단순한 자료 구조다. ROS 메시지^{messages}는 표준 기본 데이터 타입과 기본 타입의 배열을 지원한다.

다음 방법을 사용해 메시지 정의에 접근할 수 있다. 예를 들어 msg roscpp 클라이언트를 사용해 std_msgs/msg/String.msg에 접근하려면 string 메시지 정의를 위해 std_msgs/String.h를 포함해야 한다.

메시지 데이터 타입 외에도 ROS는 MD5 체크섬 비교를 사용해 발행자와 구독자가 동일한 메시지 데이터 타입을 교환하는지 확인한다.

ROS에는 ROS 메시지에 대한 정보를 수집하기 위한 rosmsg라는 도구가 내장돼 있다. 다음은 rosmsg와 함께 사용되는 몇 가지 파라미터다.

- **rosmsg show [message_type]:** 메시지 설명을 표시한다.

- **rosmsg list:** 모든 메시지를 나열한다.

- **rosmsg md5 [message_type]:** 메시지의 md5sum을 표시한다.

- **rosmsg package [package_name]:** 패키지의 메시지를 나열한다.

- **rosmsg packages [package_1] [package_2]:** 메시지가 포함된 모든 패키지를 나열한다.

이제 ROS 토픽을 살펴보자.

ROS 토픽

토픽을 사용하는 ROS 통신은 단방향이다. 이와 달리 직접 요청/응답 통신을 사용하려면 ROS 서비스를 구현해야 한다.

ROS 노드는 TCPROS로 알려진 TCP/IP 기반 전송 방식을 사용하는 토픽으로 통신한다. 이 방법은 ROS에서 사용되는 기본 전송 방식이다. 또 다른 유형의 통신은 대기 시간이 짧고 전송이 느슨하며 원격 작업에만 적합한 UDPROS다.

rostopic 도구는 ROS 토픽 정보를 수집하는 데 사용할 수 있다. 다음은 이 명령의 구문이다.

- **rostopic bw /topic:** 이 명령은 주어진 토픽에서 사용 중인 대역폭을 표시한다.

- **rostopic echo /topic:** 이 명령은 주어진 토픽의 내용을 읽을 수 있는 형태로 출력한다. -p 옵션을 사용면 데이터를 CSV 형식으로 인쇄할 수 있다.

- **rostopic f ind /message_type:** 이 명령은 주어진 메시지 타입을 사용해 토픽을 찾는다.

- **rostopic hz /topic:** 이 명령은 주어진 토픽의 발행 속도publishing rate를 표시한다.

- **rostopic info /topic:** 이 명령은 활성 토픽에 대한 정보를 출력한다.

- **rostopic list:** 이 명령은 ROS 시스템의 모든 활성 토픽을 나열한다.

- **rostopic pub /topic message_type args:** 이 명령은 메시지 타입이 있는 주제에 값을 발행하는 데 사용할 수 있다.

- **rostopic type /topic:** 주어진 토픽의 메시지 타입을 표시한다.

이제 ROS 서비스를 살펴보자.

ROS 서비스

ROS 서비스에서 하나의 노드는 클라이언트가 서버에 서비스를 요청할 수 있는 서버 역할을 한다. 서버가 서비스 루틴^{routine}을 완료하면 결과를 서비스 클라이언트로 보낸다. 예를 들어 ROS 서비스를 바탕으로 이 기능을 구현하는 동안 입력으로 받은 두 숫자의 합을 제공할 수 있는 노드를 생각해보자. 시스템의 다른 노드는 이 서비스를 바탕으로 두 숫자의 합을 요청할 수 있다. 이 상황에서 토픽은 연속 데이터 흐름을 스트리밍하는 데 사용한다.

ROS 서비스 정의는 다음과 같은 방법으로 접근할 수 있다. 예를 들어 my_package/srv/Image.srv는 my_package/Image에서 접근할 수 있다.

ROS 서비스에는 노드를 확인하는 MD5 체크섬이 있다. 합계가 같으면 서버만 클라이언트에 응답한다.

ROS 서비스에 대한 정보 수집을 위해 두 개의 ROS 도구가 사용됐다. 첫 번째 도구는 rossrv로 rosmsg와 유사하며 서비스 타입에 대한 정보를 얻는 데 사용한다. 두 번째 도구는 rosservice로, 다음 명령은 실행 중인 ROS 서비스를 나열하고 질의^{query}하는 데 사용한다.

rosservice 도구를 사용해 실행 중인 서비스에 대한 정보를 수집하는 방법을 알아보자.

* **rosservice call /service args:** 주어진 인수를 사용해 서비스를 호출한다.

* **rosservice find service_type:** 주어진 서비스 타입을 사용하는 서비스를 찾는다.

* **rosservice info /services:** 주어진 서비스에 대한 정보를 출력한다.

* **rosservice list:** 시스템에서 실행 중인 활성 서비스를 나열한다.

* **rosservice type /service:** 주어진 서비스의 서비스 타입을 출력한다.

- **rosservice uri /service:** 서비스 ROSRPC URI를 출력한다.

이제 ROS 백 파일을 살펴보자.

ROS 백 파일

rosbag 명령은 rosbag 파일 작업에 사용한다. ROS의 백 파일은 토픽별로 스트리밍되는 ROS 메시지 데이터를 저장하는 데 사용한다. .bag 확장자는 백 파일을 나타내는 데 사용한다.

백 파일은 하나 이상의 토픽을 구독하고 수신된 메시지 데이터를 파일에 기록하는 rosbag record 명령을 사용해 생성된다. 이 파일은 기록된 것과 동일한 토픽을 재생할 수 있으며 기존 토픽도 다시 매핑할 수 있다.

다음은 백 파일을 기록하고 재생하는 명령이다.

- **rosbag record [topic_1] [topic_2] -o [bag_name]:** 이 명령은 주어진 토픽을 [bag_name]이라는 이름의 백 파일에 기록한다. -a 옵션을 사용하면 모든 토픽을 기록할 수 있다.
- **rosbag play [bag_name]:** 기존 백 파일을 재생한다.

터미널에서 다음 명령을 사용하면 전체 명령의 목록을 찾을 수 있다.

```
rosbag play -h
```

백 파일을 기록하고 재생하는 방법을 수행하는 데 **rqt_bag**이라는 GUI 도구를 사용할 수 있다. https://wiki.ros.org/rqt_bag에서 **rqt_bag**에 대해 자세히 알아볼 수 있다.

ROS 마스터

ROS 마스터는 고유한 이름과 ID를 활성화된 ROS 요소에 연결한다는 점에서 DNS 서버와 매우 유사하다. ROS 시스템에서 노드가 시작되면 ROS 마스터를 찾고 노드 이름을 등록한다. 따라서 ROS 마스터에는 현재 ROS 시스템에서 실행 중인 모든 노드 정보가 있다. 노드의 세부 정보가 변경되면 콜백을 생성하고 최신 정보로 노드를 업데이트한다. 이런 노드 정보는 각 노드를 연결하는 데 유용하다.

노드가 토픽에 발행을 시작하면 노드는 이름 및 데이터 타입과 같은 토픽의 세부 정보를 ROS 마스터에게 제공한다. ROS 마스터는 다른 노드가 동일한 토픽을 구독하는지 여부를 확인한다. 노드가 동일한 토픽을 구독하는 경우 ROS 마스터는 발행자의 노드 정보를 구독자 노드와 공유한다. 노드의 세부 정보를 얻은 후 이 두 노드가 연결된다. 두 노드를 연결하면 ROS 마스터가 더 이상 두 노드를 제어하지 않는다. 요청에 따라 발행자 노드 또는 구독자 노드를 중지할 수 있다. 노드를 중지하면 ROS 마스터에 다시 한 번 체크인한다. 이와 동일한 방법이 ROS 서비스에 사용된다.

이미 언급했듯이 노드는 **roscpp** 및 **rospy**와 같은 ROS 클라이언트 라이브러리를 사용해 작성된다. 이런 클라이언트는 ROS 시스템 API의 백엔드 역할을 하는 XMLRPC^{XML Remote Procedure Call} 기반 API를 사용해 ROS 마스터와 상호작용한다.

ROS_MASTER_URI 환경 변수는 ROS 마스터의 IP와 포트^{port}를 포함한다. 이 변수를 사용해 ROS 노드는 ROS 마스터를 찾을 수 있다. 이 변수가 틀리면 노드 간 통신이 이뤄지지 않는다. 단일 시스템에서 ROS를 사용하는 경우 로컬 호스트의 IP 또는 로컬 호스트 이름을 사용할 수 있다. 그러나 다른 물리적 컴퓨터에서 연산이 수행되는 분산 네트워크에서는 **ROS_MASTER_URI**를 적절하게 정의해야 원격 노드가 서로를 찾고 통신할 수 있다. 분산 시스템에서는 하나의 마스터만 필요하며 원격 ROS 노드가 마스터에 접근할 수 있도록 다른 모든 컴퓨터가 제대로 핑^{ping}을 할 수 있는 컴퓨터에서 실행돼야 한다.

다음 다이어그램은 ROS 마스터가 발행자 및 구독자 노드와 상호작용하는 방식을 보여준다. 발행자 노드는 **Hello World** 메시지가 포함된 **string** 타입 토픽을 보내고 구독자 노드는 이 토픽을 받는다.

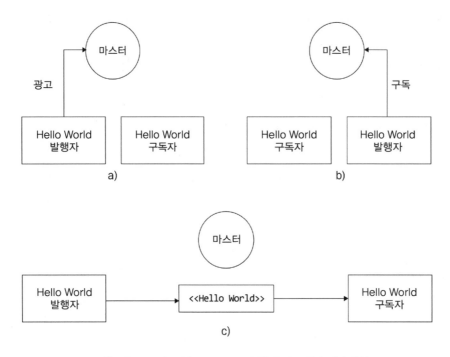

그림 1.8 ROS 마스터와 Hello World 발행자 및 구독자 간의 통신

발행자 노드가 토픽에서 **Hello World** 메시지 광고^{advertising}를 시작할 때 ROS 마스터는 토픽 및 노드의 세부 사항을 가져온다. 동일한 토픽을 구독하는 노드가 있는지 확인하고 해당하는 노드가 없으면 두 노드 모두 연결되지 않은 상태로 유지된다. 발행자와 구독자 노드가 동시에 실행되면 ROS 마스터는 발행자의 세부 정보를 구독자 노드와 교환하고 연결한 뒤 ROS 토픽으로 데이터를 교환한다.

ROS 파라미터 사용

로봇을 프로그래밍할 때 변경할 로봇 파라미터를 정의해야 할 일이 있다.

로봇 컨트롤러와 같은 제어 알고리듬은 PID 컨트롤러의 P, I, D를 얻는다. 파라미터의 수가 증가하면 파일로 저장하는 게 편리하다. 어떤 상황에서는 이런 파라미터를 둘 이상의 프로그램 간에 공유해야 한다. 이 경우 ROS는 모든 ROS 노드가 파라미터에 접근할 수 있는 공유 서버인 파라미터 서버parameter server를 제공한다. 노드는 파라미터 서버에서 파라미터 값을 읽고, 쓰고, 수정하고, 삭제할 수 있다.

이런 파라미터를 파일에 저장하고 서버에 로드할 수 있다. 서버는 다양한 데이터 타입과 사전을 저장할 수 있다. 프로그래머는 파라미터의 접근 범위를 설정할 수도 있다. 즉, 특정 노드만 파라미터 서버에 접근할 수 있는지 아니면 모든 노드가 접근할 수 있는지 여부다.

파라미터 서버는 다음 XMLRPC 데이터 타입을 지원한다.

- 32비트 정수integers

- 불리언Booleans

- 문자열strings

- 배정도 실수doubles

- iso8601 날짜dates

- 리스트lists

- 베이스64로 인코드된 이진 데이터base64-encoded binary data

파라미터 서버에 사전dictionary을 저장할 수도 있다. 파라미터의 수가 많으면 YAML 파일을 사용해 저장할 수 있다. 다음은 YAML 파일 파라미터 정의의 예다.

```
/camera/name : 'nikon'      # 문자열 타입
/camera/fps : 30            # 정수 타입
/camera/exposure: 1.2       # 부동소수점 실수 타입 :
/camera/active : true       # 불리언 타입
```

rosparam 도구는 커맨드라인에서 ROS 파라미터를 가져오고 설정하는 데 사용한다. 다음은 ROS 파라미터 작업을 위한 명령이다.

- **rosparam set [parameter_name] [value]:** 주어진 파라미터에 값을 설정한다.

- **rosparam get [parameter_name]:** 주어진 파라미터에서 값을 검색한다.

- **rosparam load [YAML file]:** ROS 파라미터를 YAML 파일에 저장할 수 있다. 이 명령으로 파라미터 서버에 로드할 수 있다.

- **rosparam dump [YAML file]:** 기존 ROS 파라미터를 YAML 파일로 덤프한다.

- **rosparam delete [parameter_name]:** 주어진 파라미터를 삭제한다.

- **rosparam list:** 기존 파라미터 이름을 나열한다.

dynamic_reconfigure 패키지(http://wiki.ros.org/dynamic_reconfigure)를 사용하면 파라미터를 사용하는 노드를 실행할 때 그 값을 동적으로 변경할 수 있다.

ROS 커뮤니티 레벨

다음은 ROS의 새로운 커뮤니티가 소프트웨어와 지식을 교환할 수 있게 하는 ROS 리소스다.

- Distributions: 리눅스 배포판과 유사하게 ROS 배포판distributions은 설치할 수 있는 버전이 지정된 메타패키지의 모음이다. ROS 배포판을 사용하면 ROS 소프트웨

어를 쉽게 설치하고 수집할 수 있고 일관된 버전으로 유지 관리할 수 있다.

- **Repositories**: ROS는 다양한 기관에서 자체 로봇 소프트웨어 구성 요소를 개발 및 출시할 수 있는 코드 저장소의 네트워크에 의존한다.

- **ROS 위키**[Wiki]: ROS 커뮤니티 위키는 ROS에 대한 정보를 문서화하는 주요 포럼 이다. 누구나 계정을 등록해 자신의 문서를 제공, 수정 또는 업데이트를 할 수 있다. 또한 자습서를 작성하는 등의 작업을 수행할 수도 있다.

- **버그 티켓 시스템**[Bug ticket system]: 기존 소프트웨어에서 버그를 발견하거나 새로운 기능을 추가해야 하는 경우 이 리소스를 사용할 수 있다.

- **메일링 리스트**[Mailing lists]: ROS 사용자 메일링 리스트를 사용해 ROS 소프트웨어에 대한 질문을 하고 커뮤니티와 프로그램 문제를 공유할 수 있다.

- **ROS Answers**: 이 웹 사이트 리소스는 ROS와 관련된 질문을 하는 데 도움이 된다. 이 사이트에 질문을 올리면 다른 ROS 사용자가 이를 보고 솔루션을 제공할 수 있다.

- **블로그**[Blog]: ROS 블로그는 ROS 커뮤니티와 관련된 뉴스, 사진 및 비디오가 업데이트된다(http://www.ros.org/news).

이제 ROS를 시작하기 위한 준비를 살펴보자.

ROS 시작을 위한 준비

ROS를 시작하고 이 책의 코드를 실습하기 전에 다음 조건이 충족돼야 한다.

- **우분투**[Ubuntu] **20.04 LTS/데비안**[Debian] **10**: ROS는 우분투 및 데비안 운영체제에서 공식적으로 지원된다. LTS 버전의 우분투를 추천한다. 즉, 우분투 20.04다.

- **ROS noetic desktop full installation:** ROS 설치 버전 중 desktop-full을 설치한다. 이 책에서 사용하는 배포판 버전은 최신 안정 버전인 ROS Noetic이다. 다음 링크에서 최신 ROS 배포판에 대한 설치 가이드를 제공한다. http://wiki.ros.org/noetic/Installation/Ubuntu. 설치할 때 저장소 목록에서 `ros-noetic-desktop-full` 패키지를 선택해 설치한다.

다양한 ROS 배포판 버전을 살펴보자.

ROS 배포판

업데이트된 ROS는 새로운 ROS 배포판으로 출시된다. 새로운 배포판은 core 소프트웨어의 최신 업데이트 버전과 새로 추가되거나 업데이트된 ROS 패키지로 구성된다. ROS는 우분투 리눅스 배포판과 동일한 주기로 출시된다. 즉, 새로운 배포판 버전은 6개월마다 출시된다. 일반적으로 우분투 LTS 버전에 출시에 맞춰 ROS 배포판도 LTS 버전을 출시한다. LTS^{Long Term Support} 버전은 긴 기간(5년) 동안 유지 보수를 지원한다.

이 책의 튜토리얼은 ROS Noetic Ninjemys로 알려진 최신 LTS 버전의 ROS를 기반으로 한다. 이 버전은 13번째 ROS 배포판으로, 최근 출시된 ROS 배포 목록은 위쪽에 나와 있다.

배포판	배포일	포스터	튜토리얼에서 거북이	지원 종료일
ROS 노에틱 닌자 (ROS Noetic Ninjemys) **(추천)**	2020년 5월 23일		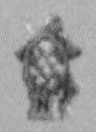	2025년 5월 (지원 종료일)
ROS 멜로딕 모레니아 (ROS Melodic Morenia)	2018년 5월 23일			2023년 5월 (바이오닉 지원 종료일)
ROS 루나 로거헤드 (ROS Lunar Loggerhead)	2017년 5월 23일			2019년 5월
ROS 키네틱 카메 (ROS Kinetic Kame)	2016년 5월 23일			2021년 4월 (제니엘 지원 종료일)

그림 1.9 ROS 배포판 최신 출시 버전 목록

ROS 마스터 및 ROS 파라미터 서버 실행

ROS 노드를 실행하기 전에 ROS 마스터와 ROS 파라미터 서버를 실행해야 한다. roscore라는 단일 명령을 사용하면 다음 프로그램을 동시에 시작할 수 있다.

- ROS 마스터

- ROS 파라미터 서버

- rosout 로깅 노드

rosout 노드는 다른 ROS 노드에서 로그 메시지를 수집하고 저장한다. 로그 파일에 저장하고 수집된 로그 메시지를 다른 주제로 다시 브로드캐스팅^{broadcasting}한다. /rosout 토픽은 roscpp 및 rospy와 같은 ROS 클라이언트 라이브러리를 사용해

작성된 뒤 ROS 노드에서 발행되고, rosout 노드가 구독한 후 /rosout_agg라는 다른 토픽으로 메시지를 다시 브로드캐스팅한다. 이 토픽에는 로그 메시지의 집계 스트림^{aggregate stream}이 포함돼 있다. roscore 명령은 ROS 노드를 실행하기 위한 전제 조건으로 실행해야 한다. 다음 스크린샷은 터미널에서 roscore 명령을 실행할 때 출력되는 메시지를 보여준다.

다음 명령을 사용해 리눅스 터미널에서 roscore를 실행한다.

```
roscore
```

이 명령을 실행하면 다음과 같은 화면을 리눅스 터미널에서 볼 수 있다.

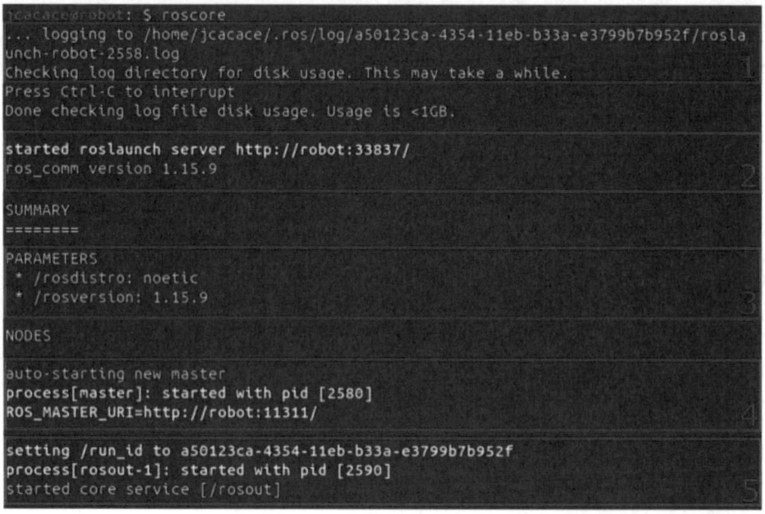

그림 1.10 roscore 명령이 실행되는 동안 터미널 메시지

다음은 터미널에서 roscore를 실행할 때의 각 섹션에 대한 설명이다.

- 섹션 1에서 ~/.ros/log 경로에 ROS 노드에서 수집한 로그 파일이 생성되는 것을 볼 수 있다. 이 파일은 디버깅 목적으로 사용할 수 있다.

- 섹션 2에서 roscore.xml이라는 ROS 런치 파일을 시작한다. 런치 파일이 시작되면 자동으로 ROS 마스터와 ROS 파라미터 서버를 실행한다. roslaunch 명령은 런치 파일을 실행하려고 할 때마다 ROS 마스터 및 ROS 파라미터 서버를 실행시키는 파이썬 스크립트다. 이 구역은 포트 내 ROS 파라미터 서버 주소를 보여준다.

- 섹션 3에서 **rosdistro** 및 **rosversion**과 같은 파라미터를 볼 수 있다. 이 파라미터는 roscore.xml을 실행할 때 표시된다. 다음 섹션에서 roscore.xml에 대해 더 자세히 설명한다.

- 섹션 4에서는 앞서 환경 변수로 정의한 **ROS_MASTER_URI**로 **rosmaster** 노드가 시작되고 있음을 알 수 있다.

- 섹션 5에서 **rosout** 노드가 시작되고 있음을 알 수 있다. 이 노드는 /rosout 토픽에 대한 구독을 시작하고 이를 /rosout_agg로 다시 브로드캐스팅한다.

다음은 roscore.xml의 내용이다

```
<launch>
  <group ns="/">
    <param name="rosversion" command="rosversion roslaunch" />
    <param name="rosdistro" command="rosversion -d" />
    <node pkg="rosout" type="rosout" name="rosout" respawn="true"/>
  </group>
</launch>
```

roscore 명령이 실행되면 우선 **rosmaster**의 새 포트 번호에 대한 커맨드라인 인수를 확인한다. 포트 번호를 받으면 새 포트 번호를 수신하기 시작하고 그렇지 않으면 기본 포트를 사용한다. 이 포트 번호와 roscore.xml 런치 파일이 **roslaunch** 시스템으로 전달된다. **roslaunch** 시스템은 파이썬 모듈에서 포트 번호를 파싱parsing해

roscore.xml을 실행한다.

roscore.xml 파일에서 group 태그tag를 사용해 ROS 파라미터와 노드를 / 네임스페이스로 그룹지었다. group XML 태그 내의 모든 노드는 동일한 그룹 설정을 가진다.

rosversion 및 rosdistro 파라미터는 command 태그를 사용해 rosversion roslaunch 및 rosversion -d 명령의 실행 결과를 저장한다. command 태그는 그 내부에 언급된 명령을 실행하고 출력 결과를 이 두 파라미터에 저장한다.

ROS 마스터 및 파라미터 서버는 ROS_MASTER_URI 주소를 바탕으로 roslaunch 모듈 내에서 실행된다. ROS_MASTER_URI는 ROS 마스터가 수신할 IP 주소와 포트의 조합이다. 포트 번호는 roscore 명령에서 지정된 포트 번호에 따라 변경할 수 있다.

roscore 명령의 출력 확인

roscore를 실행한 후 생성되는 ROS 토픽과 파라미터를 확인해보자. 다음 명령은 터미널에 활성 토픽을 출력한다.

```
rostopic list
```

토픽 목록에는 rosout 노드가 구독하는 /rosout 토픽이 있다. 여기에는 ROS 노드의 모든 로그 메시지가 포함된다. /rosout_agg는 로그 메시지를 다시 브로드캐스팅하는 토픽이다.

```
/rosout
/rosout_agg
```

다음 명령으로 roscore를 실행할 때 사용할 수 있는 파라미터를 알 수 있다. 활성 ROS 파라미터를 나열하는 데 사용한다.

```
rosparam list
```

활성 파라미터는 ROS 배포판 이름, 버전, roslaunch 서버 주소, run_id와 같다.
여기서 run_id는 roscore의 특정 실행과 관련된 고유 ID다.

```
/rosdistro
/roslaunch/uris/host_robot_virtualbox51189
/rosversion
/run_id
```

roscore 실행 시 생성되는 ROS 서비스 목록은 다음 명령으로 확인할 수 있다.

```
rosservice LIST
```

실행 중인 서비스 목록은 다음과 같다.

```
/rosout/get_loggers
/rosout/set_logger_level
```

이 ROS 서비스는 각 ROS 노드에 대해 생성되며 로깅 레벨을 설정하는 데 사용한다.

⠿ 요약

ROS는 로봇 개발자들 사이에서 유행하는 소프트웨어 프레임워크다. 앞으로 로봇
엔지니어로서의 경력을 쌓을 계획이라면 ROS에 대한 지식을 얻는 것은 필수적이
다. 1장에서는 주로 ROS 개념을 기억하고자 ROS의 기본 사항을 살펴봤다. ROS

학습의 필요성과 현재 로봇공학 소프트웨어 플랫폼 중에서 ROS가 얼마나 뛰어난지 알아봤다. ROS 마스터, 파라미터 서버 등의 기본 개념을 살펴보고 roscore의 실행 결과를 살펴봤다. 2장에서는 ROS 패키지 관리를 소개하고 ROS 통신 시스템의 몇 가지 실용적인 예를 살펴본다.

다음은 1장에서 다룬 내용을 기반으로 한 몇 가지 질문이다.

∷ 질문

- ROS를 사용해야 하는 이유는 무엇인가?

- ROS 프레임워크의 기본 요소는 무엇인가?

- ROS로 프로그래밍하기 위한 전제 조건은 무엇인가?

- roscore의 내부 동작은 무엇인가?

02

ROS 기초 프로그래밍

ROS 마스터, 파라미터 서버, **roscore**에 대한 기본 사항을 알아봤으니 이제 ROS 패키지 생성 및 빌드를 시작할 수 있다. 2장에서는 ROS 통신 시스템을 구현해 다양한 ROS 노드를 생성한다. ROS 패키지로 작업하는 동안 ROS 노드, 토픽, 메시지, 서비스, **actionlib**의 기본 개념을 복습한다.

2장에서 다루는 내용은 다음과 같다.

- ROS 패키지 생성

- 사용자 정의 메시지 및 서비스 파일 추가

- ROS 서비스 활용

- 런치 파일 작성

- 토픽, 서비스, **actionlib**의 응용

기술적 요구 사항

2장을 따라 하려면 우분투 20.04에 ROS Noetic이 설치된 컴퓨터가 필요하다. 코드는 다음 깃허브 저장소에서 다운로드할 수 있다.

https://github.com/PacktPublishing/Mastering-ROS-for-Robotics-Programming-Third-edition.git

저장소의 Chapter2/mastering_ros_demo_pkg 디렉터리에서 2장의 코드를 볼 수 있다. 또한 코드의 실행 비디오는 다음 링크에서 확인할 수 있다.

https://bit.ly/3iXO5lW

ROS 패키지 생성

ROS 패키지는 ROS 프로그램의 기본 단위다. 여러분은 ROS 패키지를 만들고 빌드해 대중에게 공개할 수 있다. 이 책에서 사용하는 ROS 배포판은 Noetic Ninjemys다. ROS 패키지 빌드를 위해 catkin 빌드 시스템을 사용한다. 빌드 시스템은 최종 사용자가 사용할 수 있는 텍스트 소스코드에서 타깃^{target}(실행 파일/라이브러리)을 생성하는 역할을 한다. Electric 및 Fuerte와 같은 이전 배포판에서는 rosbuild가 빌드 시스템이었다. rosbuild의 다양한 단점 때문에 catkin이 도입됐다. 이를 바탕으로 ROS 컴파일 시스템을 CMake$^{Cross\ Platform\ Make}$와 더 유사하게 사용할 수 있게 됐다. 패키지를 윈도우^{Windows}와 같은 다른 OS로 이식하는 등 많은 이점이 있다. OS가 CMake 및 파이썬을 지원하는 경우 catkin 기반 패키지를 해당 OS로 이식할 수 있다.

ROS 패키지 작업을 위한 첫 번째 요구 사항은 ROS catkin 작업 공간을 만드는 것이다. ROS를 설치한 후 catkin_ws라는 작업 공간을 만들자.

```
mkdir -p ~/catkin_ws/src
```

이 작업 공간을 컴파일하려면 ROS 기능에 접근할 수 있는 ROS 환경 설정 파일을
실행source해야 한다.

```
source /opt/ros/noetic/setup.bash
```

이전에 만든 src 디렉터리로 이동한다.

```
cd ~/catkin_ws/src
```

새 catkin 작업 공간을 초기화한다.

```
catkin_init_workspace
```

패키지가 없어도 작업 공간을 빌드할 수 있다. 다음 명령을 사용해 작업 공간 디렉
터리로 이동할 수 있다.

```
cd ~/catkin_ws
```

catkin_make 명령은 다음 작업 공간을 빌드한다.

```
catkin_make
```

이 명령은 catkin 작업 공간에 devel 및 build 디렉터리를 생성한다. 다른 설정
파일은 devel 디렉터리에 있다. 생성된 ROS 작업 공간을 ROS 환경에 추가하려면

환경 설정 파일을 실행해야 한다. 또한 다음 명령을 사용하면 새로운 bash 세션이 시작될 때마다 이 작업 공간의 환경 설정 파일을 실행할 수 있다.

```
echo "source ~/catkin_ws/devel/setup.bash" >> ~/.bashrc
source ~/.bashrc
```

catkin 작업 공간을 설정한 후 예제가 포함된 패키지를 만들 수 있다. 노드는 ROS 토픽, 메시지, 서비스, actionlib의 작동을 보여준다. 작업 공간을 올바르게 설정 하지 않으면 ROS 명령을 사용할 수 없다. catkin_create_pkg 명령은 ROS 패키지 를 생성하는 가장 편리한 방법이다. 이 명령은 다양한 ROS 패키지를 만드는 데 사용한다.

catkin 작업 공간의 src 디렉터리로 이동하고 다음 명령을 사용해 패키지를 만든다.

```
catkin_create_pkg packagename [dependency!] [dependency2]
```

소스코드 디렉터리: 처음부터 작성하거나 다른 코드 저장소에서 다운로드한 모든 ROS 패키지는 ROS 작업 공간의 src 디렉터리에 위치해야 한다. 그렇지 않으면 ROS 시스템이 인식하지 못한 채 컴파일한다.

다음은 샘플 ROS 패키지를 만드는 명령이다.

```
catkin_create_pkg mastering_ros_demo_pkg roscpp std_msgs actionlib
actionlibmsgs
```

이 패키지의 의존성은 다음과 같다.

* **roscpp**: 이것은 ROS의 C++ 구현이다. C++ 개발자에게 ROS 토픽, 서비스, 파 라미터 등으로 ROS 노드를 만들 수 있도록 API를 제공하는 ROS 클라이언트

라이브러리다. ROS C++ 노드를 작성할 것이기 때문에 이 의존성을 포함한다. C++ 노드를 사용하는 모든 ROS 패키지는 이 의존성을 추가해야 한다.

- **std_msgs:** 이 패키지에는 정수, 부동 소수점, 문자열, 배열 등과 같은 기본 ROS 기본 데이터 타입이 포함돼 있다. 새로운 ROS 메시지를 정의하지 않고 노드에서 이런 데이터 타입을 직접 사용할 수 있다.

- **actionlib:** actionlib 메타패키지는 ROS 노드에서 선점형 태스크^{preemptable task}를 생성하기 위한 인터페이스를 제공한다. 이 패키지에서 **actionlib** 기반 노드를 만든다. 따라서 ROS 노드를 빌드하려면 이 패키지를 포함해야 한다.

- **actionlib_msgs:** 이 패키지에는 액션 서버 및 액션 클라이언트와 상호작용하는 데 필요한 표준 메시지 정의가 포함돼 있다.

패키지 생성 후 CMakeLists.txt 및 package.xml 파일을 편집하면 의존성을 수동으로 추가할 수 있다. 패키지가 성공적으로 생성되면 다음 메시지가 표시된다.

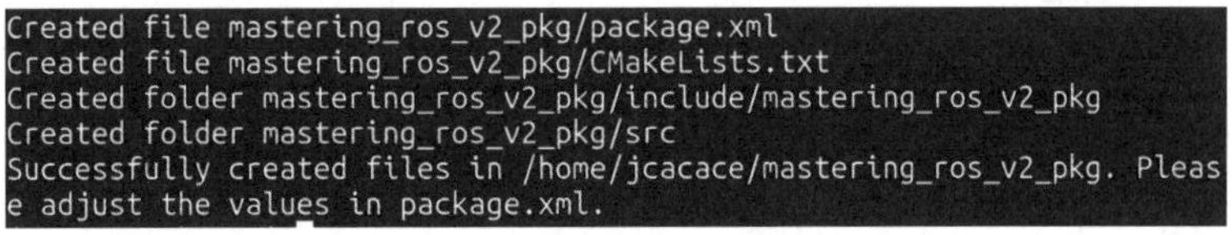

```
Created file mastering_ros_v2_pkg/package.xml
Created file mastering_ros_v2_pkg/CMakeLists.txt
Created folder mastering_ros_v2_pkg/include/mastering_ros_v2_pkg
Created folder mastering_ros_v2_pkg/src
Successfully created files in /home/jcacace/mastering_ros_v2_pkg. Pleas
e adjust the values in package.xml.
```

그림 2.1 ROS 패키지 생성 중 터미널 메시지

이 패키지를 생성한 후 **catkin_make** 명령을 사용해 노드를 추가하지 않고 패키지를 빌드한다. 이 명령은 **catkin** 작업 공간 경로에서 실행해야 한다. 다음 명령은 빈 ROS 패키지를 빌드하는 방법을 보여준다.

```
cd ~/catkin_ws && catkin_make
```

빌드가 성공하면 이 패키지의 src 디렉터리에 노드를 추가할 수 있다. CMake 빌드 파일의 build 디렉터리는 주로 노드의 실행 파일을 포함한다. 그 노드는 **catkin**

작업 공간의 src 디렉터리의 소스코드에서 작성한 것이다. devel 디렉터리에는 bash 스크립트, 헤더^{header} 파일, 빌드 프로세스 중에 생성된 다른 디렉터리의 실행 파일이 포함돼 있다. catkin_make를 사용해 ROS 노드를 생성하고 컴파일하는 방법을 살펴봤다. 이제 ROS 토픽으로 작업하는 방법을 살펴보자.

ROS 토픽 활용

토픽은 ROS 노드 간의 통신 방법으로, 다른 노드에서 수신할 수 있는 지속적인 정보 스트림을 공유할 수 있다. 이 절에서는 토픽이 작동하는 방식을 배운다. 토픽의 발행와 구독을 위해 두 개의 ROS 노드를 만들 것이다. mastering_ ros_demo_pkg/src 디렉터리로 이동하자. demo_topic_publisher.cpp, demo_topic_ subscriber.cpp가 앞으로 다룰 두 개의 코드 세트다.

ROS 노드 생성

살펴볼 첫 번째 노드는 demo_topic_publisher.cpp다. 이 노드는 /numbers라는 토픽에 정수 값을 발행한다. 다음 코드를 패키지에 복사하거나 이 책의 코드 저장소에 존재하는 코드를 사용하자.

전체 코드는 다음과 같다.

```
#include "ros/ros.h"
#include "std_msgs/Int32.h"
#include <iostream>

int main(int argc, char **argv)
{
  ros::init(argc, argv,"demo_topic_publisher");
  ros::NodeHandle node_obj;
```

```
  ros::Publisher number_publisher = node_obj.advertise<std_msgs::Int32>(
"/numbers",10);
  ros::Rate loop_rate(10);
  int number_count = 0;
  while (ros::ok())
  {
    std_msgs::Int32 msg;
    msg.data = number_count;
    ROS_INFO("%d",msg.data);
    number_publisher.publish(msg);
    ros::spinOnce();
    loop_rate.sleep();
    ++number_count;
  }
  return 0;
}
```

코드는 헤더 파일의 정의로 시작한다. 특히 ros/ros.h는 ROS의 메인 헤더다. 코드에서 **roscpp** 클라이언트 API를 사용하려면 이 헤더를 포함해야 한다. std_msgs/Int32.h는 정수 데이터 타입의 표준 메시지 정의다.

여기에서는 토픽으로 정수 값을 보내고 있다. 따라서 정수 데이터를 처리하기 위한 메시지 타입이 필요하다. **std_msgs**는 기본 데이터 타입의 표준 메시지 정의를 포함하는 반면 std_msgs/Int32.h는 정수 메시지 정의를 포함한다. 이제 노드 이름으로 ROS 노드를 초기화할 수 있다. ROS 노드 이름은 고유해야 한다.

```
  ros::init(argc, argv, "demo_topic_publisher");
```

다음으로 ROS 시스템과 통신하는 데 사용되는 **Nodehandle** 객체를 만들어야 한다. 이 줄은 모든 ROS C++ 노드에 필수다.

```
ros::NodeHandle node_obj;
```

다음 줄은 토픽 발행자를 만들고 메시지 타입이 **std_msgs::Int32**인 토픽 이름을 "/numbers"로 지정한다. 두 번째 인수는 버퍼 크기다. 발행자가 데이터를 충분히 빠르게 발행할 수 없는 경우 버퍼에 저장된 메시지 수를 의미한다. 이 수치는 메시지 발행 속도를 고려해 설정해야 한다. 프로그램이 대기열(버퍼) 크기보다 빠르게 발행하는 경우 일부 메시지가 삭제된다. 대기열 크기에 사용할 수 있는 가장 작은 숫자는 1이고 0은 무한 대기열을 의미한다.

```
ros::Publisher number_publisher = node_obj.advertise<std_msgs::Int32>(
"/number", 10);
```

다음 코드는 프로그램에서 메인 루프의 속도를 의미한다. 이 경우 발행 속도를 설정하는 데 사용한다.

```
ros::Rate loop_rate(10);
```

다음은 무한 **while** 루프[loop]이며 Ctrl + C를 누르면 종료된다. **ros::ok()** 함수는 인터럽트[interrupt]가 발생할 때 **0**을 반환한다. 이 **0**이 while 루프를 종료할 수 있다.

```
while ( ros::ok() ) {
```

다음 줄은 정수 값을 할당하는 ROS 메시지를 만든다. 여기서 **data**는 **msg** 객체의 필드 이름이다.

```
std_msgs::Int32 msg;
```

```
msg.data = number_count;
```

그러면 메시지 데이터가 출력될 것이다. 다음 줄은 ROS 정보를 기록하고 ROS 네트워크에 이전 메시지를 발행하는 데 사용한다.

```
ROS_INFO(" %d" z msg.data);
number_publisher.publish(msg);
```

마지막으로 이 줄은 10Hz의 주파수를 달성하는 데 필요한 시간 지연을 제공한다.

```
loop_rate.sleep();
```

발행자 노드를 살펴봤으므로 이제 demo_topic_subscriber.cpp인 구독자 노드를 살펴보자.

다음은 구독자 노드의 정의다.

```
#include "ros/ros.h"
#include "std_msgs/Int32.h"
#include <iostream>

void number_callback(const std_msgs::Int32::ConstPtr& msg) {
  ROS_INFO("Received [%d]",msg->data);
}

int main(int argc, char **argv)
{
  ros::init(argc, argv,"demo_topic_subscriber");
  ros::NodeHandle node_obj;
  ros::Subscriber number_subscriber = node_obj.subscribe("/
```

```
numbers",10,number_callback);
  ros::spin();
  return 0;
}
```

이전과 마찬가지로 코드는 헤더 파일의 정의로 시작한다. ROS 메시지가 /number 토픽에 실려 올 때마다 실행되는 콜백 함수를 작성한다. 이 토픽이 도달할 때마다 함수는 값을 추출해 콘솔에 출력한다.

```
void number_callback(const std_msgs::Int32::ConstPtr& msg) {
  ROS_INFO("Received [%d]",msg->data);
}
```

다음은 구독자에 대한 정의며 여기에서는 구독에 필요한 토픽 이름, 버퍼 크기, 콜백 힘수 이름을 인자로 전달한디. /numbers 토픽을 구독 중이며 이는 앞의 콜백 함수에서 살펴봤다.

```
ros::Subscriber number_subscriber = node_obj.subscribe("/ numbers", 10,
number_callback);
```

다음은 노드가 이 단계에서 대기하는 무한 루프다. 이 코드는 언제든지 토픽이 도달할 때마다 콜백 함수와 묶을 것이다. 노드는 Ctrl + C를 누를 때만 종료된다.

```
ros::spin();
```

이제 코드가 완성됐다. 실행하기 전에 다음 절에서 설명하는 대로 컴파일해야 한다.

노드 빌드

소스코드를 컴파일하고 빌드하려면 CMakeLists.txt 파일을 패키지에 포함해 편집해야 한다. mastering_ros_demo_pkg로 이동해 기존 CMakeList.txt 파일을 살펴본다. 다음 코드는 앞서 작성한 두 노드를 빌드하는 역할을 한다.

```
include_directories(
  include
  ${catkin_INCLUDE_DIRS}
)
# 이는 노드의 실행 파일을 만들 것이다.
add_executable(demo_topic_publisher src/demo_topic_publisher.cpp)
add_executable(demo_topic_subscriber src/demo_topic_subscriber.cpp)

# 이는 실행 파일들을 적절한 라이브러리에 연결할 것이다.
target_link_libraries(demo_topic_publisher ${catkin_LIBRARIES})
target_link_libraries(demo_topic_subscriber ${catkin_LIBRARIES})
```

두 노드의 컴파일을 위해 이 코드를 추가해 CMakeListstxt 파일을 만든다.

catkin_make 명령은 패키지를 빌드하는 데 사용한다. 먼저 작업 공간으로 이동한다.

```
cd ~/catkin_ws
```

다음과 같이 mastering_ros_demo_package를 포함해 ROS 작업 공간을 빌드한다.

```
catkin_make
```

이전 명령을 사용해 전체 작업 공간을 빌드하거나 -DCATKIN_WHITELIST_PACKAGES 옵션을 사용한다. 이 옵션을 사용하면 하나 이상의 패키지를 별로도 컴파일하게 설정할 수 있다.

```
catkin make -DCATKIN_WHITELIST_PACKAGES= "pkg1, pkg2, ..."
```

전체 작업 공간이나 다른 패키지를 컴파일하려면 이 구성을 되돌려야 한다. 다음 명령을 사용해 수행할 수 있다.

```
catkinmake -DCATKIN_WHITELIST_PACKAGES=""
```

빌드가 완료되면 노드를 실행할 수 있다. 먼저 **roscore**를 시작한다.

```
roscore
```

이제 두 개의 셸에서 두 명령을 모두 실행한다. 발행자를 구동하려면 다음 명령을 실행한다.

```
rosrun mastering_ros_demo_package demo_topic_publisher
```

구독자를 구동하려면 다음 명령을 실행한다.

```
rosrun mastering_ros_demo_package demo_topic_subscriber
```

다음 출력을 볼 수 있다.

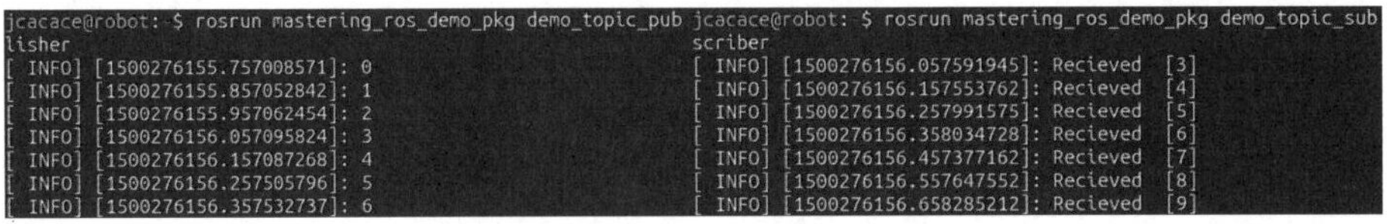

그림 2.2 구동 중인 토픽 발행자와 구독자

다음 다이어그램은 두 노드가 서로 통신하는 방법을 보여준다. demo_topic_publisher 노드가 /numbers 토픽을 발행한 다음 demo_topic_subscriber 노드가 구독하는 것을 볼 수 있다.

그림 2.3 발행자와 구독자 노드 간의 통신을 보여주는 그래프

rosnode 및 rostopic 도구를 사용해 두 노드의 동작을 디버그하고 이해할 수 있다.

- **rosnode list:** 활성 노드를 나열한다.

- **rosnode info demo_topic_publisher:** 발행자 노드에 대한 정보를 가져온다.

- **rostopic echo /numbers:** /numbers 토픽으로 전송되는 값을 표시한다.

- **rostopic type /numbers:** /numbers 토픽의 메시지 타입을 출력한다.

표준 메시지를 사용해 ROS 노드 간에 정보를 교환하는 방법을 배웠으니 이제 사용자 정의 메시지와 서비스를 사용하는 방법을 알아보자.

사용자 정의 .msg와 .srv 파일 추가

이 절에서는 현재 패키지에서 사용자 정의 메시지 및 서비스를 만드는 방법을 살펴본다. 메시지 정의는 .msg 파일에, 서비스 정의는 .srv 파일에 저장된다. 이런 정의는 ROS 노드에서 전송할 데이터 타입과 이름을 ROS에게 알린다. 사용자 정의 메시지가 추가되면 ROS는 해당 정의를 노드에 포함할 수 있도록 C++ 코드로 변환한다.

메시지 정의부터 시작해보자. 메시지 정의는 .msg 파일에 작성해야 하며 패키지의 msg 디렉터리에 보관해야 한다. 여기에서는 다음 정의를 포함하는 demo_msg.msg 라는 파일을 생성한다.

```
string greeting
int32 number
```

지금까지는 표준 메시지 정의로만 작업했지만 이제 사용자 정의 메시지를 만들게 됐다. 이제 이를 코드에서 사용하는 방법을 살펴보자.

첫 번째 단계는 현재 패키지에서 package.xml 파일의 <build_depend>message_generation</build_depend> 및 <exec_depend>message_runtime</exec_depend> 를 수정하는 것이다.

CMakeLists.txt 파일에서 다음과 같이 **message_generation**을 추가한다.

```
find_package(catkin REQUIRED COMPONENTS
  roscpp
  rospy
  message_generation
)
```

다음 줄의 주석 처리를 제거하고 사용자 정의 메시지 파일을 추가한다.

```
add_message_files(
  FILES
  demo_msg.msg
)
## 추가된 메시지와 의존성을 가진 서비스를 여기에 추가한다.
generate_messages(

)
```

이 작업을 수행한 후 패키지를 컴파일하고 빌드할 수 있다.

```
cd ~/catkin_ws/
catkin_make
```

메시지가 제대로 빌드됐는지 확인하려면 rosmsg 명령을 사용한다.

```
rosmsg show mastering_ros_demo_pkg/demo_msg
```

명령에 표시된 내용과 정의가 동일하면 올바르게 실행된 것이다.

사용자 정의 메시지를 테스트하려면 demo_msg_publisher.cpp 및 demo_msg_
subscriber.cpp 를 사용해 발행자와 구독자를 빌드한다. 이 코드를 확인하려면
mastering_ros_demo_pkg/src 디렉터리를 살펴본다.

이제 CMakeLists.txt에 다음 코드를 추가함으로써 메시지를 테스트할 수 있다.

```
add_executable(demo_msg_publisher src/demo_msg_publisher.cpp)
add_executable(demo_msg_subscriber src/demo_msg_subscriber.cpp)

add_dependencies(demo_msg_publisher mastering_ros_demo_pkg_generate_
messages_cpp)
add_dependencies(demo_msg_subscriber mastering_ros_demo_pkg_generate_
messages_cpp)

target_link_libraries(demo_msg_publisher ${catkin_LIBRARIES})
target_link_libraries(demo_msg_subscriber ${catkin_LIBRARIES})
```

수정된 CMakeLists.txt 파일과 이전 파일 간 중요한 차이점은 mastering_ros_
demo_pkg에서 생성된 메시지에 대한 의존성이다. 이 의존성은 add_dependencies
명령으로 지정된다. 이 명령을 포함하는 것을 잊은 경우 ROS 시스템은 메시지가
생성되기 전에 CPP 소스코드 컴파일을 시작한다. 하지만 사용자 정의 메시지의 헤

더 파일을 찾을 수 없기 때문에 컴파일 오류가 발생한다. 이제 패키지를 빌드할 준비가 됐다.

catkin_make를 사용해 패키지를 빌드하고 다음 단계에 따라 노드를 테스트해보자.

1. roscore를 실행한다.

```
roscore
```

2. 사용자 정의 메시지 발행자 노드를 시작한다.

```
rosrun mastering_ros_demo_pkg demo_msg_publisher
```

3. 사용자 정의 메시지 구독자 노드를 시작한다.

```
rosrun mastering_ros_demo_pkg demo_msg_subscriber
```

발행자 노드는 정수와 함께 문자열을 발행하고, 구독자 노드는 토픽을 구독하고 해당 값을 출력한다. 출력 및 그래프는 다음과 같다.

그림 2.4 사용자 정의 메시지를 사용해 구동 중인 발행자와 구독자

노드가 통신하고 있는 토픽은 /demo_msg_topic이라 한다. 두 노드의 그래프는 다음과 같다.

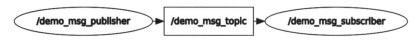

그림 2.5 메시지 발행자와 구독자 사이의 통신을 보여주는 그래프

다음으로 .srv 파일을 패키지에 추가하자. 현재 패키지 디렉터리에 srv라는 새로운 디렉터리를 만들고 demo_srv.srv라는 srv 파일을 추가한다. 이 파일의 정의는 다음 과 같다.

```
string in
---
string out
```

여기에서 요청^{Reauest}과 응답^{Response}은 모두 문자열 타입이다.

다음 단계에서 ROS 사용자 정의 메시지에게 했던 것처럼 package.xml에 있는 다음 줄의 주석 처리를 제거한다.

```
<build_depend>message_generation</build_depend>
<exec_depend>message_runtime</exec_depend>
```

CMakeLists.txt을 열고 `find_package()` 내에 `message_runtime`을 추가한다.

```
find_package(catkin REQUIRED COMPONENTS
actionlib actionlib_msgs roscpp std_msgs message_generation message_runtime
)
```

ROS 사용자 정의 메시지에게 했던 것처럼 서비스를 생성하는데, 동일한 절차를 따라가자. 그것 외에 다음과 같이 주석 처리가 해제될 추가 섹션이 필요하다.

```
## 'srv' 디렉터리의 서비스 파일을 추가
add_service_files(
  FILES
  demo_srv.srv
)
```

이렇게 변경한 뒤에 **catkin_make**와 다음 명령을 사용해 패키지를 빌드한다. 그에 따라 수정 사항을 검증할 수 있다.

```
rossrv show mastering_ros_demo_pkg/demo_srv
```

파일에 정의한 것과 동일한 내용을 보게 된다면 제대로 작동하는 것이다. ROS 서비스가 작성됐으며 이제 ROS 작업 공간에서 사용할 수 있다. 다음 절에서는 ROS 노드에서 이 서비스를 사용한다.

ROS 서비스 활용

이 절에서는 이미 정의한 서비스 정의를 사용하는 ROS 노드를 생성한다. 서비스 클라이언트 노드는 문자열 메시지를 서버에 대한 요청으로 보낼 수 있다. 그런 다음 서비스 서버 노드는 응답으로 다른 메시지를 보낸다.

mastering_ros_demo_pkg/src로 이동해 demo_service_server.cpp 및 demo_service_client.cpp 노드를 살펴보자.

demo_service_server.cpp는 서비스 서버이며, 정의는 다음과 같다.

```
#include "ros/ros.h"
#include "mastering_ros_demo_pkg/demo_srv.h"
```

```
#include <iostream>
#include <sstream>
using namespace std;

bool demo_service_callback(mastering_ros_demo_pkg::demo_srv::Request &req,
    mastering_ros_demo_pkg::demo_srv::Response &res) {
  std::stringstream ss;
  ss << "Received Here";
  res.out = ss.str();
  ROS_INFO("From Client [%s], Server says [%s]",req.in.c_str(),res.out.c_str());
  return true;
}

int main(int argc, char **argv) {
  ros::init(argc, argv, "demo_service_server");
  ros::NodeHandle n;
  ros::ServiceServer service = n.advertiseService("demo_service",
demo_service_callback);
  ROS_INFO("Ready to receive from client.");
  ros::spin();
  return 0;
}
```

코드를 살펴보자. 먼저 코드에서 사용하려는 서비스를 정의하기 위한 헤더 파일을
포함시킨다.

```
#include "mastering_ros_demo_pkg/demo_srv.h"
```

여기에 ROS CPP 노드의 필수 헤더인 ros/ros.h를 포함시켰다. mastering_ros_
demo_pkg/demo_srv.h 헤더는 **mastering_ros_demo_pkg**에 생성된 헤더로, 서비
스 정의를 포함한다. 이제 서비스 정의를 코드에서 사용할 수 있다.

```
bool demo_service_callback(mastering_ros_demo_pkg::demo_srv::Request &req,
    mastering_ros_demo_pkg::demo_srv::Response &res)
{
    std::stringstream ss;
    ss << "Received Here";
    res.out = ss.str();
```

이렇게 하면 demo_service라는 서비스가 생성되고 이 서비스 요청이 오면 콜백 함수가 실행된다. 콜백 함수는 이전 절에서 본 demo_service_callback이다.

```
ros::ServiceServer service = n.advertiseService("demo_service",
demo_service_callback);
```

다음으로 demo_service_client.cpp가 어떻게 동작하는지 살펴보자. 코드는 다음과 같다.

```
#include "ros/ros.h"
#include <iostream>
#include "mastering_ros_demo_pkg/demo_srv.h"
#include <iostream>
#include <sstream>
using namespace std;

int main(int argc, char **argv)
{
    ros::init(argc, argv, "demo_service_client");
    ros::NodeHandle n;
    ros::Rate loop_rate(10);
    ros::ServiceClient client = n.serviceClient<mastering_ros_demo_pkg::demo_
srv>("demo_service");
    while (ros::ok())
```

```
{
    mastering_ros_demo_pkg::demo_srv srv;
    std::stringstream ss;
    ss << "Sending from Here";
    srv.request.in = ss.str();
    if (client.call(srv))
    {
        ROS_INFO("From Client [%s], Server says [%s]",srv.request.in.c_str(),
srv.response.out.c_str());
    }
    else
    {
        ROS_ERROR("Failed to call service");
        return 1;
    }
    ros::spinOnce();
    loop_rate.sleep();
    }
    return 0;
}
```

다음 줄은 메시지 타입이 mastering_ros_demo_pkg::demo_srv이고 demo_service
라는 ROS 서비스와 통신하는 서비스 클라이언트를 생성한다.

```
ros::ServiceClient client = n.serviceClient<mastering_ros_demo_pkg::
demo_srv>("demo_service");
mastering_ros_demo_pkg::demo_srv srv;
```

요청 인스턴스를 문자열로 채운다.

```
ss << "Sending from Here";
```

```
srv.request.in = ss.str();
if (client.call(srv))
```

요청이 수신되면 요청과 응답을 출력할 것이다.

```
ROS_INFO("From Client [%s], Server says [%s]",srv.request.in.c_str(),
srv.response.out.c_str());
```

두 개의 노드를 알아봤으니 이제 노드를 빌드하는 방법을 알아보자. 다음 코드를
두 노드의 컴파일과 빌드를 위해 CMakeLists.txt에 추가한다.

```
add_executable(demo_service_server src/demo_service_server.cpp)
add_executable(demo_service_client src/demo_service_client.cpp)

add_dependencies(demo_service_server mastering_ros_demo_pkg_generate_
messages_cpp)
add_dependencies(demo_service_client mastering_ros_demo_pkg_generate_
messages_cpp)

target_link_libraries(demo_service_server ${catkin_LIBRARIES})
target_link_libraries(demo_service_client ${catkin_LIBRARIES})
```

코드 빌드를 위해 다음 명령을 실행한다.

```
cd ~/catkin_ws
catkin_make
```

노드를 시작하려면 먼저 roscore를 실행하고 다음 명령을 실행한다.

```
rosrun mastering_ros_demo_pkg demo_service_server
rosrun mastering_ros_demo_pkg demo_service_client
```

이 명령의 실행 결과는 다음 스크린샷과 같다.

```
jcacace@robot:    catkin_ws$ rosrun mastering_ros_demo_pkg demo_service_server
[ INFO] [1499857954.849054844]: Ready to receive from client.
[ INFO] [1499857956.626780527]: From Client [Sending from Here], Server says [Received   Here]
[ INFO] [1499857956.727500536]: From Client [Sending from Here], Server says [Received   Here]
[ INFO] [1499857956.827664441]: From Client [Sending from Here], Server says [Received   Here]
[ INFO] [1499857956.933545057]: From Client [Sending from Here], Server says [Received   Here]
[ INFO] [1499857957.027340860]: From Client [Sending from Here], Server says [Received   Here]
[ INFO] [1499857957.127714980]: From Client [Sending from Here], Server says [Received   Here]
[ INFO] [1499857957.227157798]: From Client [Sending from Here], Server says [Received   Here]
[ INFO] [1499857957.328243221]: From Client [Sending from Here], Server says [Received   Here]
[ INFO] [1499857957.427351564]: From Client [Sending from Here], Server says [Received   Here]
[ INFO] [1499857957.527108113]: From Client [Sending from Here], Server says [Received   Here]
jcacace@robot: $ rosrun mastering_ros_demo_pkg demo_service_client
[ INFO] [1499857956.627200681]: From Client [Sending from Here], Server says [Received   Here]
[ INFO] [1499857956.727860599]: From Client [Sending from Here], Server says [Received   Here]
[ INFO] [1499857956.828064716]: From Client [Sending from Here], Server says [Received   Here]
[ INFO] [1499857956.934237703]: From Client [Sending from Here], Server says [Received   Here]
[ INFO] [1499857957.027558745]: From Client [Sending from Here], Server says [Received   Here]
[ INFO] [1499857957.127958080]: From Client [Sending from Here], Server says [Received   Here]
[ INFO] [1499857957.227397212]: From Client [Sending from Here], Server says [Received   Here]
[ INFO] [1499857957.328513872]: From Client [Sending from Here], Server says [Received   Here]
[ INFO] [1499857957.427616100]: From Client [Sending from Here], Server says [Received   Here]
```

그림 2.6 ROS 서비스 클라이언트와 서버 노드의 실행

rosservice 명령을 사용해 rosservice로 작업할 수 있다.

- **rosservice list:** 현재 ROS 서비스를 나열한다.

- **rosservice type /demo_service:** /demo_service의 메시지 타입을 출력한다.

- **rosservice info /demo_service:** /demo_service의 정보를 출력한다.

- **rosservice call /service_name service-args:** 커맨드라인에서 서비스 서버 를 호출한다.

ROS의 또 다른 중요한 요소는 액션[action]이다. 다음 절에서는 액션/서버 노드의 생성을 위해 ROS 노드에서 actionlib을 사용하는 방법을 알아본다.

ROS actionlib 활용

ROS 서비스에서 사용자는 두 노드 간의 요청/응답 상호작용을 구현하지만 응답에 너무 오랜 시간이 걸리거나 서버가 요청 작업을 완료하지 않은 경우 완료될 때까지 기다려야 하므로 기다리는 동안 메인 애플리케이션이 블록 상태가 된다. 또한 원격 프로세스의 실행을 모니터링하고 싶다면 호출 클라이언트를 추가로 구현해야 한다. 이런 경우 actionlib을 사용해 애플리케이션을 구현하면 간편하다. actionlib은 실행 중인 요청을 선점하고 예상대로 요청이 제시간에 완료되지 않은 경우 다른 요청을 보낼 수 있는 통신 방법이다. actionlib 패키지는 이런 종류의 선점 작업preemptive task을 구현하는 표준 방법을 제공한다. actionlib은 로봇 팔 제어 및 모바일 로봇 탐색에 많이 사용한다. 액션 서버와 액션 클라이언트를 구현하는 방법을 알아보자.

ROS 서비스와 마찬가지로 actionlib에서도 액션을 정의해야 한다. 액션 정의는 액션 파일에 저장되며 확장자는 .action이다. 이 파일은 ROS 패키지 안에 있는 action 디렉터리에 보관해야 한다. 액션 파일은 다음 요소로 구성돼 있다.

- **Goal:** 액션 클라이언트는 액션 서버가 수행해야 하는 목표goal를 보낼 수 있다. 이는 ROS 서비스의 요청과 유사하다. 예를 들어 로봇의 조인트를 45°에서 90°로 움직여야 하는 경우 목표는 90°다.

- **Feedback:** 액션 클라이언트가 액션 서버에 목표를 보내면 콜백 함수를 실행한다. 피드백은 콜백 함수 내에서 현재 작업의 진행 상황을 알려주는 것이다. 피드백 정의를 사용해 현재 진행 상황을 알 수 있다. 앞의 예에서 로봇 팔 조인트를 90° 움직여야 한다. 이 경우 피드백은 조인트가 움직이는 45°에서 90° 사이의 중간값이 될 수 있다.

- **Result:** 목표를 달성한 후 작업 서버는 계산 결과 또는 달성 여부를 보낸다. 앞의 예에서 조인트가 90°에 도달하면 목표를 달성한 것이며, 결과result는 목표를 달성했음을 나타내는 어떤 것도 될 수 있다.

이제 액션 서버와 액션 클라이언트의 예제를 살펴보자. 액션 클라이언트는 목표로 숫자를 보낸다. 액션 서버가 이 목표를 수신하면 1초 간격으로 단위 크기가 1인 숫자를 목표 번호까지 계산한다. 정해진 시간 전에 완료되면 결과를 보낸다. 그렇지 않으면 클라이언트가 작업을 선점한다. 여기에서 피드백은 계산의 진행 상황이다. 이 작업의 액션 파일은 Demo_action.action으로 다음과 같다.

```
#goal 정의
int32 count
---
#result 정의
int32 final_count
---
#feedback
int32 current_number
```

여기서 count 값은 서버가 0에서 이 숫자까지 계산해야 하는 목표다. final_count 는 작업이 완료된 후의 최종 값인 결과이고 current_number는 피드백 값이다. 피드백은 진행 상황을 나타낸다.

mastering_ros_demo_pkg/src로 이동해 demo_action_server.cpp 액션 서버 및 demo_action_client.cpp 액션 클라이언트 노드를 찾아보라.

ROS 액션 서버 생성

이 절에서는 demo_action_server.cpp를 살펴본다. 액션 서버는 숫자인 목푯값을 받는다. 서버가 이 목푯값을 얻으면 0에서부터 이 숫자까지 연산을 시작한다. 연산이 완료되면 성공적으로 작업을 완료하고, 완료되기 전에 선점되면 작업 서버는 다른 목푯값을 찾는다.

이 코드는 약간 길기 때문에 여기서는 중요한 코드 부분만 설명한다. 헤더 파일부터 시작하자. 첫 번째 헤더는 액션 서버 노드의 구현을 위한 표준 작업 라이브러리다. 두 번째 헤더는 저장된 액션 파일에서 생성된다. 여기에는 액션 정의에 대한 접근이 포함돼야 한다.

```
#include <actionlib/server/simple_action_server.h>
#include "mastering_ros_demo_pkg/Demo_actionAction.h"
```

사용자 정의 액션 메시지로 간단한 액션 서버 객체를 생성해보자. 액션 서버 정의를 포함하는 클래스를 정의한다.

```
class Demo_actionAction {
    actionlib::SimpleActionServer<mastering_ros_demo_pkg::Demo_actionAction> as;
```

동작 중에 피드백을 보내기 위한 피드백 객체를 생성한다.

```
mastering_ros_demo_pkg::Demo_actionFeedback feedback;
```

최종 결과를 보내기 위한 결과 객체를 생성한다.

```
mastering_ros_demo_pkg::Demo_actionResult result;
```

그 후 액션 생성자^{constructor}를 선언한다. 이렇게 하면 Nodehandle, name, executeCB가 포함된 인수를 사용해 액션 서버가 생성된다. executeCB는 모든 연산이 처리되는 액션 콜백이다.

```
Demo_actionAction(std::string name) :
    as(nh_, name, boost::bind(&Demo_actionAction::executeCB, this, _1), false),
```

```
action_name(name)
```

이 줄은 액션이 선점될 때 콜백을 등록한다. preemptCB는 액션 클라이언트에서 선점 요청이 있을 때 실행되는 콜백 이름이다.

```
as.registerPreemptCallback(boost::bind(&Demo_actionAction::preemptCB,
this));
```

다음 줄은 액션 서버가 목푯값을 받았을 때 실행되는 콜백 정의다. 액션 서버가 현재 활성 상태인지 또는 이미 선점됐는지 여부를 확인한 후에만 콜백 함수를 실행한다.

```
void executeCB(const mastering_ros_demo_pkg::Demo_ actionGoalConstPtr &goal)
{
   if(!as.isActive() || as.isPreemptRequested()) return;
```

이 루프는 목푯값에 도달할 때까지 실행된다. 계속해서 현재 진행 상황을 피드백으로 보낸다.

```
for(progress = 0 ; progress < goal->count; progress++) {
//ros가 동작 중인지 확인
if(!ros::ok()){
   if(!as.isActive() || as.isPreemptRequested()) {
     return;
   }
```

현재 값이 목푯값에 도달하면 결과를 발행한다.

```
if(goal->count == progress) {
  result.final_count = progress;
  as.setSucceeded(result);
}
```

main()에서 액션 서버를 시작할 Demo_actionAction의 객체를 생성해야 한다.

```
Demo_actionAction demo_action_obj(ros::this_node::getName());
```

서버를 살펴봤으므로 이제 액션 클라이언트를 만드는 방법을 알아보자.

ROS 액션 클라이언트 생성

이 절에서는 액션 클라이언트가 어떻게 작동하는지 살펴본다. demo_action_client.cpp는 목푯값을 보낼 액션 클라이언트 노드다. 이것은 도달해야 하는 목표를 의미히는 숫자로 구성된다. 클라이언트는 커맨드라인 인자에서 목푯값을 가져온다. 클라이언트의 첫 번째 커맨드라인 인자는 목푯값이고 두 번째는 이 작업의 완료 시간이다.

목푯값은 서버로 전송되고 클라이언트는 주어진 시간(초)까지 대기한다. 대기 후 클라이언트는 완료 여부를 확인한다. 그렇지 않은 경우 클라이언트는 작업을 선점한다.

클라이언트 코드는 약간 길기 때문에 여기서는 코드의 중요한 부분만 설명한다. main()에서 액션 서버를 시작할 Demo_actionAction의 인스턴스를 생성한다.

```
#include <actionlib/client/simple_action_client.h>
#include <actionlib/client/terminal_state.h>
#include "mastering_ros_demo_pkg/Demo_actionAction.h"
```

노드의 main() 함수 내에서 액션 클라이언트 객체를 생성한다.

```
int main (int argc, char **argv) {
  ros::init(argc, argv, "demo_action_client");
  if(argc != 3) {
    ROS_INFO("%d",argc);
    ROS_WARN("Usage: demo_action_client <goal> <time_to_ preempt_in_sec>");
    return 1;
  }
  actionlib::SimpleActionClient<mastering_ros_demo_pkg::Demo_actionAction>
ac("demo_action", true);
  ac.waitForServer();
```

목표의 객체를 생성하고 커맨드라인 인자로 전달받은 목푯값을 보낸다.

```
mastering_ros_demo_pkg::Demo_actionGoal goal;
goal.count = atoi(argv[1]);
ac.sendGoal(goal);
bool finished_before_timeout = ac.waitForResult(ros::Duration(atoi(argv[2])));
```

완료되지 않는다면 액션을 선점할 것이다.

```
ac.cancelGoal();
```

이제 ROS 액션 서버와 클라이언트를 빌드해보자.

ROS 액션 서버와 클라이언트의 빌드

src 디렉터리에서 이 두 파일을 만든 후 노드 빌드를 위해 package.xml과 CMakeLists.txt를 수정해야 한다.

package.xml 파일은 ROS 서비스와 메시지에서 수행했던 것처럼 메시지 제너레이션^{message generation}과 런타임 패키지^{runtime packages}를 포함해야 한다.

노드 빌드를 위해 Boost 라이브러리를 CMakeLists.txt에 포함시켜야 한다. 또한 이예제에서 작성했던 액션 파일을 추가해야 한다. find_package()에 actionlib, actionlib_msgs, message_generation을 전달해야 한다.

```
find_package(catkin REQUIRED COMPONENTS
  roscpp
  rospy
  std_msgs
  actionlib
  actionlib_msgs
  message_generation
)
```

시스템 의존성으로 Boost를 추가해야 한다.

```
## CMake의 규약으로 시스템 의존성이 발견된다.
find_package(Boost REQUIRED COMPONENTS system)
## Generate actions in the 'action' folder
add_action_files(
  FILES
  Demo_action.action
)
```

다음으로 generate_messages()에 actionlib_msgs를 추가해야 한다.

```
## 추가된 메시지와 서비스를 여기에 열거된 의존성으로 생성한다.
generate_messages(
  DEPENDENCIES
```

```
  std_msgs
  actionlib_msgs
)
catkin_package(
  CATKIN_DEPENDS roscpp rospy std_msgs actionlib actionlib_msgs message_
runtime
)

include_directories(
  include
  ${catkin_INCLUDE_DIRS}
  ${Boost_INCLUDE_DIRS}
)
```

마지막으로 의존성과 라이브러리가 링크된 노드의 컴파일 후 만들어진 실행 파일을 정의할 수 있다.

```
##액션 서버와 액션 클라이언트의 빌딩

add_executable(demo_action_server src/demo_action_server.cpp)
add_executable(demo_action_client src/demo_action_client.cpp)

add_dependencies(demo_action_server mastering_ros_demo_pkg_generate_
messages_cpp)
add_dependencies(demo_action_client mastering_ros_demo_pkg_generate_
messages_cpp)

target_link_libraries(demo_action_server ${catkin_LIBRARIES} )
target_link_libraries(demo_action_client ${catkin_LIBRARIES})
```

catkin_make 이후 다음 명령을 사용해 이 노드를 구동할 수 있다.

1. roscore를 구동한다.

```
roscore
```

2. 액션 서버 노드를 실행한다.

```
rosrun mastering_ros_demo_pkg demo_action_server
```

3. 액션 클라이언트 노드를 실행한다.

```
rosrun mastering_ros_demo_pkg demo_action_client 10 1
```

이 과정의 결과는 다음과 같다.

```
jcacace@robot:~/catkin_ws$ rosrun mastering_ros_demo_pkg demo_action_client 10 1
[ INFO] [1499861037.958432848]: Waiting for action server to start.
[ INFO] [1499861038.206812461]: Action server started, sending goal.
[ INFO] [1499861038.207104961]: Sending Goal [10] and Preempt time of [1]
[ INFO] [1499861039.209897255]: Action did not finish before the time out.
jcacace@robot:~/catkin_ws$ 

jcacace@robot:~$ rosrun mastering_ros_demo_pkg demo_action_server
[ INFO] [1499861036.234953391]: Starting Demo Action Server
[ INFO] [1499861038.209617808]: /demo_action is processing the goal 10
[ INFO] [1499861038.209949156]: Setting to goal 0 / 10
[ INFO] [1499861038.413934495]: Setting to goal 1 / 10
[ INFO] [1499861038.609803856]: Setting to goal 2 / 10
[ INFO] [1499861038.809718825]: Setting to goal 3 / 10
[ INFO] [1499861039.009985643]: Setting to goal 4 / 10
[ INFO] [1499861039.210416071]: Setting to goal 5 / 10
```

그림 2.7 구동 중인 ROS 액션립 서버와 클라이언트

이제 ROS의 또 다른 중요한 기능인 런치 파일을 살펴보자.

⁝⁚ 런치 파일 작성

ROS의 런치 파일은 하나 이상의 노드를 실행하는 데 매우 유용하다. 앞의 예에서 최대 2개의 ROS 노드를 봤지만 10개 또는 20개의 노드를 시작해야 하는 시나리오를 상상해보자. 터미널에서 각 노드를 하나씩 실행하기는 어려울 것이다. 대신 런치 파일이라는 XML 기반 파일 안에 모든 노드를 작성하고 roslaunch라는 명령을 사용해 한꺼번에 여러 노드를 실행할 수 있다.

roslaunch 명령은 자동으로 ROS 마스터와 파라미터 서버를 시작한다. 따라서 roscore 명령과 개별 노드를 별도로 실행할 필요가 없다. 런치 파일을 실행하면 모든 작업이 단일 명령으로 수행된다. roslaunch 명령을 사용해 노드를 실행하는 경우 이 명령을 종료하거나 다시 시작하면 roscore를 다시 시작하는 것과 같은 효과가 있다.

런치 파일을 만드는 것부터 시작해보자. 패키지 디렉터리로 이동하고 정수 값을 발행하고 구독하기 위한 두 개의 ROS 노드 실행을 위해 demo_ topic.launch라는 런치 파일을 만든다. 패키지 내부에 있는 launch 디렉터리에 런치 파일을 보관한다.

```
roscd mastering_ros_demo_pkg
mkdir launch
cd launch
gedit demo_topic.launch
```

다음 내용을 파일에 붙여 넣는다.

```
<?xml version="1.0" ?>

<launch>
  <node name="publisher_node" pkg="mastering_ros_demo_pkg" type="demo_topic_
```

```
publisher" output="screen"/>
  <node name="subscriber_node" pkg="mastering_ros_demo_pkg" type="demo_
topic_subscriber" output="screen"/>
</launch>
```

코드 내부를 하나씩 살펴보자.

```
<?xml version="1.0" ?>
```

이 줄은 텍스트 편집기가 이 런치 파일을 텍스트 강조 표시를 활성화하는 마크업 언어 파일로 인식할 수 있게 하기 때문에 유용하다. `<launch></launch>` 태그는 런치 파일의 루트 요소root element다. 모든 정의는 이 태그 안에 있다.

```
<node name="publisher_node" pkg="mastering_ros_demo_pkg" type="demo_topic_
publisher" output="screen"/>
```

`<node>` 안의 name 태그는 노드 이름을 나타내고 **pkg**는 패키지 이름, **type**은 시작할 실행 파일 이름을 나타낸다.

demo_topic.launch 실행 파일을 생성한 후 다음 명령으로 실행할 수 있다.

```
roslaunch mastering_ros_demo_pkg demo_topic.launch
```

실행이 성공일 때 결과는 다음과 같다.

```
started roslaunch server http://robot:32859/

SUMMARY
=======

PARAMETERS
 * /rosdistro: noetic
 * /rosversion: 1.15.9

NODES
  /
    publisher_node (mastering_ros_demo_pkg/demo_topic_publisher)
    subscriber_node (mastering_ros_demo_pkg/demo_topic_subscriber)

ROS_MASTER_URI=http://localhost:11311
```

그림 2.8 demo_topic.launch 파일을 실행하는 동안 나타나는 터미널 메시지

다음 명령을 사용해 노드들의 목록^{list}을 확인할 수 있다.

```
rosnode list
```

또한 로그 메시지를 볼 수 있고 **rqt_console**이라는 GUI 도구로 노드를 디버그할
수 있다.

```
rqt_console
```

다음에서 보듯이 이 도구를 바탕으로 두 노드에 의해 생성된 로그를 볼 수 있다.

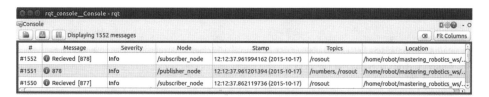

#	Message	Severity	Node	Stamp	Topics	Location
#1552	🛈 Recieved [878]	Info	/subscriber_node	12:12:37.961994162 (2015-10-17)	/rosout	/home/robot/mastering_robotics_ws/..
#1551	🛈 878	Info	/publisher_node	12:12:37.961201394 (2015-10-17)	/numbers, /rosout	/home/robot/mastering_robotics_ws/..
#1550	🛈 Recieved [877]	Info	/subscriber_node	12:12:37.862119736 (2015-10-17)	/rosout	/home/robot/mastering_robotics_ws/..

그림 2.9 rqt_console 도구를 사용한 로깅

이 장에서는 ROS의 세 가지 요소인 토픽, 서비스, **actionlib**을 살펴봤다. 각각은
특정 상황에서 사용할 수 있다. 이제 이런 ROS 기능을 올바르게 적용하는 방법을
살펴보자.

⁝⁝ 토픽, 서비스, actionlib의 응용

토픽, 서비스, actionlib은 다양한 시나리오에서 사용한다. 토픽이 단방향 통신 방법이고, 서비스가 양방향 요청/응답 종류의 통신이며, actionlib은 필요에 따라 서버에서 실행 중인 프로세스를 취소할 수 있는 수정된 형태의 ROS 서비스라는 것을 이미 알고 있다.

다음은 이런 방법을 사용하는 일부 영역이다.

- **토픽:** 센서 데이터와 같이 연속적인 데이터 흐름 스트리밍이다. 예를 들어 로봇 원격 조작을 위해 조이패드 데이터를 스트리밍하고, 로봇 주행 거리를 발행하고, 카메라에서 비디오 스트림을 발행할 수 있다.

- **서비스:** 빠르게 종료되는 절차를 실행한다. 예를 들어 센서의 보정 파라미터를 저장하거나, 탐색 중에 로봇이 생성한 지도를 저장하거나, 파라미터 파일을 로드한다.

- **actionlib:** 피드백을 관리하면서 길고 복잡한 작업을 실행한다. 예를 들어 대상을 향해 탐색하거나 경로를 계획한다.

이 프로젝트의 전체 소스코드는 이 책의 깃허브 저장소에서 복제할 수 있다. 다음 명령은 프로젝트 저장소를 복제한다.

```
git clone https://github.com/PacktPublishing/Mastering-ROS-for-Robotics-
Programming-Third-edition.git
cd Mastering-ROS-for-Robotics-Programming-Third-edition/Chapter2/
```

이 명령을 실행하면 소스코드의 로컬 복제본이 생성되고 mastering_ros_demo_pkg 루트 디렉터리에 합류하게 된다. 또한 이 장에 포함된 소스코드의 컴파일 및 실행을 시작해 ROS의 기본 기능을 테스트할 수 있다.

⠿ 요약

2장에서는 ROS 토픽, 서비스, 액션과 같은 ROS 기능이 구현된 노드의 다양한 예를 살펴봤다. 이런 도구는 ROS 저장소에 이미 사용할 수 있는 패키지와 사용자가 만든 패키지 모두에서 사용한다. 또한 사용자 정의 및 표준 메시지를 사용해 ROS 패키지를 만들고 컴파일하는 방법도 살펴봤다. 일반적으로 사용자 정의 패키지는 노드에서 생성된 데이터를 다루고자 사용자 정의 메시지를 사용한다. 따라서 패키지에서 제공하는 사용자 정의 메시지를 관리할 수 있는 것이 중요하다.

3장에서는 URDF와 xacro를 사용한 ROS 로봇 모델링을 살펴보고 일부 로봇 모델을 설계한다.

다음은 2장에서 다룬 내용을 기반으로 한 몇 가지 질문이다.

⠿ 질문

- ROS에서 지원하는 노드 간 통신 프로토콜은 무엇인가?

- rosrun과 roslaunch 명령의 차이점은 무엇인가?

- ROS 토픽과 서비스는 동작 방식이 어떻게 다른가?

- ROS 서비스와 actionlib은 동작 방식에서 어떻게 다른가?

ROS 로봇 시뮬레이션

2부에서는 ROS와 가제보^{Gazebo}, 코펠리아심^{CoppeliaSim}, 위봇^{Webot}을 사용해 로봇을 시뮬레이션하는 방법을 다룬다. 로봇 URDF를 모델링하는 방법, 이 로봇을 시뮬레이션하는 방법, 탐색, 조작, 퍼셉션과 같은 고급 기능을 추가하는 방법도 살펴본다.

2부는 다음 장으로 구성된다.

- 3장, ROS 3D 모델링

- 4장, ROS와 가제보를 활용한 로봇 시뮬레이션

- 5장, ROS, 코펠리아심, 위봇을 활용한 로봇 시뮬레이션

- 6장, ROS MoveIt!과 내비게이션 스택 활용

- 7장, ROS MoveIt!의 고급 기능

- 8장, ROS 드론

03

ROS 3D 모델링

로봇 제조의 첫 번째 단계에는 설계 및 모델링이 포함된다. 오토데스크 퓨전^{Autodesk} Fusion 360, 솔리드웍스^{SolidWorks}, 블렌더^{Blender} 등과 같은 CAD 도구를 사용해 로봇을 설계하고 모델링할 수 있다. 로봇 모델링의 주요 목적 중 하나는 시뮬레이션이다.

로봇 시뮬레이션을 활용하면 로봇 설계의 치명적인 결함을 확인할 수 있고 제작 전에 작동하는지 확인할 수 있다.

3장에서는 두 로봇의 설계 프로세스를 살펴본다. 하나는 7-자유도^{DOF, Degrees-of-Freedom} 매니퓰레이터^{manipulator}이고, 다른 하나는 차동 구동^{differential drive} 로봇이다. 4장에서는 시뮬레이션을 살펴보고 실제 하드웨어를 구축하는 방법을 배운 후 ROS와의 인터페이스를 알아본다.

로봇의 3D 모델을 만들고 ROS를 사용해 시뮬레이션할 계획이라면 로봇 설계에 도움이 될 수 있는 몇 가지 ROS 패키지를 배워야 한다. ROS에서 로봇의 모델을 만드는 것은 여러 가지 이유로 중요하다. 예를 들어 모델을 사용해 로봇을 시뮬레이션 및 제어할 수 있다. 또한 로봇을 시각화하거나 ROS 도구를 사용해 로봇 구조 및 기구학에 관한 정보를 얻을 수 있다.

ROS는 urdf, kdl_parser, robot_state_publisher, collada_urdf와 같이 로봇 모델을 설계하고 생성하기 위한 여러 패키지를 제공한다. 이 패키지는 실제 하드웨어의 정확한 특성으로 3D 로봇 모델 디스크립션^{description}을 작성하는 데 도움이 된다.

3장에서는 다루는 내용은 다음과 같다.

- 로봇 모델링을 위한 ROS 패키지

- URDF^{Unified Robot Description Format}를 사용한 로봇 모델링 이해

- 로봇 디스크립션을 위한 ROS 패키지 생성

- URDF 모델 생성

- URDF 파일 해설

- RViz에서 3D 로봇 모델 시각화

- URDF 모델에 물리 및 충돌 속성 추가

- XML 매크로^{Xacro}를 이용한 로봇 모델링 이해

- xacro를 URDF로 변환

- 7-DOF 로봇 매니퓰레이터에 대한 로봇 디스크립션 생성

- 7-DOF 로봇 팔의 xacro 모델 설명

- 차동 구동 모바일 로봇용 모델 생성

⁙ 기술적 요구 사항

3장의 예제를 따라 하려면 ROS Noetic이 설치된 우분투 20.04를 실행하는 PC가 필요하다. 3장의 참조 코드는 https://github.com/PacktPublishing/Mastering-ROS-for-Robotics-Programming-Third-edition.git의 깃허브 저장소에서 다운로드할 수 있다. 코드는 Chapter3/mastering_ros_robot_description_pkg/ 디렉터리에 들어있다.

작동 중인 코드는 https://bit.ly/2W5jief에서 볼 수 있다.

⁙ 로봇 모델링을 위한 ROS 패키지

ROS는 3D 로봇 모델을 구축하는 데 사용할 수 있는 몇 가지 좋은 패키지를 제공한다. 이 절에서는 로봇을 만들고 모델링하는 데 사용되는 몇 가지 중요한 ROS 패키지를 설명한다.

● **urdf:** URDF 패키지는 통합 로봇 기술 포맷^{URDF, Unified Robot Description Format}을 위한 C++ 파서^{parser}를 포함한다. URDF는 로봇 모델을 표현하기 위한 XML 파일이다. urdf의 구성 요소는 다음과 같다.

  a. **urdf_parser_plugin:** 이 패키지는 URDF 자료 구조를 채우는 메서드를 구현한다.

  b. **urdfdom_headers:** 이 패키지는 urdf 파서를 사용하기 위한 핵심 자료 구조 헤더를 제공한다.

  c. **collada_parser:** 이 패키지는 Collada 파일을 파싱^{parsing}해 자료 구조를 채운다.

  d. **urdfdom:** 이 구성 요소는 URDF 파일을 파싱해 자료 구조를 채운다.

URDF를 사용해 로봇 모델, 센서, 작업 환경을 정의할 수 있다. URDF 파서를 사용해 파싱할 수도 있다. 트리^{tree} 구조를 가진 링크로 구성된 로봇만 URDF로 작성할 수 있다. 즉, 로봇은 다수의 강체$^{rigid\ link}$로 구성돼 있고, 조인트로 연결된다. 유연한 링크는 URDF를 사용해 표현할 수 없다. URDF는 특수 XML 태그를 사용해 구성되며 추가 처리를 위해 파서 프로그램으로 이 XML 태그를 파싱할 수 있다. URDF 모델링 작업을 하기 전에 로봇 모델 파일을 사용하는 몇 가지 ROS 패키지를 살펴보자.

- **joint_state_publisher:** 이 도구는 URDF를 사용해 로봇 모델을 설계할 때 매우 유용하다. 이 패키지는 로봇 모델 디스크립션에서 모든 조인트를 찾아 고정되지 않은 조인트에 값을 발행하는 **joint_state_publisher** 노드를 포함한다. 각 조인트 값에 대한 다른 소스도 사용할 수 있다. 다음 절에서 이 패키지 사용법을 더 자세히 살펴본다.

- **joint_state_publisher_gui:** 이 도구는 **joint_state_publisher** 패키지와 매우 유사하다. **joint_state_publisher** 패키지와 동일한 기능을 제공하며, 이 외에도 RViz를 사용해 시각화된 각 로봇 조인트와 상호작용하는 데 사용할 수 있는 슬라이더 도구를 제공한다. 이 경우 조인트 값의 소스는 슬라이더 GUI다. URDF를 설계하는 동안 사용자는 이 도구를 사용해 각 조인트의 회전 및 변환을 확인할 수 있다.

- **kdl_parser:** 이 패키지는 로봇의 URDF 모델에서 KDL$^{Kinematic\ and\ Dynamic\ Library}$ 트리를 구축하기 위한 파서 도구를 포함한다. KDL은 기구^{kinematic} 및 동적^{dynamic} 문제를 해결하는 데 사용되는 라이브러리다.

- **robot_state_publisher:** 이 패키지는 현재 로봇 조인트의 상태를 읽고 URDF에서 만들어진 기구 트리를 사용해 각 로봇 링크의 3D 포즈^{pose}를 발행한다. 로봇의 3D 포즈는 **tf**$_{(transform)}$ ROS로 발행된다. **tf** ROS는 로봇의 좌표 프레임 간의 관계를 발행한다.

- **xacro:** Xacro는 XML 매크로의 약자며 xacro 파일은 추가 기능이 있는 URDF

파일로 생각할 수 있다. 여기에는 URDF를 더 짧고 읽기 쉽게 만드는 몇 가지 추가 기능이 포함돼 있으며 복잡한 로봇 디스크립션을 작성하는 데 사용할 수 있다. ROS 도구를 사용해 언제든지 xacro를 URDF로 변환할 수 있다. 다음 절에서 xacro와 그 사용법에 대해 자세히 알아본다.

지금까지 로봇의 3D 모델링과 관련된 패키지 목록을 알아봤으므로 이제 URDF 파일 형식을 사용해 첫 번째 모델을 분석할 준비가 됐다.

⁝⁝ URDF를 사용한 로봇 모델링 이해

앞 절에서 urdf 파일 형식을 사용하는 몇 가지 중요한 패키지를 나열했다. 이 절에서는 로봇을 모델링하는 데 도움이 되는 URDF XML 태그를 자세히 살펴본다. 파일을 만들고 로봇의 각 링크와 조인트 사이의 관계를 작성하고 .urdf 확장자를 사용해 파일을 저장해야 한다.

URDF는 로봇의 기구 및 동적 디스크립션, 시각화, 충돌 모델을 나타낼 수 있다.

다음 태그는 로봇 모델을 구성하는 데 일반적으로 사용되는 URDF 태그다.

- link: link 태그는 로봇의 단일 링크를 나타낸다. 이 태그를 사용해 로봇 링크와 속성을 모델링할 수 있다. 모델링에는 크기, 모양, 색상이 포함된다. 로봇 링크를 나타내고자 3D 메시를 가져올 수도 있다. 관성 행렬 및 충돌 속성과 같은 링크의 동적 속성도 추가할 수 있다.

  구문은 다음과 같다.

```
<link name="<name of the link>">
  <inertial>..........</inertial>
  <visual> ...........</visual>
```

```
    <collision>..........</collision>
  </link>
```

다음은 단일 링크를 나타낸다. Visual 섹션은 로봇의 실제 링크를 나타내고 실제 링크를 둘러싼 섹션은 Collision 섹션이다. Collision 섹션은 실제 링크의 충돌 전 감지를 위해 실제 링크 주위를 감싼다.

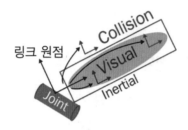

그림 3.1 URDF 링크의 시각화

- **joint:** joint 태그는 로봇 조인트를 나타낸다. 조인트의 기구학 및 동역학을 지정하고 조인트 움직임과 속도의 한계를 설정할 수 있다. 조인트 태그는 revolute, continuous, prismatic, fixed, floating, planar와 같은 다양한 조인트 타입을 지원한다.

구문은 다음과 같다.

```
<joint name="<name of the joint>">
  <parent link="link1"/>
  <child link="link2"/>

  <calibration .... />
  <dynamics damping ..../>
  <limit effort .... />
</joint>
```

URDF 조인트는 두 링크 사이에 형성된다. 첫 번째는 부모^{parent} 링크라 하고 두 번째는 자식^{child} 링크라 한다. 단일 조인트에는 단일 부모와 여러 자식이 동시에 있을 수 있다. 다음은 조인트 및 관련된 링크의 그림이다.

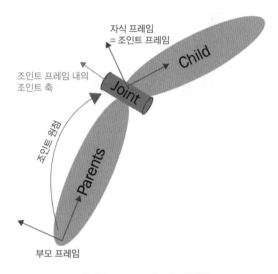

그림 3.2 URDF 조인트의 시각화

* **robot:** 이 태그는 URDF를 사용해 표현할 수 있는 전체 로봇 모델을 캡슐화한다. robot 태그 내에서 로봇의 이름, 링크, 로봇의 조인트를 정의할 수 있다. 구문은 다음과 같다.

```
<robot name="<name of the robot>"
  <link> ..... </link>
  <link> ...... </link>

  <joint> ....... </joint>
  <joint> ........</joint>
</robot>
```

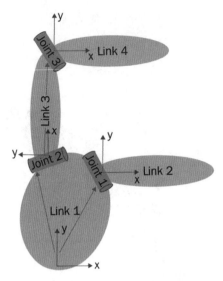

그림 3.3 조인트와 링크를 가진 로봇 모델의 시각화

- **gazebo:** 이 태그는 URDF 내부에 가제보의 시뮬레이션 파라미터를 포함할 때 사용한다. 이 태그를 사용해 Gazebo 플러그인^{gazebo plugins}, 가제보 재료^{gazebo material} 속성 등을 포함할 수 있다. 다음은 gazebo 태그를 사용하는 예를 보여준다.

```
<gazebo reference="link_1">
   <material>Gazebo/Black</material>
</gazebo>
```

http://wiki.ros.org/urdf/XML에서 더 많은 URDF 태그를 찾을 수 있다. 이제 앞서 언급한 구성 요소를 사용해 처음부터 로봇을 만들 준비가 됐다. 다음 절에서는 다양한 로봇 디스크립션이 포함된 ROS 패키지를 만든다.

::: 로봇 디스크립션을 위한 ROS 패키지의 생성

로봇의 URDF를 생성하기 전에 다음 명령으로 catkin 작업 공간에 ROS 패키지를 생성하자.

```
catkin_create_pkg mastering_ros_robot_description_pkg roscpp tf geometry_msgs
urdf rviz xacro
```

패키지는 주로 urdf와 xacro 패키지에 의존한다. 패키지가 설치돼 있지 않다면 패키지 매니저(apt-get)를 이용해 설치할 수 있다.

```
sudo apt-get install ros-noetic-urdf
sudo apt-get install ros-noetic-xacro
```

이 패키지 안에 로봇의 urdf 파일을 생성하고, RViz에서 urdf 파일을 표시하기 위한 런치 파일을 생성할 수 있다. 전체 패키지는 다음 깃허브 저장소에서 확인할 수 있다. 이 패키지 구현을 위해 저장소를 복제하거나 책의 소스코드에서 패키지를 가져올 수 있다.

```
git clone https://github.com/qboticslabs/mastering_ros_3rd_edition.git
cd mastering_ros_robot_description_pkg/
```

이 로봇의 URDF 파일을 생성하기 전에 패키지 디렉터리 안에 urdf, meshes, launch 라는 3개의 디렉터리를 생성하자. urdf 디렉터리는 생성할 URDF와 xacro 파일을 보관하는 용도다. meshes 디렉터리는 urdf 파일에 포함해야 하는 메시를 보관하고, launch 디렉터리는 ROS 런치 파일을 보관한다.

⠿ 최초의 URDF 모델 생성

URDF와 중요한 태그에 대해 학습한 후 URDF를 사용해 몇 가지 기본 모델링을 시작할 수 있다. 설계해 볼 첫 번째 로봇 메커니즘은 다음 다이어그램과 같이 팬 및 틸트^{pan-and-tilt} 메커니즘이다.

이 메커니즘에는 세 개의 링크와 두 개의 조인트가 있다. 기본 링크는 정적이며 다른 모든 링크는 기본 링크에 마운트된다. 첫 번째 조인트는 축에서 이동할 수 있다. 두 번째 링크는 첫 번째 링크에 장착되며 축에서 기울어질 수 있다. 이 시스템의 두 조인트는 **revolute** 타입이다.

그림 3.4 RViz에서 팬과 틸트 메커니즘의 시각화

이 메커니즘의 URDF 코드를 살펴보자. mastering_ ros_robot_description_pkg/ urdf 디렉터리에서 pan_tilt.urdf를 열어보자.

모델의 루트에 해당하는 기본^{base} 링크(base_link)를 정의함으로써 시작한다.

```
<?xml version="1.0"?>
<robot name="pan_tilt">
  <link name="base_link">
    <visual>
      <geometry>
        <cylinder length="0.01" radius="0.2"/>
```

```
    </geometry>
    <origin rpy="0 0 0" xyz="0 0 0"/>
    <material name="yellow">
      <color rgba="1 1 0 1"/>
    </material>
  </visual>
</link>
```

그런 다음 base_link와 pan_link를 연결하는 pan_joint를 정의한다.

```
<joint name="pan_joint" type="revolute">
  <parent link="base_link"/>
  <child link="pan_link"/>
  <origin xyz="0 0 0.1"/>
  <axis xyz="0 0 1" />
</joint>
<link name="pan_link">
  <visual>
    <geometry>
      <cylinder length="0.4" radius="0.04"/>
    </geometry>
    <origin rpy="0 0 0" xyz="0 0 0.09"/>
    <material name="red">
      <color rgba="0 0 1 1"/>
    </material>
  </visual>
</link>
```

유사하게 pan_link와 tilt_link를 연결하는 tilt_joint를 정의한다.

```
<joint name="tilt_joint" type="revolute">
  <parent link="pan_link"/>
```

```
            <child link="tilt_link"/>
            <origin xyz="0 0 0.2"/>
            <axis xyz="0 1 0" />
        </joint>
        <link name="tilt_link">
            <visual>
                <geometry>
                    <cylinder length="0.4" radius="0.04"/>
                </geometry>
                <origin rpy="0 1.5 0" xyz="0 0 0"/>
                <material name="green">
                    <color rgba="1 0 0 1"/>
                </material>
            </visual>
        </link>
    </robot>
```

다음 절에서는 줄 단위로 내용을 분석해보자.

⁞▷ URDF 파일 분석

코드를 확인할 때 디스크립션 상단에 <robot> 태그를 추가할 수 있다. 이런 방식으로 마크업 언어 파일을 시각화할 것이라고 시스템에 알린다. 이렇게 하면 텍스트 편집기에서 파일의 키워드를 강조 표시할 수 있다.

```
<?xml version="1.0"?>
<robot name="pan_tilt">
```

<robot> 태그는 생성할 로봇의 이름을 정의한다. 여기에서는 pan_tilt라 명명했다.

`<robot>` 태그 정의 이후에 섹션을 확인했다면 팬과 틸트 메커니즘의 링크와 조인트 정의를 볼 수 있다.

```
<link name="base_link">
  <visual>
    <geometry>
      <cylinder length="0.01" radius="0.2"/>
    </geometry>
    <origin rpy="0 0 0" xyz="0 0 0"/>
    <material name="yellow">
      <color rgba="1 1 0 1"/>
    </material>
  </visual>
</link>
```

이 코드는 팬과 틸트 메커니즘의 base_link 정의다. `<visual>` 태그는 로봇 시뮬레이션에서 보이는 링크의 외형을 기술할 수 있다. 이 태그를 사용해 링크의 기하 구조(원통형^{cylinder} 혹은 상자형^{box}이나 구형^{sphere} 또는 메시^{mesh} 구조)와 그 재질(색^{color}과 질감^{texture})을 정의할 수 있다.

```
<joint name="pan_joint" type="revolute">
  <parent link="base_link"/>
  <child link="pan_link"/>
  <origin xyz="0 0 0.1"/>
  <axis xyz="0 0 1" />
</joint>
```

코드에서는 유일한 이름과 조인트 타입을 가진 하나의 조인트를 정의할 수 있다. 여기서 사용한 조인트 타입은 revolute이고 부모 링크와 자식 링크는 각기 base_link와 pan_link다. 조인트 원점 또한 이 태그 내에 명시된다.

앞선 URDF 코드를 pan_tilt.urdf로 저장하고 다음 명령을 사용해 urdf에 오류가 있는지를 확인한다.

```
check_urdf pan_tilt.urdf
```

check_urdf 명령은 urdf를 분석하고 오류를 보여준다. 오류가 없다면 다음과 같은 결과를 보여줄 것이다.

```
robot name is: pan_tilt
---------- Successfully Parsed XML ---------------
   root Link: base_link has 1 child(ren)
     child(1): pan_link
     child(1): tilt_link
```

로봇 링크와 조인트의 구조를 그래프로 보길 원한다면 urdf_to_graphiz라는 명령 도구를 사용할 수 있다.

```
urdf_to_graphiz pan_tilt.urdf
```

이 명령은 두 파일 pan_tilt.gv와 pan_tilt.pdf을 생성한다. 다음 명령으로 이 로봇의 구조를 볼 수 있다.

```
evince pan_tilt.pdf
```

다음 결과를 확인할 수 있다.

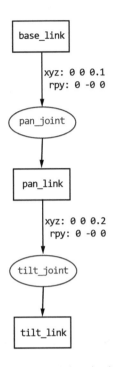

그림 3.5 팬과 틸트 메커니즘에서 조인트와 링크의 그래프

그래프 시각화를 사용하면 로봇의 각 조인트 위치와 관계를 이해하는 데 도움이 된다. 그러나 설계된 모델을 3D 뷰어로 시각화하는 것도 매우 유용하다. 이를 위해 다음 절에서 다루는 RViz를 사용할 수 있다.

⁞⁞⁝ RViz에서 로봇 3D 모델의 시각화

URDF를 디자인한 후에 RViz에서 로봇을 볼 수 있다. 다음 코드를 포함한 view_demo.launch 런치 파일을 만들어 launch 디렉터리에 저장하자. 동일한 코드를 mastering_ros_robot_description_pkg/launch 디렉터리에서 확인할 수 있다.

```
<?xml version="1.0" ?>
<launch>
    <arg name="model" />
    <param name="robot_description" textfile="$(find mastering_ros_robot_
description_pkg)/urdf/pan_tilt.urdf" />
    <node name="joint_state_publisher_gui" pkg="joint_state_ publisher_gui"
type="joint_state_publisher_gui" />
    <node name="robot_state_publisher" pkg="robot_state_ publisher"
type="robot_state_publisher" />
    <node name="rviz" pkg="rviz" type="rviz" args="-d $(find mastering_ros_
robot_description_pkg)/urdf.rviz" required="true" />
</launch>
```

다음 명령으로 모델을 실행할 수 있다.

```
roslaunch mastering_ros_robot_description_pkg view_demo.launch
```

모든 깃이 잘 직동한다면 RViz에서 팬과 틸트 메커니즘을 볼 수 있다.

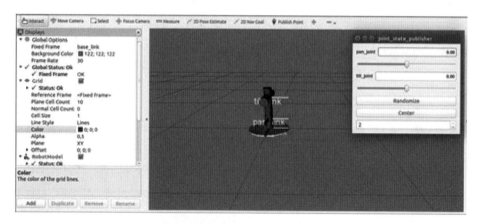

그림 3.6 팬과 틸트 메커니즘의 조인트 레벨

이전 버전의 ROS에서는 use_gui라는 ROS 파라미터로 joint_state_publisher의
GUI를 활성화했다. 런치 파일에서 GUI를 시작하려면 joint_state_publisher 노
드를 시작하기 전에 이 파라미터를 true로 설정해야 했다. 현재 버전의 ROS에서는
use_gui 파라미터와 함께 joint_state_publisher를 사용하는 대신 joint_state_
publisher_gui를 시작하게 런치 파일을 업데이트해야 한다.

팬 조인트와 틸트 조인트의 상호작용

RViz와 함께 팬 조인트와 틸트 조인트를 제어할 수 있는 슬라이더를 포함하는
GUI를 볼 수 있다. Joint State Publisher Gui node라는 이 GUI는 joint_state_
publisher_gui 패키지에 포함돼 있다.

```
<node name="joint_state_publisher_gui" pkg="joint_state_ publisher_gui"
  type="joint_state_publisher_gui" />
```

다음 문장들을 사용해 이 노드를 런치 파일에 포함시킬 수 있다. 팬과 틸트의 한계
[limit]가 joint 태그 내부에 언급돼야 한다.

```
<joint name="pan_joint" type="revolute">
  <parent link="base_link"/>
  <child link="pan_link"/>
  <origin xyz="0 0 0.1"/>
  <axis xyz="0 0 1" />
  <limit effort="300" velocity="0.1" lower="-3.14" upper="3.14"/>
  <dynamics damping="50" friction="1"/>
</joint>
```

<limit> 태그는 에퍼트[effort], 속도[velocity], 각도[angle]의 한계를 정의한다. 에퍼트는 이 조
인트가 지지하는 최대 힘[Newton unit]이고, lower와 upper는 각기 회전형 조인트의 라디

안 단위^{radian unit} 각과 프리즘형 조인트의 미터 단위^{meter unit}에 대한 하한 값과 상한 값을 나타낸다. 속도는 최대 조인트 속도(m/s 단위)다.

그림 3.7 팬과 틸트 메커니즘의 조인트 레벨

이 사용자 인터페이스의 슬라이더를 사용해 원하는 조인트 값을 설정할 수 있다. 지금까지 urdf 파일의 기본 요소를 살펴봤다. 다음 절에서는 로봇 모델에 물리적 요소를 추가한다.

물리적인 특징과 충돌 특성을 URDF 모델에 추가

가제보^{Gazebo} 또는 코펠리아심^{CoppeliaSim}과 같은 로봇 시뮬레이터에서 로봇을 시뮬레이션하기 전에 형상, 색상, 질량, 관성과 같은 링크의 물리적 속성과 링크의 충돌 속성을 정의해야 한다.

로봇의 동적 파라미터(예를 들어 질량, 관성 등)가 **urdf** 파일에 올바르게 지정된 경우에만 신뢰할 수 있는 로봇 시뮬레이션을 할 수 있다. 다음 코드에서는 이런 파라미터를 **base_ link**의 일부로 포함한다.

```
<link>
......
```

```
  <collision>
    <geometry>
      <cylinder length="0.03" radius="0.2"/>
    </geometry>
    <origin rpy="0 0 0" xyz="0 0 0"/>
  </collision>
  <inertial>
    <mass value="1"/>
    <inertia ixx="1.0" ixy="0.0" ixz="0.0" iyy="1.0" iyz="0.0" izz="1.0"/>
  </inertial>
...........
</link>
```

여기서 충돌 기하 정보collision geometry를 원통형cylinder으로, 질량mass을 1kg으로 정의하고
링크의 관성 행렬inertial도 설정한다.

collision과 inertia 파라미터는 각 링크에 필요하다. 그렇지 않으면 가제보가
로봇 모델을 제대로 로드하지 않는다.

이제 urdf 파일의 모든 요소를 살펴봤다. 다음 절에서는 다른 파일 형식, 즉 xacro
파일 형식을 설명한다.

⫸ xacro를 활용한 로봇 모델링의 이해

복잡한 로봇 모델로 작업할 때 URDF는 불편하다. URDF이 부족한 기능은 단순성,
재사용성, 모듈성, 프로그래밍 가능성이다.

누군가 로봇 디스크립션에서 URDF 블록을 10번 재사용하려는 경우 블록을 10번
복사해 붙여 넣을 수 있다. 이 코드 블록을 사용하고 다른 설정으로 여러 복사본을
만드는 옵션이 있으면 로봇 디스크립션을 만들 때 매우 유용하다.

URDF는 단일 파일이며 그 안에 다른 URDF 파일을 포함할 수 없다. 이는 코드의 모듈화 특성을 감소시킨다. 모든 코드는 단일 파일에 있어야 하므로 코드가 단순해야 한다.

또한 디스크립션 언어에 변수, 상수, 수학 표현식, 조건문 같은 프로그래밍 기능이 있다면 더 사용자 친화적이 된다.

xacro를 사용한 로봇 모델링은 이런 조건을 충족한다. xacro의 주요 기능은 다음과 같다.

- **URDF 단순화:** xacro는 URDF의 정리된 버전이다. 로봇 디스크립션 내에 매크로를 생성하고 매크로를 재사용한다. 이렇게 하면 코드 길이를 줄일 수 있다. 또한 다른 파일의 매크로를 포함해 코드를 더 간단하고 읽기 쉽게 모듈화할 수 있다.

- **프로그래밍 가능성:** xacro 언어는 디스크립션에서 간단한 프로그래밍 기능을 지원한다. 디스크립션을 좀 더 지능적이고 효율적으로 만드는 변수, 상수, 수학적 표현, 조건문 등이 있다.

URDF를 사용해 이미 만든 것과 동일한 pan_tilt 로봇을 만들어보자. 이 파일에 대한 전체 설명은 책의 소스코드에서 찾을 수 있다. mastering_ros_robot_description_pkg/urdf로 이동하라. 파일 이름은 pan_tilt.xacro다. xacro 파일에는 .urdf 대신 .xacro 확장자를 사용해야 한다.

다음은 xacro 코드에 대한 설명이다.

```
<?xml version="1.0"?>
<robot xmlns:xacro="http://www.ros.org/wiki/xacro" name="pan_tilt">
```

이 행은 xacro 파일 파싱을 위해 모든 xacro 파일에 필요한 네임스페이스를 지정한다. 네임스페이스를 지정한 후 xacro 파일의 이름을 추가해야 한다. 다음 절에서는 속성을 포함해 파일을 계속 작성한다.

속성의 사용

xacro를 사용해 코드의 어느 곳에서나 사용할 수 있는 상수[constants] 또는 속성[properties]을 선언할 수 있다. 이런 상수 정의의 주요 목적은 링크와 조인트에 직접 입력된[hard coded] 값을 전달하는 대신 상수를 유지하는 것이다. 그러면 직접 입력된 값을 찾아 교체하는 것보다 상수를 변경하는 것이 더 쉬워진다.

속성을 사용하는 예는 다음과 같다. 기반[base] 링크와 팬 링크의 길이[length] 및 반경[radius]을 선언한다. 따라서 각 값을 변경하는 것보다 여기에서 속성 값을 변경하는 것이 쉽다.

```
<xacro:property name="base_link_length" value="0.01" />
<xacro:property name="base_link_radius" value="0.2" />
<xacro:property name="pan_link_length" value="0.4" />
<xacro:property name="pan_link_radius" value="0.04" />
```

직접 입력한 값을 선언된 속성으로 교체함으로써 속성 값을 사용할 수 있다.

```
<cylinder length="${pan_link_length}" radius="${pan_link_radius}"/>
```

여기에서 기존에 직접 입력한 값 "0.4"는 "${pan_link_length}"로, "0.04"는 "${pan_link_radius}"로 교체된다.

수학 연산자 활용

+, -, *, /등의 단항 연산자^{unary minus}, 괄호^{parenthesis}와 같은 수학 연산자를 ${} 내부에 사용할 수 있다. 거듭제곱^{exponentiation}과 모듈러스^{modulus}는 아직 지원되지 않는다. 다음은 코드 내에 사용되는 간단한 수학 연산자다.

```
<cylinder length="${pan_link_length}" radius="${pan_link_radius+0.02}"/>
```

xacro 파일의 중요한 요소는 매크로다. 다음 절에서는 매크로를 사용하는 방법을 알아본다.

매크로 활용

xacro의 주요 특징 중 하나는 매크로를 지원한다는 것이다. xacro를 사용하면 복잡한 정의의 길이를 훨씬 더 작은 규모로 줄일 수 있다. 여기에 inertial 태그의 간단한 정의를 위해 사용한 xacro 정의가 있다.

```
<xacro:macro name="inertial_matrix" params="mass">
  <inertial>
    <mass value="${mass}" />
    <inertia ixx="0.5" ixy="0.0" ixz="0.0" iyy="0.5" iyz="0.0" izz="0.5" />
  </inertial>
</xacro:macro>
```

매크로는 inertial_matrix라는 이름이고, 파라미터는 mass다. mass 파라미터는 ${mass}를 이용한 inertial 정의에서 사용될 수 있다. 각 inertial 코드 블록을 다음과 같이 한 행으로 교체할 수 있다.

```
<xacro:inertial_matrix mass="1"/>
```

xacro 정의는 코드 가독성을 향상시켰고 urdf와 비교해 행의 수를 줄였다. 다음 절에서는 xacro를 urdf 파일로 변환하는 방법을 살펴본다.

⁝⁝ xacro에서 URDF로의 변환

xacro 파일은 urdf로 변환할 수 있다. xacro 파일을 생성한 후 URDF 파일로 변환을 위해 다음 명령을 사용할 수 있다.

```
rosrun xacro xacro.py pan_tilt.xacro > pan_tilt_generated.urdf
```

xacro의 URDF로 변환을 위해 ROS 런치 파일에서 다음 명령을 사용할 수 있으며, robot_description 파라미터로 사용할 수도 있다.

```
<param name="robot_description" command="$(find xacro)/xacro.py
$(find mastering_ros_robot_description_pkg)/urdf/pan_tilt.xacro"/>
```

런치 파일을 만들어 팬 및 틸트 로봇의 xacro를 볼 수 있으며 다음 명령으로 실행할 수 있다.

```
roslaunch mastering_ros_robot_description_pkg view_pan_tilt_xacro.launch
```

이 명령으로 URDF 파일의 모델을 3D 그래픽으로 확인할 수 있다. 이제 더 복잡한 작업을 수행할 준비가 됐다. 팬 및 틸트 로봇은 조인트가 2개뿐이므로 자유도는 2개뿐이다. 다음 절에서는 7개의 조인트로 구성된 로봇 매니퓰레이터를 만든다.

❖ 7-DOF 로봇 매니퓰레이터 로봇 디스크립션 생성

이제 URDF와 xacro를 사용해 좀 더 복잡한 로봇을 만들 수 있다. 만들어볼 첫 번째 로봇은 다중 직렬 링크 매니퓰레이터인 7-DOF^Degree Of Freedom 로봇 팔이다. 7-DOF 로봇 팔은 기구적으로 리던던트^redundant하므로 목표 위치^position와 방향^orientation에 다다르는 데 필요한 것보다 더 많은 조인트와 DOF가 존재한다. 리던던트 매니퓰레이터의 장점은 원하는 목표 위치와 방향에 대해 다양한 조인트 배치^configuration를 가질 수 있다는 것이다. 이는 로봇 움직임의 유연성과 다양성을 향상시키고 로봇 작업 공간에서 효과적으로 충돌 없는 동작을 구현할 수 있게 한다.

7-DOF 로봇 팔을 만드는 것부터 시작해보자. 로봇 팔의 최종 출력 모델을 다음 그림에서 확인할 수 있다(로봇의 다양한 조인트와 링크도 다이어그램에 표시돼 있음).

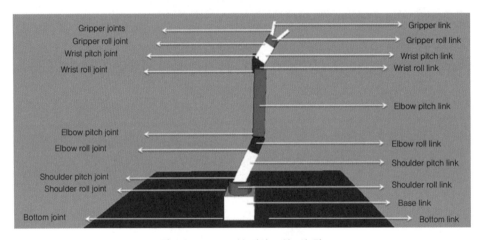

그림 3.8 7-DOF 로봇 팔의 조인트와 링크

이 로봇 팔은 xacro를 사용해 정의된다. 복제된 저장소에서 실제 디스크립션 파일을 가져올 수 있다. 복제된 패키지 내부의 urdf 디렉터리로 이동해 Seven_dof_arm.xacro 파일을 열 수 있다. 디스크립션을 복사해 현재 패키지에 붙여 넣고 이 로봇 디스크립션의 주요 측면을 살펴본다. 로봇 모델 파일을 생성하기 전에 로봇 팔의 일부 사양을 살펴보자.

로봇 팔 사양

다음은 7-DOF 매니퓰레이터인 로봇 팔의 사양^{specification}이다.

- 자유도^{Degrees of freedom}: 7

- 팔의 길이^{Length of arm}: 50 cm

- 팔의 도달 범위^{Reach of the arm}: 35 cm

- 링크 개수^{Number of links}: 12

- 조인트 개수^{Number of joints}: 11

보시다시피 다양한 타입의 조인트를 정의할 수 있다. 이제 7-DOF 로봇 팔의 조인트 타입을 살펴보자.

조인트 타입

로봇의 조인트 이름과 그 타입을 포함하는 조인트 리스트는 다음과 같다.

조인트 번호	조인트 이름	조인트 타입	각도 한계
1	bottom_joint	Fixed	--
2	shoulder_pan_joint	Revolute	-150° 부터 114° 까지
3	shoulder_pitch_joint	Revolute	-67° 부터 109° 까지
4	elbow_roll_joint	Revolute	-150° 부터 41° 까지
5	elbow_pitch_joint	Revolute	-92° 부터 110° 까지
6	wrist_roll_joint	Revolute	-150° 부터 150° 까지
7	wrist_pitch_joint	Revolute	92° 부터 113° 까지
8	gripper_roll_joint	Revolute	-150° 부터150° 까지

(이어짐)

조인트 번호	조인트 이름	조인트 타입	각도 한계
9	finger_joint1	Prismatic	0부터 3cm까지
10	finger_joint2	Prismatic	0부터 3cm까지

표와 같이 로봇은 고정 조인트 1개, 회전 조인트 7개, 그리퍼용 프리즘 조인트 2개로 구성돼 있다. 앞의 사양을 사용해 로봇 팔의 **xacro**를 작성한다. 그런 다음 **xacro** arm 파일에 대해 알아본다.

⋮⋮ 7-DOF 로봇 팔의 xacro 모델 상세 설명

로봇 모델 파일에 삽입해야 하는 요소를 정의한 후 이 로봇에 10개의 링크와 9개의 조인트(7개는 팔, 2개는 집게)를 추가하고, 로봇 집게gripper에는 2개의 링크와 2개의 조인트를 추가할 준비가 됐다.

xacro 정의부터 살펴보자.

```
<?xml version="1.0"?>
<robot name="seven_dof_arm" xmlns:xacro="http://www.ros.org/wiki/xacro">
```

xacro 파일을 작성하고 있기 때문에 파일 파싱을 위해 **xacro** 네임스페이스를 언급해야 한다. 그런 다음 팔의 기하학적 속성을 정의할 수 있다.

상수 사용

이 **xacro** 내부에 상수constant를 사용해 로봇 디스크립션을 더 짧고 읽기 쉽게 만든다. 여기에서 각 링크의 각도-라디안 변환 계수, PI 값, 각 링크의 길이, 높이, 너비를 정의한다.

```
<property name="deg_to_rad" value="0.01745329251994329577"/>
<property name="M_PI" value="3.14159"/>
<property name="elbow_pitch_len" value="0.22" />
<property name="elbow_pitch_width" value="0.04" />
<property name="elbow_pitch_height" value="0.04" />
```

다음으로 같은 종류의 요소를 여러 번 정의하는 데 사용되는 매크로를 살펴보자.

매크로의 사용

이 코드에서 반복성을 피하고 코드를 더욱 짧게 만들고자 매크로를 정의한다. 이 코드에서는 디스크립션에서 사용한 매크로가 있다.

```
<xacro:macro name="inertial_matrix" params="mass">
  <inertial>
    <mass value="${mass}" />
    <inertia ixx="1.0" ixy="0.0" ixz="0.0" iyy="0.5" iyz="0.0" izz="1.0" />
  </inertial>
</xacro:macro>
```

이는 파라미터로 mass를 사용하는 inertial_matrix 매크로의 정의다.

```
<xacro:macro name="transmission_block" params="joint_name">
  <transmission name="tran1">
    <type>transmission_interface/SimpleTransmission</type>
    <joint name="${joint_name}">
      <hardwareInterface>PositionJointInterface</hardwareInterface>
    </joint>
    <actuator name="motor1">
      <hardwareInterface>PositionJointInterface</hardwareInterface>
```

```
        <mechanicalReduction>1</mechanicalReduction>
      </actuator>
    </transmission>
  </xacro:macro>
```

이 코드에서는 transmission 태그를 사용함으로써 transmission_block 매크로를 정의한다.

transmission 태그는 조인트를 액추에이터에 연결한다. 모터 타입 및 파라미터와 함께 조인트에서 사용하는 transmission 타입을 정의한다. 또한 ROS 컨트롤러와 인터페이스할 때 사용하는 하드웨어 인터페이스 타입을 정의한다.

다른 xacro 파일 포함

xacro:include 태그를 사용해 센서의 xacro 정의를 포함해 로봇 xacro의 기능을 확장할 수 있다. 다음 코드는 로봇 xacro에 센서 정의를 포함하는 방법을 보여준다.

```
<xacro:include filename="$(find mastering_ros_robot_description_pkg)/urdf/
sensors/xtion_pro_live.urdf.xacro"/>
```

여기에 아수스^{Asus} Xtion pro라는 비전 센서의 xacro 정의가 포함된다. 이것은 xacro 파일이 파싱될 때 확장된다.

"$(find mastering_ros_robot_description_pkg)/urdf/sensors/xtion_pro_live.urdf.xacro"를 사용해 센서의 xacro 정의에 접근할 수 있다. 여기서 find는 mastering_ros_robot_description_pkg 패키지를 찾는 데 사용한다.

비전 처리는 10장에서 더 자세히 설명한다.

링크에서 메시 사용

링크 내부에 기본 도형(박스, 원통, 구)을 삽입하거나 mesh 태그를 사용해 메시^{mesh} 파일을 삽입할 수 있다. 다음 예는 mesh를 비전 센서에 삽입하는 방법을 보여준다.

```
<visual>
  <origin xyz="0 0 0" rpy="0 0 0"/>
  <geometry>
    <mesh filename="package://mastering_ros_robot_description_pkg/meshes/
sensors/xtion_pro_live/xtion_pro_live.dae"/>
  </geometry>
  <material name="DarkGrey"/>
</visual>
```

이제 로봇 팔에서 집게의 정의를 살펴보자

로봇 집게를 사용한 작업

로봇의 집게는 블록을 잡아 배치하도록 설계됐다. 집게는 단순 연결 범주에 속한다. 집게에는 두 개의 조인트가 있으며 각 조인트는 프리즘^{prismatic} 타입이다. 다음은 하나의 집게 조인트인 finger_joint1의 조인트 정의다.

```
<joint name="finger_joint1" type="prismatic">
  <parent link="gripper_roll_link"/>
  <child link="gripper_finger_link1"/>
  <origin xyz="0.0 0 0" />
  <axis xyz="0 1 0" />
  <limit effort="100" lower="0" upper="0.03" velocity="1.0"/>
  <safety_controller k_position="20"
    k_velocity="20"
    soft_lower_limit="${-0.15 }"
```

```
    soft_upper_limit="${ 0.0 }"/>
  <dynamics damping="50" friction="1"/>
</joint>
```

여기서 첫 번째 집게 조인트는 gripper_roll_link와 gripper_ finger_link1로 구성돼 있다. gripper_roll_link와 gripper_finger_link2 연결을 위해 finger_ joint2를 정의할 수 있다.

다음 그래프는 집게 조인트가 gripper_roll_link에서 연결된 방법을 보여준다.

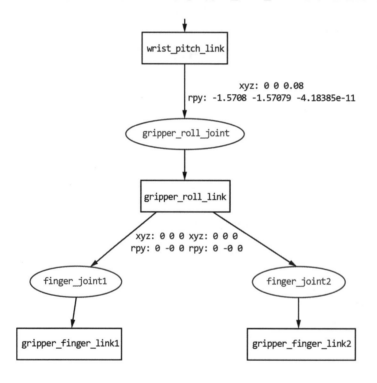

그림 3.9 7-DOF 로봇 팔의 엔드 이펙터(end effector) 그래프

이제 RViz를 사용해 팔 모델을 시각화할 준비가 됐다.

138

RViz에서 7-DOF 로봇 팔 시각화

로봇 모델을 살펴봤으므로 이제 RViz에서 설계된 xacro 파일을 보고 joint_state_publisher 노드를 사용해 각 조인트를 제어하고, robots_state_publisher를 사용해 로봇 상태를 발행할 수 있다.

이전 작업은 이 패키지의 launch 디렉터리에 있는 view_arm.launch라는 런치 파일을 사용해 실행할 수 있다.

```xml
<?xml version="1.0" ?>
<launch>
  <arg name="model" />
  <!-- xacro 파싱(Parsing)과 robot_description 파라미터 불러오기(load) -->
  <param name="robot_description" command="$(find xacro)/xacro.py $(find mastering_ros_robot_description_pkg)/urdf/ seven_dof_arm.xacro" />
  <node name="robot_state_publisher" pkg="robot_state_publisher" type="state_publisher" />
  <node name="joint_state_publisher_gui " pkg="joint_state_publisher_gui" type="joint_state_publisher_gui " />
  <!-- rviz에서 시각화 런치(Launch) -->
  <node name="rviz" pkg="rviz" type="rviz" args="-d $(find mastering_ros_robot_description_pkg)/urdf.rviz" required="true" />
</launch>
```

launch 디렉터리 내에 다음 런치 파일을 생성하고 catkin_make 명령을 사용해 패키지를 빌드한다. 다음 명령을 사용해 urdf를 실행한다.

```
roslaunch mastering_ros_robot_description_pkg view_arm.launch
```

로봇은 joint_state_publisher_gui 노드 덕분에 RViz에 나타날 것이다.

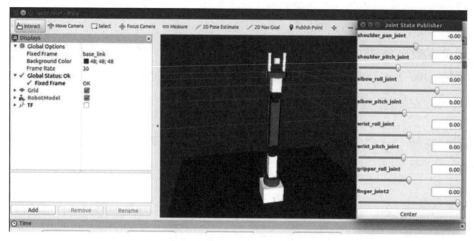

그림 3.10 RViz에서 `joint_state_publisher_gui`를 활용한 7-DOF 로봇 팔

조인트 슬라이더와 조작해 로봇의 조인트를 움직일 수 있다. 다음으로 `joint_state_publisher`가 할 수 있는 일을 살펴보자.

joint_state_publisher 이해

`joint_state_publisher` 패키지는 로봇의 각 조인트와 상호작용하는 데 일반적으로 사용되는 ROS 패키지 중 하나다. 패키지에는 URDF 모델에서 고정되지 않은 조인트를 찾고 `sensor_msgs/JointState` 메시지 타입으로 각 조인트의 상태 값을 게시하는 `joint_state_publisher` 노드가 포함돼 있다. 또한 이 패키지는 모든 조인트 위치의 발행을 위해 `robot_state_publisher` 패키지와 함께 사용할 수 있다. 다른 소스를 사용해 각 조인트의 값을 설정할 수 있다. 앞에서 본 것처럼 다른 방법은 슬라이더 GUI를 사용하는 것이다. 이 방법은 주로 테스트에 사용한다. 또 다른 방법은 노드가 구독하는 `JointState` 토픽을 사용하는 것이다.

http://wiki.ros.org/joint_state_publisher에서 `joint_state_publisher` 패키지를 더 자세히 알아볼 수 있다.

robot_state_publisher 이해

robot_state_publisher 패키지는 로봇의 상태를 tf에 발행하는 데 도움이 된다. 이 패키지는 로봇의 조인트 상태를 구독하고 URDF 모델의 기구적 상태 표현을 사용해 각 링크의 3D 포즈를 발행한다. 런치 파일 내에서 다음 줄을 사용해 robot_state_publisher 노드를 구현할 수 있다.

```
<!-- tf를 발행할 robot state publish 실행 -->
<node name="robot_state_publisher" pkg="robot_state_ publisher"
type="robot_state_publisher" />
```

이전 런치 파일인 view_arm.launch에서 로봇 팔의 tf 발행을 위해 이 노드를 실행했다. 다음과 같이 RViz에서 tf 옵션을 클릭해 로봇의 변환transformation을 시각화할 수 있다.

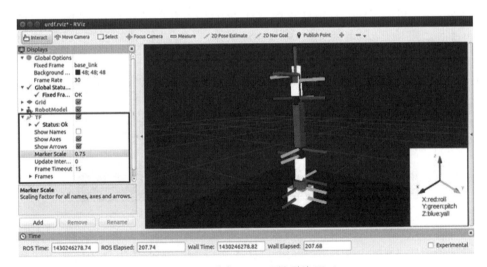

그림 3.11 RViz에서 7-DOF 로봇 팔의 TF view

joint_state_publisher 및 robot_state_publisher 패키지는 ROS 데스크톱desktop 설치 시에 함께 설치된다.

이제 차동 구동 메커니즘이 있는 모바일 로봇을 만드는 방법을 살펴보자.

차동 구동 모바일 로봇 모델 생성

차동 구동 로봇은 로봇 섀시^{chassis}의 서로 반대 방향에 연결된 두 개의 바퀴가 있으며, 하나 또는 두 개의 캐스터 휠^{caster wheel}로 지지된다. 각 개별 바퀴의 속도를 조절해 로봇의 속도를 제어한다. 두 개의 모터가 같은 속도로 작동하면 로봇이 앞이나 뒤로 움직인다. 한 바퀴가 다른 바퀴보다 느리게 움직이면 로봇은 회전한다. 로봇을 왼쪽 으로 회전하게 하려면 오른쪽 바퀴보다 왼쪽 바퀴의 속도를 줄이면 된다. 그 반대의 경우도 마찬가지다.

캐스터 휠이라는 두 개의 휠이 있어 로봇을 지지하고 메인 바퀴의 움직임에 따라 자유롭게 회전한다.

이 로봇의 URDF 모델은 복제된 ROS 패키지에 있다. 최종 로봇 모델은 다음 그림과 같다.

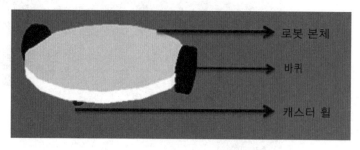

그림 3.12 차동 구동 모바일 로봇의 모델

이 로봇에는 5개의 조인트와 5개의 링크가 있다. 두 개의 주요 조인트는 바퀴를 로봇의 베이스와 연결한다. 다른 조인트는 고정돼 있으며 캐스터 휠과 로봇의 베이스 풋프린트_(base_footprint)를 베이스 링크_(base_link)에 연결하는 데 사용한다. 다음은 이 로봇의 연결 그래프다.

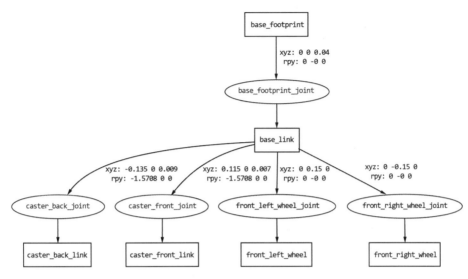

그림 3.13 차동 구동 모바일 로봇의 링크와 조인트의 그래프

URDF 파일에 있는 코드의 중요한 구획을 살펴보자. URDF 파일(diff_wheeled_robot.xacro)은 복제된 ROS 패키지의 urdf 디렉터리에 있다.

URDF 파일의 첫 번째 섹션이 여기에 있다. 로봇 이름은 **differential_wheeled_robot**이며 여기에는 wheel.urdf.xacro라는 URDF 파일도 포함된다. 이 xacro 파일에는 바퀴와 트랜스미션[transmission]에 대한 정의가 포함돼 있다. 이 xacro 파일을 사용하면 두 바퀴를 만들려고 두 가지 다른 정의를 할 필요가 없다. 두 바퀴의 모양과 크기가 동일하기 때문에 이 xacro 정의를 활용한다.

```
<?xml version="1.0"?>
<robot name="differential_wheeled_robot" xmlns:xacro="http://www.ros.org/
wiki/xacro">
    <xacro:include filename="$(find mastering_ros_robot_description_pkg)/urdf/
wheel.urdf.xacro" />
```

wheel.urdf.xacro에서 바퀴의 정의는 여기에 존재한다. 바퀴가 왼쪽이든 오른쪽이든, 앞 쪽이든 뒤 쪽이든 어느 곳에 위치해야 하는지를 언급한다. 이 매크로를 사용해 최대 바퀴 4개를 만들 수 있지만 지금은 두 개만 사용한다.

```
<xacro:macro name="wheel" params="fb lr parent translateX translateY flipY">
    <!--fb : front, back ; lr: left, right -->
    <link name="${fb}_${lr}_wheel">
```

또한 시뮬레이션에서 필요한 가제보 파라미터를 입력할 수 있다. 바퀴와 관련된 가제보 파라미터는 바로 여기에서 입력된다. gazebo reference 태그를 사용해 마찰^{frictional} 계수와 강성^{stiffness} 계수를 입력할 수 있다.

```
<gazebo reference="${fb}_${lr}_wheel">
    <mu1 value="1.0"/>
    <mu2 value="1.0"/>
    <kp value="10000000.0" />
    <kd value="1.0" />
    <fdir1 value="1 0 0"/>
    <material>Gazebo/Grey</material>
    <turnGravityOff>false</turnGravityOff>
</gazebo>
```

바퀴에 대해 정의한 wheel 조인트는 회전 범위의 제한^{limit}이 없기 때문에 연속^{continuous} 타입 조인트다.

```
<joint name="${fb}_${lr}_wheel_joint" type="continuous">
    <parent link="${parent}"/>
    <child link="${fb}_${lr}_wheel"/>
    <origin xyz="${translateX * base_x_origin_to_wheel_origin}
${translateY * base_y_origin_to_wheel_origin} ${base_z_origin_ to_wheel_
origin}" rpy="0 0 0" />
```

```
        <axis xyz="0 1 0" rpy="0 0 0" />
        <limit effort="100" velocity="100"/>
        <joint_properties damping="0.0" friction="0.0"/>
    </joint>
```

또한 각 바퀴들의 **transmission** 태그를 정의할 필요가 있다. 바퀴의 매크로는 다음 과 같다.

```
    <!-- 트랜스미션(Transmission)은 조인트를 컨트롤러에 연결하기 때문에 중요하다. -->
    <transmission name="${fb}_${lr}_wheel_joint_trans">
      <type>transmission_interface/SimpleTransmission</type>
      <joint name="${fb}_${lr}_wheel_joint" />
      <actuator name="${fb}_${lr}_wheel_joint_motor">
        <hardwareInterface>EffortJointInterface</hardwareInterface>
        <mechanicalReduction>1</mechanicalReduction>
      </actuator>
    </transmission>
  </xacro:macro>
</robot>
```

diff_wheeled_robot.xacro에서 wheel.urdf.xacro에 정의된 매크로 사용을 위해 다 음 줄을 사용한다.

```
  <xacro:wheel fb="front" lr="right" parent="base_link" translateX="0"
translateY="0.5" flipY="1"/>
  <xacro:wheel fb="front" lr="left" parent="base_link" translateX="0"
translateY="-0.5" flipY="1"/>
```

앞의 줄을 사용해 로봇 베이스의 왼쪽과 오른쪽에 있는 바퀴를 정의한다. 로봇 베이 스는 앞의 그림과 같이 원통형이다. 관성^{inertia} 연산 매크로가 여기에 있다. 이 **xacro**

코드는 실린더의 질량, 반경, 높이를 사용해 관성을 계산한다.

```
<!-- 원통의 관성 계산을 위한 매크로 -->
<macro name="cylinder_inertia" params="m r h">
  <inertia ixx="${m*(3*r*r+h*h)/12}" ixy = "0" ixz = "0"
    iyy="${m*(3*r*r+h*h)/12}" iyz = "0"
    izz="${m*r*r/2}" />
</macro>
```

RViz에서 이 루트[root] 모델을 표현하기 위한 런치 파일 정의는 다음과 같다. 런치 파일은 view_mobile_robot.launch라는 이름이다.

```
<launch>
<?xml version="1.0" ?>
  <arg name="model" />
  <!-- xacro 파싱(Parsing)과 robot_description 파라미터 설정 -->
  <param name="robot_description" command="$(find xacro)/xacro.py
$(find mastering_ros_robot_description_pkg)/urdf/diff_wheeled_robot.xacro" />
  <!-- 조인트 값을 발행할 joint_state_publisher 노드 실행 -->
  <node name="joint_state_publisher_gui" pkg="joint_state_publisher_gui "
type="joint_state_publisher_gui " />
  <!-- tf를 발행할 robot_state_publisher 노드 실행 -->
  <node name="robot_state_publisher" pkg="robot_state_publisher"
type="state_publisher" />
  <!-- rviz에서 시각화 런치(Launch) -->
  <node name="rviz" pkg="rviz" type="rviz" args="-d $(find mastering_ros_
robot_description_pkg)/urdf.rviz" required="true" />
</launch>
```

로봇 팔 URDF 파일을 사용한 런치 파일과 유일한 차이는 xacro 파일 이름이다. 다른 섹션은 동일하다.

다음 명령으로 모바일 로봇을 볼 수 있다.

```
roslaunch mastering_ros_robot_description_pkg view_mobile_robot.launch
```

RViz에서 로봇의 스크린샷은 다음과 같다.

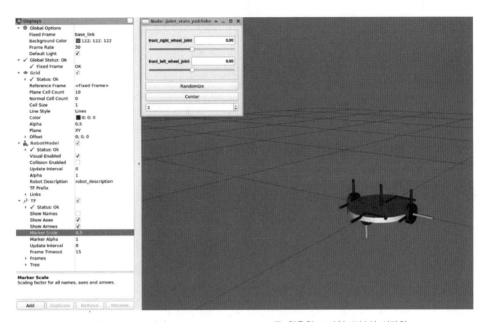

그림 3.14 RViz에서 `joint_state_publisher`를 활용한 모바일 로봇의 시각화

실제로 로봇을 움직일 수는 없지만 RViz의 사용자 인터페이스에 있는 슬라이드 바를 사용해 로봇의 바퀴를 움직일 수 있다.

요약

3장에서는 로봇 모델링의 중요성과 로봇을 모델링하는 방법을 살펴봤다. `urdf`, `xacro`, `joint_state_publisher`와 같이 ROS에서 로봇 구조를 모델링하는 데 사용하는 패키지와 해당 GUI를 살펴봤다. URDF, xacro 및 사용할 수 있는 주요 URDF 태그도 살펴봤다. 또한 URDF와 xacro로 샘플 모델을 만들고 둘의 차이점을 알아봤다. 다음으로 7개의 DOF가 있는 복잡한 로봇 매니퓰레이터를 만들고 joint_state_publisher 및 robot_state_publisher 패키지의 사용법을 살펴봤다. 3장의 끝에서 xacro를 사용하는 차동 구동 모바일 로봇의 설계 절차를 검토했다. 4장에서는 가제보를 사용해 이런 로봇의 시뮬레이션을 살펴본다.

⁝⁝⯈ 질문

1. ROS에서 로봇 모델링에 사용되는 패키지는 무엇인가?

2. 로봇 모델링에 사용되는 중요한 URDF 태그는 무엇인가?

3. URDF보다 xacro를 사용하는 이유는 무엇인가?

4. joint_state_publisher와 robot_state_publisher 패키지의 기능은 무엇인가?

5. URDF에서 transmission 태그의 기능은 무엇인가?

04

ROS와 가제보를 활용한 로봇 시뮬레이션

로봇의 3D 모델을 설계한 후 다음 단계는 로봇을 시뮬레이션하는 것이다. 로봇 시뮬레이션은 로봇이 가상 환경에서 어떻게 작동하는지에 대한 아이디어를 제공한다.

4장에서는 가제보^{Gazebo} 시뮬레이터(https://gazebosim.org/)를 사용해 7개의 자유도를 가진 로봇 팔과 모바일 로봇을 시뮬레이션한다.

가제보는 복잡한 실내 및 실외 로봇 시뮬레이션을 위한 다중 로봇 시뮬레이터다. 복잡한 로봇, 로봇 센서, 다양한 3D 물체를 시뮬레이션할 수 있다. 가제보의 저장소 (https://bitbucket.org/osrf/gazebo_models/)에는 이미 인기 있는 로봇, 센서, 다양한 3D 개체의 시뮬레이션 모델이 있다. 새 모델을 만들 필요 없이 이런 모델을 직접 사용할 수 있다.

가제보를 완벽하게 제어할 수 있는 적절한 ROS 인터페이스 덕분에 가제보는 ROS와 완벽하게 통합된다. ROS 없이 가제보를 설치할 수 있지만 ROS에서 가제보로 통신하려면 ROS-가제보 인터페이스를 설치해야 한다.

4장에서는 7-DOF 로봇 팔과 차동 구동 로봇의 시뮬레이션을 설명한다. 또한 가제보에서 로봇의 조인트를 제어하는 데 도움이 되는 ROS 컨트롤러^{controllers}도 살펴본다.

4장에서 다루는 내용은 다음과 같다.

- 로봇 시뮬레이션과 가제보 이해

- 로봇 팔 모델 가제보 시뮬레이션

- 깊이 센서를 활용한 로봇 팔 시뮬레이션

- 가제보에서 ROS 컨트롤러를 활용한 로봇 조인트 이동

- 차동 구동 로봇 가제보 시뮬레이션

- 가제보에서 모바일 로봇 원격 조작

⁙ 기술적 요구 사항

4장을 따라 하려면 우분투 20.04에 ROS Noetic이 설치된 PC가 필요하다. 4장의 참조 코드는 다음 깃허브 저장소에서 다운로드할 수 있다.

https://github.com/PacktPublishing/Mastering-ROS-for-Robotics-Programming-Third-edition.git

코드는 Chapter4/seven_dof_arm_gazebo 디렉터리에 있다.

작동 중인 코드는 https://bit.ly/2XvBY7o에서 볼 수 있다.

⁙ 가제보 및 ROS를 활용한 로봇 팔 시뮬레이션

3장에서는 7-DOF 로봇 팔을 설계했다. 이 절에서는 ROS를 사용해 가제보에서 로봇을 시뮬레이션한다.

시작하기 전에 가제보와 ROS를 함께 동작시키도록 다음 패키지를 설치해야 한다.

```
sudo apt-get install ros-noetic-gazebo-ros-pkgs ros-noetic-gazebo-msgs
ros-noetic-gazebo-plugins ros-noetic-gazebo-ros-control
```

Noetic ROS 패키지에서 설치된 기본 버전은 가제보 11.x다. 각 패키지의 용도는 다음과 같다.

- **gazebo_ros_pkgs:** 여기에는 ROS와 가제보를 연결하기 위한 래퍼 및 도구가 포함된다.

- **gazebo-msgs:** 여기에는 ROS에서 가제보와 인터페이스하기 위한 메시지 및 서비스 자료 구조가 포함된다.

- **gazebo-plugins:** 여기에는 센서, 액추에이터 등을 위한 Gazebo 플러그인이 포함된다.

- **gazebo-ros-control:** 여기에는 ROS와 가제보 간의 통신을 위한 표준 컨트롤러가 포함된다.

설치 후 다음 명령을 사용해 가제보가 제대로 설치됐는지 확인한다.

```
roscore & rosrun gazebo_ros gazebo
```

이 명령은 가제보 GUI를 열 것이다. 이제 가제보에서 7-DOF 로봇 팔의 시뮬레이션 모델을 개발할 수 있다.

⁞ 가제보에서 로봇 팔 시뮬레이션 모델 생성

시뮬레이션 파라미터를 추가해 기존 로봇 디스크립션을 업데이트하면 로봇 팔의 시뮬레이션 모델을 생성할 수 있다.

다음 명령을 사용해 로봇 팔을 시뮬레이션하는 데 필요한 패키지를 만들 수 있다.

```
catkin_create_pkg seven_dof_arm_gazebo gazebo_msgs gazebo_plugins gazebo_ros
gazebo_ros_control mastering_ros_robot_description_pkg
```

또는 다음 깃허브 저장소에서 전체 패키지를 사용할 수 있다. 이 패키지 구현을 위해 저장소를 복제하거나 책의 소스코드에서 패키지를 가져올 수 있다.

```
git clone https://github.com/PacktPublishing/Mastering-ROS-for-Robotics-
Programming-Third-edition.git

cd Chapter4/seven_dof_arm_gazebo
```

mastering_ros_robot_description_pkg/urdf/ 디렉터리에 있는 Seven_dof_arm.xacro 파일에서 로봇의 전체 시뮬레이션 모델을 볼 수 있다.

파일은 시뮬레이션에 필요한 URDF 태그로 채워져 있다. 충돌^{collision}과 관성^{inertial}, 트랜스미션^{transmission}, 조인트^{joint}, 링크^{link}, 가제보의 섹션을 정의한다.

기존 시뮬레이션 모델 시작을 위해 Seven_dof_arm_world.launch라는 런치 파일이 있는 **Seven_dof_arm_gazebo** 패키지를 사용할 수 있다. 파일 정의는 다음과 같다.

```
<launch>
  <!-- 이는 런치 파일에서 지나칠(pass) 수 있는 인자(arguments)다. 사용 예를 들어
paused:=true -->
  <arg name="paused" default="false"/>
```

```
<arg name="use_sim_time" default="true"/>
<arg name="gui" default="true"/>
<arg name="headless" default="false"/>
<arg name="debug" default="false"/>

<!-- empty_world.launch에서 로직을 재시작한다. -->
<include file="$(find gazebo_ros)/launch/empty_world.launch">
  <arg name="debug" value="$(arg debug)" />
  <arg name="gui" value="$(arg gui)" />
  <arg name="paused" value="$(arg paused)"/>
  <arg name="use_sim_time" value="$(arg use_sim_time)"/>
  <arg name="headless" value="$(arg headless)"/>
</include>

<!-- URDF를 ROS 파라미터 서버로 불러오기(Load)한다. -->
<param name="robot_description" command="$(find xacro)/xacro.py
'$(findmastering_ros_robot_description_pkg)/urdf/seven_dof_arm.xacro'" />

<!-- URDF 로봇을 생성하는 gazebo_ros에게 서비스 콜을 보내기위한 파이썬 스크립트를
구동한다. -->
<node name="urdf_spawner" pkg="gazebo_ros" type="spawn_model"
respawn="false" output="screen" args="-urdf -model seven_dof_arm -param
robot_description"/>
</launch>
```

다음 명령을 실행하고 결과를 확인한다.

```
roslaunch seven_dof_arm_gazebo seven_dof_arm_world.launch
```

어떤 오류도 없이 다음 그림처럼 가제보에서 로봇 팔이 보이는 결과를 얻었다면 성공이다.

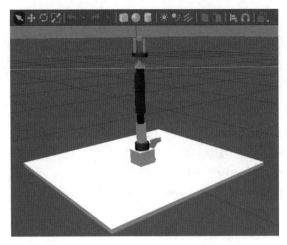

그림 4.1 가제보에서 7-DOF 로봇 팔 시뮬레이션

다음 절에서 seven_dof_arm.xacro 시뮬레이션 모델을 자세히 살펴보자.

가제보 로봇 모델에 색과 질감 추가

그림괴는 다른 색과 질감의 각 링크를 가진 로봇 시뮬레이션을 볼 수 있다. 다음 xacro 파일 내의 태그는 색과 질감을 로봇 링크에 제공한다.

```
<gazebo reference="bottom_link">
  <material>Gazebo/White</material>
</gazebo>
<gazebo reference="base_link">
  <material>Gazebo/White</material>
</gazebo>
<gazebo reference="shoulder_pan_link">
  <material>Gazebo/Red</material>
</gazebo>
```

각 gazebo 태그는 로봇 모델의 특정 링크를 그 이름으로 참조한다.

모델을 구동하기 위한 transmission 태그 추가

ROS 컨트롤러를 사용한 로봇 구동을 위해 액추에이터를 조인트에 연결하는 <transmission> 요소를 정의해야 한다. transmission을 위해 정의된 매크로는 다음과 같다.

```
<xacro:macro name="transmission_block" params="joint_name">
  <transmission name="tran1">
    <type>transmission_interface/SimpleTransmission</type>
    <joint name="${joint_name}">
      <hardwareInterface>PositionJointInterface</hardwareInterface>
    </joint>
    <actuator name="motor1">
      <mechanicalReduction>1</mechanicalReduction>
    </actuator>
  </transmission>
</xacro:macro>
```

여기서 <joint name = "">은 액추에이터에 연결하는 조인트고 <type> 태그는 transmission 타입을 지정한다. 현재 지원되는 유일한 transmission 타입은 transmission_interface/SimpleTransmission이다. <hardwareInterface> 태그는 위치, 속도 또는 에퍼트effort 인터페이스를 로드load하는 컨트롤러 인터페이스를 정의하는 데 사용한다. 이 예제에서는 위치 제어 하드웨어 인터페이스가 사용됐다. 하드웨어 인터페이스는 gazebo_ros_control 플러그인에 의해 로드된다. 다음 절에서 이 플러그인을 살펴보자.

⠿ gazebo_ros_control 플러그인 추가

transmission 태그를 추가한 후 태그를 파싱하고 하드웨어 인터페이스와 제어 관리자 할당을 위해 시뮬레이션 모델에 gazebo_ros_control 플러그인을 추가해야 한다. 다음 코드는 .xacro 파일에 gazebo_ros_control 플러그인을 추가한다.

```
<!-- ros_control 플러그인 -->
<gazebo>
    <plugin name="gazebo_ros_control" filename="libgazebo_ros_control.so">
        <robotNamespace>/seven_dof_arm</robotNamespace>
    </plugin>
</gazebo>
```

<plugin> 요소는 로드할 플러그인 이름을 지정하며, 여기서는 libgazebo_ros_control.so다. <robotNamespace> 요소는 로봇의 이름으로 사용될 수 있다. 이름을 지정하지 않으면 자동으로 URDF에서 로봇 이름을 로드한다. 컨트롤러 업데이트 속도(<controlPeriod>), 파라미터 서버(<robotParam>)에서 URDF(robot_description) 위치, 로봇 하드웨어 인터페이스 타입(<robotSimType>)도 지정할 수 있다. 기본 하드웨어 인터페이스는 JointStateInterface, EffortJointInterface, VelocityJointInterface다.

가제보에 3D 비전 센서 추가

가제보에서는 로봇의 움직임과 물리 현상을 시뮬레이션할 수 있다. 또한 다양한 종류의 센서를 시뮬레이션할 수 있다. 가제보에서 센서를 사용하려면 센서의 동작을 모델링해야 한다. 가제보는 새 모델을 작성하지 않고도 코드에서 바로 사용할 수 있게 빌드된 센서 모델 몇 가지를 지원한다.

여기에서 아수스 Xtion Pro라는 3D 비전 센서(일반적으로 rgb-d 또는 깊이depth 센서라고 함) 모델을 가제보에 추가한다. 다양한 모델의 깊이 센서를 로봇에 사용할 수 있다. 그러나 성능을 제외하고는 동일한 출력 형식을 제공한다. 깊이 및 비전 센서에 대한 추가 정보는 10장에서 살펴본다.

7-DOF 로봇 팔과 관련해 센서 모델은 이미 ROS 시스템에 설치돼 있는 **gazebo_ros_pkgs/gazebo_plugins** ROS 패키지에 구현돼 있다. 가제보의 각 모델은 URDF 파일에 삽입해 로드할 수 있는 **Gazebo-ROS** 플러그인으로 구현된다.

다음은 Seven_dof_arm_with_rgbd.xacro 파일에 가제보 정의와 Xtion Pro의 물리 모델을 포함하는 방법이다.

```
<xacro:include filename="$(find mastering_ros_robot_description_pkg)/
urdf/sensors/xtion_pro_live.urdf.xacro"/>
```

xtion_pro_live.urdf.xacro 내부에서 다음 줄을 볼 수 있다.

```
<?xml version="1.0"?>
<robot xmlns:xacro="http://ros.org/wiki/xacro">
   <xacro:include filename="$(find mastering_ros_robot_description_pkg)/
urdf/sensors/xtion_pro_live.gazebo.xacro"/>
..................
   <xacro:macro name="xtion_pro_live" params="name parent *origin *optical_
origin">
..................

     <link name="${name}_link">
       ....................
       <visual>
         <origin xyz="0 0 0" rpy="0 0 0"/>
         <geometry>
            <mesh filename="package://mastering_ros_robot_ description_pkg/
meshes/sensors/xtion_pro_live/xtion_pro_live. dae"/>
         </geometry>
```

```
    <material name="DarkGrey"/>
    </visual>
  </link>

</robot>
```

여기에서 Xtion Pro의 가제보 정의로 구성된 xtion_pro_live.gazebo.xacro라는 파일을 포함한다.

또한 링크 및 조인트를 포함하는 Xtion Pro의 전체 모델 정의가 포함된 **xtion_pro_live**라는 매크로 정의도 볼 수 있다.

```
<mesh filename="package://mastering_ros_robot_description_pkg/meshes/
sensors/xtion_pro_live/xtion_pro_live.dae"/>
```

이 매크로 정의는 가제보에서 카메라 링크로 나타나게 될 아수스 Xtion Pro의 메시 파일meshes file을 삽입importing한다.

mastering_ros_robot_description_pkg/urdf/sensors/xtion_pro_live.gazebo.xacro 파일에서 Xtion Pro의 **Gazebo-ROS** 플러그인을 설정할 수 있다. 여기에서 RGB와 깊이depth 카메라를 지원하는 매크로로 플러그인을 정의할 것이다.

```
        <plugin name="${name}_frame_controller" filename="libgazebo_ros_
  openni_kinect.so">
        <alwaysOn>true</alwaysOn>
        <updateRate>6.0</updateRate>
        <cameraName>${name}</cameraName>
        <imageTopicName>rgb/image_raw</imageTopicName>

        </plugin>
```

Xtion Pro의 플러그인 파일 이름은 libgazebo_ros_openni_kinect.so다. 카메라 이름, 이미지 토픽 등과 같은 플러그인 파라미터를 정의할 수 있다.

⁞⁞⁞ Xtion Pro와 로봇 팔 시뮬레이션

가제보에서 카메라 플러그인 정의를 배웠으므로 다음 명령으로 완전한 시뮬레이션을 실행할 수 있다.

```
roslaunch seven_dof_arm_gazebo seven_dof_arm_world.launch
```

그림에서 보이는 것과 같이 로봇 팔의 끝 부분에 센서를 가진 로봇 모델을 볼 수 있다.

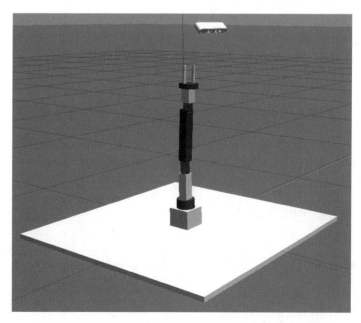

그림 4.2 가제보에서 아수스 Xtion Pro와 7-DOF 로봇 팔 시뮬레이션

이제 **rgb-d** 센서가 컴퓨터에 직접 연결된 것처럼 시뮬레이션할 수 있다. 그래서 올바른 이미지 출력을 제공하는지 확인할 수 있다.

3D 센서 데이터 시각화

이전 명령을 사용해 시뮬레이션을 시작한 후 센서 플러그인에서 생성된 토픽을 확인할 수 있다.

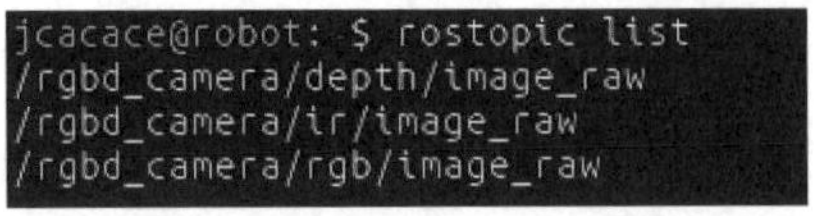

그림 4.3 가제보의 3D 센서에서 생성된 ROS 토픽

image_view라는 다음의 도구를 사용해 3D 비전 센서의 이미지 데이터를 살펴보자.

● RGB 원본raw 이미지 보기:

```
rosrun image_view image_view image:=/rgbd_camera/rgb/image_raw
```

● IRInfra Red 원본 이미지 보기:

```
rosrun image_view image_view image:=/rgbd_camera/ir/image_raw
```

● 거리depth 원본 이미지 보기:

```
rosrun image_view image_view image:=/rgbd_camera/depth/image_raw
```

모든 이미지의 스크린샷은 다음과 같다.

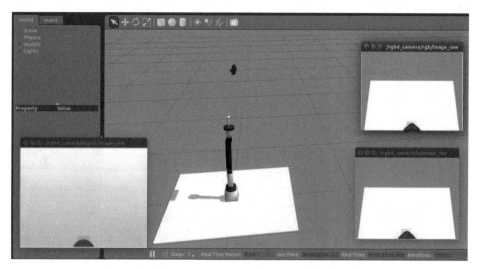

그림 4.4 가제보에서 rgb-d 센서의 이미지 확인

또한 이 센서의 포인트 클라우드^{point cloud} 데이터를 RViz에서 볼 수 있다.

다음 명령으로 RViz를 실행한다.

```
rosrun rviz rviz -f /rgbd_camera_optical_frame
```

PointCloud2 디스플레이^{display} 타입과 Topic에 **/rgbd_camera/depth/points**를 추가

한다. 다음 그림에서처럼 포인트 클라우드 뷰^{view}에서 이미지를 볼 것이다.

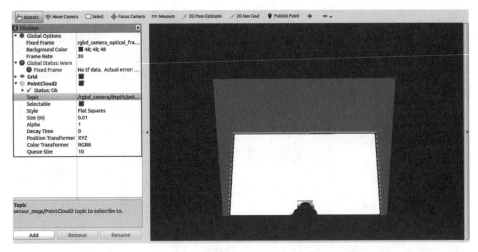

그림 4.5 RViz에서 rgb-d 센서로부터의 포인트 클라우드 데이터 확인

다음 단계는 로봇이 움직이도록 로봇의 조인트를 제어하는 것이다.

가제보에서 ROS 컨트롤러를 활용한 로봇 조인트 동작

이 절에서는 가제보에서 로봇의 각 조인트를 움직이는 방법을 설명한다. 각 조인트를 움직이려면 ROS 컨트롤러를 할당해야 한다. 각 조인트에 대해 다음을 수행해야 한다.

transmission 태그 내부에 언급된 하드웨어 인터페이스와 호환되는 컨트롤러를 연결한다.

ROS 컨트롤러는 주로 설정 값을 수신하고 액추에이터의 피드백으로 출력을 제어할 수 있는 피드백 메커니즘feedback mechanism으로 구성된다.

ROS 컨트롤러는 하드웨어 인터페이스를 사용해 하드웨어와 상호작용한다. 하드웨어 인터페이스는 ROS 컨트롤러와 실제 또는 시뮬레이션된 하드웨어 간의 중개자mediator 역할을 한다. 주요 기능은 ROS 컨트롤러에서 생성된 데이터로 제어할 리소스를 할당하는 것이다.

이 로봇에서는 위치 컨트롤러, 속도 컨트롤러, 에퍼트 컨트롤러 등을 정의했다. ROS 컨트롤러는 ros_control이라는 패키지에 있다.

로봇 팔에 대해 ROS 컨트롤러를 구성하는 방법을 제대로 이해하려면 이 컨트롤러의 이면에 있는 개념을 이해해야 한다. 다음 절에서는 ros_control 패키지와 다양한 타입의 ROS 컨트롤러를 살펴본다. 또한 ROS 컨트롤러가 가제보 시뮬레이션과 상호작용하는 방법을 자세히 설명한다.

ros_control 패키지 이해

ros_control 패키지에는 로봇 컨트롤러, 컨트롤러 관리자, 하드웨어 인터페이스, 다양한 transmission 인터페이스 및 제어 툴박스^{toolbox}의 구현이 포함돼 있다. ros_controls 패키지는 다음과 같은 개별 패키지로 구성된다.

- **control_toolbox:** 이 패키지에는 모든 컨트롤러에서 사용할 수 있는 공통 모듈(PID 및 Sine)이 포함돼 있다.

- **controller_interface:** 이 패키지에는 컨트롤러에 대한 기본 인터페이스 클래스가 포함돼 있다.

- **controller_manager:** 이 패키지는 컨트롤러를 로드, 언로드, 시작, 중지하는 인프라를 제공한다.

- **controller_manager_msgs:** 이 패키지는 컨트롤러 관리자에 대한 메시지 및 서비스 정의를 제공한다.

- **hardware_interface:** 하드웨어 인터페이스에 대한 기본 클래스를 포함한다.

- **transmission_interface:** 이 패키지에는 transmission 인터페이스에 대한 인터페이스 클래스(차륜, 4개의 연결 링크, 조인트 상태, 위치, 속도)가 포함돼 있다.

다양한 타입의 ROS 컨트롤러와 하드웨어 인터페이스

표준 ROS 컨트롤러가 포함된 ROS 패키지 목록을 살펴보자.

- **joint_position_controller**: 조인트 위치 컨트롤러의 간단한 구현이다.

- **joint_state_controller**: 조인트 상태를 발행하는 컨트롤러다.

- **joint_effort_controller**: 조인트 에퍼트[force] 제어기의 구현이다.

다음은 ROS에서 공통적으로 사용되는 하드웨어 인터페이스의 일부다.

- **Joint Command Interfaces**: 하드웨어에 명령을 보낸다.

- **Effort Joint Interface**: effort 명령을 보낸다.

- **Velocity Joint Interface**: velocity 명령을 보낸다.

- **Position Joint Interface**: position 명령을 보낸다.

- **Joint State Interfaces**: 액추에이터 인코더의 조인트 상태를 피드백 받는다.

이제 가제보에서 ROS 컨트롤러를 사용해보자.

ROS 컨트롤러가 가제보와 상호작용하는 방법

ROS 컨트롤러가 가제보와 어떻게 상호작용하는지 살펴보자. 다음 그림은 ROS 컨트롤러, 로봇 하드웨어 인터페이스, 시뮬레이터/실제 하드웨어의 상호 연결을 보여준다.

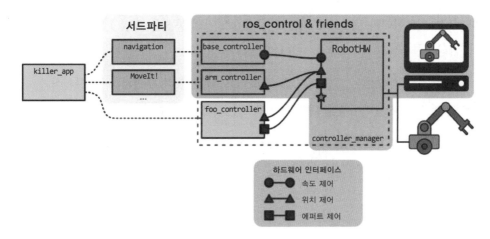

그림 4.6 가제보와 상호작용하는 ROS 컨트롤러

서드파티^{third part} 도구인 **navigation** 및 **MoveIt!** 패키지를 볼 수 있다. 이런 패키지는 모바일 로봇 컨트롤러 및 로봇 팔 컨트롤러에 목표^{set point}를 제공할 수 있다. 이 컨트롤러는 로봇 하드웨어 인터페이스에 위치, 속도 또는 에퍼트를 보낼 수 있다.

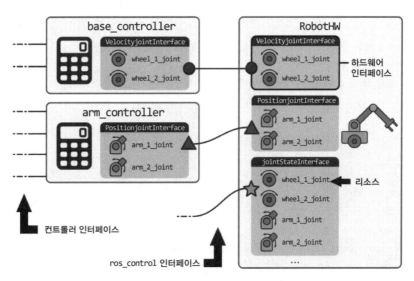

그림 4.7 ROS 컨트롤러 및 하드웨어 인터페이스

하드웨어 인터페이스는 각 리소스를 컨트롤러에 할당하고 각 리소스에 값을 보낸다. 로봇 컨트롤러와 로봇 하드웨어 인터페이스 간의 통신은 그림 4.7의 다이어그램에 나와 있다.

하드웨어 인터페이스는 실제 하드웨어 및 시뮬레이션에서 분리된다. 하드웨어 인터페이스의 값은 시뮬레이션을 위해 가제보 또는 실제 하드웨어 자체에 보낼 수 있다.

하드웨어 인터페이스는 로봇과 로봇의 추상 하드웨어를 소프트웨어로 표현한 것이다. 하드웨어 인터페이스의 리소스는 액추에이터, 조인트, 센서다. 조인트 상태, IMU, 힘-토크 센서와 같은 일부 리소스는 읽기 전용이고 위치, 속도, 에퍼트 조인트와 같은 일부 리소스는 읽기 및 쓰기가 가능하다.

조인트 상태 컨트롤러와 조인트 위치 컨트롤러의 로봇 팔에 대한 인터페이싱

로봇 컨트롤러를 각 조인트에 연결하는 것은 간단하다. 첫 번째 작업은 두 개의 컨트롤러에 대한 설정 파일을 작성하는 것이다.

조인트 상태 컨트롤러는 팔의 조인트 상태를 발행하고 조인트 위치 컨트롤러는 각 조인트에 대한 목표 위치를 받아 각 조인트를 움직일 수 있다.

seven_dof_arm_gazebo/config 디렉터리의 seven_dof_arm_gazebo_control.yaml에서 컨트롤러에 대한 설정 파일을 찾을 수 있다.

다음은 조인트 상태 컨트롤러의 설정 파일 정의다.

```
seven_dof_arm:
  # 모든 조인트 상태를 발행 ------------------------------
  joint_state_controller:
    type: joint_state_controller/JointStateController
    publish_rate: 50
```

위치 컨트롤러의 경우 각 조인트에 대해 새로운 컨트롤러를 정의해야 한다.

```
# 위치 컨트롤러 ---------------------------------------
joint1_position_controller:
  type: position_controllers/JointPositionController
  joint: shoulder_pan_joint
  pid: {p: 100.0, i: 0.01, d: 10.0}
```

이전 코드 블록을 복제하고 로봇의 각 관절에 대해 구성할 수 있다.

```
joint2_position_controller:
  type: position_controllers/JointPositionController
  joint: shoulder_pitch_joint
  pid: {p: 100.0, i: 0.01, d: 10.0}
joint3_position_controller:
  type: position_controllers/JointPositionController
  joint: elbow_roll_joint
  pid: {p: 100.0, i: 0.01, d: 10.0}
joint4_position_controller:
  type: position_controllers/JointPositionController
  joint: elbow_pitch_joint
  pid: {p: 100.0, i: 0.01, d: 10.0}
joint5_position_controller:
  type: position_controllers/JointPositionController
  joint: wrist_roll_joint
  pid: {p: 100.0, i: 0.01, d: 10.0}
joint6_position_controller:
  type: position_controllers/JointPositionController
  joint: wrist_pitch_joint
  pid: {p: 100.0, i: 0.01, d: 10.0}
joint7_position_controller:
  type: position_controllers/JointPositionController
  joint: gripper_roll_joint
```

```
        pid: {p: 100.0, i: 0.01, d: 10.0}
```

모든 컨트롤러가 **seven_dof_arm** 네임스페이스 안에 있고, 첫 번째 줄은 50Hz의 속도로 로봇의 조인트 상태를 발행하는 조인트 상태 컨트롤러를 나타낸다.

나머지 컨트롤러는 처음 7개 조인트에 할당되는 조인트 위치 컨트롤러며 PID 게인 gain 을 정의한다.

가제보로 ROS 컨트롤러 실행

컨트롤러 설정이 준비되면 가제보 시뮬레이션과 함께 모든 컨트롤러를 실행하는 런치 파일을 빌드할 수 있다. Seven_dof_arm_gazebo/launch 디렉터리로 이동해 seven_dof_arm_gazebo_control.launch 파일을 열어보자.

```
<launch>
  <!-- 가제보 런치 -->
  <include file="$(find seven_dof_arm_gazebo)/launch/seven_dof_arm_world.
launch" />

  <!-- YAML 파일로부터 파라미터 서버로 조인트 컨트롤러 설정(configurations)
불러오기(Load) -->
  <rosparam file="$(find seven_dof_arm_gazebo)/config/seven_dof_arm_gazebo_
control.yaml" command="load"/>

  <!-- 컨트롤러 불러오기(load) -->
  <node name="controller_spawner" pkg="controller_manager" type="spawner"
respawn="false" output="screen" ns="/seven_dof_arm" args="joint_state_
controller joint1_position_controller
    joint2_position_controller
    joint3_position_controller
    joint4_position_controller
```

```
    joint5_position_controller
    joint6_position_controller
    joint7_position_controller"/>

  <!-- rviz 등을 위해 조인트 상태를 TF로 변환 -->
  <node name="robot_state_publisher" pkg="robot_state_publisher"
type="robot_state_publisher" respawn="false" output="screen">
    <remap from="/joint_states" to="/seven_dof_arm/joint_states" />
  </node>

</launch>
```

런치 파일은 로봇 팔의 가제보 시뮬레이션을 실행하고 컨트롤러 구성을 불러오며, 조인트 상태 컨트롤러와 조인트 위치 컨트롤러를 불러온다. 마지막으로 조인트 상태 및 **변환**^{TF, transforms}을 발행하는 로봇 상태 발행자를 실행한다.

이 런치 파일을 실행한 후 생성된 컨트롤러 토픽을 확인해보자.

```
roslaunch seven_dof_arm_gazebo seven_dof_arm_gazebo_control.launch
```

명령이 성공적이라면 다음 메시지들을 터미널 창에서 볼 수 있을 것이다.

```
[ INFO] [1503389354.607765795, 0.155000000]: Loaded gazebo_ros_control.
[INFO] [1503389354.726844, 0.274000]: Controller Spawner: Waiting for service controll
er_manager/switch_controller
[INFO] [1503389354.728599, 0.276000]: Controller Spawner: Waiting for service controll
er_manager/unload_controller
[INFO] [1503389354.730271, 0.277000]: Loading controller: joint_state_controller
[INFO] [1503389354.812192, 0.355000]: Loading controller: joint1_position_controller
[INFO] [1503389354.896451, 0.433000]: Loading controller: joint2_position_controller
[INFO] [1503389354.905462, 0.442000]: Loading controller: joint3_position_controller
[INFO] [1503389354.914256, 0.451000]: Loading controller: joint4_position_controller
[INFO] [1503389354.921049, 0.458000]: Loading controller: joint5_position_controller
[INFO] [1503389354.928891, 0.466000]: Loading ...ntroller: joint6_position_controller
[INFO] [1503389354.935862, 0.473000]: Loading controller: joint7_position_controller
[INFO] [1503389354.944609, 0.482000]: Controller Spawner: Loaded controllers: joint_st
ate_controller, joint1_position_controller, joint2_position_controller, joint3_positio
n_controller, joint4_position_controller, joint5_position_controller, joint6_position_
controller, joint7_position_controller
[INFO] [1503389354.947569, 0.485000]: Started controllers: joint_state_controller, joi
nt1_position_controller, joint2_position_controller, joint3_position_controller, joint
4_position_controller, joint5_position_controller, joint6_position_controller, joint7_
position_controller
```

그림 4.8 7-DOF 로봇 팔의 ROS 컨트롤러를 불러오는 동안 터미널 메시지

런치 파일을 실행할 때 컨트롤러에서 생성된 토픽은 다음과 같다.

```
/seven_dof_arm/joint1_position_controller/command
/seven_dof_arm/joint2_position_controller/command
/seven_dof_arm/joint3_position_controller/command
/seven_dof_arm/joint4_position_controller/command
/seven_dof_arm/joint5_position_controller/command
/seven_dof_arm/joint6_position_controller/command
/seven_dof_arm/joint7_position_controller/command
```

그림 4.9 ROS 컨트롤러에서 생성된 위치 컨트롤러 명령 토픽

스크린샷에서 볼 수 있듯이 조인트의 위치 제어를 위해 각 조인트에 대해 새로운 토픽을 사용할 수 있다.

로봇 조인트의 구동

ROS 컨트롤러를 불러왔다면 각 조인트를 원하는 위치로 움직일 수 있다.

가제보에서 로봇 조인트를 움직이려면 조인트 위치 컨트롤러 명령 항목의 메시지 타입, std_msgs/Float64에 조인트 값을 발행해야 한다.

나음은 네 번째 조인트를 1.0 라디안으로 움직이는 예다.

```
rostopic pub /seven_dof_arm/joint4_position_controller/command
std_msgs/Float64 1.0
```

또한 다음 명령을 사용해 로봇의 조인트 상태를 볼 수 있다.

```
rostopic echo /seven_dof_arm/joint_states
```

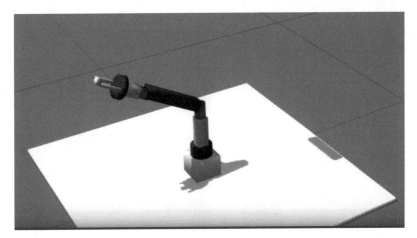

그림 4.10 가제보에서 로봇 팔 조인트의 구동

이제 7-DOF 팔의 모든 조인트를 제어할 수 있고 동시에 그 값을 읽을 수 있다. 이런 방식으로 맞춤형 로봇 제어 알고리듬을 구현할 수 있다. 다음 절에서는 차동 구동 로봇을 시뮬레이션하는 방법을 알아본다.

가제보에서 차동 구동 로봇 시뮬레이션

지금까지 로봇 팔의 시뮬레이션을 살펴봤다. 이 절에서는 3장에서 설계한 차동 구동 로봇에 대한 시뮬레이션을 설정한다.

mastering_ros_robot_description_pkg/urdf 디렉터리에서 diff_wheeled_robot.xacro 모바일 로봇 디스크립션을 찾을 수 있다.

가제보에서 시뮬레이션 모델을 생성하기 위한 런치 파일을 생성해보자. 로봇 팔에서 했던 것처럼 **seven_dof_arm_gazebo** 패키지의 동일한 의존성을 사용해 가제보 시뮬레이션을 실행하는 ROS 패키지를 만들 수 있다. 코드 저장소를 이미 복제했다면 이 패키지가 있을 것이다. 그렇지 않으면 깃허브 저장소에서 전체 코드를 복제하거나 책의 소스코드에서 패키지를 가져온다.

```
git clone https://github.com/PacktPublishing/Mastering-ROS-for-Robotics-
Programming-Third-edition.git

cd Chapter4/seven_dof_arm_gazebo
```

diff_wheeled_robot_gazebo/launch 디렉터리로 이동해 diff_wheeled_gazebo.launch
파일을 가져온다. 런치 파일은 다음과 같다.

```
<launch>
    <!-- 이는 생략(pass)할 수 있는 인자(arguments)다. 예를 들어 paused:=true -->
    <arg name="paused" default="false"/>
    <arg name="use_sim_time" default="true"/>
    <arg name="gui" default="true"/>
    <arg name="headless" default="false"/>
    <arg name="debug" default="false"/>

    <!-- empty_world.launch에서 로직을 재시작한다. -->
    <include file="$(find gazebo_ros)/launch/empty_world.launch">
      <arg name="debug" value="$(arg debug)" />
      <arg name="gui" value="$(arg gui)" />
      <arg name="paused" value="$(arg paused)"/>
      <arg name="use_sim_time" value="$(arg use_sim_time)"/>
      <arg name="headless" value="$(arg headless)"/>
    </include>

    <!-- 파라미터 서버에 불러오기(load)된 urdf xml 로봇 디스크립션 -->
    <param name="robot_description" command="$(find xacro)/xacro.py
'$(find mastering_ros_robot_description_pkg)/urdf/diff_wheeled_
robot.xacro'" />

    <!-- URDF 로봇을 생성하는 gazebo_ros에게 서비스 콜을 보내기 위한 파이썬 스크립트를
구동한다. -->
    <node name="urdf_spawner" pkg="gazebo_ros" type="spawn_model" respawn=
"false" output="screen" args="-urdf -model diff_wheeled_robot -param
```

```
robot_description"/>

</launch>
```

이 런치 파일은 다음 명령으로 실행할 수 있다.

```
roslaunch diff_wheeled_robot_gazebo diff_wheeled_robot_gazebo.launch
```

가제보에서 다음 로봇 모델을 볼 수 있다. 이 모델을 획득했다면 성공적으로 시뮬레이션의 첫 단계를 마친 것이다.

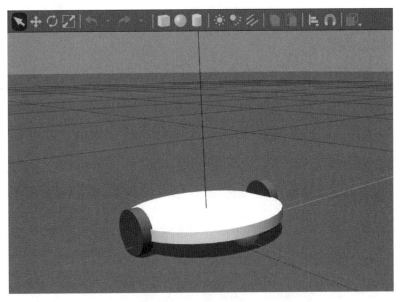

그림 4.11 가제보에서 차동 모바일 로봇

이제 로봇에 레이저 스캐너를 추가하자.

가제보에 레이저 스캐너 추가

로봇에 레이저 스캐너를 추가하면 자율주행 또는 지도 생성과 같은 고급 작업의 수행에 사용할 수 있다. 여기에서 다음과 같은 추가 코드를 diff_wheeled_robot. xacro에 삽입해 로봇에 레이저 스캐너를 추가한다. 레이저 스캐너를 나타내는 링크와 로봇 프레임에 연결하는 조인트를 정의해야 한다.

```xml
<link name="hokuyo_link">
  <visual>
    <origin xyz="0 0 0" rpy="0 0 0" />
    <geometry>
      <box size="${hokuyo_size} ${hokuyo_size} ${hokuyo_size}"/>
    </geometry>
    <material name="Blue" />
  </visual>
</link>
<joint name="hokuyo_joint" type="fixed">
  <origin xyz="${base_radius - hokuyo_size/2} 0 ${base_height+hokuyo_size/4}"
rpy="0 0 0" />
  <parent link="base_link"/>
  <child link="hokuyo_link" />
</joint>
```

그런 다음 레이저 스캐너 플러그인을 구성을 위해 가제보 관련 정보를 추가해야 한다.

```xml
<gazebo reference="hokuyo_link">
  <material>Gazebo/Blue</material>
    <turnGravityOff>false</turnGravityOff>
    <sensor type="ray" name="head_hokuyo_sensor">
      <pose>${hokuyo_size/2} 0 0 0 0 0</pose>
      <visualize>false</visualize>
```

```
        <update_rate>40</update_rate>
        <ray>
          <scan>
            <horizontal>
              <samples>720</samples>
              <resolution>1</resolution>
              <min_angle>-1.570796</min_angle>
              <max_angle>1.570796</max_angle>
            </horizontal>
          </scan>
          <range>
            <min>0.10</min>
            <max>10.0</max>
            <resolution>0.001</resolution>
          </range>
        </ray>
        <plugin name="gazebo_ros_head_hokuyo_controller" filename="libgazebo_
  ros_laser.so">
          <topicName>/scan</topicName>
          <frameName>hokuyo_link</frameName>
        </plugin>
      </sensor>
    </gazebo>
```

이 절에서는 libgazebo_ros_laser.so라는 가제보 ROS 플러그인 파일을 사용해 레이저 스캐너를 시뮬레이션한다. 전체 코드는 mastering_ros_robot_ description_pkg/urdf/ 디렉터리의 diff_wheeled_robot_with_laser.xacro 디스크립션 파일에서 찾을 수 있다.

시뮬레이션 환경에 일부 오브젝트를 추가해 레이저 스캐너 데이터를 볼 수 있다. 여기에서 로봇 주위에 원기둥을 추가해 레이저로 인식하는 결과를 그림에서 볼 수 있다.

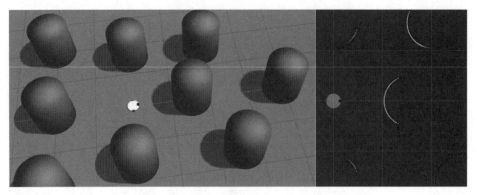

그림 4.12 가제보에서 원기둥 사이에 있는 차동 구동 로봇

레이저 스캐너 플러그인은 레이저 데이터(sensor_msgs/LaserScan)를 /scan 토픽에 발행한다.

가제보에서 모바일 로봇 이동

작업하고 있는 로봇은 2개의 바퀴와 2개의 캐스터 휠이 있는 차동 로봇이다. 로봇의 완선한 특성은 Gazebo-ROS 플러그인을 사용해 모델링해야 한다. 다행히 기본 차동 구동 기능을 위한 플러그인이 이미 구현돼 있다.

가제보에서 로봇을 움직이게 하려면 libgazebo_ros_diff_drive.so라는 Gazebo-ROS 플러그인 파일을 추가해야 한다. 그러면 로봇에 차동 구동 기능이 추가된다.

다음은 이 플러그인의 정의와 그의 파라미터에 관해 작성된 코드다.

```
<!-- 차동 구동 컨트롤러 -->
<gazebo>
  <plugin name="differential_drive_controller" filename="libgazebo_ros_diff_
drive.so">

    <rosDebugLevel>Debug</rosDebugLevel>
    <publishWheelTF>false</publishWheelTF>
```

```
        <robotNamespace>/</robotNamespace>
        <publishTf>1</publishTf>
        <publishWheelJointState>false</publishWheelJointState>
        <alwaysOn>true</alwaysOn>
        <updateRate>100.0</updateRate>

        <leftJoint>front_left_wheel_joint</leftJoint>
        <rightJoint>front_right_wheel_joint</rightJoint>

        <wheelSeparation>${2*base_radius}</wheelSeparation>
        <wheelDiameter>${2*wheel_radius}</wheelDiameter>
        <broadcastTF>1</broadcastTF>
        <wheelTorque>30</wheelTorque>
        <wheelAcceleration>1.8</wheelAcceleration>
        <commandTopic>cmd_vel</commandTopic>
        <odometryFrame>odom</odometryFrame>
        <odometryTopic>odom</odometryTopic>
        <robotBaseFrame>base_footprint</robotBaseFrame>

    </plugin>
</gazebo>
```

이 플러그인에서 **continuous** 타입의 휠 조인트(left Joint, right Joint), 휠 사이 간격^{wheel Separation}, 휠 직경^{wheel Diameter}, 주행거리 토픽^{odometry Topic} 등과 같은 파라미터를 설정할 수 있다. 로봇을 움직이기 위한 중요 파라미터는 다음과 같다.

```
<commandTopic>cmd_vel</commandTopic>
```

이 파라미터는 플러그인에 대한 속도 명령 항목으로, 기본적으로 ROS(sensor_msgs/Twist)의 **Twist** 메시지다. **Twist** 메시지를 **/cmd_vel** 토픽으로 발행할 수 있으며 로봇이 움직이기 시작하는 것을 볼 수 있다.

런치 파일에 joint_state_publisher 추가

차동 구동 플러그인을 추가한 후 joint_state_publisher를 기존 런치 파일에 연결해야 한다. 또 다른 방법은 새 런치 파일을 만드는 것이다. 업데이트된 최종 런치 파일인 diff_wheeled_gazebo_full.launch는 diff_wheeled_robot_gazebo/launch에서 찾을 수 있다.

런치 파일에는 rviz에서 **tf**를 시각화하는 데 도움이 되는 joint_state_publisher가 포함돼 있다. 다음은 joint_state_publisher를 위해 런치 파일에 추가할 내용이다.

```
<node name="joint_state_publisher" pkg="joint_state_ publisher"
type="joint_state_publisher" ></node>
 <!-- robot_state_publisher 시작 -->
 <node pkg="robot_state_publisher" type="robot_state_ publisher"
name="robot_state_publisher" output="screen" >
    <param name="publish_frequency" type="double" value="50.0" />
 </node>
```

이제 직관적인 방식으로 로봇을 명령하는 첫 번째 프로그램을 개발할 준비가 됐다. 다음 절에서는 시뮬레이션 씬scene에서 차동 구동 로봇을 움직이는 원격 조작 노드를 구현한다.

⁑ ROS teleop 노드 추가

ROS **teleop** 노드는 키보드 입력을 받아 ROS **Twist** 명령을 발행한다. 이 노드에서는 선속도와 각속도를 모두 생성할 수 있으며 이미 표준 **teleop** 노드가 구현돼 있다. 여기에서는 이 노드를 재사용할 것이다.

teleop은 diff_wheeled_robot_control 패키지에서 구현된다. 스크립트 디렉터리에는 teleop 노드인 diff_wheeled_robot_key 노드가 포함돼 있다. 평소와 같이 이전 깃허브 저장소에서 이 패키지를 다운로드할 수 있다. 다음 명령을 사용해 이 패키지로 이동한다.

```
roscd diff_wheeled_robot_control
```

이 패키지를 성공적으로 컴파일하고 사용하려면 **joy_node** 패키지를 설치해야 할 수도 있다.

```
sudo apt-get install ros-noetic-joy
```

다음은 **teleop** 노드를 실행하기 위한 런치 파일 keyboard_teleop.launch의 내용이다.

```
<launch>
   <!-- differential_teleop_key는 이미 속도를 부드럽게(smoother) 하는 기능이
내재(built in)돼 있다. -->
   <node pkg="diff_wheeled_robot_control" type="diff_wheeled_robot_key"
name="diff_wheeled_robot_key" output="screen">

      <param name="scale_linear" value="0.5" type="double"/>
      <param name="scale_angular" value="1.5" type="double"/>
      <remap from="turtlebot_teleop_keyboard/cmd_vel" to="/cmd_vel"/>
   </node>
</launch>
```

로봇을 움직여보자. 다음 명령을 사용해 완전한 시뮬레이션 설정으로 가제보를 실행한다.

```
roslaunch diff_wheeled_robot_gazebo diff_wheeled_gazebo_full.launch
```

teleop 노드를 시작한다.

```
roslaunch diff_wheeled_robot_control keyboard_teleop.launch
```

로봇 상태와 레이저 데이터 시각화를 위해 RViz를 시작한다.

```
rosrun rviz rviz
```

Fized Frame : /odom을 추가하고 레이저 스캔 데이터를 보고자 레이저 스캔의 토픽
에 /scan을 추가하고, 로봇 모델 확인을 위해 Robot model을 추가한다.

teleop 터미널에서 방향 조정을 위한 키(U, I, O, J, K, L, M, ",", ".")와 속도 조절을 위한 키(Q,
Z, W, X, E, C, K, space key)를 사용할 수 있다. 다음 그림은 teleop을 사용해 가제보에서
움직이는 로봇과 RViz의 시각화를 보여주는 스크린샷이다.

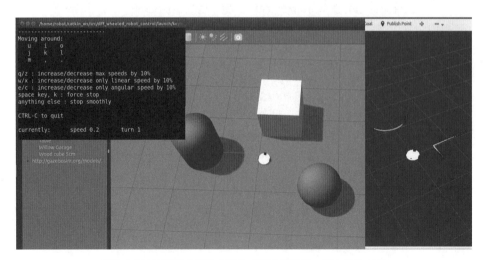

그림 4.13 가제보에서 원격 조종을 사용해 움직이는 차동 구동 로봇

180

가제보 툴바에서 원시^{primitive} 형태를 로봇 환경에 추가하거나 패널의 왼쪽에 존재하는 온라인 라이브러리에서 오브젝트를 추가할 수 있다.

로봇은 teleop 노드 터미널에서 적절한 키를 누를 때만 움직인다. 이 터미널이 활성화돼 있지 않으면 키를 눌러도 로봇이 움직이지 않는다. 모든 것이 제대로 작동하면 로봇을 사용해 영역을 탐색하고 RViz에서 레이저 데이터를 시각화할 수 있다.

⁝⁝ 요약

4장에서는 7-DOF 로봇 팔과 차동 구동 모바일 로봇이라는 두 가지 로봇을 시뮬레다. 로봇 팔에서 시작해 가제보에서 로봇을 시작하는 데 필요한 추가 가제보 태그를 실펴봤다. 시뮬레이션에 3D 비전 센서를 추가하는 방법도 살펴봤다. 그 후에는 로봇 팔로 가제보를 실행하기 위한 런치 파일을 만들고 각 조인트에 컨트롤러를 추가하는 방법을 살펴봤다. 컨트롤러를 추가하고 각 조인트를 움직였다.

로봇 팔과 마찬가지로 가제보 시뮬레이션을 위한 URDF를 만들고 레이저 스캐너 및 차동 드라이브 메커니즘에 필요한 **Gazebo-ROS** 플러그인을 추가했다. 시뮬레이션 모델을 완료한 후 런치 파일을 사용해 시뮬레이션을 실행했다. 마지막으로 **teleop** 노드를 이용해 로봇을 움직이는 방법을 살펴봤다.

http://wiki.ros.org/Robots에서 ROS가 지원하는 로봇 팔과 모바일 로봇에 대해 자세히 알아볼 수 있다.

5장에서는 다른 로봇 시뮬레이터, 코펠리아심, 위봇을 사용해 로봇을 시뮬레이션하는 방법을 살펴본다.

1. 로봇 시뮬레이션을 수행하는 이유는 무엇인가?

2. 가제보 시뮬레이션에 센서를 어떻게 추가할 수 있는가?

3. ROS 컨트롤러와 하드웨어 인터페이스에는 어떤 타입이 있는가?

4. 가제보 시뮬레이션에서 모바일 로봇을 어떻게 움직일 수 있는가?

05

ROS, 코펠리아심, 위봇을 활용한 로봇 시뮬레이션

가제보로 로봇을 시뮬레이션하는 방법을 배웠으므로 5장에서는 다른 두 가지 강력한 로봇 시뮬레이션 소프트웨어인 코펠리아심^{CoppeliaSim}(http://www.coppeliarobotics.com)과 위봇^{Webots}(https://cyberbotics.com/)을 사용하는 방법을 알아본다.

이것들은 다중 플랫폼 로봇 시뮬레이터다. 코펠리아심은 코펠리아 로보틱스^{Coppelia Robotics}에서 개발했다. 바로 사용할 수 있는 산업용 및 모바일 로봇의 많은 시뮬레이션 모델과 전용 API^{Application Programming Interface}를 바탕으로 쉽게 통합 및 결합할 수 있는 다양한 기능을 제공한다. 또한 토픽 및 서비스를 바탕으로 시뮬레이션 씬^{scene}과 로봇을 제어할 수 있는 적절한 통신 인터페이스를 사용해 ROS와 함께 사용할 수 있다. 가제보와 마찬가지로 코펠리아심은 독립 실행 소프트웨어로 사용할 수 있지만 ROS와 함께 작동하려면 외부 플러그인을 설치해야 한다. 위봇의 경우 3D 로봇을 시뮬레이션하는 데 사용되는 무료 오픈소스 소프트웨어다. 사이버보틱스 사^{Cyberbotics Ltd.}에서 개발했으며 2018년 12월부터 무료 및 오픈소스 라이선스로 출시됐다.

코펠리아심은 ROS와 쉽게 인터페이스할 수 있다.

5장에서는 이런 시뮬레이터를 설정하고 ROS 네트워크에 연결하는 방법을 알아본다. 독립 실행형 소프트웨어로 작동하는 방식과 ROS 서비스 및 토픽과 함께 사용하는 방법을 이해하고자 일부 초기 코드를 살펴본다.

5장에서는 다루는 내용은 다음과 같다.

- ROS에서 코펠리아심 설정

- 코펠리아심 및 ROS를 사용한 로봇 팔 시뮬레이션

- ROS에서 위봇 설정

- 첫 번째 컨트롤러 작성

- webots_ros를 이용한 원격 조작teleop 노드 작성

⁘ 기술적 요구 사항

5장을 따라 하려면 우분투 20.04에 ROS Noetic이 설치된 PC가 필요하다. 5장의 참조 코드는 다음 깃허브 저장소에서 다운로드할 수 있다.

https://github.com/PacktPublishing/Mastering-ROS-for-Robotics-Programming-Third-edition.git

코드는 Chapter5/csim_demo_pkg 및 Chapter5/webost_demo_pkg 디렉터리에 들어있다.

https://bit.ly/3AOApje에서 코드가 동작하는 것을 볼 수 있다.

⫸ ROS로 코펠리아심 설정

코펠리아심으로 작업을 시작하기 전에 시스템에 설치하고 ROS와 시뮬레이션 씬 간의 통신 브리지를 시작하도록 환경을 구성해야 한다. 코펠리아심은 윈도우, 맥OS, 리눅스와 같은 다양한 운영체제에서 사용할 수 있는 플랫폼 간 소프트웨어다. 코펠리아 로보틱스 GmbH에서 개발했으며 무료 교육 및 상용 라이선스로 배포된다. 코펠리아 로보틱스 다운로드 페이지(http://www.coppeliarobotics.com/downloads.html)에서 최신 버전의 코펠리아심 시뮬레이터를 다운로드하고 리눅스용 **edu** 버전을 선택한다. 이 장에서는 코펠리아심 4.2.0 버전을 참조한다.

다운로드를 완료한 후 아카이브를 추출한다. 다운로드 디렉터리로 이동하고 다음 명령을 사용한다.

```
tar vxf CoppeliaSim_Edu_V4_2_0_Ubuntu20_04.tar.xz
```

이 버전은 우분투 버전 20.04에서 지원된다. 다음과 같이 좀 더 직관적인 이름으로 이 디렉터리의 이름을 바꾸는 것이 편리하다.

```
mv CoppeliaSim_Edu_V4_2_0_Ubuntu20_04 CoppeliaSim
```

코펠리아심 리소스에 쉽게 접근하려면 다음과 같이 코펠리아심 기본 디렉터리를 가리키는 COPPELIASIM_ROOT 환경 변수를 설정하면 편리하다.

```
echo "export COPPELIASIM_ROOT=/path/to/CoppeliaSim/folder >> ~/.bashrc"
```

여기서 /path/to/CoppeliaSim/folder는 추출된 디렉터리의 절대 경로다. 코펠리아심은 외부 애플리케이션에서 시뮬레이션된 로봇 제어를 위해 다음 모드를 제공한다.

- **원격 API**^{Remote Application Programming Interface}: 코펠리아심 원격 API는 C/C++, 파이썬, 루아^{Lua} 또는 매트랩^{MATLAB}으로 개발된 외부 애플리케이션에서 호출할 수 있는 여러 기능으로 구성된다. 원격 API는 소켓 통신을 사용해 네트워크를 바탕으로 코펠리아심과 상호작용한다. C++ 또는 파이썬 노드에 원격 API를 통합해 ROS를 시뮬레이션 씬과 연결할 수 있다. 코펠리아심에서 사용할 수 있는 모든 원격 API 목록은 코펠리아 로보틱스 웹 사이트(https://www.coppeliarobotics.com/helpFiles/en/remoteApiFunctionsMatlab.htm)에서 확인할 수 있다. 원격 API를 사용하려면 다음과 같이 클라이언트와 서버를 모두 구현해야 한다.

  A. **코펠리아심 클라이언트**: 클라이언트는 외부 애플리케이션에 존재한다. ROS 노드나 지원되는 프로그래밍 언어 중 하나로 작성된 표준 프로그램에서 구현할 수 있다.

  B. **코펠리아심 서버**: 서버는 코펠리아심 스크립트에서 구현되며 시뮬레이터가 시뮬레이션 씬과 상호작용을 위해 외부 데이터를 수신할 수 있다.

- **RosInterface**: ROS와 코펠리아심 간의 통신을 가능하게 하는 인터페이스다. 과거에는 ROS 플러그인이 사용됐지만 이제는 더 이상 사용되지 않는다.

이 장에서는 원격 API 기능을 복제하는 **RosInterface** 플러그인을 사용해 코펠리아심과 상호작용하는 방법을 설명한다. 이 인터페이스를 사용해 코펠리아심은 ROS 노드 역할을 한다. 이를 통해 ROS 서비스, ROS 발행자, ROS 구독자와 통신할 수 있다. 인터페이스는 코펠리아심 디렉터리에서 이미 사용할 수 있는 외부 라이브러리에 의해 구현된다. **RosInterface** 플러그인을 설정하기 전에 코펠리아심을 실행하도록 환경을 구성해야 한다. 먼저 OS가 코펠리아심의 루트 디렉터리에서 루아 및 Qt5 공유 라이브러리를 로드하게 해야 한다. 루아는 다양한 고급 애플리케이션에 사용되는 프로그래밍 언어며 코펠리아심 인터페이스에서 직접 시뮬레이션 로봇을 프로그래밍하는 데 사용한다.

이제 시뮬레이터를 시작할 준비가 됐다. ROS 통신 인터페이스를 활성화하려면 시뮬레이터를 열기 전에 컴퓨터에서 roscore 명령을 실행해야 하며 코펠리아심을 열려면 다음 명령을 사용한다.

```
cd $COPPELIASIM_ROOT
  ./coppeliaSim.sh
```

시작하는 동안 시스템에 설치된 모든 플러그인이 로드된다. 간단히 말해 모든 플러그인은 다음 스크린샷과 같이 코펠리아심의 루트 디렉터리에 있다.

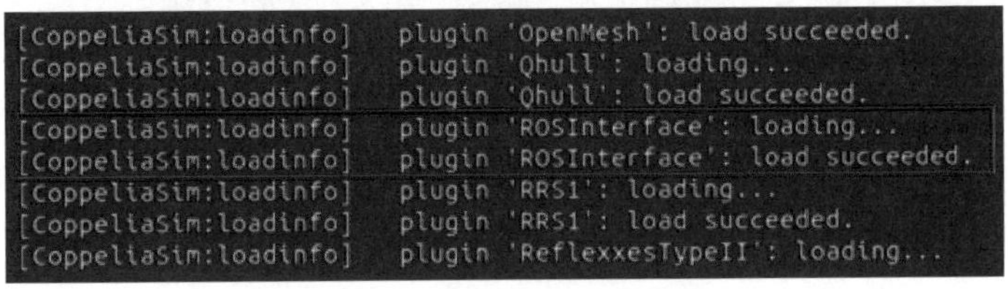

```
[CoppeliaSim:loadinfo]    plugin 'OpenMesh': load succeeded.
[CoppeliaSim:loadinfo]    plugin 'Qhull': loading...
[CoppeliaSim:loadinfo]    plugin 'Qhull': load succeeded.
[CoppeliaSim:loadinfo]    plugin 'ROSInterface': loading...
[CoppeliaSim:loadinfo]    plugin 'ROSInterface': load succeeded.
[CoppeliaSim:loadinfo]    plugin 'RRS1': loading...
[CoppeliaSim:loadinfo]    plugin 'RRS1': load succeeded.
[CoppeliaSim:loadinfo]    plugin 'ReflexxesTypeII': loading...
```

그림 5.1 코펠리아심 시작 중 플러그인 로드

다음 스크린샷과 같이 코펠리아심을 시작한 후 시스템에서 실행 중인 노드를 나열해 모든 것이 제대로 작동하는지 확인할 수 있다.

```
jcacace@jcacace-Lenovo-Legion-5-15ARH05: $ rosnode list
/rosout
/sim_ros_interface
```

그림 5.2 RosInterface 플러그인으로 코펠리아심을 실행한 후의 활성 ROS 노드 목록

sim_ros_interface 노드는 코펠리아심 프로그램으로 시작됐다. RosInterface 플러그인 기능 탐색을 위해 이 책과 함께 제공된 코드의 csim_demo_pkg/scene 디렉터리에 있는 plugin_publisher_subscriber.ttt 씬 파일을 볼 수 있다. 이 씬을 열려면 main 드롭다운 메뉴에서 File ▶ Open Scene 옵션을 클릭한다. 이 씬을 열면 다음 스크린샷과 같은 시뮬레이션 창이 나타난다.

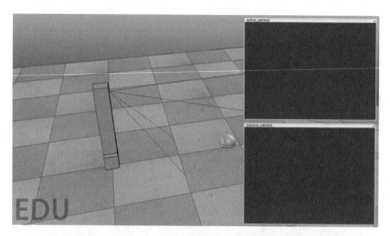

그림 5.3 plugin_publisher_subscriber.ttt 시뮬레이션 씬

이 씬에서 로봇에는 두 대의 카메라가 장착돼 있다. 하나는 주변 환경 이미지를 획득하고 토픽으로 비디오 스트림을 발행하는 활성 카메라고 다른 하나는 동일한 토픽의 비디오 스트림만 획득하는 수동 카메라다. 코펠리아심 인터페이스의 기본 표시줄에서 play 버튼을 누를 수 있다.

시뮬레이션이 시작되면 다음과 같은 그림을 볼 수 있다.

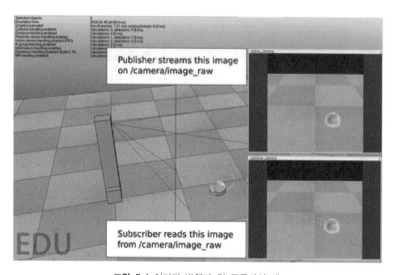

그림 5.4 이미지 발행자 및 구독자의 예

이 시뮬레이션에서 수동 카메라는 활성 카메라에서 발행된 이미지를 표시하고 ROS 프레임워크에서 직접 비전 데이터를 수신한다. 다음 명령으로 image_view 패키지를 사용해 코펠리아심에서 발행한 비디오 스트림을 시각화할 수도 있다.

```
rosrun image_view image_view image:=/camera/image_raw
```

이제 RosInterface 플러그인을 사용해 코펠리아심과 ROS를 인터페이스하는 방법을 살펴보자.

RosInterface 플러그인 이해

RosInterface 플러그인은 코펠리아심 API 프레임워크의 일부다. 플러그인이 시스템에 올바르게 설치돼 있어도 roscore가 실행 중이 아니면 로드 작업이 실패한다. 이 경우 ROS 기능이 제대로 작동하지 않는다. 이런 예기치 않은 동작을 방지하고자 나중에 RosInterface 플러그인이 제대로 작동하는지 확인하는 방법을 살펴본다. ROS 토픽을 사용해 코펠리아심과 상호작용하는 방법을 살펴보자.

ROS 토픽을 활용한 코펠리아심과의 상호작용

이제 ROS 토픽을 사용해 코펠리아심과 통신하는 방법을 알아본다. 이는 시뮬레이션의 객체에 정보를 보내거나 로봇 센서 또는 액추에이터에서 생성된 데이터를 검색하려는 경우에 유용하다.

시뮬레이션 씬을 프로그래밍하는 가장 일반적인 방법은 루아 스크립트를 사용하는 것이다. 씬의 모든 객체는 시뮬레이션이 시작될 때 자동으로 호출되고 시뮬레이션 동안 주기적으로 실행되는 스크립트와 연결된다.

다음 예에서는 두 개의 객체가 있는 씬을 만든다. 하나는 특정 토픽의 정수 데이터

를 발행하도록 프로그래밍되고 다른 하나는 이 토픽을 구독해 코펠리아심 콘솔에
정수 데이터를 출력한다.

Scene hierarchy 패널의 드롭다운 메뉴를 열어 Add ❯ Dummy 항목을 선택한다.
dummy_publisher 객체와 **dummy_subscriber** 객체를 만들고 각각에 스크립트를 연
결한다. 다음 스크린샷에서처럼 생성된 객체에 마우스 오른쪽 버튼을 사용해 Add
❯ Associated child script ❯ Non threaded를 선택한다.

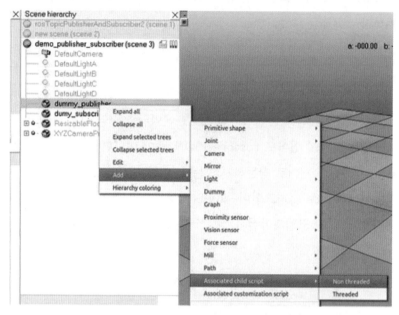

그림 5.5 스레드가 아닌 스크립트를 코펠리아심 객체와 연결

책 소스코드의 csim_demo_pkg/scene 디렉터리에 있는 demo_publisher_subscriber.ttt
파일을 열어 시뮬레이션 씬을 직접 로드할 수도 있다.

다음과 같이 **dummy_publisher** 객체와 연결된 스크립트의 내용을 살펴보자.

```
function sysCall_init()
    if simROS then
```

```
    print("ROS interface correctly loaded")
    pub=simROS.advertise('/number', 'std_msgs/Int32')
  else
    print("<font color='#F00'>ROS interface was not found. Cannot
run.</font>@html")
  end
end

function sysCall_actuation()
  int_data = {}
  int_data['data'] = 13
  simROS.publish(pub, int_data)
end
```

코펠리아심 객체에 연결된 각 루아 스크립트에는 다음 4개의 섹션이 포함돼 있다.

- **sysCall_init:** 이 섹션은 시뮬레이션이 처음 시작될 때만 실행된다.

- **sysCall_actuation:** 이 섹션은 시뮬레이션과 동일한 프레임 속도로 주기적으로 호출된다. 사용자는 여기에 로봇의 동작을 제어하는 코드를 넣을 수 있다.

- **sysCall_sensing:** 이 섹션은 시뮬레이션 단계에서 센싱이 발생할 때 실행된다.

- **sysCall_cleanup:** 이 섹션은 시뮬레이션이 종료되기 직전에 호출된다.

코드에서 볼 수 있듯이 초기화 부분에서 RosInterface 플러그인이 시스템에 설치되고 올바르게 로드됐는지 확인한다. 그렇지 않은 경우 오류가 표시된다. 다음 코드와 같이 simROS 객체가 존재하는지 확인해서 이 기능을 구현한다.

```
if simROS then
  print("ROS interface correctly loaded")
```

ROS 플러그인이 로드됐는지 확인한 후 다음과 같이 정수 타입 토픽의 발행자를 활성화한다.

```
pub = simROS.advertise('/number', 'std_msgs/Int32')
```

시뮬레이터의 상태 표시줄에 메시지를 출력하려면 다음과 같이 print 함수를 사용할 수 있다.

```
print("<font color='#F00'>ROS interface was not found. Cannot
run.</font>@html")
```

이는 ROS 플러그인이 초기화되지 않은 경우 표시된다. 이전 코드의 결과는 다음 스크린샷과 같다.

```
[sandboxScript:info]  Simulation started.
ROS interface was not found. Cannot run.
[Plane@childScript:error]  13: attempt to index global 'simROS' (a nil value)
   stack traceback:
      [string "Plane@childScript"]:13: in function <[string "Plane@childScript"]:10>
ROS interface was not found. Cannot run.
```

그림 5.6 코펠리아심의 상태 표시줄에 나타난 오류 메시지

마지막으로 actuation 함수를 주기적으로 호출해 다음과 같이 ROS 네트워크로 정수 값을 지속적으로 스트리밍한다.

```
function sysCall_actuation()
   int_data = {}
   int_data['data'] = 13
   simROS.publish(pub, int_data)
end
```

이제 다음과 같이 dummy_subscriber 객체와 연결된 스크립트의 내용을 살펴보자.

192

```
function sysCall_init()
  if simROS then
    print("ROS interface correctly loaded")
    sub=simROS.subscribe('/number', 'std_msgs/Int32', 'intMessage_callback')
  else
    print("<font color='#F00'>ROS interface was not found. Cannot
run.</font>@html")
  end
end

function intMessage_callback(msg)
  print ( "data", msg["data"] )
end
```

ROS 플러그인이 로드됐는지 확인한 후 /number 토픽에 입력된 숫자 값의 구독자를
활성화한다. simROS 객체의 subscribe 메서드의 파라미터는 토픽 이름, 스트리밍
타입, 수신 데이터를 처리하기 위한 콜백 함수 이름이다. 코드는 다음과 같다.

```
sub=simROS.subscribe('/number', 'std_msgs/Int32', 'intMessage_callback')
```

그런 후 다음과 같이 /number 토픽에 발행된 데이터의 상태 표시줄을 표시하고자
콜백 메서드를 정의한다.

```
function intMessage_callback(msg)
  print ( "data", msg["data"] )
end
```

시뮬레이션을 시작하면 dummy_publisher 스크립트에 의해 발행된 정수 값이
dummy_subscriber 스크립트에 의해 올바르게 수신됐음을 확인할 수 있다. 이제
코펠리아심 스크립트에서 다양한 ROS 메시지를 사용하는 방법을 알아보자.

ROS 메시지 작업

루아 스크립트에서 새 ROS 메시지를 발행하려면 원본 메시지의 동일한 필드를 포함하는 자료 구조로 래핑해야 한다. ROS 토픽에 발행된 정보를 수집하려면 반대 절차를 수행해야 한다. 더 고급 기능을 다루기 전에 이전 예제에서 수행한 작업을 분석해보자. dummy_publisher 예제에서 목표는 ROS 토픽에 대한 정수 데이터를 발행하는 것이었다. 이 ROS 명령을 사용해 메시지 타입이 정수(int32)임을 확인할 수 있다.

```
rosmsg show std_msgs/Int32
int32 data
```

이는 발행자 스크립트에서와 같이 메시지의 데이터 필드를 스트리밍할 값으로 채워야 함을 의미한다. 이를 수행하는 코드는 다음과 같다.

```
int_data['data'] = 13
```

이제 시뮬레이션 씬에 배치된 카메라 센서로 촬영한 ROS 이미지를 스트리밍해 좀 더 고급 기능을 구현하는 방법을 살펴보자. plugin_publisher_subscriber.ttt 시뮬레이션 씬을 다시 로드하고 active_camera 객체와 연결된 스크립트를 연다. 이 스크립트를 시작할 때 다음과 같이 메시지 핸들러를 획득한다.

```
visionSensorHandle=sim.getObjectHandle('active_camera')
```

이와 함께 다음과 같이 토픽 발행자가 초기화된다.

```
pub=simROS.advertise('/camera/image_raw', 'sensor_msgs/Image')
```

그런 다음 새 이미지가 수신되면 코펠리아심 실행기에 의해 **sysCall_sensing** 함수가 자동으로 호출된다. **sensor_msgs/Image** 자료 구조는 데이터를 발행하기 전에 컴파일돼야 한다. 코드를 살펴보자.

getVisionSensorCharImage 메서드는 다음 코드에서처럼 새 이미지와 속성을 가져오는 데 사용한다.

```
function sysCall_sensing()
  local data,w,h=sim.getVisionSensorCharImage(visionSensorHandle)
```

이제 다음 코드와 같이 이미지 프레임을 구성하기 위한 대부분의 요소를 설정할 수 있다.

```
d={}
d['header']={stamp=simROS.getTime(), frame_id="a"}
d['height']=h
d['width']=w
d['encoding']='rgb8'
d['is_bigendian']=1
d['step']=w*3
```

그리고 다음과 같이 데이터를 스트리밍할 수 있다.

```
  d['data']=data
simROS.publish(pub,d)
```

지금까지 **RosInterface**를 사용해 ROS와 코펠리아심을 연결하는 방법만 살펴봤다. 그 외에도 시뮬레이터와 함께 이미 제공되는 로봇 모델을 함께 사용할 수 있다.

다음 절에서는 자체 URDF^{Unified Robot Description Format} 로봇 모델을 코펠리아심으로 가져오는 방법을 살펴본다.

⠿ 코펠리아심과 ROS를 활용한 로봇 팔 시뮬레이션

4장에서 가제보를 사용해 3장에서 만든 7-DOF 로봇 팔을 시뮬레이션했다. 여기에서는 코펠리아심을 사용해 동일한 작업을 수행한다. 7-DOF 팔을 시뮬레이션하는 첫 번째 단계는 시뮬레이션 씬에서 가져오는 것이다. 코펠리아심을 사용하면 URDF 파일의 로봇 모델을 가져올 수 있다. 이러 이유로 팔의 xacro 모델을 URDF 파일로 변환해 다음과 같이 csim_demo_pkg 패키지의 urdf 디렉터리에 저장한다.

```
rosrun xacro seven_dof_arm.xacro > /path/to/csim_demo_pkg/urdf/seven_dof_
arm.urdf
```

이제 URDF 가져오기^{import} 플러그인을 사용해 로봇 모델을 가져올 수 있다. main 드롭다운 메뉴에서 Plugins ❯ URDF import 항목을 선택하고 Import 버튼을 눌러 대화상자 창에서 기본 가져오기 옵션을 선택한다. 마지막으로 가져올 파일을 선택하면 다음 스크린샷과 같이 7-DOF 팔이 씬에 나타난다.

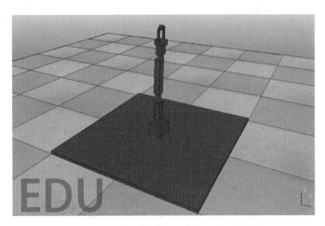

그림 5.7 코펠리아심의 7-DOF 팔 시뮬레이션

Scene hierarchy 패널에서 볼 수 있듯이 로봇의 모든 구성 요소를 씬으로 가져왔다. 여기에는 URDF 파일에 정의된 모든 조인트 및 링크가 표시된다.

로봇을 올바르게 가져온 경우라도 아직 제어할 준비가 되지 않았다. 로봇을 작동시키려면 Joint Dynamic Properties 패널에서 모든 로봇 모터를 활성화해야 한다. 모터가 비활성 상태라면 시뮬레이션 중에 모터를 구동할 수 없다. 조인트의 모터를 활성화하려면 scene object Properties 패널을 열고 main 드롭다운 메뉴에서 Tools ▶ Scene object properties 옵션을 선택한다. 또 다른 방법으로 scene hierarchy 패널에서 객체 아이콘을 두 번 클릭해 이 대화상자를 열 수도 있다. 이 새 창에서 Dynamic properties 대화상자를 열고 모터와 조인트의 제어 루프를 활성화하고 컨트롤러 타입을 선택한다. 기본적으로 모터는 다음 스크린샷과 같이 비례 적분 미분^{PID,} _{Proportional-Integral-Derivative}을 바탕으로 제어된다.

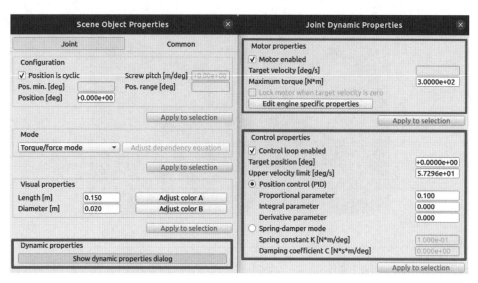

그림 5.8 씬 객체 속성 및 조인트 Dynamic properties 대화상자

제어 루프의 성능을 높이려면 PID 게인을 적절하게 조정해야 한다. 모든 로봇 조인트에 대해 모터와 제어 루프를 활성화한 후 모든 구성이 올바르게 됐는지 확인할 수 있다. 시뮬레이션을 실행하고 Scene Object Properties 패널에서 대상 위치를 설정한다.

다음은 네 번째 관절을 1.0 라디안으로 움직이는 예다.

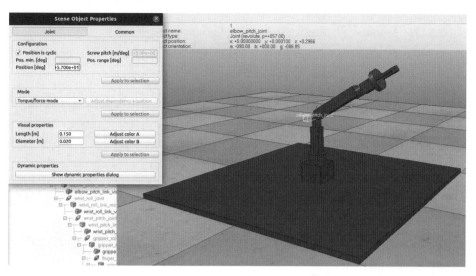

그림 5.9 scene object properties 대화상자에서 팔 조인트 동작

이제 로봇 모델이 시뮬레이션 씬에 통합됐다. 그러나 ROS를 사용해 제어할 수는 없다. 이를 위해 다음 절에서는 로봇 컨트롤러를 RosInterface 플러그인과 통합하는 방법을 설명한다.

코펠리아심 조인트 컨트롤러에 ROS 인터페이스 추가

이 절에서는 조인트 상태를 스트리밍하고 토픽으로 제어 입력 수신을 위해 7-DOF 암을 RosInterface 플러그인과 인터페이스하는 방법을 알아본다. 이전 예에서 봤듯이 로봇의 구성 요소(예를 들어 base_link_respondable)를 선택하고 코펠리아심과 ROS 간의 통신을 관리할 루아 스크립트를 만든다.

다음은 디스크립션 스크립트 소스코드다. 초기화 블록에서 다음과 같이 로봇의 모든 조인트 핸들러를 획득한다.

```
function sysCall_init()
```

```
shoulder_pan_handle=sim.getObjectHandle('shoulder_pan_joint')
shoulder_pitch_handle=sim.getObjectHandle('shoulder_pitch_ joint')
elbow_roll_handle=sim.getObjectHandle('elbow_roll_joint')
elbow_pitch_handle=sim.getObjectHandle('elbow_pitch_joint')
wrist_roll_handle=sim.getObjectHandle('wrist_roll_joint')
wrist_pitch_handle=sim.getObjectHandle('wrist_pitch_joint')
gripper_roll_handle=sim.getObjectHandle('gripper_roll_ joint')
```

그런 다음 조인트 각도의 발행자를 다음과 같이 설정한다.

```
j1_state_pub = simROS.advertise('/csim_demo/seven_dof_arm/ shoulder_pan/state',
'std_msgs/Float32')
```

모델의 각 조인트에 대해 이 줄을 복제해야 한다. 다음과 같이 조인트 명령의 구독
자에 대해 동일한 작업을 수행한다.

```
j1_cmd_sub = simROS.subscribe('/csim_demo/seven_dof_arm/ shoulder_pan/cmd',
'std_msgs/Float32', 'j1Cmd_callback')
```

또한 이 경우 수신 데이터 처리를 위해 새로운 발행자와 콜백의 인스턴스를 생성한
다. 예를 들어 주어진 조인트에 대해 ROS 토픽에 발행된 조인트 값을 읽고 적절한
조인트 명령을 적용하려면 다음 코드 블록을 사용한다.

```
function j1Cmd_callback( msg )
   sim.setJointTargetPosition( shoulder_pan_handle, msg['data'] )
end
```

여기서 setJointTargetPosition 함수를 사용해 주어진 조인트의 위치를 변경한
다. 이런 함수의 입력 인자는 조인트 객체의 핸들러와 그 핸들러에 할당할 값이다.

시뮬레이션을 시작한 후 다음 코드와 같은 명령을 사용해 값을 발행하고 원하는
조인트(이 경우 elbow_pitch)를 움직일 수 있다.

```
rostopic pub /csim_demo/seven_dof_arm/elbow_pitch/cmd std_msgs/ Float32 "data:
1.0"
```

동시에 다음과 같이 상태 토픽을 수신하는 조인트의 위치를 얻을 수 있다.

```
rostopic echo /csim_demo/seven_dof_arm/elbow_pitch/state
```

결과는 다음 스크린샷과 같다.

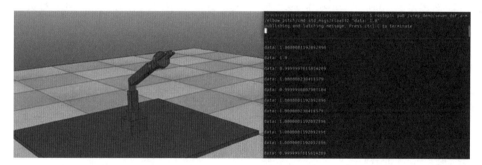

그림 5.10 RosInterface 플러그인을 사용해 Seven_dof_arm 조인트 제어

이제 7-DOF 팔의 조인트를 움직이는 제어 알고리듬을 구현할 준비가 됐다. 이로써
이번 장의 첫 번째 주제를 마친다. 다음 절에서는 또 다른 로봇 시뮬레이터 소프트
웨어인 위봇을 소개한다.

ROS로 위봇 설정

코펠리아심에서 이미 수행한 것처럼 ROS로 설정하기 전에 시스템에 위봇^{Webot}을 설치해야 한다. 위봇은 윈도우, 리눅스, 맥OS에서 지원되는 다중 플랫폼 시뮬레이션 소프트웨어다. 이 소프트웨어는 처음에 EPFL(Swiss Federal Institute of Technology, Lausanne)에서 개발했다. 현재 사이버보틱스^{Cyberbotics}에서 개발하고 있으며, 무료 및 오픈소스 아파치 2 라이선스로 출시됐다. 위봇은 로봇을 모델링, 프로그래밍, 시뮬레이션할 수 있는 통합 개발 환경을 제공한다. 이는 전문가를 위해 개발됐으며 산업, 교육, 연구에서 널리 사용한다.

시뮬레이터를 설치하는 다양한 방법을 알아보자. 위봇 웹 사이트(http://www.cyberbotics.com/#download)에서 .deb 패키지를 다운로드하거나 데비안/우분투 APT^{Advanced Packaging Tool} 패키지 관리자를 사용할 수 있다. 우분투를 사용한다고 가정하고 다음과 같이 사이버보틱스 저장소를 인증해 시작하자.

```
wget -qO- https://cyberbotics.com/Cyberbotics.asc | sudo apt-key add ?
```

그런 후 다음과 같이 사이버보틱스 저장소를 추가해 APT 패키지 관리자를 구성할 수 있다.

```
sudo apt-add-repository 'deb https://cyberbotics.com/debian/binary-amd64/'
sudo apt-get update
```

다음 명령을 사용해 위봇을 설치한다.

```
sudo apt-get install webots
```

이제 다음 명령을 사용해 위봇을 실행한다.

```
$ webots
```

이 명령 후에 위봇 UI^{User Interface}가 열린다. 창 상단의 시뮬레이션 메뉴를 사용해 시뮬레이션의 제어, 즉 시작, 일시 중지, 실행 속도를 높일 수 있다.

이제 로봇 모션과 센서를 시뮬레이션할 준비가 됐다. 위봇으로 로봇 프로그래밍을 시작하는 방법을 알아보기 전에 기본 사항을 살펴보자.

위봇 시뮬레이터 소개

위봇 시뮬레이션은 주로 다음 세 가지 요소로 구성된다.

- **월드 환경 설정 파일**^{world configuration file}: 가제보와 마찬가지로 시뮬레이션 환경은 확장자가 .wbt인 텍스트 기반 월드 파일을 바탕으로 구성된다. 위봇 인터페이스에서 월드 파일을 직접 생성하고 내보낼^{export} 수 있다. 기하학적 모양과 질감, 위치 및 방향과 함께 시뮬레이션된 모든 물체와 로봇은 월드 파일에 기술돼 있다. 위봇에는 이미 즉시 사용할 수 있는 몇 가지 예제 월드 파일이 포함돼 있다. 이들은 위봇의 world 하위 디렉터리에 들어있다. APT를 사용해 위봇을 설치한 경우 이 파일은 /usr/local/webots/projects/vehicles/worlds/ 디렉터리에 들어있다.

- **컨트롤러**^{Controllers}: 각 시뮬레이션은 하나 이상의 컨트롤러 프로그램에 의해 처리된다. 컨트롤러는 C, C++, 파이썬 또는 자바와 같은 다양한 프로그래밍 언어로 구현할 수 있다. 또한 매트랩^{MATLAB} 스크립트를 지원한다. 시뮬레이션이 시작되면 연결된 컨트롤러가 별도의 프로세스로 시작된다. 이 경우에도 기본 컨트롤러 세트는 이미 위봇의 기본 디렉터리에서 사용할 수 있다. 이들은 위봇의 controllers 하위 디렉터리에 들어있다. 이런 방식으로 위봇은 모션과 같은 다양한 로봇 기능을 구현한다.

- **물리적 플러그인**[Physical plugins]: 시뮬레이션의 일반적인 물리적 동작을 수정하는 데 사용할 수 있는 플러그인 세트다. 컨트롤러 프로그램과 동일한 언어로 작성할 수 있다.

ROS와 위봇 간의 통신 브리지[communication bridge]는 시뮬레이션 씬의 모든 로봇이 사용할 수 있는 적절한 컨트롤러를 사용해 구현할 수 있다. 그 컨트롤러는 ROS 노드처럼 작동한다. 또한 통신 브리지는 모든 위봇 기능을 다른 ROS 노드에 서비스 또는 토픽으로 제공한다. ROS와의 통합을 살펴보기 전에 첫 번째 시뮬레이션 씬을 만들고 프로그래밍하는 방법을 살펴보자.

위봇으로 모바일 로봇 시뮬레이션

이 절의 목표는 물체와 모바일 로봇을 포함하는 시뮬레이션 씬을 처음부터 만드는 것이다. 이를 위해 비어있는 월드[empty world]를 만들어야 한다. Wizards 옵션을 사용해 새 시뮬레이션 씬을 만들 수 있다. 이 월드는 webots_demo_pkg 패키지의 책 소스코드에서 사용할 수 있다. 새 시뮬레이션을 생성하려면 상단 표시줄 메뉴에서 Wizards ▶ New Project Directory를 선택한다. applet은 모든 것을 설정하는 데 도움이 될 것이다. Next를 클릭해 프로젝트 디렉터리를 선택하자. 원하는 디렉터리 경로를 지정하고 디렉터리 이름으로 mobile_robot을 선택한다. 월드 이름을 선택할 수도 있다. 여기에서 robots_motion_controller.wbt를 삽입하고 Add a rectangle area 옵션을 선택한다. 그런 다음 Finish를 클릭하면 씬이 로드된 후 다음 스크린샷을 볼 수 있다.

그림 5.11 위봇의 씬 구동

씬의 각 객체는 UI의 왼쪽 패널에 트리^{tree}가 표시되는 것처럼 계층적^{hierarchical} 방식으로 구성된다. 처음에는 다음과 같은 요소들이 있다.

- **WorldInfo:** 여기에는 참조 프레임 고정과 같은 시뮬레이션 파라미터 세트가 포함된다.

- **Viewpoint:** 주요 시점^{viewpoint} 카메라 파라미터를 정의한다.

- **TexturedBackground:** 시뮬레이션의 배경 이미지를 정의한다.

- **TexturedBackgroundlight:** 배경과 관련된 조명을 정의한다.

- **RectangleArena:** 시뮬레이션 객체의 바닥을 나타낸다.

위봇에서는 이런 객체를 노드라고 한다. 각 노드는 일부 속성을 사용자가 설정할 수 있다. 예를 들어 RectangleArea 요소를 두 번 클릭해 바닥 크기와 벽 높이를 수정할 수 있다. 이제 씬에 객체를 추가할 준비가 됐다. 다음 스크린샷과 같이 계층 구조 패널에서 RectangleArea 요소를 선택해 접고 상단 패널에서 +(추가) 버튼을 클릭한다.

그림 5.12 위봇 씬에 노드를 추가하는 버튼

위봇의 각 노드는 **PROTO** 파일로 표현된다. 이것은 객체의 정의를 포함하는 텍스트 파일이다. 위봇에는 시뮬레이션 씬에서 물체와 로봇을 생성하기 위한 다양한 **PROTO** 모델이 이미 존재한다. + 버튼을 클릭한 후 PROTO nodes(Webots Projects) ❯ objects ❯ factory ❯ containers ❯ WoodenBox(Solid)를 선택해 시뮬레이션에 큰 나무 상자를 표시한다. 객체 속성을 사용해 크기와 위치를 수정한다. 마우스를 사용해 상자를 쉽게 이동시켜 위치를 지정할 수도 있다. 처음에는 질량이 0이므로 적절한 값을 객체에 할당하도록 주의하자. 이제 모바일 로봇을 가져올 준비가 됐다. 나무 상자와 마찬가지로 로봇은 **PROTO** 요소로 표현된다. 위봇은 다양한 모바일 및 산업 용 로봇 모델을 제공한다. 이 절에서는 **e-puck** 모바일 로봇을 삽입^{import}할 것이다. 이것은 거리 센서와 온보드 카메라로 구성된 작은 바퀴의 차동 구동 교육 플랫폼이 다. 이 모델이나 다른 모델을 환경에 추가하기 전에 시뮬레이션이 일시 중지되고 가상 경과 시간^{virtual time counter}이 0인지 확인해야 한다(reset 버튼을 사용해 시간을 재설정할 수 있음). 실 제로 월드가 수정될 때마다 메인 툴바^{main toolbar}의 가상 시간 카운터^{virtual time counter}에 0:00:00:000이 표시돼야 한다. 그렇지 않으면 저장할 때마다 각 객체의 위치에 오류 가 누적될 수 있다. 따라서 씬을 재설정하고 저장한 후에 월드를 수정해야 한다.

다시 RectangleArea를 선택하고 + 버튼을 사용해 (Webots Projects) / robots / gctronic / e-puck / E-puck PROTO 요소를 선택한다. 이제 로봇을 씬에 배치하고 월드를 저장한다. 이 경우 robot panel 속성^{properties}에서 센서 파라미터(카메라 해상도^{camera resolution}, 시야^{field of view} 등)와 같은 항목을 구성할 수 있다. 이제 Start 버튼을 사용해 시뮬레 이션을 실행한다. 이 로봇은 센서 덕분에 장애물을 피하면서 환경에서 이미 움직일 수 있음을 알 수 있다. 이미 **e-puck_avoid_obstacles**라는 컨트롤러를 구현했기 때문이다. 이 컨트롤러의 소스코드는 텍스트 편집기로 직접 열거나 위봇의 통합 텍스트 편집기를 사용해 확인할 수 있다. 후자의 경우 **E-puck** 노드 요소에서 컨트롤러를 클릭하고 Edit를 클릭한다. 결과는 다음 스크린샷과 같다.

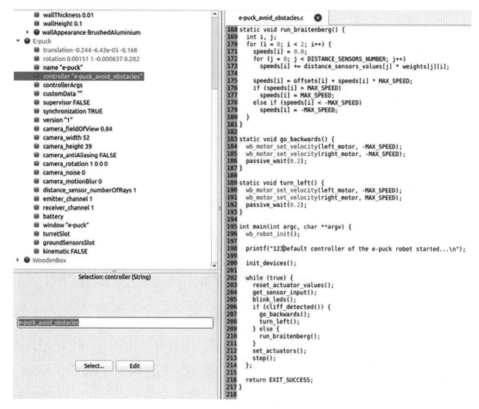

그림 5.13 위봇의 컨트롤러 편집기

보시다시피 이 컨트롤러는 C 프로그램으로 구현돼 있으므로 수정 사항을 적용하려면 미리 컴파일해야 한다. 이제 위봇을 사용해 첫 번째 컨트롤러를 작성해보자.

첫 번째 컨트롤러 작성

이 절에서는 모바일 로봇을 위한 첫 번째 컨트롤러를 작성한다. 컨트롤러가 로봇의 모션과 센서 값을 처리하는 방법을 이미 살펴봤다. E-puck 로봇의 컨트롤러를 고정된 방향으로 이동하도록 변경해보자. 컨트롤러 작성을 위해 다른 프로그래밍 언어를 선택할 수 있다. 여기에서는 C++를 사용할 것이다. 새 컨트롤러의 목표는 로봇 바퀴에 속도를 명령으로 지정함으로써 위봇 컨트롤러의 일반적인 구조를 살펴보는 것이다.

가장 먼저 할 일은 모바일 로봇과 연결된 컨트롤러를 변경하는 것이다. 각 로봇은 한 번에 하나의 컨트롤러만 사용할 수 있다. 반대로 동일한 컨트롤러를 다른 로봇과 연결할 수 있다. 새 컨트롤러를 작성하려면 다음 단계를 따라야 한다.

1. 새 컨트롤러 파일을 만든다.

2. 새 컨트롤러를 작성한다.

3. 새 컨트롤러를 컴파일한다.

4. **로봇 속성**^{robot properties} 패널에서 기본 컨트롤러를 새 컨트롤러로 변경한다.

월드 생성에서 이미 수행했듯이 마법사^{wizard} 인터페이스를 사용해 새 컨트롤러를 생성할 수 있다. Wizards ❯ New Robot Controller를 사용하자. 마법사를 사용해 컨트롤러를 프로그래밍할 언어와 컨트롤러 이름을 선택할 수 있다. 각기 C++ 및 **robot_motion**을 설정한다. 일부 초기 소스코드가 텍스트 편집기에 나타난다. 이제 Build 버튼을 사용해 컴파일할 수 있다.

컨트롤러의 코드 일부는 다음과 같다.

```cpp
#include <webots/Robot.hpp>
#include <webots/Motor.hpp>
#define MAX_SPEED 6.28
//64 밀리초(Milliseconds)
#define TIME_STEP 64
using namespace webots;
int main(int argc, char **argv) {
```

```
    Robot *robot = new Robot();
    Motor *leftMotor = robot->getMotor("left wheel motor");
    Motor *rightMotor = robot->getMotor("right wheel motor");
    leftMotor->setPosition(INFINITY);
    rightMotor->setPosition(INFINITY);
    double t=0.0;
    double r_direction=1.0;
    while(true) {
      leftMotor->setVelocity( MAX_SPEED*0.1);
      rightMotor->setVelocity( r_direction*MAX_SPEED*0.1);
      robot->step(TIME_STEP) ;
      t+= TIME_STEP;
      if ( t > 2000 ) {
        r_direction*=-1.0;
      }
      if( t > 4000) {
        r_direction = 1.0;
        t = 0.0;
      }
    }
    delete robot;
    return 0;
}
```

다음은 코드에 대한 설명이다. 다음과 같이 Robot 함수와 Motor 함수에 접근하고자 헤더 파일을 포함하는 것으로 시작한다.

```
#include <webots/Robot.hpp>
#include <webots/Motor.hpp>
```

그런 다음 바퀴의 최대 속도(초당 6.28 라디안)와 시뮬레이션의 샘플링 시간을 나타내는 시간 단계^{time step}를 정의한다. 이 시간은 밀리초(ms) 단위다. 코드는 다음과 같다.

```
#define MAX_SPEED 6.28
#define TIME_STEP 64
```

main 함수에서 컨트롤러 프로시저$^{controller\ procedure}$를 작성해야 한다. Robot 및 Motors의 인스턴스를 생성한다. Robot 객체의 경우 생성자에는 모터 이름이 필요하다. 로봇을 기술하는 PROTO 파일에서 로봇의 요소 이름을 가져올 수 있다(계층 구조^{hierarchy} 패널에서 로봇 이름을 마우스 오른쪽 버튼으로 클릭한 다음 View PROTO Source 선택). 코드는 다음과 같다.

```
Robot *robot = new Robot();
Motor *leftMotor = robot->getMotor("left wheel motor");
Motor *rightMotor = robot->getMotor("right wheel motor");
```

모터의 속도를 제어하고자 위치를 INFINITY로 설정하고 원하는 속도를 다음과 같이 설정한다.

```
leftMotor->setPosition(INFINITY);
rightMotor->setPosition(INFINITY);
```

메인 루프는 무한 while 루프로 구성돼 있으며 각 모터의 속도를 최대 속도의 10%로 설정한다. 오른쪽 모터의 경우 직선 이동을 위해 모션 방향을 1.0으로 설정하고 회전을 위해 −1.0으로 설정한다. 코드는 다음과 같다.

```
while(true) {
    leftMotor->setVelocity( MAX_SPEED*0.1);
    rightMotor->setVelocity( r_direction*MAX_SPEED*0.1);
```

다음과 같이 제어 속도에 영향을 미치는 경과 시간$^{elapsed\ time}$을 설정한다.

```
t+= TIME_STEP;
```

마지막으로 각 반복이 끝에서 로봇을 동작시키려면 모터에 명령을 보내는 **step** 함수를 호출해야 한다. 이 함수는 컨트롤러의 다른 루프를 시작하기 전에 대기하는 시간을 입력으로 사용한다. 이 숫자는 밀리초(ms) 단위로 지정해야 한다. 코드는 다음과 같다.

```
robot->step(TIME_STEP) ;
```

이제 Build 버튼을 사용해 컨트롤러를 컴파일하면 이 컨트롤러를 로봇에 추가할 준비가 된다. 마지막 단계로 hierarchy 패널에서 컨트롤러 필드를 직접 수정하고 **robot_motion** 컨트롤러를 선택한다.

이제 시뮬레이션을 시작하고 첫 번째 위봇 컨트롤러의 결과를 볼 수 있다. 다음 절에서는 ROS와 위봇을 통합한다.

위봇 및 ROS를 사용한 로봇 팔 시뮬레이션

위봇-ROS 통합에는 ROS와 위봇의 두 플랫폼 측면에서 모두 설정이 필요하다. ROS 쪽은 **webots_ros** ROS 패키지를 바탕으로 구현되고 위봇 쪽은 모든 로봇 모델에 추가할 수 있는 표준 컨트롤러 덕분에 기본적으로 ROS를 지원한다. ROS와 함께 위봇을 사용하려면 **webots_ros** 패키지를 설치해야 한다. 다음과 같이 APT를 사용해 수행할 수 있다.

```
sudo apt-get install ros-noetic-webots-ros
```

이제 다음 스크린샷과 같이 이전에 ros라는 이름으로 개발한 컨트롤러를 변경해야
한다.

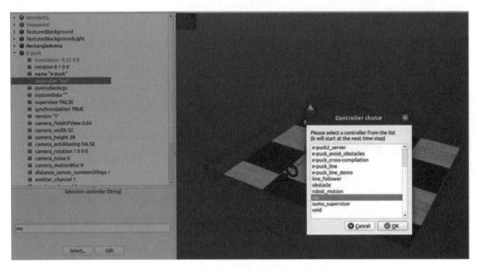

그림 5.14 위봇의 로봇에 ros 컨트롤러 추가

시뮬레이션이 시작된 후 로봇의 센서 및 액추에이터 구성에 따라 ROS 네트워크에
서 위봇 기능을 구현하는 서비스 세트를 사용해 로봇과 직접 상호작용할 수 있다.
물론 roscore가 활성화돼야 한다. 그렇지 않으면 위봇 콘솔에 오류가 표시된다.
위봇은 /model_name이라는 토픽만 발행한다. 이 토픽은 현재 시뮬레이션 씬에서
활성화된 모델 목록을 발행한다. 이 정보는 위봇 서비스를 사용하는 데 기본이다.
실제로 위봇은 특정 구문을 사용해 ROS 네트워크에서 서비스 또는 토픽을 선언한
다. 이 구문은 [robot_name]/[device_name]/[service/topic_name]으로 다음과
같이 분류된다.

- **[robot_name]:** 로봇 이름 뒤에 프로세스 ID가 온다.

- **[device_name]:** 이 필드는 참조하는 장치를 보여준다.

- **[service/topic_name]:** 이 필드는 위봇 기능과 동일하거나 매우 유사하다.

212

이 토픽을 발행한 데이터의 예는 다음과 같다.

그림 5.15 위봇에서 발행한 모델 이름

이제 위봇 서비스를 사용할 수 있다. ros 컨트롤러는 매우 일반적이며 모든 로봇에서 실행할 수 있다. e-puck 로봇에는 온보드 카메라가 있다. ROS 네트워크에서 카메라 데이터를 스트리밍하려면 카메라를 활성화해야 하며 /camera/enable 서비스를 사용할 수 있다. 다음 커맨드라인 도구를 사용해 활성화한다.

```
rosservice call /e_puck_36112_jcacace_Lenovo_Legion_5_15ARH05/ camera/enable
"value: true"
```

이 시점에서 카메라가 촬영한 이미지를 나타내는 새로운 토픽이 ROS 네트워크에 발행된다. 다음과 같이 image_view 플러그인을 사용해 이 이미지를 볼 수 있다.

```
rosrun image_view image:=/e_puck_36112_jcacace_Lenovo_ Legion_5_15ARH05/
camera/image
```

마찬가지로 거리 센서와 같은 다른 센서를 활성화하고 읽을 수 있으며 로봇 조인트의 위치, 속도, 토크를 설정할 수도 있다. 이제 바퀴의 속도를 설정해보자.

이미 언급했듯이 ROS와의 통합에는 두 플랫폼 측면에서 설정이 필요하다. ROS 측에서는 webots_ros 패키지를 사용해 새 노드를 구현할 수 있다.

⁂ webots_ros를 사용해 teleop 노드 작성

이 절에서는 geometry_msgs::Twist 메시지에서 e-puck 로봇의 바퀴 속도의 직접 제어를 위해 ROS 노드를 구현한다. 이렇게 하려면 webots_ros를 의존성으로 활용해야 한다. 다음과 같이 webots_ros를 의존성으로 지정해 webots_demo_pkg 패키지를 생성해보자.

```
catkin_create_pkg webots_demo_pkg roscpp webots_ros geometry_ msgs
```

전체 소스코드는 책 소스코드에서 찾을 수 있다. 다음과 같이 위봇 서비스를 사용하는 데 필요한 메시지를 구현하는 몇 가지 유용한 헤더 파일을 정의하는 것으로 해설을 시작해보자.

```
#include "ros/ros.h"
#include <webots_ros/Int32Stamped.h>
#include <webots_ros/set_float.h>
#1nclude <webots_ros/set_int.h>
#include <webots_ros/robot_get_device_list.h>
#include <std_msgs/String.h>
#include <geometry_msgs/Twist.h>
```

그런 다음 ROS 콜백에서 수신한 데이터(로봇 모드 및 적용할 속도에 대한 정보)를 저장할 변수를 다음과 같이 선언한다.

```
static char modelList[10][100];
static int cnt = 0;
static float left_vel = 0.0;
static float right_vel = 0.0;
```

이 노드에는 두 개의 콜백이 구현돼 있다. 하나는 선형 및 각속도를 읽고 바퀴의 속도를 할당하는 것이다. 이에 대한 코드는 다음에 구현돼 있다.

```
void cmdVelCallback(const geometry_msgs::Twist::ConstPtr &vel) {
  float wheel_radius = 0.205;
  float axes_length = 0.52;
  left_vel = (1/wheel_radius)*(vel->linear.x-axes_length/2*vel->angular.z);
  right_vel = (1/wheel_radius)*(vel->linear.x+axes_length/2*vel->angular.z);
}
```

다른 콜백은 e-puck 로봇에 할당된 모델명을 읽고자 다음과 같이 구현된다.

```
void modelNameCallback(const std_msgs::String::ConstPtr &name) {
  cnt++;
  strcpy(modelList[cnt], name->data.c_str());
  ROS_INFO("Model #%d: %s.", cnt, name->data.c_str());
}
```

마지막으로 로봇을 제어하는 데 필요한 모든 것을 설정하는 기능을 구현해야 한다. 평소처럼 다음과 같이 ROS 노드 및 NodeHandle 클래스를 초기화한다.

```
int main(int argc, char** argv ) {
  ros::init(argc, argv, "e_puck_manager");
  ros::NodeHandle n;
  std::string modelName;
```

그런 다음 로봇 모델이 위봇에 의해 스트리밍될 때까지 기다려야 한다. 이 정보가 없으면 위봇 서비스를 사용할 수 없다. 코드는 다음과 같다.

```
ros::Subscriber nameSub = n.subscribe("model_name", 100, modelNameCallback);
while (cnt == 0 ) {
    ros::spinOnce();
}
modelName = modelList[1];
```

그런 후 다음과 같이 /cmd_vel 토픽에 대한 구독자를 정의한다.

```
ros::Subscriber cmdVelSub = n.subscribe("cmd_vel", 1, cmdVelCallback);
```

앞에서 이미 수행한 것처럼 로봇 바퀴의 속도를 제어하려면 바퀴 위치를 INFINITY
로 설정해야 한다. 다음과 같이 적절한 ROS 클라이언트를 사용할 수 있다.

```
webots_ros::set_float wheelSrv;
wheelSrv.request.value = INFINITY;
ros::ServiceClient leftWheelPositionClient = n.serviceClient<webots_ros::
set_float>(modelName + "/left_ wheel_motor/set_position");
leftWheelPositionClient.call(wheelSrv);
ros::ServiceClient rightWheelPositionClient = n.serviceClient<webots_ros::
set_float>(modelName + "/right_ wheel_motor/set_position");
rightWheelPositionClient.call(wheelSrv);
```

다음과 같이 속도를 0.0으로 설정한다.

```
wheelSrv.request.value = 0.0;
ros::ServiceClient leftWheelVelocityClient =
n.serviceClient<webots_ros::set_float>(modelName + "/left_wheel_motor/
set_velocity");
leftWheelVelocityClient.call( wheelSrv );
ros::ServiceClient rightWheelVelocityClient = n.serviceClient<webots_ros::
```

```
set_float>(modelName + "/right_ wheel_motor/set_velocity");
  rightWheelVelocityClient.call( wheelSrv );
```

마지막으로 **main** 루프에서 해야 할 것은 다음과 같이 **geometry_msgs::Twist** 타입 메시지 수신으로 인해 호출돼 계산된 속도를 적용하는 것이다.

```
ros::Rate r(10);
while(ros::ok()) {
  wheelSrv.request.value = left_vel;
  leftWheelVelocityClient.call( wheelSrv );

  wheelSrv.request.value = right_vel;
  rightWheelVelocityClient.call( wheelSrv );

  r.sleep();
  ros::spinOnce();
}
return 0;
}
```

이제 4장에서 개발한 **diff_wheeled_robot_control** 패키지의 키보드 **teleop** 노드를 사용해 ROS가 있는 위봇에서 모바일 로봇을 제어할 수 있다. 먼저 시뮬레이션을 시작한 후 다음 노드를 실행한다.

```
rosrun webots_demo_pkg e_puck_manager
roslaunch diff_wheeled_robot_control keyboard_teleop.launch
```

4장에서는 이미 시뮬레이션 환경에서 로봇을 구동하고자 키보드를 사용했다. 이때 사용한 런치 파일을 개선해 시뮬레이션하는 방법을 알아보자.

런치 파일로 위봇 실행

앞 절에서 런치 파일을 사용해 위봇을 실행하는 방법을 살펴봤다. webots_ros 패키지에서 제공한 런치 파일 덕분에 이 작업을 수행할 수 있었다. 원하는 위봇 월드를 실행하고자 이 런치 파일을 포함하고 .wbt 파일을 설정해야 한다. 이 내용은 webots_demo_package/launch/e_puck_manager.launch 파일에서 볼 수 있다.

webots_ros 런치 파일을 포함하기 전에 다음과 같이 no-gui 파라미터를 false로 설정해 위봇의 UI를 연다.

```
<launch>
  <arg name="no-gui" default="false" />
  <include file="$(find webots_ros)/launch/webots.launch">
    <arg name="mode" value="realtime"/>
    <arg name="no-gui" value="$(arg no-gui)"/>
```

여기에서 시작하려는 월드를 나타내는 구성 파일(패키지 디렉터리에 있는 e_puck_ros.wbt 월드 파일)을 다음과 같이 설정한다.

```
    <arg name="world" value="$(find webots_demo_pkg)/scene/mobile_robot/
worlds/e_puck_ros.wbt"/>
  </include>
```

마지막으로 e_puck_manager 노드를 시작해 다음과 같이 로봇의 원격 제어를 허용한다.

```
    <node name="e_puck_manager" pkg="webots_demo_pkg" type="e_puck_manager"
output="screen" />
```

이 런치 파일을 사용하려면 위봇의 루트 디렉터리를 가리키도록 `WEBOTS_HOME` 환경 변수를 설정해야 한다. APT를 사용해 이미 위봇을 설치했다면 이 변수를 설정하고 .bashrc 파일에 다음 내용을 추가할 수 있다.

```
zzecho "export WEBOTS_HOME=/usr/local/webots" >> ~/.bashrc
```

이제 런치 파일을 사용해 위봇과 **e_puck_manager** 노드를 시작할 준비가 됐다.

⋙ 요약

5장에서는 다른 로봇 시뮬레이터인 코펠리아심 및 위봇을 사용해 4장에서 이미 가제보로 수행한 작업을 수행했다. 코펠리아심 및 위봇은 다양한 기술을 통합하고 다양한 기능을 수행하는 다중 플랫폼 시뮬레이션 프로그램이다. 직관적인 UI 덕분에 신규 사용자가 더 쉽게 사용할 수 있다.

4장에서 URDF 파일을 사용해 설계한 7-DOF 팔과 위봇 시뮬레이션 모델에서 제공하는 차동 바퀴 로봇을 사용해 시뮬레이션을 수행했다. 모델의 로봇 조인트를 ROS와 인터페이스하고 제어하는 방법과 토픽을 사용해 차동 구동 모바일 로봇을 움직이는 방법을 배웠다.

6장에서는 로봇 팔을 ROS MoveIt! 패키지와 인터페이스하고 모바일 로봇을 내비게이션 Navigation 스택과 인터페이스하는 방법을 살펴본다.

⋙ 질문

이제 다음 질문에 답할 수 있어야 한다.

- 코펠리아심과 ROS는 어떻게 통신하는가?

- ROS를 사용해 코펠리아심 시뮬레이션을 제어하는 방법은 무엇인가?

- 코펠리아심에서 새로운 로봇 모델을 가져와 ROS와 통합하려면 어떻게 해야 하는가?

- 위봇을 단독 실행 소프트웨어로 사용할 수 있는가?

- ROS와 위봇은 어떻게 통신할 수 있는가?

06

ROS MoveIt!과 내비게이션 스택 활용

5장에서는 로봇 팔과 모바일 로봇의 설계와 시뮬레이션을 실펴봤다. ROS 컨트롤러를 사용해 가제보에서 로봇 팔의 각 조인트를 제어했고, `teleop` 노드를 사용해 가제보에서 모바일 로봇을 이동시켰다.

6장에서는 모션 플래닝$^{motion-planning}$ 문제를 다룬다. 조인트를 수동으로 직접 제어해로봇을 움직이려고 할 때 위치 또는 속도 제약 조건^{constraints}을 추가하는 건 어려운작업이다. 마찬가지로 모바일 로봇의 장애물 회피를 위해 이동 경로를 계획하는건 쉽지 않은 작업이다. 그렇기 때문에 ROS MoveIt!과 내비게이션^{Navigation} 스택을 활용해 이런 문제를 해결한다.

ROS에서 MoviIt!은 매니퓰레이션을 동작시키기 위한 패키지 및 도구 세트를 포함한다. 공식 웹 사이트(http://moveit.ros.org/)는 많은 문서와 MoveIt!을 사용한 로봇 목록이 존재한다. 또한 물체를 선택해 위치 이동$^{pick \& place}$, 잡기^{grasping} 및 역기구학$^{IK, Inverse Kinematics}$을 사용한 모션 플래닝 등 다양한 예제를 포함한다.

MoveIt!은 모션 플래닝, 매니퓰레이션^{manipulation}, 3차원 퍼셉션$^{3D perception}$, 기구학^{kinematics},

충돌^{collision} 검사, 제어, 내비게이션을 위한 최신 소프트웨어를 포함한다. CLI Command-Line Interface 외에도 MoveIt!에서 새로운 로봇을 구성하기 위한 몇 가지 우수한 GUI^{Graphical User Interface}가 있다. 편리한 UI에서 모션 플래닝을 가능하게 하는 RViz^{ROS Visualization} 플러그인도 있다. 또한 MoveIt! C++ API를 사용해 모션을 계획하는 방법도 살펴볼 것이다.

다음은 주로 모바일 로봇 내비게이션에서 사용하는 강력한 도구 및 라이브러리 세트인 내비게이션 스택이다. 내비게이션 스택에는 모바일 로봇, 특히 차동 구동 로봇에 즉시 사용할 수 있는 내비게이션 알고리듬이 포함돼 있다. 이 스택을 사용해 자율주행 로봇을 만들 수 있으며 이것이 내비게이션 스택에서 배울 최종 개념이다.

6장의 첫 번째 절에서는 주로 MoveIt! 패키지 개요, 설치, 아키텍처를 차례로 알아본다. MoveIt!의 주요 개념을 살펴본 후 로봇 팔에 적용할 수 있는 MoveIt! 패키지를 만들어본다. 이 패키지는 로봇 팔에 충돌을 인식한 모션 플래닝 기능을 제공한다. RViz에서 이 패키지로 모션 플래닝(역기구학)을 설정할 수 있으며, 그 실행을 위해 가제보 또는 실제 로봇과 인터페이스할 수 있다.

인터페이스를 살펴본 후 내비게이션 스택을 살펴본다. 그 후 SLAM^{Simultaneous Localization And Mapping} 및 AMCL^{Adaptive Monte Carlo Localization}을 사용해 자율주행하는 방법을 살펴본다.

6장에서 다루는 내용은 다음과 같다.

- MoveIt! 아키텍처

- 설정 지원 도구^{Setup Assistant tool}를 활용한 MoveIt! 구성 패키지 생성

- MoveIt! 구성 패키지를 활용한 로봇의 모션 플래닝

- ROS 내비게이션 스택 이해

- SLAM을 활용한 지도 생성

⠿ 기술적 요구 사항

6장을 따라 하려면 우분투 20.04에 ROS Noetic가 설치된 컴퓨터가 필요하다. 이 장에서는 의존성 패키지들이 추가로 설치된다.

6장의 참조 코드는 다음 깃허브 저장소에서 다운로드할 수 있다.

https://github.com/PacktPublishing/Mastering-ROS-for-Robotics-Programming-Third-edition/tree/main/Chapter6

작동 중인 코드는 https://bit.ly/2UxKNN2에서 볼 수 있다.

⠿ MoveIt! 아키텍처

MoveIt!을 사용하기 전에 패키지를 설치해야 한다. 설치 절차는 매우 간단하며 단일 명령이다. 다음 명령을 사용해 ROS Noetic에 호환되는 MoveIt! 코어^{core}, 플러그인, 플래너를 설치한다.

```
sudo apt-get install ros-noetic-moveit ros-noetic-moveit-plugins ros-noetic-
moveit-planners
```

아키텍처를 살펴봄으로써 MoveIt!을 시작해보자. 아키텍처를 이해하는 것은 MoveIt! 을 사용해 로봇을 프로그래밍하고 인터페이스하는 데 도움이 된다. MoveIt!의 아키 텍처와 주요 개념을 빠르게 살펴본 후 로봇과 인터페이스하고 프로그래밍을 할 것이다.

다음은 MoveIt! 아키텍처의 개요다.

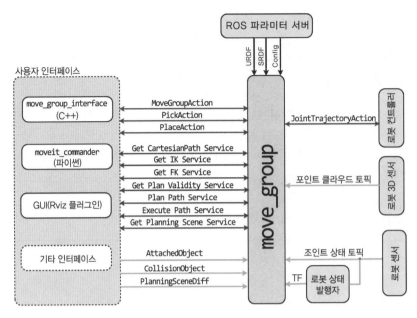

그림 6.1 MoveIt! 아키텍처 다이어그램

이 다이어그램은 공식 웹 사이트(http://moveit.ros.org/documentation/concepts)에도 포함돼 있다.

move_group 노드

move_group 노드는 로봇에서 다양한 구성 요소의 통합 역할을 하고 사용자의 필요에 따라 action/service를 제공하기 때문에 MoveIt!의 핵심이라고 말할 수 있다.

아키텍처를 보면 move_group 노드가 포인트 클라우드, 조인트 상태, TF와 같은 로봇 정보를 토픽 및 서비스 형태로 수집한다.

파라미터 서버에서 URDF, SRDF[Semantic Robot Description Format], 구성 파일과 같은 로봇 기구학[kinematics] 데이터를 수집한다. 로봇의 MoveIt! 패키지를 빌드하면 SRDF 파일과 구성 파일이 생성된다. 구성 파일에는 조인트 한계[joint limit], 인지[perception], 기구학, 엔드 이펙터 등을 설정하기 위한 파라미터 파일이 포함돼 있다. 로봇의 MoveIt! 패키지 생성에 대해 설명할 때 이 파일을 볼 수 있다.

MoveIt!이 로봇 및 구성에 대해 필요한 모든 정보를 얻으면 UI에서 로봇 명령을 시작할 수 있다. C++ 또는 파이썬 MoveIt! API을 사용할 수 있다. 이는 **move_group** 노드가 선택/배치^{pick/place}, IK, 순기구학^{FK, Forward Kinematics} 등의 작업을 수행하도록 명령하는 API다. RViz 모션 플래닝 플러그인을 사용해 RViz GUI에서 로봇에게 명령할 수도 있다.

move_group 노드는 통합 기능을 수행하기 때문에 어떤 종류의 모션 플래닝 알고리듬도 직접 실행하지 않고 모든 기능을 플러그인으로 연결한다. 기구학 솔버^{kinematics solvers}, 모션 플래닝 등을 위한 플러그인이 있다. 이런 플러그인을 바탕으로 기능을 확장할 수 있다. 모션 플래닝 후 생성된 궤적^{trajectory}은 **FollowJointTrajectoryAction** 인터페이스를 사용해 로봇의 컨트롤러와 통신한다. 이는 로봇에서 실행되는 액션 서버의 인터페이스다. **move_node**는 액션 클라이언트를 초기화시킨다. 액션 클라이언트는 액션 서버와 통신하며 실제 로봇이나 시뮬레이터에서 궤적을 실행한다.

MoveIt!에 대한 설명이 끝났으니 MoveIt!을 연결하는 방법을 살펴보자. RViz GUI를 사용해 가제보에 연결한다. 다음 스크린샷은 RViz에서 제어되는 로봇 팔과 가제보 내에서 실행 중인 궤적을 보여준다.

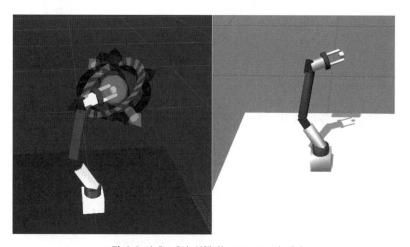

그림 6.2 가제보에서 실행되는 RViz GUI의 궤적

다음 절에서는 MoveIt!의 계획 절차를 더 자세히 알아본다.

MoveIt!을 활용한 모션 플래닝

로봇의 시작 포즈, 원하는 목표 포즈, 기하학적 디스크립션, 월드의 기하학적 디스크립션을 알고 있을 때 모션 플래닝은 로봇을 점진적으로 움직이는 최적의 경로를 찾는 기술이다. 시작 포즈부터 목표 포즈까지 월드의 어떤 장애물도 건드리지 않으며 로봇 링크와도 충돌하지 않는다.

여기에서 로봇 형상은 URDF 파일을 바탕으로 기술된다. 또한 로봇 환경에 대한 디스크립션 파일을 생성하고 로봇의 레이저나 비전 센서를 사용해 계획된 모션을 실행하는 동안 정적 및 동적 장애물 회피를 위해 동작 공간을 매핑할 수 있다.

로봇 팔을 고려해보면 모션 플래너는 로봇의 링크가 주변 환경과 충돌하지 않아야 하고, 자기 충돌(두 로봇 링크 간의 충돌)을 피해야 하며, 조인트 한계를 벗어나면 안 된다. MoveIt!은 플러그인 인터페이스를 바탕으로 모션 플래너와 통신할 수 있다. 플러그인을 변경하기만 하면 지원되는 모든 모션 플래너를 사용할 수 있다. 이 방법은 확장성이 높기 때문에 이 인터페이스를 사용해 사용자 정의 모션 플래너를 사용해볼 수 있다.

move_group 노드는 ROS 액션/서버를 바탕으로 모션 플래너 플러그인과 통신한다. MoveIt!에서 사용하는 기본 플래너 라이브러리는 OMPL Open Motion Planning Library이다. 이에 대한 자세한 정보는 http://ompl.kavrakilab.org/에서 찾을 수 있다. 모션 플래닝을 시작하려면 플래닝 요구 사항을 지정한 모션 플래닝 요청을 모션 플래너에게 보내야 한다. 플래닝 요구 사항은 선택/위치 작업 수행과 같이 엔드 이펙터의 새로운 목표 포즈를 설정하는 것일 수 있다.

모션 플래너에 기구적 제약 조건을 추가로 설정할 수 있다. 다음은 MoveIt!에 내장된 몇 가지 제약 조건constraints이다.

- **위치 제약 조건**Position constraints: 링크의 위치를 제한한다.

- **방향 제약 조건**Orientation constraints: 링크의 방향을 제한한다.

- **가시성 제약 조건**Visibility constraints: 링크의 한 지점이 특정 영역(센싱 영역)에 표시되도록 제한한다.

- **조인트 제약 조건**Joint constraints: 조인트를 조인트 한계 내로 제한한다.

- **사용자 지정 제약 조건**User-specified constraints: 이런 제약 조건을 사용해 콜백 함수를 바탕으로 사용자 제약 조건을 정의할 수 있다.

제약 조건을 바탕으로 모션 플래닝 요청을 보낼 수 있으며 플래너는 요청에 따라 적절한 궤적을 생성한다. move_group 노드는 모든 제약 조건을 준수하는 모션 플래너에서 적절한 궤적을 생성한다. 이 궤적은 로봇 조인트 궤적 컨트롤러로 보낼 수 있다.

모션 플래닝 요청 어댑터

모션 플래닝 요청 어댑터는 모션 플래닝 요청을 사전 처리하고 모션 플래닝 응답을 사후 처리하는 데 도움이 된다. 요청 전처리의 한 가지 용도는 결합 상태의 위반을 수정하는 데 도움이 되며 후처리의 경우 플래너에서 생성한 경로를 시간 파라미터화된 궤적으로 변환할 수 있다는 것이다. 다음은 MoveIt!의 몇 가지 기본 플래닝 요청 어댑터다.

- **FixStartStateBounds:** 조인트 상태가 조인트 제약 조건을 약간 벗어난 경우 이 어댑터는 제약 조건 내에서 초기 조인트 제약 조건을 수정할 수 있다.

- **FixWorkspaceBounds:** 큐브 크기가 10m × 10m × 10m인 플래닝을 위한 작업 공간을 지정한다.

- **FixStartStateCollision:** 이 어댑터는 기존 조인트 구성이 충돌하는 경우 충

돌 없는 구성을 새로 샘플링한다. **jiggle_factor**라는 작은 요소로 현재 구성을 변경해 새 구성을 만든다.

- **FixStartStatePathConstraints:** 이 어댑터는 로봇의 초기 포즈가 모션 제약 조건을 따르지 않을 때 사용한다. 이때 모션 제약 조건을 만족하는 근거리 포즈를 찾아 해당 포즈를 초기 상태로 사용한다.

- **AddTimeParameterization:** 이 어댑터는 속도 및 가속 제약 조건을 적용해 모션 플래닝을 파라미터화한다.

모션의 궤적을 플래닝하려면 MoveIt! 플래닝 씬^{planning scene}을 사용한다. 이 씬으로 인해 장애물과 물체에 대한 정보를 확인할 수 있다.

MoveIt! 플래닝 씬

플래닝 씬이라는 용어는 로봇 주변의 월드를 나타내고 로봇 자체의 상태를 저장하는 데 사용한다. **move_group** 내부의 플래닝 씬 모니터^{planning scene monitor}는 플래닝 씬의 표현을 관리한다. **move_group** 노드는 로봇의 센서와 사용자 입력에서 월드 기하^{world geometry}를 구축하는 월드 기하 모니터^{world geometry monitor}라는 또 다른 섹션으로 구성된다.

플래닝 씬 모니터는 로봇에서 **joint_states** 토픽을 읽고 월드 기하 모니터에서 센서 정보와 월드 기하를 읽는다. 또한 3D 퍼셉션을 사용해 **옥토맵**^{octomap}이라는 주변 환경의 3D 표현을 구축하는 점유 맵 모니터^{occupancy map monitor}에서 데이터를 수신한다.

옥토맵은 포인트 클라우드 점유 맵 업데이터 플러그인이 처리하는 포인트 클라우드와 깊이 이미지 점유 맵 업데이트 플러그인이 처리하는 깊이 이미지에서 생성할 수 있다. MoveIt! 공식 위키^(http://moveit.ros.org/documentation/concepts/)에 있는 다음 다이어그램은 플래닝 씬에 대한 개요를 보여준다.

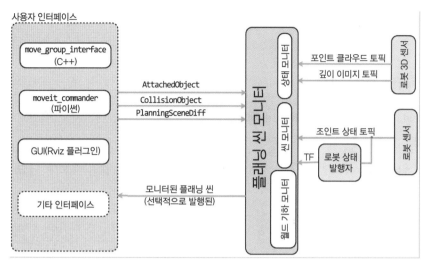

그림 6.3 MoveIt! 플래닝 씬 개요 다이어그램

MoveIt! 플래닝 프로세스와 관련된 추가 요소는 매니퓰레이터의 FK 및 IK를 계산하고 플래닝된 모션 수행 중 장애물과의 충돌 가능성을 고려한다.

MoveIt! 기구학 처리

MoveIt!은 플러그인을 사용해 IK 알고리듬을 변환할 수 있는 뛰어난 유연성을 제공한다. 사용자 자신의 IK 솔버를 MoveIt!으로 작성할 수 있다. 플러그인을 사용하고 필요할 때마다 기본 솔버 플러그인에서 변환한다. MoveIt!의 기본 IK 솔버는 수치 자코비안 기반 솔버^{numerical Jacobian-based solver}다. 해석 솔버^{analytical solver}와 비교할 때 수치 솔버는 IK를 푸는 데 시간이 걸릴 수 있다. **IKFast** 패키지는 해석 방법을 사용해 IK를 풀기 위한 C++ 코드를 생성하는 데 사용할 수 있다. 이 코드는 다양한 종류의 로봇 매니퓰레이터에 사용할 수 있으며 **자유도**가 7보다 작으면 더 잘 수행된다. 이 C++ 코드는 ROS 도구를 사용해 MoveIt! 플러그인으로 변환할 수도 있다. 7장에서 이 절차를 살펴보자.

FK와 자코비안을 구하는 것은 이미 MoveIt! **RobotState** 클래스에 통합돼 있기 때문에 FK를 구하기 위한 플러그인을 사용할 필요는 없다.

MoveIt! 충돌 검사

MoveIt! 내부의 **CollisionWorld** 객체는 FCL^{Flexible Collision Library} 패키지를 백엔드로 사용하는 플래닝 씬 내에서 충돌^{collision}을 찾는 데 사용한다. MoveIt! 메시 및 상자, 원통, 원뿔, 구, 옥토맵과 같은 기본 모양과 같은 다양한 타입의 객체에 대한 충돌 검사를 지원한다.

충돌 검사는 모션 플래닝 중에 가장 연산 비용이 많이 드는 작업 중 하나다. 이 연산을 줄이고자 MoveIt!은 두 쌍의 물체 사이 충돌을 확인하는 데 이진 값을 사용하는 행렬인 ACM^{Allowed Collision Matrix}을 제공한다. 행렬의 값이 1이면 해당 쌍의 충돌이 필요하지 않음을 의미한다. 물체가 항상 너무 떨어져 있어 서로 충돌하지 않을 때 값을 1로 설정할 수 있다. ACM을 최적화하면 충돌 회피에 필요한 총 연산을 줄일 수 있다.

MoveIt!의 기본 개념을 살펴봤으니 이제 MoveIt!과 로봇 팔을 인터페이스하는 방법을 알아보자. 로봇 팔을 MoveIt!과 인터페이스하려면 그림 6.1에서 살펴본 구성 요소를 충족해야 한다. **move_group** 노드에서 모션 플래닝 수행에는 URDF, SRDF, 구성 파일 같은 파라미터와 조인트 상태 토픽, 로봇의 TF가 필요하다.

MoveIt!에서 이 모든 요소의 생성을 위해 셋업 어시스턴트^{Setup Assistant}라는 GUI 기반 도구를 제공한다. 다음 절에서는 셋업 어시스턴트 도구에서 MoveIt! 구성을 생성하는 절차를 알아본다.

셋업 어시스턴트 도구를 활용한 MoveIt! 구성 패키지 생성

MoveIt! 셋업 어시스턴트 도구는 로봇을 MoveIt!으로 구성하기 위한 GUI다. 이 도구는 기본적으로 **move_group** 노드를 구성하는 데 필요한 SRDF, 구성 파일, 런치 파일, URDF 모델에서 생성된 스크립트를 생성한다.

SRDF 파일에는 MoveIt! 셋업 어시스턴트 도구 사용 중에 구성된 팔 조인트, 엔드 이펙터 조인트, 가상 조인트, 충돌 링크 쌍에 대한 세부 정보가 포함돼 있다.

구성 파일에는 구성 진행 중에 저장되는 기구학 솔버, 조인트 제한, 컨트롤러 등에 대한 세부 정보가 들어있다.

생성된 로봇 구성 패키지를 사용해 실제 로봇이나 시뮬레이션 인터페이스 없이 RViz에서 모션 플래닝 작업을 수행할 수 있다.

구성 마법사configuration wizard를 시작하고 로봇 팔의 구성 패키지를 빌드하는 단계별 절차를 살펴보자.

1단계: 셋업 어시스턴트 도구 시작

MoveIt! 셋업 어시스턴트 도구를 시작하려면 다음 명령을 사용한다.

```
roslaunch moveit_setup_assistant setup_assistant.launch
```

그러면 두 가지 선택 항목 Create New MoveIt! Configuration Package와 Edit Existing MoveIt! Configuration Package가 있는 창이 나타난다. 여기에서는 새 패키지를 만들고 있으므로 첫 번째 옵션을 선택해야 한다. MoveIt! 패키지가 이미 있으면 두 번째 옵션을 선택한다.

다음과 같은 새로운 화면을 보고자 Create New MoveIt! Configuration Package 버튼을 클릭한다.

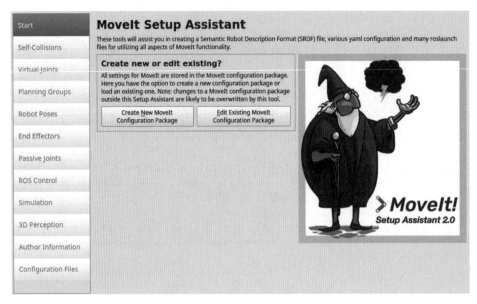

그림 6.4 MoveIt! 셋업 어시스턴트

이 단계에서 마법사는 새 로봇의 URDF 모델을 요청한다. 마법사에 URDF 파일을 제공하려면 Browse 버튼을 클릭하고 mastering_ros_robot_description_pkg/urdf/seven_dof_arm_with_rgbd.xacro를 찾는다. 이 파일을 선택하고 Load 버튼을 눌러 URDF를 로드한다. URDF 및 XML Macros(Xacro) 파일을 모두 사용해 로봇 모델을 로드할 수 있다. Xacro를 사용하는 경우 도구가 내부적으로 URDF로 변환한다.

로봇 모델이 성공적으로 파싱되면 다음 스크린샷처럼 창에서 로봇 모델을 볼 수 있다.

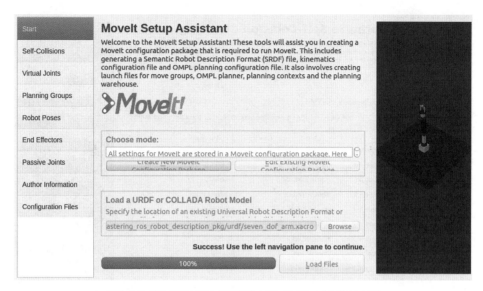

그림 6.5 셋업 어시스턴트 도구에서 로봇 모델을 성공적으로 파싱

이제 로봇이 셋업 어시스턴트에 로드되고 MoveIt! 구성을 시작할 수 있다.

2단계: 자기 충돌 행렬 생성

이제 창의 모든 패널을 탐색해 로봇을 구성할 수 있다. **자기 충돌**[self-collisions] 탭에서 MoveIt!은 충돌 검사에 비활성화할 수 있는 링크 쌍을 검색한다. 이는 연산 시간을 줄일 수 있다. 이 도구는 각 링크 쌍을 분석하고 다음과 같이 분류한다. 항상 충돌[always in collision], 비충돌[never in collision], 인접 링크[adjacent links]가 비활성화된 기본 위치 충돌[default position in collision], 드문 충돌[sometimes in collision]이다. 그리고 모든 종류의 충돌을 일으키는 링크 쌍을 비활성화한다. 다음 이미지는 **자기 충돌** 창을 보여준다.

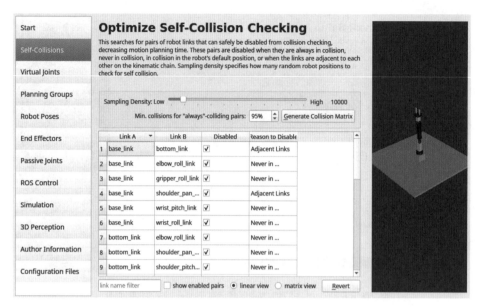

그림 6.6 자기 충돌 행렬 생성

샘플링 밀도는 자기 충돌을 확인할 임의의 위치 수다. 밀도가 크면 계산은 높지만 자기 충돌은 낮아진다. 기본값은 10,000이다. Regenerate Default Collision Matrix 버튼을 눌러 비활성화된 링크 쌍을 볼 수 있다. 비활성화된 링크 쌍을 나열하는 데 몇 초가 걸린다.

3단계: 가상 조인트 추가

가상 조인트virtual joints는 로봇을 월드에 연결한다. 움직이지 않는 정적 로봇에는 필수 사항이 아니다. 팔의 기본 위치가 고정돼 있지 않은 경우 가상 조인트가 필요하다. 예를 들어 로봇 팔이 모바일 로봇에 고정돼 있는 경우 주행 거리 프레임(odom)에 대해 가상 조인트를 정의해야 한다.

우리 로봇의 경우 가상 조인트를 생성하지 않는다.

4단계: 플래닝 그룹 추가

플래닝 그룹planning group은 기본적으로 링크 또는 엔드 이펙터의 목표 위치 달성을 위해 함께 플래닝하는 로봇 팔의 조인트/링크 그룹이다. 팔과 그리퍼를 위한 두 개의 플래닝 그룹을 만들어야 한다.

화면 왼쪽의 Planning Group 탭을 클릭하고 Add Group 버튼을 클릭한다. 다음과 같이 arm 그룹 설정 화면이 표시된다.

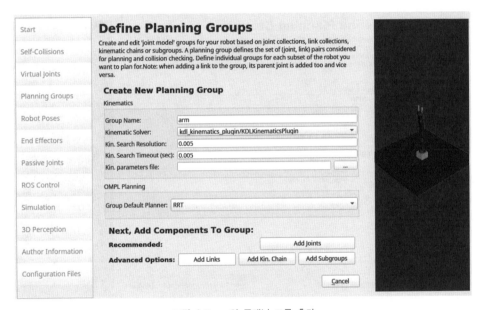

그림 6.7 arm의 플래닝 그룹 추가

여기에서 Group Name을 arm으로 설정하고 Kinematic Solver를 kdl_kinematics_plugin/KDLKinematicsPlugin으로 설정한다. 이는 MoveIt!의 기본 수치 IK 솔버다. 이 그룹에 대한 기본 플래닝 알고리듬을 선택할 수도 있다. 예를 들어 여기에서는 RRTRapidly explore Random Tree 알고리듬을 선택했다. 마지막으로 다른 파라미터를 기본값으로 유지하면서 플래닝 그룹에 요소를 추가하는 다양한 방법을 선택할 수 있다. 예를 들어 그룹의 조인트를 지정하거나 링크를 추가하거나 기구 체인kinematic chain을 직접 지정할 수 있다.

arm 그룹 내에서 grabing_frame에 대한 첫 번째 링크로 먼저 base_link에서 시작하는 기구 체인을 추가해야 한다.

gripper라는 그룹을 추가한다. gripper 그룹에 대한 기구학 솔버는 필요하지 않다. 이 그룹 내에서 그리퍼의 조인트와 링크를 추가할 수 있다. 이런 설정은 다음 스크린샷에 나와 있다.

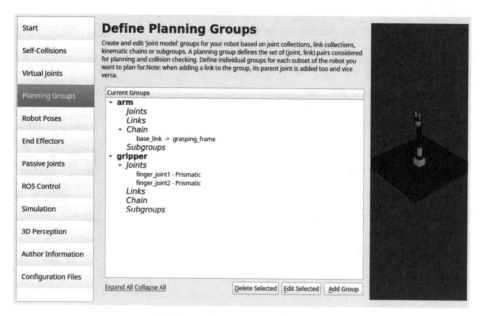

그림 6.8 arm과 gripper의 플래닝 그룹 추가

다른 플래닝 그룹을 추가할 수 있다. 각각은 전체 기구 체인이 아니라 로봇의 몇 가지 조인트만 사용할 수도 있다. 다음 단계에서는 로봇의 일부 고정 포즈를 구성하는 방법을 살펴본다.

5단계: 로봇 포즈 추가

이 단계에서 로봇 구성에 고정 포즈를 추가할 수 있다. 예를 들어 이 단계에서 홈 위치 또는 선택/배치 위치를 지정할 수 있다. 장점은 MoveIt! API로 프로그래밍하는 동안 그룹 상태^{group state}라고도 하는 이 포즈를 직접 호출할 수 있다는 것이다. 이들은 선택/배치 및 움켜쥐는^{grasping} 작업에서 많이 활용할 수 있다. 로봇은 번거로움 없이 이런 고정된 포즈^{pose}로 전환할 수 있다. 포즈를 추가하려면 Add Group 버튼을 클릭한 다음 포즈 이름과 해당 포즈에 대한 조인트 값 세트를 선택한다.

6단계: 로봇 엔드 이펙터 설정

이 단계에서는 로봇 엔드 이펙터의 이름을 지정하고 엔드 이펙터 그룹, 상위 링크, 상위 그룹을 할당한다.

로봇에 엔드 이펙터를 원하는 만큼 추가할 수 있다. 이 경우 선택/배치 작업을 위해 설계된 그리퍼다.

Add End Effector 버튼을 클릭하고 엔드 이펙터의 이름을 robot_eef로 지정한다. 다음 스크린샷과 같이 부모 그룹이 제거된 플래닝 그룹 팔을 볼 수 있다.

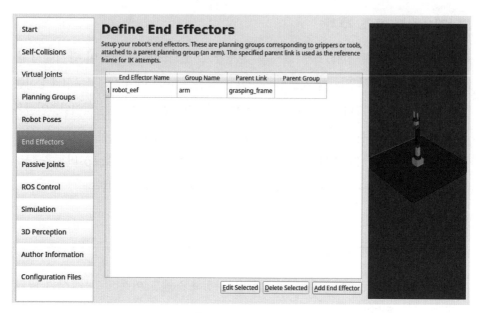

그림 6.9 엔드 이펙터 추가

MoveIt!의 구성 프로세스 기본 요소가 완료됐다. MoveIt!을 시작하는 데 사용되는 구성 파일을 생성하기 전에 수행할 수 있는 추가 단계가 좀 더 있다.

7단계: 패시브 조인트 추가

이 단계에서는 로봇의 패시브 조인트^{passive joints}를 지정할 수 있다. 패시브 조인트는 조인트에 액추에이터가 없음을 의미한다. 캐스터 휠은 패시브 조인트의 한 예다. 플래너는 모션 플래닝 중에 이런 종류의 조인트를 무시한다.

8단계: 저자 정보

이 단계에서 로봇 모델의 작성자는 이름 및 이메일 주소와 같은 개인 정보를 추가할 수 있으며, 이는 catkin이 모델을 ROS 커뮤니티에 출시하는 데 필요하다.

9단계: 구성 파일 작성

거의 완료됐다. 이제 구성 파일을 생성하는 마지막 단계에 있다. 이 단계에서 도구는 MoveIt!을 인터페이스하는 데 필요한 파일이 포함된 구성 패키지를 생성한다.

Browse 버튼을 클릭해 셋업 어시스턴트 도구에서 생성할 구성 파일을 저장할 디렉터리를 찾는다. 여기에서 파일이 Seven_dof_arm_config라는 디렉터리 안에 생성된 것을 볼 수 있다. 구성 패키지의 로봇 이름과 함께 add_config 또는 _generated를 사용할 수 있다.

Generate Package 버튼을 클릭하면 지정된 디렉터리에 파일이 생성된다. 프로세스가 성공하면 Exit Setup Assistant를 클릭해 도구를 종료시킨다. MoveIt!을 가제보 시뮬레이터 또는 ROS 컨트롤 패키지에 연결하는 몇 가지 단계를 건너뛰었다. 이 장의 나머지 부분에서 이 연결을 알아보고 구현할 것이다.

다음 스크린샷은 생성 프로세스를 보여준다.

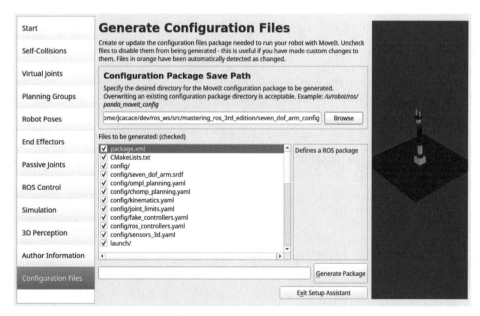

그림 6.10 MoveIt! 구성 패키지 생성

ROS 작업 공간에서 구성 파일을 직접 생성할 수 있다. 다음 절에서는 이 패키지로 작업할 것이다. 평소처럼 생성된 로봇의 모델은 책의 소스코드에서 얻을 수 있다.

MoveIt!에서 로봇의 구성이 완료됐다. 이제 다음 절에서는 RViz를 사용해 모든 것이 올바르게 구성됐는지 테스트한다.

⁖ RViz에서 MoveIt! 구성 패키지를 활용한 모션 플래닝

MoveIt!은 개발자가 플래닝 문제를 설정할 수 있는 RViz 플러그인을 제공한다. 이 플러그인에서 매니퓰레이터의 원하는 포즈를 설정할 수 있으며 MoveIt! 테스트를 위한 모션 궤적을 생성할 수 있다. 로봇 모델과 함께 이 플러그인을 실행하고자 MoveIt! 구성 패키지가 포함된 MoveIt! 런치 파일을 직접 사용할 수 있다. 이 패키지는 RViz에서 모션 플래닝을 시작하기 위한 구성 파일과 런치 파일로 구성된다. 패키지의 모든 기능을 살펴볼 수 있는 데모 런치 파일이 패키지에 있다.

데모 런치 파일을 호출하는 명령은 다음과 같다.

```
roslaunch seven_dof_arm_config demo.launch
```

모든 것이 제대로 작동하면 MoveIt!에서 제공하는 `MotionPlanning` 플러그인으로 로드되는 RViz 화면이 표시된다.

그림 6.11 MoveIt! RViz 플러그인

보시다시피 이 플러그인에서 플래너의 정의부터 시작해 플래닝 문제를 구성할 수 있다. 다음 절에서는 새로운 움직임 궤적 플래닝을 위해 새로운 플래닝 문제를 구성하는 방법을 살펴본다.

RViz MotionPlanning 플러그인 활용

앞의 그림에서 RViz **MotionPlanning** 플러그인이 화면 왼쪽에 로드된 것을 볼 수 있다. MotionPlanning 창에는 Context, Planning 등과 같은 탭이 있다. 기본 탭은 Context 탭이며 기본 플래닝 라이브러리^{Planning Library}가 OMPL로 지정돼 있으며 녹색으로 표시된다. MoveIt! 모션 플래닝 라이브러리를 성공적으로 로드했음을 의미한다. 로드되지 않으면 모션 플래닝을 수행할 수 없다.

다음은 Planning 탭이다. 가장 많이 사용하는 탭 중 하나로 시작 상태와 목표 상태를 할당하고 모션을 플래닝하고 실행하는 데 사용한다. 다음은 Planning 탭의 GUI다.

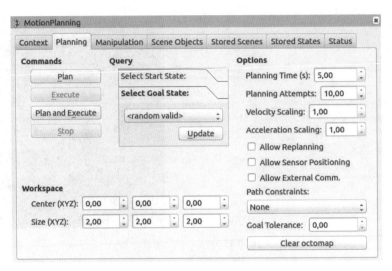

그림 6.12 MoveIt!! RViz Planning 탭

Query 패널에서 로봇에 시작 상태와 목표 상태를 할당할 수 있다. Plan 버튼을 이용해 시작부터 목표 상태까지의 모션을 플래닝할 수 있으며, 플래닝이 성공하면 실행할 수 있다. 기본적으로 실행은 가짜 컨트롤러에서 수행된다. 이 컨트롤러를 가제보 또는 실제 로봇에서 플래닝된 궤적을 실행하기 위한 궤적 컨트롤러로 변경할 수 있다.

암 그리퍼에 부착된 대화형 마커를 사용해 로봇 엔드 이펙터의 시작 및 목표 위치를 설정할 수 있다. 마커 포즈를 변환하고 회전할 수 있으며 플래닝 솔루션이 있는 경우 주황색 팔을 볼 수 있다. 어떤 상황에서는 엔드 이펙터 마커 포즈가 움직여도 팔이 움직이지 않을 수 있다. 팔이 마커 위치에 오지 않으면 해당 포즈에 IK 솔루션이 없다고 볼 수 있다. 마커 위치, 즉 목표에 도달하려면 더 많은 DOF가 필요하거나 링크 간에 충돌이 있을 수 있다.

다음 스크린샷은 유효한 목표 포즈와 잘못된 목표 포즈를 보여준다.

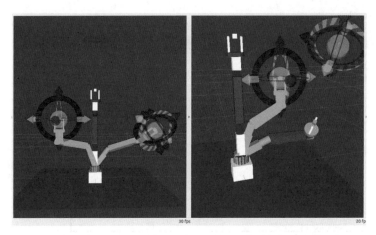

그림 6.13 RViz에서 로봇의 유효한 포즈와 잘못된 포즈

녹색 팔은 팔의 시작 위치를 나타내고 주황색은 목표 위치를 나타낸다. 첫 번째 스크린샷에서 Plan 버튼을 누르면 MoveIt!은 시작부터 목표까지의 경로를 플래닝한다. 두 번째 스크린샷에서 두 가지를 관찰할 수 있다. 첫 번째로 주황색 팔의 링크 중 하나가 빨간색으로 목표 포즈가 자기 충돌 상태임을 의미한다. 두 번째로 엔드 이펙터 마커를 보자. 실제 엔드 이펙터와 거리가 멀고 빨갛게 변했다.

또한 시작 상태와 목표 상태에서 임의의 유효한(그림 6.12 참조) 옵션을 사용해 몇 가지 빠른 모션 플래닝으로 작업할 수 있다. 목표 상태를 random valid로 설정하고 update 버튼을 누르면 임의의 유효한 목표 포즈가 생성된다. Plan 버튼을 클릭하면 동작 중인 모션 플래닝을 볼 수 있다.

`MotionPlanning` 플러그인의 다양한 옵션을 사용해 사용자 정의 RViz 시각화를 할 수 있다. 다음은 이 플러그인의 일부 설정이다.

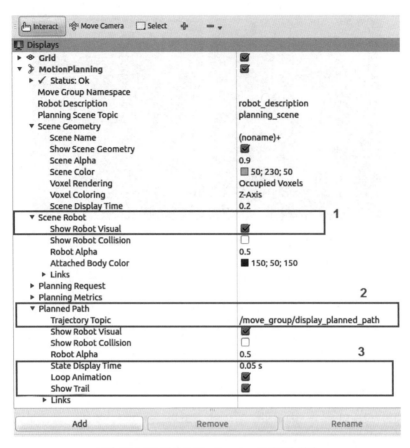

그림 6.14 RViz에서 MotionPlanning 플러그인 설정

첫 번째로 표시된 영역은 로봇 모델을 표시하는 Scene Robot이다. 선택하지 않으면 로봇 모델이 표시되지 않는다. 두 번째로 표시된 영역은 RViz에서 시각화 궤적을 표현하는 Trajectory Topic이다. 모션 플래닝에 애니메이션을 적용하고 모션 트레일을 표시하려면 이 옵션을 활성화해야 한다.

플러그인 설정의 다른 섹션 중 하나는 다음 스크린샷에 표시된다.

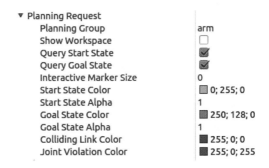

그림 6.15 MotionPlanning 플러그인의 Planning Request 설정

앞의 스크린샷에서 Query Start State와 Query Goal State 옵션을 볼 수 있다. 이 옵션은 그림 6.13에서 봤던 팔의 시작 포즈와 목표 포즈를 시각화할 수 있다. Show Workspace는 로봇 주변의 큐빅 작업 공간(월드 형상)을 시각화한다. 시각화는 모션 플래닝 알고리듬을 디버그하고 로봇 모션 동작을 자세히 이해하는 데 도움이 될 수 있다.

다음 절에서는 MoveIt! 구성 패키지를 가제보와 인터페이스하는 방법을 살펴본다. 이는 MoveIt!에서 생성한 궤적을 가제보에서 실행한다.

MoveIt! 구성 패키지와 가제보의 인터페이스

이미 로봇 팔의 가제보 시뮬레이션으로 작업하고 컨트롤러를 부착했었다. MoveIt! 에서 팔과 가제보의 인터페이스를 위해서는 'MoveIt! 아키텍처' 절에서 언급했듯이 `FollowJointTrajectoryAction` 인터페이스가 있는 궤적 컨트롤러가 필요하다.

이제 MoveIt!을 가제보와 인터페이스하는 절차를 살펴보자.

1단계: MoveIt!을 위한 컨트롤러 구성 파일 작성

첫 번째 단계는 MoveIt!에서 가제보의 궤적 컨트롤러와 인터페이스하기 위한 구성 파일을 만드는 것이다. ros_controllers.yaml이라는 컨트롤러 구성 파일은 **Seven_dof_arm_config** 패키지의 config 디렉터리 안에 생성돼야 한다.

다음은 ros_controllers.yaml 정의의 예다.

```
controller_list:
  - name: seven_dof_arm/seven_dof_arm_joint_controller
    action_ns: follow_joint_trajectory
    type: FollowJointTrajectory
    default: true
    joints:
      - shoulder_pan_joint
      - shoulder_pitch_joint
      - elbow_roll_joint
      - elbow_pitch_joint
      - wrist_roll_joint
      - wrist_pitch_joint
      - gripper_roll_joint

  - name: seven_dof_arm/gripper_controller
    action_ns: follow_joint_trajectory
    type: FollowJointTrajectory
    default: true
    joints:
      - finger_joint1
      - finger_joint2
```

컨트롤러 구성 파일에는 두 컨트롤러 인터페이스의 정의가 포함돼 있다. 하나는 arm 용이고 다른 하나는 그리퍼용이다. 컨트롤러에서 사용하는 액션 타입은 FollowJoint Trajectory이고 액션 네임스페이스는 follow_joint_trajectory다. 각 그룹의 조인트를 나열해야 한다. default: true는 조인트 세트와 통신을 위해 MoveIt!의 기본 컨트롤러를 사용한다는 것을 나타낸다.

2단계: 컨트롤러 런치 파일 작성

다음으로 궤적 컨트롤러를 실행할 수 있는 Seven_dof_arm_moveit_controller_

manager.launch라는 런치 파일을 만들어야 한다. 파일 이름은 로봇 이름에 **_moveit_controller_ manager**를 추가했다.

다음은 Seven_dof_arm_config/launch/Seven_dof_arm_moveit_controller_manager. launch 파일 정의다.

```
<launch>
  <!-- 인수로 사용되는 파라미터 서버에 moveit_controller_manager를 로드한다.
  인수가 전달되지 않으면 moveit_simple_controller_manager가 설정된다. -->
  <arg name="moveit_controller_manager" default="moveit_simple_controller_
  manager/MoveItSimpleControllerManager" />
  <param name="moveit_controller_manager" value="$(arg moveit_controller_
  manager)"/>
  <!-- ros_controllers를 파라미터 서버에 로드 -->
  <rosparam file="$(find seven_dof_arm_config)/config/ros_controllers.yaml"/>
</launch>
```

이 런치 파일은 **MoveItSimpleControllerManager** 프로그램을 시작하고 controllers. yaml 내부에 정의된 조인트 궤적 컨트롤러를 로드한다.

3단계: 가제보를 위한 컨트롤러 구성 파일 작성

MoveIt! 구성 파일 작성 후 가제보 컨트롤러 구성 파일과 런치 파일을 만들어야 한다.

가제보와 함께 로드해야 하는 가제보 ROS 컨트롤러 목록이 포함된 trajectory_ control.yaml 파일을 만든다.

이 파일은 4장에서 만든 **Seven_dof_arm_gazebo** 패키지의 /config 디렉터리에서 가져온다.

다음 코드에서 이 파일의 정의를 확인할 수 있다.

```
seven_dof_arm:
  arm_controller:
    type: position_controllers/JointTrajectoryController
    joints:
      - shoulder_pan_joint
      - shoulder_pitch_joint
      - elbow_roll_joint
  - elbow_pitch_joint
    - wrist_roll_joint
    - wrist_pitch_joint
    - gripper_roll_joint
    constraints:
    goal_time: 0.6
    stopped_velocity_tolerance: 0.05
    shoulder_pan_joint: {trajectory: 0.1, goal: 0.1}
    shoulder_pitch_joint: {trajectory: 0.1, goal: 0.1}
    elbow_roll_joint: {trajectory: 0.1, goal: 0.1}
    elbow_pitch_joint: {trajectory: 0.1, goal: 0.1}
    wrist_roll_joint: {trajectory: 0.1, goal: 0.1}
    wrist_pitch_joint: {trajectory: 0.1, goal: 0.1}
    gripper_roll_joint: {trajectory: 0.1, goal: 0.1}
    stop_trajectory_duration: 0.5
    state_publish_rate: 25
    action_monitor_rate: 10
```

여기에서 arm과 그리퍼 모두에 대해 FollowJointTrajectory의 액션 인터페이스를
가진 position_controllers/JointTrajectoryController 구성을 만들었다. 또한
각 조인트와 관련된 PID게인을 정의해 부드러운 동작을 제공할 수 있다.

4단계: 가제보 궤적 컨트롤러를 위한 런치 파일 작성

구성 파일을 만든 후 가제보와 함께 컨트롤러를 로드할 수 있다. 가제보, 궤적 컨트
롤러 및 MoveIt! 인터페이스를 단일 명령으로 실행하는 런치 파일을 만들어야 한다.

다음 코드에 나타난 것처럼 Seven_dof_arm_bringup_moveit.launch 파일에는 이런 모든 명령을 실행하기 위한 정의가 포함돼 있다.

```
<launch>
  <include file="$(find seven_dof_arm_gazebo)/launch/seven_dof_arm_with_
rgbd_world.launch" />
  <rosparam file="$(find seven_dof_arm_gazebo)/config/trajectory_control.
yaml" command="load"/>
  <rosparam file="$(find seven_dof_arm_gazebo)/config/seven_dof_arm_gazebo_
joint_states.yaml" command="load"/>
  <node name="seven_dof_arm_joint_state_spawner" pkg="controller_manager"
type="spawner" respawn="false" output="screen" ns="/seven_dof_arm"
args="joint_state_controller arm_controller"/>
  <node name="robot_state_publisher" pkg="robot_state_publisher"
type="robot_state_publisher" respawn="false" output="screen">
    <remap from="/joint_states" to="/seven_dof_arm/joint_states" />
  </node>
  <node name="joint_state_publisher" pkg="joint_state_publisher"
type="joint_state_publisher" />
  <remap from="joint_states" to="/seven_dof_arm/joint_states" />
  <include file="$(find seven_dof_arm_config)/launch/planning_context.
launch">
    <arg name="load_robot_description" value="false" />
  </include>
  <include file="$(find seven_dof_arm_config)/launch/move_group.launch">
    <arg name="publish_monitored_planning_scene" value="true" />
  </include>
  <include file="$(find seven_dof_arm_config)/launch/moveit_rviz.launch">
    <arg name="rviz_config" value="$(find seven_dof_arm_config)/launch/
moveit.rviz"/>
  </include>
</launch>
```

이 런치 파일은 가제보에서 로봇 모델을 생성하고, 조인트 상태를 발행하고, 위치 컨트롤러 및 궤적 컨트롤러를 연결하고, 마지막으로 RViz와 MoveIt! 노드의 동시 실행을 위해 `moveit_planning_execution.launch`를 실행한다. MoveIt! 노드가 로드되지 않은 경우 RViz에서 `MotionPlanning` 플러그인을 로드해야 할 수도 있다.

다음 단일 명령을 사용해 RViz 내에서 모션 플래닝을 시작하고 가제보 시뮬레이션에서 실행할 수 있다.

```
$ roslaunch seven_dof_arm_gazebo seven_dof_arm_bringup_moveit.launch
```

플래닝 씬을 시작하기 전에 ROS 컨트롤러를 사용하려면 다음 명령을 사용해 MoveIt!에 필요한 일부 패키지를 설치해야 한다.

```
sudo apt-get install ros-noetc-joint-state-controller ros-noetic-position-controllers ros-noetic-joint-trajectory-controller
```

패키지를 설치한 후 플래닝 씬을 시작할 수 있다. 그러면 RViz와 가제보가 실행되고 RViz 내에서 모션 플래닝을 수행할 수 있다. 모션 플래닝 후 Execute 버튼을 클릭해 궤적을 가제보 컨트롤러로 보낸다. 이제 다음과 같은 화면이 표시돼야 한다.

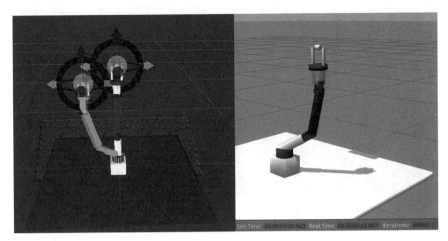

그림 6.16 MoveIt!에서 궤적을 실행하는 가제보 궤적 컨트롤러

이제 MoveIt!과 시뮬레이션된(또는 실제) 로봇 사이의 연결이 완성됐다. 이 장의 첫 번째 부분을 완료하기 전에 MoveIt!-가제보 연결이 제대로 작동하는지 간단히 이해하는 방법을 살펴보자.

5단계: 가제보-MoveIt! 인터페이스 디버깅

이 절에서는 가제보-MoveIt! 인터페이스에서의 몇 가지 일반적인 문제와 디버깅 기술을 설명한다.

궤적이 가제보에서 실행되고 있지 않다면 먼저 다음과 같이 토픽을 나열한다.

```
rostopic list
```

가제보 컨트롤러가 제대로 시작된 경우 목록에 다음과 같은 조인트 궤적 항목이 표시된다.

```
/seven_dof_arm/gripper_controller/command
/seven_dof_arm/gripper_controller/follow_joint_trajectory/cancel
/seven_dof_arm/gripper_controller/follow_joint_trajectory/feedback
/seven_dof_arm/gripper_controller/follow_joint_trajectory/goal
/seven_dof_arm/gripper_controller/follow_joint_trajectory/result
/seven_dof_arm/gripper_controller/follow_joint_trajectory/status
/seven_dof_arm/gripper_controller/state
/seven_dof_arm/joint_states
/seven_dof_arm/seven_dof_arm_joint_controller/command
/seven_dof_arm/seven_dof_arm_joint_controller/follow_joint_trajectory/cancel
/seven_dof_arm/seven_dof_arm_joint_controller/follow_joint_trajectory/feedback
/seven_dof_arm/seven_dof_arm_joint_controller/follow_joint_trajectory/goal
/seven_dof_arm/seven_dof_arm_joint_controller/follow_joint_trajectory/result
/seven_dof_arm/seven_dof_arm_joint_controller/follow_joint_trajectory/status
/seven_dof_arm/seven_dof_arm_joint_controller/state
/tf
/tf_static
/trajectory_execution_event
```

그림 6.17 Gazebo-ROS 궤적 컨트롤러의 토픽

`gripper`와 `arm` 그룹에 대한 `follow_joint_trajectory`를 볼 수 있다. 컨트롤러가 준비되지 않은 경우 궤적은 가제보에서 실행되지 않는다.

런치 파일을 시작하는 동안 터미널 메시지를 확인한다.

```
 [1505806707.153599116, 0.343000000]: Added FollowJointTrajectory controller for seven_dof_ar
ller
 [1505806707.153740538, 0.343000000]: Returned 2 controllers in list
 [1505806707.205783246, 0.347000000]: Trajectory execution is managing controllers
 'move_group/ApplyPlanningSceneService'...
 'move_group/ClearOctomapService'...
 'move_group/MoveGroupCartesianPathService'...
 'move_group/MoveGroupExecuteTrajectoryAction'...
 'move_group/MoveGroupGetPlanningSceneService'...
 'move_group/MoveGroupKinematicsService'...
 'move_group/MoveGroupMoveAction'...
 'move_group/MoveGroupPickPlaceAction'...
 'move_group/MoveGroupPlanService'...
 'move_group/MoveGroupQueryPlannersService'...
 'move_group/MoveGroupStateValidationService'...                                  1
 [1505806835.903571251, 36.978000000]: arm[RRTkConfigDefault]: Starting planning with 1 state
astructure
 [1505806835.994742622, 36.997000000]: arm[RRTkConfigDefault]: Created 21 states
 [1505806836.036028021, 37.004000000]: arm[RRTkConfigDefault]: Created 38 states    2
 [1505806836.038435520, 37.005000000]: ParallelPlan::solve(): Solution found by one or more t
41 seconds
```

그림 6.18 성공적인 궤적 실행을 보여주는 터미널 메시지

그림 6.18에서 첫 번째 섹션은 `MoveItSimpleControllerManager`가 가제보 컨트롤러와 연결할 수 있음을 보여주고, 컨트롤러에 연결할 수 없으면 컨트롤러에 연결할 수 없다는 메시지를 보여준다. 두 번째 섹션은 성공적인 모션 플래닝 동작을 보여준다. 모션 플래닝이 성공하지 못했다면 MoveIt!! 가제보에 궤적을 보내지 않는다.

다음 절에서는 ROS 내비게이션 스택을 실펴보고 내비게이션 스택을 가제보 시뮬레이션과 인터페이스하는 데 필요한 요소를 살펴본다.

ROS 내비게이션 스택 이해

ROS 내비게이션 패키지의 주요 목표는 주변 환경과의 충돌 없이 로봇을 시작 위치에서 목표 위치로 이동시키는 것이다. ROS 내비게이션 패키지는 모바일 로봇에서 자율주행을 쉽게 구현하는 데 도움이 될 수 있는 여러 알고리듬이 제공된다.

사용자는 레이저 스캐너, RGB-D^{Red-Green-Blue Depth} 센서 데이터 또는 3D 포인트 클라우드와 같은 센서 데이터 스트림과 함께 휠 인코더, 관성 측정 장치^{IMU, Inertial Measurement Unit}, GPS^{Global Positioning System}와 같은 센서의 로봇 주행 거리 데이터와 로봇 목표 위치만 제공하면 된다. 내비게이션 패키지의 출력은 로봇을 주어진 목표 위치로 이동시키는 속도 명령이다.

내비게이션 스택에는 SLAM, A *(star), Dijkstra, amcl 등과 같은 표준 알고리듬 구현이 포함돼 있으며, 이는 사용자 애플리케이션에서 직접 사용할 수 있다.

ROS 내비게이션 하드웨어 요구 사항

ROS 내비게이션 스택은 확장이 가능하게 설계됐다. 로봇이 충족해야 하는 몇 가지 하드웨어 요구 사항은 다음 목록에 요약돼 있다.

- 내비게이션 패키지는 차동 구동 및 홀로노믹 제약 조건에서 더 잘 작동한다. 또한 x: 속도, y: 속도^{선속도}, theta: 속도^{각속도}의 형태로 속도 명령을 전송해 모바일 로봇을 제어해야 한다.

- 로봇은 지도 작성을 위해 비전(rgb-d) 또는 레이저 센서를 갖추고 있어야 한다.

- 내비게이션 스택은 정사각형 및 원형 모양의 모바일 모델에서 더 잘 수행된다. 임의의 모양에서도 작동하지만 성능이 보장되지는 않는다.

ROS 웹 사이트(http://wiki.ros.org/navigation/Tutorials/RobotSetup)에서 가져온 다음 다이어그램은 내비게이션 스택의 기본 빌딩 블록을 보여준다. 각 블록의 목적과 맞춤형 로봇에 대한 내비게이션 스택을 구성하는 방법을 볼 수 있다.

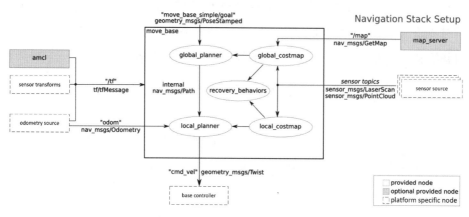

그림 6.19 내비게이션 스택 설정 다이어그램

앞의 내비게이션 설정 다이어그램에 따르면 사용자 정의 로봇에 대한 내비게이션 패키지를 구성하려면 내비게이션 스택과 인터페이스하는 기능 블록을 제공해야 한다. 다음 목록은 내비게이션 스택에 대한 입력으로 제공되는 모든 블록에 대한 설명이다.

- **주행거리 소스**^{Odometry source}: 로봇의 주행 거리 데이터는 로봇의 시작 위치에 대한 상대 위치를 제공한다. 주요 주행 거리 소스는 휠 인코더, IMU, 2D/3D 카메라(시각적 주행 거리)다. odom 값은 nav_msgs/Odometry 메시지 타입으로 내비게이션 스택에 발행돼야 한다. odom 메시지는 로봇의 위치와 속도를 유지할 수 있다. 주행 거리 데이터는 내비게이션 스택에 대한 필수 입력이다.

- **센서 소스**^{Sensor source}: 로봇 환경 매핑을 위해 레이저 스캔 데이터 또는 포인트

클라우드 데이터를 내비게이션 스택에 제공해야 한다. 이 데이터는 주행 거리와 함께 결합돼 로봇의 글로벌 및 로컬 코스트[cost] 맵을 구축한다. 여기에 사용되는 주요 센서는 레이저 스캐너다. 데이터는 sensor_msgs/LaserScan 또는 sensor_msgs/PointCloud 메시지 타입이어야 한다.

- **sensor transforms/tf**: 로봇은 ROS TF를 사용해 로봇 좌표 프레임 간의 관계를 발행해야 한다.

- **base_controller**: 기본 컨트롤러의 주요 기능은 트위스트(geometry_msgs/Twist) 타입 메시지인 내비게이션 스택 출력을 로봇의 모터 속도로 변환하는 것이다.

내비게이션 스택의 옵션 node는 amcl 및 map_server로 각기 로봇의 로컬라이제이션과 지도를 저장/로드하는 데 도움이 된다.

내비게이션 패키지 작업

내비게이션 스택을 사용하기 전에 MoveIt!과 move_group 노드를 살펴봤다. 내비게이션 스택에는 move_base 노드라고 하는 move_group 노드와 같은 노드가 있다. 그림 6.19에서 move_base 노드는 센서, 조인트 상태, TF, 주행 거리에서 입력을 받는다. 이는 MoveIt!에서 본 move_group 노드와 매우 유사하다.

move_base 노드를 자세히 살펴보자.

move_base 노드 이해

move_base 노드는 move_base라는 패키지에서 가져온다. 이 패키지의 주요 기능은 다른 내비게이션 노드의 도움으로 로봇을 현재 위치에서 목표 위치로 이동시키는 것이다. 이 패키지 내부의 move_base 노드는 경로 계획을 위한 글로벌 플래너와 로컬 플래너를 연결하고, 로봇이 어떤 장애물에 갇힌 경우 회전 복구 패키지에 연결하고 글로벌 코스트맵[global costmap]과 로컬 코스트맵[local costmap]을 연결해 지도를 얻는다.

move_base 노드는 기본적으로 메시지 타입(geometry_msgs/PoseStamped)으로 목표 포즈를 취하는 SimpleActionServer의 구현이다. SimpleActionClient 노드를 사용해 이 노드에 목표 위치를 보낼 수 있다.

move_base 노드는 이전 다이어그램과 같이 내비게이션 스택의 입력인 move_base_simple/goal이라는 토픽에서 탐색 목표를 구독한다.

이 노드가 목표 위치를 획득할 때 global_planner, local_planner, recovery_behavior, global_costmap, local_costmap과 같은 요소들을 연결하며, 속도 명령(geometry_msgs/Twist)의 결괏값을 생성하며 그 결괏값을 로봇의 베이스 컨트롤러에게 보낸다.

다음은 move_base 노드에 의해 연결된 모든 패키지 목록이다.

- **global-planner:** 이 패키지는 맵을 기준으로 로봇의 현재 위치에서 목표 위치까지 최적의 경로를 계획하기 위한 라이브러리와 노드를 제공한다. 이 패키지에는 현재 로봇 위치에서 목표 위치까지의 최단 경로를 찾기 위한 A*, Dijkstra 등과 같은 경로 찾기 알고리듬이 구현돼 있다.

- **local-planner:** 이 패키지의 주요 기능은 글로벌 플래너를 사용해 계획된 글로벌 경로 섹션에서 플래닝을 수행하는 것이다. 로컬 플래너는 주행 거리 및 센서 판독 값을 얻어 글로벌 경로 계획의 세그먼트segment 완료를 위해 로봇 컨트롤러에 적절한 속도 명령을 보낸다. 기본 로컬 플래너 패키지는 궤적 롤아웃trajectory rollout 및 동적 창dynamic window 알고리듬의 구현이다.

- **rotate-recovery:** 이 패키지는 360도 회전을 수행해 로봇이 로컬 장애물을 피할 수 있게 도와준다.

- **clear-costmap-recovery:** 이 패키지는 내비게이션 스택에서 사용하는 현재 코스트맵costmap을 정적 지도static map로 변경해 로컬 장애물을 피하기 위한 것이다.

- **costmap-2D:** 이 패키지의 주요 용도는 로봇 환경을 매핑하는 것이다. 로봇은

지도에 대해서만 경로를 계획할 수 있다. ROS에서는 셀 격자에서 환경을 나타내는 2D 또는 3D 점유 격자 지도를 생성한다. 각 셀에는 해당 셀이 점유돼 있는지 여부를 나타내는 확률 값이 있다. costmap-2D 패키지는 레이저 스캔 또는 포인트 클라우드의 센서 값과 주행 거리 값을 구독해 환경의 격자 지도를 구축할 수 있다. 글로벌 내비게이션을 위한 글로벌 코스트맵과 로컬 내비게이션을 위한 로컬 코스트맵이 있다.

다음은 move_base 노드와 인터페이스하는 다른 패키지다.

- **map-server:** map-server 패키지를 사용하면 costmap-2D 패키지에 의해 생성된 맵을 저장하고 로드할 수 있다.

- **amcl:** amcl은 지도에서 로봇을 위치시키는 방법[localization]이다. 이 접근 방식은 파티클 필터를 사용해 확률 이론으로 맵에 대한 로봇의 포즈를 추적한다. ROS 시스템에서 amcl은 sensor_msgs/LaserScan 타입의 메시지를 받아 맵을 생성한다.

- **gmapping:** gmapping 패키지는 Fast SLAM이라는 알고리듬을 구현한 것으로, 레이저 스캔 데이터와 주행 거리를 사용해 2D 점유 격자 지도를 구축한다.

내비게이션 스택의 각 기능 블록을 살펴본 후 실제로 어떻게 작동하는지 살펴보자.

내비게이션 스택의 작동

앞 절에서는 ROS 내비게이션 스택에서 각 블록의 기능을 실펴봤다. 전체 시스템이 어떻게 작동하는지 살펴보자. 로봇은 적절한 주행 거리 값, TF 정보, 레이저의 센서 데이터를 발행해야 하며 베이스 컨트롤러[base controller]와 주변 지도가 필요하다.

이런 요구 사항이 충족되면 내비게이션 패키지 작업을 시작할 수 있다. 로봇 내비게이션의 문제와 관련된 주요 요소는 다음 절에 요약돼 있다.

지도에서 로컬라이제이션

로봇이 수행할 첫 번째 단계는 지도에서 자신의 위치를 지정하는 것이다. amcl 패키지는 지도에서 로봇의 로컬라이제이션localization에 도움이 된다.

목표 및 경로 계획 보내기

로봇의 현재 위치를 얻은 후 목표 위치를 move_base 노드로 보낼 수 있다. move_base 노드는 이 목표 위치를 글로벌 플래너로 보내 현재 로봇 위치에서 목표 위치까지의 경로를 계획한다.

이 계획은 맵 서버에서 공급되는 글로벌 코스트맵에 대한 것이다. 글로벌 플래너는 이 경로를 글로벌 계획의 각 세그먼트를 실행하는 로컬 플래너에게 보낸다.

로컬 플래너는 move_base 노드에서 주행 거리와 센서 값을 가져오고 로봇에 대한 충돌 없는 로컬 계획을 찾는다. 로컬 플래너는 로봇 주변의 장애물을 모니터링할 수 있는 로컬 코스트맵과 연결된다.

충돌 복구 동작

글로벌 및 로컬 코스트맵은 레이저 스캔 데이터와 연결돼 있다. 로봇이 어딘가에 갇힌 경우 내비게이션 패키지는 costmap 복구recovery 노드의 클리어 또는 복구 노드의 회전처럼 recovery-behavior 노드를 트리거한다.

속도 명령 보내기

로컬 플래너는 move_base 컨트롤러에서 사용하는 선형 및 각속도를 포함하는 트위스트twist 메시지 타입(geometry_msgs/Twist)으로 속도 명령을 생성한다. 로봇 베이스 컨트롤러는 트위스트 메시지를 모터 속도로 변환한다.

이제 로봇에 ROS 내비게이션 스택을 설치하고 구성할 준비가 됐다.

SLAM을 활용한 지도 생성

내비게이션 스택 구성을 시작하기 전에 먼저 설치해야 한다. ROS desktop-full 설치는 ROS 내비게이션 스택을 설치하지 않는다. 다음 명령을 사용해 내비게이션 스택을 별도로 설치해야 한다.

```
sudo apt-get install ros-noetic-navigation
```

내비게이션 패키지를 설치한 후 환경 맵을 구축하는 방법을 배운다. 여기에서 사용하는 로봇은 5장에서 다룬 차동 구동 로봇이다. 이 로봇은 내비게이션 스택의 세가지 요구 사항을 모두 충족한다.

ROS gmapping 패키지는 OpenSLAM(https://openslam-org.github.io/gmapping.html)이라는 SLAM의 오픈소스 구현 래퍼^{wrapper}다. gmapping 패키지는 SLAM의 구현인 slam_gmapping이라는 노드를 포함하며 레이저 스캔 데이터와 모바일 로봇 포즈를 활용해 2D 점유격자 지도를 생성한다.

SLAM을 수행하기 위한 기본 하드웨어 요구 사항은 로봇 상단에 수평으로 장착된 레이저 스캐너와 로봇 주행 거리 데이터다. 이 로봇은 이미 이런 요구 사항을 충족한다. 다음 절차를 바탕으로 gmapping 패키지를 사용해 환경의 2D 맵을 생성할 수 있다.

gmapping으로 작업하기 전에 다음 명령을 사용해 설치해야 한다.

```
sudo apt-get install ros-noetic-gmapping
```

설치를 완료한 후 로봇에 대한 **gmapping**을 구성해야 한다.

gmapping을 위한 런치 파일 작성

gmapping 프로세스를 위한 런치 파일을 생성하는 과정에서 주요 작업은 **slam_gmapping** 노드와 **move_base** 노드에 대한 파라미터를 설정하는 것이다. **slam_gmapping** 노드는 ROS **gmapping** 패키지 내부의 핵심 노드다. **slam_gmapping** 노드는 레이저 데이터(sensor_msgs/LaserScan)와 TF 데이터를 구독하고 점유 격자 지도 데이터를 출력(nav_msgs/OccupancyGrid)으로 발행한다. 이 노드는 다양한 구성이 가능하며 매핑 정확도 개선을 위해 파라미터를 미세 조정할 수 있다. 파라미터는 http://wiki.ros.org/gmapping에 언급돼 있다.

구성해야 하는 다음 노드는 **move_base** 노드다. 구성해야 하는 주요 파라미터는 글로벌 및 로컬 코스트맵 파라미터, 로컬 플래너 및 **move_base** 파라미터다. 파라미터 목록은 매우 길다. 이런 파라미터는 여러 YAML(YAML Ain't Markup Language) 파일로 표현된다. 각 파라미터는 **diff_wheeled_robot_gazebo** 패키지 내부의 param 디렉터리에 들어있다.

다음 코드는 이 로봇에서 사용하는 gmapping.launch 파일의 내용이다. 런치 파일은 diff_wheeled_robot_gazebo/launch 디렉터리에 있다. 런치 파일에는 많은 수의 파라미터와 일부 구성 파일이 포함돼 있다. 먼저 레이저 스캐너 데이터가 발행될 토픽을 다음과 같이 정의한다.

```
<launch>
  <arg name="scan_topic" default="scan" />
```

그런 후 다음과 같이 **gmapping** 노드를 포함한다.

```
    <node pkg="gmapping" type="slam_gmapping" name="slam_ gmapping"
 output="screen">
```

gmapping 노드의 중요한 요소는 맵 생성에 관련된 프레임으로, 로봇의 베이스를
나타내는 base_frame과 휠 주행 거리를 고려해 로봇의 위치를 계산하는 odom_
frame이다. 코드는 다음과 같다.

```
    <param name="base_frame" value="base_footprint"/>
 <param name="odom_frame"value="odom"/>
```

그런 다음 파라미터 세트가 매핑 알고리듬의 동작을 조정한다. 다음 클래스에서
파라미터를 분류할 수 있다.

레이저 파라미터는 다음과 같다.

```
    <param name="maxUrange" value="6.0"/>
    <param name="maxRange" value="8.0"/>
    <param name="sigma" value="0.05"/>
    <param name="kernelSize" value="1"/>
    <param name="lstep" value="0.05"/>
    <param name="astep" value="0.05"/>
    <param name="iterations" value="5"/>
    <param name="lsigma" value="0.075"/>
    <param name="ogain" value="3.0"/>
    <param name="lskip" value="0"/>
    <param name="minimumScore" value="100"/>
    <param name="particles" value="80"/>
```

모델 파라미터는 다음과 같다.

```
<param name="srr" value="0.01"/>
<param name="srt" value="0.02"/>
<param name="str" value="0.01"/>
<param name="stt" value="0.02"/>
```

지도 업데이트와 관련된 기타 파라미터는 다음과 같다.

```
<param name="linearUpdate" value="0.5"/>
<param name="angularUpdate" value="0.436"/>
<param name="temporalUpdate" value="-1.0"/>
<param name="resampleThreshold" value="0.5"/>
<remap from="scan" to="$(arg scan_topic)"/>
<param name="map_update_interval" value="5.0"/>
```

초기 맵 치수 및 해상도 파라미터는 다음과 같다.

```
<param name="xmin" value="-1.0"/>
<param name="ymin" value="-1.0"/>
<param name="xmax" value="1.0"/>
<param name="ymax" value="1.0"/>
<param name="delta" value="0.05"/>
```

우도^{likelihood} 샘플링 파라미터는 다음과 같다.

```
<param name="llsamplerange" value="0.01"/>
<param name="llsamplestep" value="0.01"/>
<param name="lasamplerange" value="0.005"/>
<param name="lasamplestep" value="0.005"/>
```

이제 차동 구동 로봇에서 매핑 노드를 시작할 준비가 됐다.

차동 구동 로봇에서 SLAM 실행

diff_wheeled_robot_gazebo라는 ROS 패키지와 지도 빌드를 위해 gmapping.
launch 파일을 실행할 수 있다. 다음 코드는 매핑 절차를 따르고자 실행해야 하는
명령을 보여준다.

다음과 같이 Willow Garage 월드(그림 6.21 참조)를 사용해 로봇 시뮬레이션을 시작한다.

```
roslaunch diff_wheeled_robot_gazebo diff_wheeled_gazebo_full. launch
```

다음 명령을 사용해 gmapping 런치 파일을 시작한다.

```
roslaunch diff_wheeled_robot_gazebo gmapping.launch
```

gmapping 런치 파일이 제대로 작동하면 터미널에 다음과 같은 출력이 표시된다.

```
[ INFO] [1505810240.049575967, 15.340000000]: Loading from pre-hydro parameter style
[ INFO] [1505810240.168699314, 15.381000000]: Using plugin "static_layer"
[ INFO] [1505810240.384469019, 15.449000000]: Requesting the map...
[ INFO] [1505810240.663457937, 15.552000000]: Resizing costmap to 288 X 608 at 0.050000 m/pix
[ INFO] [1505810240.871384865, 15.650000000]: Received a 288 X 608 map at 0.050000 m/pix
[ INFO] [1505810240.897210021, 15.656000000]: Using plugin "obstacle_layer"
[ INFO] [1505810240.913185546, 15.660000000]:     Subscribed to Topics: scan bump
[ INFO] [1505810241.183408917, 15.714000000]: Using plugin "inflation_layer"
[ INFO] [1505810241.592248141, 15.851000000]: Loading from pre-hydro parameter style
[ INFO] [1505810241.730240828, 15.900000000]: Using plugin "obstacle_layer"
[ INFO] [1505810241.978042290, 16.015000000]:     Subscribed to Topics: scan bump
[ INFO] [1505810242.124180243, 16.057000000]: Using plugin "inflation_layer"
[ INFO] [1505810242.504991688, 16.191000000]: Created local_planner dwa_local_planner/DWAPlannerROS
[ INFO] [1505810242.518319734, 16.198000000]: Sim period is set to 0.20
[ INFO] [1505810244.343111055, 16.967000000]: Recovery behavior will clear layer obstacles
[ INFO] [1505810244.546680028, 17.020000000]: Recovery behavior will clear layer obstacles
[ INFO] [1505810244.697982461, 17.046000000]: odom received!
```

그림 6.20 gmapping 프로세스 중 터미널 메시지

환경 주변에서 로봇을 수동으로 내비게이션하기 위한 키보드 원격 조작을 시작한
다. 로봇은 전체 영역을 인지하는 경우에만 환경의 지도를 작성할 수 있다. 코드는
다음과 같다.

```
roslaunch diff_wheeled_robot_control keyboard_teleop.launch
```

UI에서 직접 가제보의 요소를 추가할 수 있다. 예를 들어 Willow Garage 사무실을 시뮬레이션에 추가한다. 이 씬은 다음 스크린샷에 나와 있다.

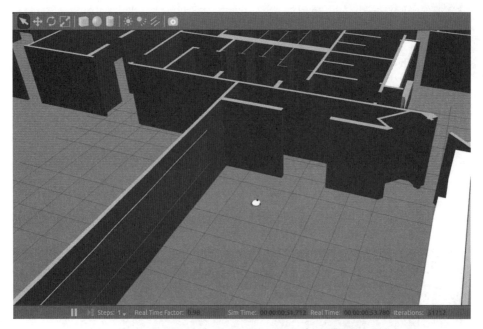

그림 6.21 Willow Garage 월드를 사용한 로봇 시뮬레이션

RViz를 시작하고 Map이라는 디스플레이 타입과 **/map**이라는 토픽 이름을 추가할 수 있다.

키보드 원격 조작을 사용해 월드 안에서 로봇을 움직일 수 있으며 환경에 따라 지도가 생성되는 것을 볼 수 있다. 다음 스크린샷은 RViz에 나타난 환경의 완성된 지도를 보여준다.

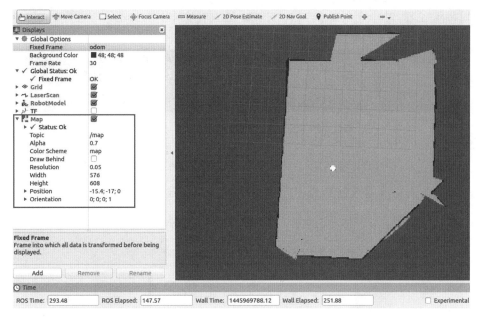

그림 6.22 RViz의 완성된 방 지도

다음 명령을 사용해 생성된 지도를 저장할 수 있다. 이 명령은 지도 토픽을 수신하고 전체 지도를 포함하는 이미지를 생성한다. map_server 패키지는 다음 작업을 수행한다.

```
rosrun map_server map_saver -f willo
```

다음과 같이 맵 서버를 설치해야 한다.

```
sudo apt-get install ros-noetic-map-server
```

여기서 willo는 지도 파일의 이름이다. 지도 파일은 두 개의 파일로 저장된다. 하나는 지도 메타데이터와 이미지 이름을 포함하는 YAML 파일이고 다른 하나는 점유 격자 지도의 인코딩된 데이터가 있는 이미지다.

다음은 오류 없이 실행되는 이전 명령의 스크린샷이다.

```
jcacace@robot:~$ rosrun map_server map_saver -f willo
[ INFO] [1505810794.895750258]: Waiting for the map
[ INFO] [1505810795.117276658, 21.621000000]: Received a 288 X 608 map @ 0.050 m/pix
[ INFO] [1505810795.119888038, 21.621000000]: Writing map occupancy data to willo.pgm
[ INFO] [1505810795.138065942, 21.632000000]: Writing map occupancy data to willo.yaml
[ INFO] [1505810795.138632329, 21.632000000]: Done
```

그림 6.23 지도를 저장하는 동안의 터미널 스크린샷

저장된 지도의 인코딩된 이미지는 다음과 같다. 로봇이 정확한 로봇 주행 데이터를 제공하면 환경과 유사한 이런 종류의 정밀한 지도를 얻을 수 있다. 정확한 지도는 효율적인 경로 계획을 바탕으로 내비게이션 정확도를 향상시킨다.

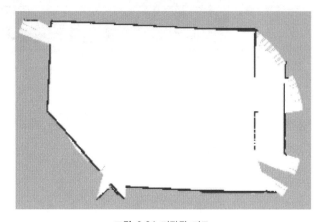

그림 6.24 저장된 지도

다음 절차는 이 정적 지도에서 로봇을 위치시키고 내비게이션하는 것이다.

amcl 및 정적 지도를 사용해 자율주행 구현

ROS amcl 패키지는 정적 지도에서 로봇을 위치시키기 위한 노드를 제공한다. 이 노드는 레이저 스캔 데이터, 레이저 스캔 기반 지도 및 로봇의 TF 정보를 구독한다. amcl 노드는 지도에서 로봇의 포즈를 추정하고 지도에 대한 추정 위치를 발행한다.

레이저 스캔 데이터에서 정적 지도를 생성하면 로봇은 amcl 및 move_base 노드를 사용해 지도의 모든 포즈에서 자율적으로 내비게이션할 수 있다. 첫 번째 단계는 amcl 노드를 시작하기 위한 런치 파일을 만드는 것이다. amcl 노드는 많은 파라미터로 구성할 수 있다. 이런 파라미터 목록은 ROS 패키지 사이트(http://wiki.ros.org/amcl)에서 확인할 수 있다.

amcl 런치 파일 작성

전형적인 amcl 파일은 다음에 나타난다. AMCL 노드는 diff_wheeled_robot_ gazebo/launch/include 패키지에 있는 amcl.launch.xml 파일 내부에서 구성된다. 또한 move_base 노드는 move_base.launch.xml 파일 내에서 별도로 설정한다. gmapping 프로세스에서 작성한 지도 파일은 map_server 노드를 사용해 여기에 로드된다.

```
<arg name="map_file" default="$(find diff_wheeled_robot_ gazebo)/maps/test1.
yaml"/>
  <node name="map_server" pkg="map_server" type="map_server" args="$(arg
map_file)" />
  <include file="$(find diff_wheeled_robot_gazebo)/launch/includes/amcl.
launch.xml">

    <arg name="initial_pose_x" value="0"/>
    <arg name="initial_pose_y" value="0"/>
    <arg name="initial_pose_a" value="0"/>
  </include>
```

그런 후 다음과 같이 move_base 런치 파일을 포함한다.

```
<include file="$(find diff_wheeled_robot_gazebo)/launch/includes/move_
```

```
    base.launch.xml"/>
  </launch>
```

다음은 amcl.launch.xml에서 가져온 코드의 일부다. 이 파일은 **amcl** 노드에 대해 많은 파라미터를 구성해야 하므로 꽤 길다.

```
<launch>
  <arg name="use_map_topic"  default="false"/>
  <arg name="scan_topic"     default="scan"/>
  <arg name="initial_pose_x" default="0.0"/>
  <arg name="initial_pose_y" default="0.0"/>
  <arg name="initial_pose_a" default="0.0"/>

  <node pkg="amcl" type="amcl" name="amcl">
  <param name="use_map_topic"          value="$(arg use_ map_topic)"/>
  <!-- 최적 위치(best pose)로부터 최대 10 Hz로 scan을 발행한다. -->
  <param name="odom_model_type"        value="diff"/>
  <param name="odom_alpha5"            value="0.1"/>
  <param name="gui_publish_rate"       value="10.0"/>
  <param name="laser_max_beams"        value="60"/>
  <param name="laser_max_range"        value="12.0"/>
```

이 런치 파일을 만든 후 다음의 절차를 사용해 **amcl** 노드를 시작할 수 있다. 다음과 같이 가제보에서 로봇 시뮬레이션을 시작한다.

```
roslaunch diff_wheeled_robot_gazebo diff_wheeled_gazebo_full. launch
```

다음 명령을 사용해 **amcl** 런치 파일을 시작한다.

```
roslaunch diff_wheeled_robot_gazebo amcl.launch
```

amcl 런치 파일이 올바르게 로드되면 터미널에 다음 메시지가 표시된다.

```
[ INFO] [1505821904.100025792, 139.365000000]: Using plugin "static_layer"
[ INFO] [1505821904.277281445, 139.434000000]: Requesting the map...
[ INFO] [1505821904.489128458, 139.541000000]: Resizing costmap to 512 X 480 at 0.050000 m/pix
[ INFO] [1505821904.667453907, 139.643000000]: Received a 512 X 480 map at 0.050000 m/pix
[ INFO] [1505821904.675176680, 139.648000000]: Using plugin "obstacle_layer"
[ INFO] [1505821904.681719452, 139.648000000]:     Subscribed to Topics: scan bump
[ INFO] [1505821904.813327088, 139.699000000]: Using plugin "inflation_layer"
[ INFO] [1505821905.081866940, 139.802000000]: Using plugin "obstacle_layer"
[ INFO] [1505821905.194340020, 139.871000000]:     Subscribed to Topics: scan bump
[ INFO] [1505821905.323469494, 139.903000000]: Using plugin "inflation_layer"
[ INFO] [1505821905.674954354, 140.036000000]: Created local_planner dwa_local_planner/DWAPlannerROS
[ INFO] [1505821905.689447045, 140.040000000]: Sim period is set to 0.20
[ INFO] [1505821907.560275254, 141.046000000]: Recovery behavior will clear layer obstacles
[ INFO] [1505821907.785016235, 141.138000000]: Recovery behavior will clear layer obstacles
[ INFO] [1505821907.949123108, 141.197000000]: odom received!
```

그림 6.25 amcl 실행 중 터미널 스크린샷

amcl이 제대로 작동한다면 다음 그림에서 나타나듯이 RViz를 사용해 로봇이 목표 위치로 이동하게 명령할 수 있다. 이 그림에서 화살표는 목표 위치를 나타낸다. 레이저 스캔, 글로벌/로컬 코스트맵, 글로벌/로컬 경로를 보려면 RViz에서 LaserScan, Map, Path 시각화 플러그인을 활성화해야 한다. RViz의 2D Nav Goal 버튼을 사용해 로봇이 원하는 위치로 이동하도록 명령할 수 있다.

로봇은 다음 스크린샷과 같이 목표 지점까지의 경로를 계획하고 그 지점에 도달하도록 로봇 컨트롤러에게 속도 명령을 제공한다.

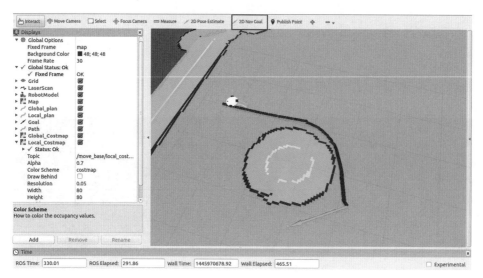

그림 6.26 amcl과 지도를 사용한 자율주행

앞의 스크린샷에서 로봇의 경로에 임의의 장애물을 배치했고 로봇이 장애물을 피하기 위한 경로를 계획했음을 알 수 있다.

RViz에 포즈 배열^{Pose Array}을 추가해 로봇 주변의 **amcl** 파티클 클라우드^{particle cloud}를 볼 수 있다. 토픽은 **/particle_cloud**다. 다음 스크린샷은 로봇 주변의 **amcl** 파티클 클라우드를 보여준다.

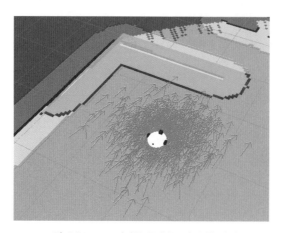

그림 6.27 amcl 파티클 클라우드와 주행 거리

이제 지도에 로봇을 위치시킬 수 있다. 파티클 클라우드의 모양은 로컬라이제이션 정도에 대한 정보를 제공한다. 이는 로봇의 포즈에 대한 로컬라이제이션 시스템의 불확실성을 나타낸다. 클라우드가 매우 넓게 퍼져 있으면 시스템이 로봇의 전반적인 포즈를 확신할 수 없음을 의미한다. 이전 스크린샷에서 로컬라이제이션 시스템에 대한 낮은 불확실성을 의미하는 밀도 높은 클라우드를 볼 수 있다.

요약

6장에서는 ROS의 MoveIt!과 내비게이션 스택에 대한 간략한 개요를 살펴봤다. 로봇 팔과 모바일 베이스의 가제보 시뮬레이션을 사용해 그 기능을 살펴봤다. 6장은 MoveIt!에 대한 개요로 시작해 자세한 개념을 살펴봤다. MoveIt!에 대해 알아본 후 MoveIt!을 가제보와 인터페이스했다. 인터페이스 후 가제보에서 MoveIt!의 궤적을 실행했다.

그 후 ROS 내비게이션 스택을 살펴봤다. 내비게이션 스택의 개념과 작동 방식도 알아봤다. 그 후 가제보에서 로봇을 내비게이션 스택과 인터페이스하고 SLAM을 사용해 지도를 작성했다. 이후 amcl과 정적 지도^{Static Map}를 이용해 자율주행을 수행했다.

7장에서는 pluginlib, nodelets, 컨트롤러를 알아본다. 다음은 6장에서 다룬 내용을 기반으로 한 몇 가지 질문이다.

질문

* MoveIt! 패키지의 주요 목적은 무엇인가?

* MoveIt!에서 move_group 노드의 중요성은 무엇인가?

- 내비게이션 스택에서 move_base 노드의 목적은 무엇인가?

- SLAM 및 amcl 패키지의 기능은 무엇인가?

07

ROS MoveIt!의 고급 기능

6장에서는 ROS 매니퓰레이션과 내비게이션을 살펴봤다. 7장에서는 충돌 회피^{collision} avoidance, 3D^{three-dimensional} 센서를 사용한 퍼셉션^{perception}, 잡기, 선택/배치와 같은 ROS MoveIt!의 고급 기능을 다룬다. 그런 다음 MoveIt!과 로봇 매니퓰레이터 하드웨어를 인터페이스하는 방법을 살펴본다.

7장에서 다루는 내용은 다음과 같다.

- **move_group** C++ 인터페이스를 사용한 모션 플래닝

- MoveIt!을 활용한 퍼셉션 작업

- MoveIt!으로 객체 매니퓰레이션 수행

- 로봇 하드웨어 인터페이스를 위한 다이나믹셀^{DYNAMIXEL} ROS 서보^{servo} 컨트롤러의 이해

- 7-DOF 다이나믹셀 기반 로봇 팔과 ROS MoveIt!의 인터페이스

7장에서 다룰 첫 번째 주제는 MoveIt! C++ API를 사용해 모션 플래닝을 하는 방법이다.

⁝⁝▶ 기술적 요구 사항

7장을 따라 하려면 우분투 20.04에 ROS Noetic이 설치된 컴퓨터가 필요하다. 7장의 참조 코드는 다음 깃허브 저장소에서 다운로드할 수 있다.

https://github.com/PacktPublishing/Mastering-ROS-for-Robotics-Programming-Third-edition.git

코드는 Chapter7/seven_dof_arm_test 디렉터리에 있다.

작동 중인 코드는 https://bit.ly/3z4l79J에서 볼 수 있다.

⁝⁝▶ move_group C++ 인터페이스를 사용한 모션 플래닝

6장에서 로봇 팔과 상호작용하는 방법 및 MoveIt! RViz^{ROS Visualization} 모션 플래닝 플러그인을 사용해 로봇 팔의 궤적을 플래닝하는 방법을 살펴봤다. 이 절에서는 **move_group** C++ API를 사용해 로봇 모션을 프로그래밍하는 방법을 살펴본다. RViz를 사용한 모션 플래닝은 **move_group** C++ API를 바탕으로 프로그래밍 방식으로 수행할 수도 있다.

C++ API 작업을 시작하는 첫 번째 단계는 MoveIt! 패키지를 의존성으로 사용하는 것이다. 다음 명령을 사용해 동일한 패키지를 만들 수 있다.

```
catkin_create_pkg seven_dof_arm_test catkin cmake_modules interactive_markers
```

```
moveit_core moveit_ros_perception moveit_ ros_planning_interface pluginlib
roscpp std_msgs
```

move_group API를 사용해 플래닝된 궤적을 실행해보자.

MoveIt! C++ API를 활용한 임의의 모션 플래닝

살펴볼 첫 번째 예는 MoveIt! C++ API를 사용하는 랜덤 모션 플래닝이다. src 디렉터리에서 test_random.cpp라는 코드 파일을 얻을 수 있다. 각 행의 코드와 설명은 다음과 같다. 이 노드를 실행하면 다음 코드와 같이 임의의 모션을 플래닝하고 실행한다.

```cpp
#include <moveit/move_group_interface/move_group_interface.h>
int main(int argc, char **argv)
{
  ros::init(argc, argv, "move_group_interface_demo");
  // ROS 스레드 스핀(spin) 시작
  ros::AsyncSpinner spinner(1);
  spinner.start();
  // 실행 중인 move_group 노드의 인스턴스와 연결
  //move_group_interface::MoveGroup group("arm");
  moveit::planning_interface::MoveGroupInterface group("arm");
  // 임의의 타깃을 명시
  group.setRandomTarget();
  // 모션 플래닝 후 샘플링된 타깃으로 그룹을 이동
  group.move();
  ros::waitForShutdown();
}
```

소스코드를 빌드하려면 다음 코드를 CMakeLists.txt에 추가해야 한다. 기존 패키지에서 전체 CMakeLists.txt 파일을 가져온다.

```
add_executable(test_random_node src/test_random.cpp)
add_dependencies(test_random_node seven_dof_arm_test_generate_messages_cpp)
target_link_libraries(test_random_node ${catkin_LIBRARIES})
```

catkin_make 명령을 사용해 패키지를 빌드할 수 있다. 먼저 test_random.cpp가 제대로 빌드됐는지 확인한다. 코드가 제대로 빌드되면 코드 테스트를 시작할 수 있다.

다음 명령은 모션 플래닝 플러그인을 사용해 7-DOF 팔이 있는 RViz를 시작한다.

```
roslaunch seven_dof_arm_config demo.launch
```

엔드 이펙터를 움직여 RViz에서 모든 것이 제대로 작동하는지 확인한다. 다음 명령을 사용해 임의의 위치로 플래닝하고자 C++ 노드를 실행한다.

```
rosrun seven_dof_arm_test test_random_node
```

다음은 RViz의 출력이다. 팔은 현재 위치에서 유효한 역기구학IK, Inverse Kinematics 및 모션 플래닝이 있는 임의의 위치를 선택한다.

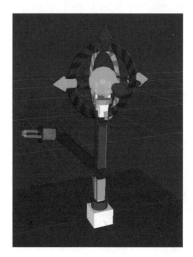

그림 7.1 move_group API를 사용한 랜덤 모션 플래닝

이 예에서는 엔드 이펙터에 대해 임의의 실행 가능한 대상 포즈로 로봇을 이동하려고 한다. 다음 절에서는 원하는 포즈를 할당한다.

MoveIt! C++ API를 활용한 사용자 정의 모션 플래닝

앞의 예에서 랜덤 모션 플래닝을 살펴봤다. 이 절에서는 로봇 엔드 이펙터에 사용자 지정 목표 위치로 이동하도록 명령하는 방법을 살펴본다. 다음 예제인 test_custom. cpp가 그 작업을 수행한다. 처음에는 MoveIt! 헤더 파일을 포함해야 한다. 코드는 다음과 같다.

```
#include <moveit/move_group_interface/move_group_interface.h>
#include <moveit/planning_scene_interface/planning_scene_ interface.h>
#include <moveit/move_group_interface/move_group_interface.h>
#include <moveit_msgs/DisplayRobotState.h>
#include <moveit_msgs/DisplayTrajectory.h>
#include <moveit_msgs/AttachedCollisionObject.h>
#include <moveit_msgs/CollisionObject.h>
```

그런 다음 플래닝 인터페이스와 발행자를 초기화해 다음과 같이 MoveIt!의 궤적을 시각화한다.

```
int main(int argc, char **argv)
{
    //ROS 초기화
    ros::init(argc, argv, "move_group_interface_tutorial");
    ros::NodeHandle node_handle;
    ros::AsyncSpinner spinner(1);
    spinner.start();
    sleep(2.0);
    //Move group 설정
    moveit::planning_interface::MoveGroupInterface group("arm");
    moveit::planning_interface::PlanningSceneInterface planning_scene_
interface;
    ros::Publisher display_publisher = node_handle.advertise<moveit_msgs::
DisplayTrajectory>("/move_group/display_planned_path", 1, true);
    moveit_msgs::DisplayTrajectory display_trajectory;
    ROS_INFO("Reference frame: %s", group. getEndEffectorLink().c_str());
```

마지막으로 매니퓰레이터 타깃에 대해 원하는 고정 포즈를 설정하고 다음과 같이 생성된 궤적의 계획과 실행이 필요하다.

```
    //타깃 포즈 설정
    geometry_msgs::Pose target_pose1;
    target_pose1.orientation.w = 0.726282;
    target_pose1.orientation.x= 4.04423e-07;
    target_pose1.orientation.y = -0.687396;
    target_pose1.orientation.z = 4.81813e-07;
    target_pose1.position.x = 0.0261186;
    target_pose1.position.y = 4.50972e-07;
    target_pose1.position.z = 0.573659;
    group.setPoseTarget(target_pose1);
```

```
//모션 플래닝
moveit::planning_interface::MoveGroupInterface::Plan my_plan;
moveit::planning_interface::MoveItErrorCode success = group. plan(my_plan);
ROS_INFO("Visualizing plan 1 (pose goal) %s", success.val ? "":"FAILED");
// 플래닝 시각화를 위해 RViz가 필요한 sleep 시간
sleep(5.0);
ros::shutdown();
}
```

소스코드 빌드를 위해 추가된 추가 코드는 다음과 같다.

```
add_executable(test_custom_node src/test_custom.cpp)
add_dependencies(test_custom_node seven_dof_arm_test_generate_messages_cpp)
target_link_libraries(test_custom_node ${catkin_LIBRARIES})
```

다음은 사용자 정의 노드를 실행하는 명령이다.

```
rosrun seven_dof_arm_test test_custom_node
```

다음 스크린샷은 test_custom_node의 결과를 보여준다.

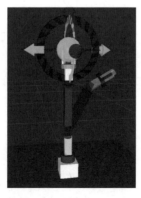

그림 7.2 MoveIt! C++ API를 활용한 사용자 정의 모션 플래닝

이 경우 빈 공간^{free space}에서 궤적을 플래닝했다. 모션 플래닝 기능은 주변 환경이 장애물로 가득 차 있을 때 더 중요하다. 충돌 검사를 위해 장애물을 추가하는 방법은 다음 절에서 살펴본다.

MoveIt!을 사용해 로봇 팔과의 충돌 확인

모션 플래닝 및 IK 솔루션 알고리듬과 함께 MoveIt!에서 병렬로 수행되는 가장 중요한 작업 중 하나는 충돌^{collision} 검사와 회피^{avoidance}다. MoveIt!은 내장된 FCL^{Flexible Collision Library}(http://gamma.cs.unc.edu/FCL/fcl_docs/webpage/generated/index.html)을 활용해 자기 충돌과 환경 충돌을 모두 처리할 수 있다. FCL은 다양한 충돌 감지 및 회피 알고리듬을 구현하는 오픈소스 프로젝트다. MoveIt!은 FCL의 `collision_detection::CollisionWorld` 클래스를 사용해 플래닝 씬 내부의 충돌을 처리한다. MoveIt! 충돌 검사에는 메시와 상자 및 원통과 같은 기본 모양 및 옥토맵과 같은 객체가 포함된다. OctoMap (http://octomap.github.io/) 라이브러리는 주위 환경에서 장애물에 대한 확률 정보로 구성된 octree라는 3D 점유 그리드를 구현한다. MoveIt! 패키지는 3D 포인트 클라우드 정보를 사용해 octomap을 빌드할 수 있으며 충돌 검사를 위해 OctoMap 라이브러리를 FCL 라이브러리에 직접 제공할 수 있다.

모션 플래닝과 마찬가지로 충돌 검사는 계산 집약적이다. ACM^{Allowed Collision Matrix}이라는 파라미터를 사용해 로봇 링크 또는 환경과 같은 두 물체 간의 충돌 검사를 미세 조정할 수 있다. ACM에서 두 링크 간의 충돌 값을 1로 설정하면 충돌 검사가 수행되지 않기 때문에 서로 멀리 있는 링크에 대해 이런 설정을 한다. 이 행렬을 최적화해 충돌 검사 프로세스를 최적화할 수 있다.

MoveIt!에 충돌 객체 추가

MoveIt!에 충돌 객체를 추가할 수 있다. 씬을 플래닝하고 모션 플래닝이 작동하는 방식을 볼 수 있다. 충돌 객체를 추가하려면 MoveIt!에서 직접 가져올 수 있는 메시

파일을 사용할 수 있다. MoveIt! API를 사용해 생성한 ROS 노드를 추가할 수 있다. 먼저 다음과 같이 ROS 노드를 사용해 충돌 객체를 추가하는 방법을 알아보자.

1. Seven_dof_arm_test/src 디렉터리 안에 있는 add_collision_object.cpp에서 ROS 노드를 시작하고 moveit::planning_interface::PlanningSceneInterface 객체를 생성한다. 이 객체는 MoveIt!의 플래닝 씬에 접근해 어떤 작업도 수행할 수 있다. 이제 다음과 같이 PlanningSceneInterface 객체 인스턴스 생성을 기다리고자 5초의 절전 모드를 추가한다.

```
moveit::planning_interface::PlanningSceneInterface current_scene;
sleep(5.0);
```

2. 다음 단계로 moveit_msgs::CollisionObject 충돌 객체 메시지를 생성해야 한다. 이 메시지는 현재 플래닝 중인 씬으로 전송된다. 여기서는 실린더 모양에 대한 충돌 객체 메시지를 만들고 있으며 메시지는 Seven_dof_arm_cylinder로 제공된다. 이 객체를 플래닝 씬에 추가할 때 다음 코드처럼 객체의 이름은 객체의 ID^{identifier}다.

```
moveit_msgs::CollisionObject cylinder;
cylinder.id = "seven_dof_arm_cylinder";
```

3. 충돌 객체 메시지를 만든 후에는 shape_msgs::SolidPrimitive 타입의 또 다른 메시지를 정의해야 한다. 이 메시지는 기본 모양의 종류와 속성을 정의하는 데 사용한다. 이 예제에서는 다음 코드와 같이 실린더 객체를 생성한다. 모양의 타입^{type}, 크기 조정 요소^{resize}, 실린더 너비 및 높이를 정의해야 한다.

```
shape_msgs::SolidPrimitive primitive;
```

```
primitive.type = primitive.CYLINDER;
primitive.dimensions.resize(3);
primitive.dimensions[0] = 0.6;
primitive.dimensions[1] = 0.2;
primitive.dimensions[2] = 0.2;
```

4. shape 메시지를 생성한 후 이 객체의 포즈 정의를 위해 geometry_msgs::Pose 메시지를 생성해야 한다. 로봇에 더 가까울 수 있는 포즈를 정의한다. 플래닝 씬에서 객체를 만든 후 포즈를 변경할 수 있다. 코드는 다음과 같다.

```
geometry_msgs::Pose;
pose.orientation.w = 1.0;
pose.position.x = 0.0;
pose.position.y = -0.4;
pose.position.z = -0.4;
```

5. 충돌 객체의 포즈를 정의한 후 기본 객체와 포즈를 실린더 충돌 객체에 추가해야 한다. 수행해야 하는 작업은 다음과 같이 플래닝 씬을 추가하는 것이다.

```
cylinder.primitives.push_back(primitive);
cylinder.primitive_poses.push_back(pose);
cylinder.operation = cylinder.ADD;
```

6. 다음과 같이 이 벡터에 충돌 객체를 삽입해 moveit_msgs::CollisionObject 타입의 collision_objects라는 벡터를 생성한다.

```
std::vector<moveit_msgs::CollisionObject> collision_objects;
collision_objects.push_back(cylinder);
```

7. 다음과 같은 코드를 사용해 충돌 객체의 벡터를 현재 플래닝 씬에 추가한다. `PlanningSceneInterface` 클래스 내의 `addCollisionObjects()`는 플래닝 씬에 객체를 추가하는 데 사용한다.

```
current_scene.addCollisionObjects(collision_objects);
```

8. 다음은 컴파일 및 빌드에 필요한 CMakeLists.txt의 코드 일부다.

```
add_executable(add_collision_object src/add_collision_ object.cpp)
add_dependencies(add_collision_object seven_dof_arm_test_ generate_
messages_cpp)
target_link_libraries(add_collision_object ${catkin_LIBRARIES})
```

이 노드가 MoveIt!을 사용해 RViz에서 어떻게 작동하는지 살펴보자. Motion-Planning 플러그인은 다음과 같다.

9. 이 노드 테스트를 위해 Seven_dof_arm_config 패키지 내에서 demo.launch 파일을 시작한다.

```
roslaunch seven_dof_arm_config demo.launch
```

10. 그런 후 다음 충돌 객체를 추가한다.

```
rosrun seven_dof_arm_test add_collision_object
```

`add_collision_object` 노드를 실행하면 녹색 실린더가 팝업되고 다음 스크린샷과 같이 충돌 객체를 이동시킬 수 있다. 충돌 객체가 플래닝 씬에 성공적으로 추가되면 Scene Object 탭에 나타난다. 객체를 클릭하고 포즈를 수정할 수 있다. 또한 로봇의

모든 링크에 새 모델을 부착할 수도 있다. 충돌 모델을 축소하는 Scale 옵션이 있다.

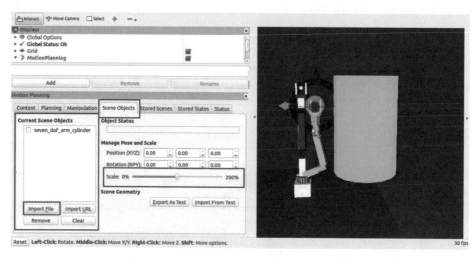

그림 7.3 MoveIt! C++ API를 사용해 RViz에 충돌 객체 추가

RViz **Motion-Planning** 플러그인은 3D 메시를 플래닝 씬으로 가져오는 옵션도 제공한다. 메시를 가져오려면 Import File 버튼을 클릭한다. 다음 스크린샷은 큐브 메시 DAF^Digital Asset Exchange 파일 가져오기를 보여준다. 이 피일은 플래닝 씬에서 실린더와 함께 가져온다. Scale 슬라이더를 사용해 충돌 객체를 확장하고 Manage Pose 옵션을 사용해 원하는 포즈를 설정할 수 있다. 팔의 엔드 이펙터를 이 충돌 객체로 이동시키면 MoveIt!이 충돌로 감지한다. MoveIt! 충돌 감지는 자기 충돌뿐만 아니라 환경 충돌도 감지할 수 있다. 다음은 환경과의 충돌 스크린샷이다.

그림 7.4 충돌 링크 시각화

팔이 객체에 닿으면 충돌한 링크가 빨간색으로 바뀐다. 자기 충돌에서도 충돌한 링크가 빨간색으로 바뀐다. Motion-Planning 플러그인 설정에서 충돌의 색상 설정을 변경할 수 있다.

플래닝 씬에서 충돌 객체 제거

플래닝 씬에서 충돌 객체를 제거하는 것은 쉽다. 다음과 같이 sleep()과 함께 이전 예제에서 했던 것처럼 moveit::planning_interface::PlanningSceneInterface 객체를 생성해야 한다.

```
moveit::planning_interface::PlanningSceneInterface current_scene;
sleep(5.0);
```

다음으로 충돌 객체 ID를 포함하는 문자열의 벡터를 만들어야 한다. 여기서 충돌 객체 ID는 Seven_dof_arm_cylinder다. 이 벡터에 문자열을 푸시한 후 removeCollision Objects(object_ids)를 호출해 플래닝 씬에서 충돌 객체를 제거한다.

코드 일부는 다음과 같다.

```
std::vector<std::string> object_ids;
object_ids.push_back("seven_dof_arm_cylinder");
current_scene.removeCollisionObjects(object_ids);
```

이 코드는 Seven_dof_arm_test/src/remove_collision_object.cpp에 있다.

로봇 링크에 충돌 객체 부착

지금까지 플래닝 씬에서 객체를 삽입하고 제거하는 방법을 알아봤다. 이제 로봇 본체에 객체를 부착하고 분리하는 방법을 살펴보자. 이는 객체를 조작할 수 있는 ROS MoveIt!의 중요한 기능이다. 실제로 로봇의 본체에 물체를 부착한 후 움켜쥔 물체까지 장애물 회피가 추가로 확장된다. 이런 방식으로 로봇은 장애물을 피하고 자유롭게 이동하며 물체를 운반할 수 있다. 여기서 다룰 코드는 Seven_dof_arm_test/src/attach_detach_objs.cpp다. 이전 예제처럼 moveit::planning_interface:: PlanningSceneInterface 객체를 생성한 후 moveit_msgs::AttachedCollisionObject 인스턴스를 초기화하고 다음과 같이 로봇 몸체의 특정 링크에 연결될 씬 객체에 대한 정보를 입력해야 한다.

```
moveit_msgs::AttachedCollisionObject attached_object;
attached_object.link_name = "grasping_frame";
attached_object.object = grasping_object;
current_scene.applyAttachedCollisionObject( attached_object );
```

이 예제에서 로봇 링크에 부착된 **grasping_object** 객체는 add_collision_object.cpp 예제에서 이미 사용된 객체다. 객체가 로봇에 성공적으로 부착되면 링크는 녹색에서 보라색으로 바뀌고 로봇 모션과 함께 이동한다. 로봇 본체에서 객체를 분리하려면 다음 코드와 같이 원하는 객체에 대해 **applyAttachedCollisionObject** 함수를 호출해 해당 작업을 **ADD**에서 **REMOVE**로 수정해야 한다.

```
grasping_object.operation = grasping_object.REMOVE;
attached_object.link_name = "grasping_frame";
attached_object.object = grasping_object;
```

계속해서 팔과 구조의 충돌^{자기 충돌}을 확인한다.

MoveIt! API를 사용해 자기 충돌 확인

RViz에서 충돌을 감지하는 방법을 봤지만 ROS 노드에서 충돌 정보를 얻으려면 어떻게 해야 할까? 이 절에서는 ROS 코드에서 로봇의 충돌 정보를 얻는 방법을 알아본다. 이 예제에서 자기 충돌 및 환경 충돌을 확인하고 어떤 링크가 충돌했는지 알 수 있다. **check_collision** 예제는 Seven_dof_arm_test/src 디렉터리에 있다. 다음 코드는 로봇의 기구 모델을 플래닝 씬에 로드한다.

```
robot_model_loader::RobotModelLoader robot_model_loader("robot_description");
robot_model::RobotModelPtr kinematic_model = robot_model_loader.getModel();
planning_scene::PlanningScene planning_scene(kinematic_model);
```

로봇의 현재 상태에서 자기 충돌 테스트를 위해 다음 두 가지 인스턴스를 만들 수 있다. **collision_request** 및 **collision_result**로 명명된 **collision_detection::CollisionRequest** 및 **collision_detection::CollisionResult** 클래스다. 이런 객체를 생성한 후 MoveIt! 충돌 확인 함수인 **planning_scene.checkSelfCollision()**

에 전달한다. 이 함수는 충돌 결과를 Collision_result 객체에 제공한다. 다음 코드처럼 세부 정보를 출력할 수 있다.

```
planning_scene.checkSelfCollision(collision_request, collision_result);
ROS_INFO_STREAM("1. Self collision Test: "<< (collision_result.collision ? "in"
: "not in") << " self collision");
```

특정 그룹에서 충돌을 테스트하려면 다음 코드와 같이 **group_name**을 언급하면 된다. 여기서 그룹 이름은 **arm**이다.

```
collision_request.group_name = "arm";
current_state.setToRandomPositions();
//이전 결과는 clear 메서드로 초기화돼야 한다.
collision_result.clear();
planning_scene.checkSelfCollision(collision_request, collision_ result);
ROS_INFO_STREAM("3. Self collision Test(In a group): "<< (collision_
result.collision ? "in" : "not in"));
```

전체 충돌 검사를 수행하려면 planning_scene.checkCollision()이라는 함수를 사용해야 한다. 이 함수에서 현재 로봇 상태와 ACM 매트릭스를 언급해야 한다.

이 함수를 사용해 전체 충돌 검사를 수행하는 데 필요한 코드는 다음과 같다.

```
collision_detection::AllowedCollisionMatrix acm = planning_scene.
getAllowedCollisionMatrix();
robot_state::RobotState copied_state = planning_scene. getCurrentState();
planning_scene.checkCollision(collision_request, collision_ result, copied_
state, acm);
ROS_INFO_STREAM("6. Full collision Test: "<< (collision_result.collision ? "in"
: "not in") << " collision");
```

모션 플래닝 데모를 시작하고 다음 명령을 사용해 이 노드를 실행할 수 있다.

```
roslaunch seven_dof_arm_config demo.launch
```

다음 명령으로 충돌 검사 노드를 실행할 수 있다.

```
rosrun seven_dof_arm_test check_collision
```

다음 스크린샷과 같은 결과를 확인할 수 있다. 로봇은 이제 충돌하지 않는다. 충돌하는 경우 그 결과를 보고한다.

```
[ INFO] [1512837566.744018279]: 1. Self collision Test: not in self collision
[ INFO] [1512837566.744073739]: 2. Self collision Test(Change the state): in
[ INFO] [1512837566.744108096]: 3. Self collision Test(In a group): in
[ INFO] [1512837566.744122925]: 4. Collision points valid
[ INFO] [1512837566.744167799]: 5. Self collision Test: in self collision
[ INFO] [1512837566.744179527]: 6 . Contact between: elbow_pitch_link and wrist_pitch_link
[ INFO] [1512837566.744227589]: 6. Self collision Test after modified ACM: not in self collision
[ INFO] [1512837566.744262790]: 6. Full collision Test: not in collision
```

그림 7.5 충돌 확인 정보 메시지

지금까지는 MoveIt!과 가제보를 연결하지 않고 가짜 모션만 사용했다. 그러나 로봇 감지 기능을 활용하려면 실제 로봇이나 시뮬레이션이 필요하다. 다음 절에서는 가제보 시뮬레이션에서 깊이 센서를 MoveIt!과 연결하는 방법을 설명한다.

⁑ MoveIt!과 가제보를 활용한 퍼셉션 작업

지금까지 MoveIt!에서는 팔로만 작업했다. 이 절에서는 3D 비전 센서 데이터를 MoveIt!에 연결하는 방법을 살펴본다. 센서는 가제보를 사용해 시뮬레이션하거나 openni_launch 패키지를 사용해 Kinect 또는 인텔Intel RealSense와 같은 RGB-D Red-Green-Blue-Depth 센서와 직접 인터페이스할 수 있다. 여기서는 가제보 시뮬레이션을 사용해 작업한다. 로봇을 둘러싼 환경의 지도 생성을 위해 MoveIt!에 센서를 추가한다. 다음 명령으로 장애물이 있는 가제보 월드에서 로봇 팔과 아수스 Xtion pro 시뮬레이션을 시작한다.

```
roslaunch seven_dof_arm_gazebo seven_dof_arm_obstacle_world.Launch
```

이 명령은 팔 조인트 컨트롤러와 3D 비전 센서용 **Gazebo** 플러그인으로 가제보 씬을 시작한다. 다음 스크린샷처럼 작업 공간에서 클릭과 드래그로 테이블과 물체를 추가하고 시뮬레이션할 수 있다. 모든 종류의 테이블이나 물체를 만들 수 있다. 다음 스크린샷에 표시된 물체는 데모용이다. 모델 SDF^Spatial Data File 파일을 편집해 모델의 크기와 모양을 변경할 수 있다.

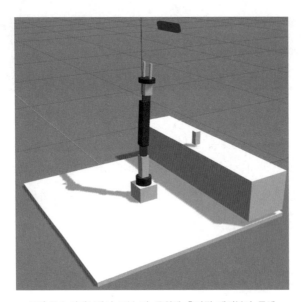

그림 7.6 가제보에서 로봇 팔 주위에 추가된 테이블과 물체

다음 명령으로 시뮬레이션 시작 후 생성된 토픽을 확인한다.

```
rostopic list
```

다음과 같이 RGB-D 카메라 토픽이 표시되는지 확인한다.

```
/rgbd_camera/depth/camera_info
/rgbd_camera/depth/image_raw
/rgbd_camera/depth/points
/rgbd_camera/ir/camera_info
/rgbd_camera/ir/image_raw
/rgbd_camera/ir/image_raw/compressed
/rgbd_camera/ir/image_raw/compressed/parameter_descriptions
/rgbd_camera/ir/image_raw/compressed/parameter_updates
/rgbd_camera/ir/image_raw/compressedDepth
/rgbd_camera/ir/image_raw/compressedDepth/parameter_descriptions
/rgbd_camera/ir/image_raw/compressedDepth/parameter_updates
/rgbd_camera/ir/image_raw/theora
/rgbd_camera/ir/image_raw/theora/parameter_descriptions
/rgbd_camera/ir/image_raw/theora/parameter_updates
/rgbd_camera/parameter_descriptions
/rgbd_camera/parameter_updates
/rgbd_camera/rgb/camera_info
/rgbd_camera/rgb/image_raw
/rgbd_camera/rgb/image_raw/compressed
/rgbd_camera/rgb/image_raw/compressed/parameter_descriptions
/rgbd_camera/rgb/image_raw/compressed/parameter_updates
/rgbd_camera/rgb/image_raw/compressedDepth
/rgbd_camera/rgb/image_raw/compressedDepth/parameter_descriptions
/rgbd_camera/rgb/image_raw/compressedDepth/parameter_updates
/rgbd_camera/rgb/image_raw/theora
/rgbd_camera/rgb/image_raw/theora/parameter_descriptions
/rgbd_camera/rgb/image_raw/theora/parameter_updates
/rgbd_camera/rgb/points
```

그림 7.7 RGB-D 센서 토픽 나열

다음 명령을 사용해 RViz에서 포인트 클라우드를 볼 수 있다.

```
rosrun rviz rviz -f base_link
```

이제 PointCloud2 데이터와 로봇 모델을 추가해 다음 출력을 볼 수 있다.

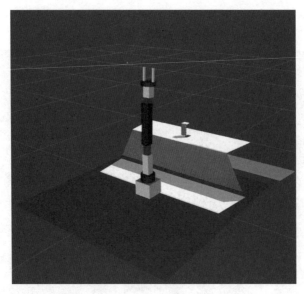

그림 7.8 RViz에서 포인트 클라우드 데이터 시각화

Gazebo 플러그인에서 포인트 클라우드 데이터를 확인한 후 이 팔의 MoveIt! 구성 패키지에 몇 개의 파일을 추가해야 한다. 이 파일은 가제보에서 포인트 클라우드 데이터를 MoveIt! 플래닝 씬으로 가져온다.

로봇 주변 환경은 옥트리^{octree} 표현(https://en.wikipedia.org/wiki/Octree)으로 그려진다. 옥트리 표현은 앞 절에서 이미 살펴본 OctoMap이라는 라이브러리를 사용해 빌드할 수 있다. OctoMap 라이브러리는 3D 비전 센서의 포인트 클라우드 및 깊이 이미지와 같은 다양한 종류의 센서 데이터로 옥트리를 업데이트할 수 있는 Occupancy Map Updater MoveIt! 플러그인으로 통합된다. 3D 데이터를 처리하기 위한 플러그인은 다음과 같다.

- **PointCloudOccupancymapUpdater:** 이 플러그인은 포인트 클라우드(sensor_msgs/PointCloud2)의 타입으로 입력을 받을 수 있다.
- **DepthImageOccupancymapUpdater:** 이 플러그인은 입력 깊이 이미지(sensor_msgs/Image)의 형태로 입력을 받을 수 있다.

첫 번째 단계는 이런 플러그인에 대한 구성 파일을 작성하는 것이다. 이 파일에는 로봇에서 사용하고 있는 플러그인과 속성에 대한 정보가 있다. 첫 번째 플러그인을 활용하는 파일은 Seven_dof_arm_config/config 디렉터리에 있는 sensor_3d.yaml 이다.

이 파일의 정의는 다음 코드에 있다.

```
sensors:
- sensor_plugin: occupancy_map_monitor/PointCloudOctomapUpdater
  point_cloud_topic: /rgbd_camera/depth/points
  max_range: 5
  padding_offset: 0.01
  padding_scale: 1.0
  point_subsample: 1
  filtered_cloud_topic: filtered_cloud
```

sensor_plugin은 로봇에서 사용하고 있는 플러그인의 이름을 지정한다.

다음은 주어진 sensor_plugin의 파라미터다.

- **point_cloud_topic:** 이 플러그인은 수신하는 포인트 클라우드 데이터의 토픽 타입이다.

- **max_range:** 인식할 수 있는 최대 거리[meter unit]로, 이 범위를 벗어난 포인트는 연산에 사용되지 않는다.

- **padding_offset:** 로봇 링크를 포함하는 클라우드를 필터링(자체 필터링)할 때 로봇 링크 및 연결된 객체를 이 값으로 고려한다.

- **padding_scale:** 이 값은 자체 필터링[self-filtering] 중에도 고려된다.

- **point_subsample:** 업데이트 프로세스가 느린 경우 포인트를 서브샘플링할 수 있다. 이 값을 1보다 크게 만들면 포인트를 처리하지 않고 건너뛴다.

- **filtered_cloud_topic:** 필터링된 최종 클라우드 토픽으로, 이 토픽을 바탕으로 처리된 포인트 클라우드를 얻는다. 주로 디버깅에 사용할 수 있다.

DepthImageOctomapUpdater 플러그인을 사용하는 경우 다른 구성 파일을 가질 수 있다. 여기 로봇에서는 이 플러그인을 사용하지 않지만 다음 코드에서 사용법과 속성을 볼 수 있다.

```
sensors:
  - sensor_plugin: occupancy_map_monitor/DepthImageOctomapUpdater
    image_topic: /head_mount_kinect/depth_registered/image_raw
    queue_size: 5
    near_clipping_plane_distance: 0.3
    far_clipping_plane_distance: 5.0
    skip_vertical_pixels: 1
    skip_horizontal_pixels: 1
    shadow_threshold: 0.2
    padding_scale: 4.0
    padding_offset: 0.03
    filtered_cloud_topic: output_cloud
```

sensor_plugin은 로봇에서 사용하고 있는 플러그인의 이름을 지정한다.

다음은 주어진 sensor_plugin의 파라미터다.

- **image_topic:** 이미지를 스트리밍하는 토픽이다.

- **queue_size:** 깊이 영상 전송 구독자의 큐 크기다.

- **Near_clipping_plane_distance:** 센서로부터의 최소 유효 거리다.

- **far_clipping_plane_distance:** 센서로부터의 최대 유효 거리다.

- **skip_vertical_pixels:** 이미지의 상단과 하단에서 건너뛰어야 하는 픽셀 수다. 값을 5로 지정하면 이미지의 첫 번째와 마지막 픽셀에서 5개의 열을 건너뛴다.

- **skip_horizontal_pixels:** 가로 방향으로 픽셀을 건너뛴다.

- **shadow_threshold:** 상황에 따라 로봇 링크 아래에 점이 나타날 수 있다. 이것은 패딩 때문에 발생한다. shadow_threshold는 shadow_threshold 파라미터보다 큰 거리의 점을 제거한다.

OctoMap 업데이트 플러그인 및 해당 속성을 살펴봤다. 이제 이 플러그인 및 해당 파라미터를 시작하는 데 필요한 런치 파일을 생성할 수 있다. 만들어야 하는 첫 번째 파일은 Seven_dof_arm_config/launch 디렉터리에 있으며 이름은 Seven_dof_arm_moveit_sensor_manager.launch다. 이 파일의 정의는 다음 코드에 나와 있다. 이 런치 파일은 기본적으로 플러그인 파라미터를 로드한다.

```
<launch>
  <rosparam command="load" file="$(find seven_dof_arm_config)/config/sensor_3d.yaml" />
</launch>
```

다음으로 편집해야 할 파일은 launch 디렉터리에 있는 sensor_manager.launch 파일이다. 이 파일의 정의는 다음 코드에 나와 있다.

```
<launch>
  <!-- 이 파일은 센서 매니저에 대한 설정을 쉽게 포함하게 한다. -->
  <!-- 옥토맵 모니터를 위한 Params -->
  <!-- <param name="octomap_frame" type="string" value="some frame in which the robot moves" /> -->
  <param name="octomap_resolution" type="double" value="0.015" />
  <param name="max_range" type="double" value="5.0" />

  <!-- 센서 매니저 파라미터를 로드해 moveit_sensor_manager 파라미터를 설정한다. -->

  <arg name="moveit_sensor_manager" default="seven_dof_arm" />
```

```
    <include file="$(find seven_dof_arm_config)/launch/$(arg moveit_sensor_
manager)_moveit_sensor_manager.launch.xml" />

</launch>
```

다음 코드는 로봇이 이동하는 경우 사용할 수 있으므로 주석 처리한다. 예제의 로봇은 정지 상태다. 모바일 로봇에 고정된 경우 프레임 값을 odom 또는 로봇의 odom_combined로 지정할 수 있다.

```
<param name="octomap_frame" type="string" value="some frame in which the robot
moves" />
```

다음 파라미터는 미터 단위로 측정된 RViz에서 시각화된 OctoMap의 해상도다. max_range 값을 초과하는 광선은 무시된다.

```
<param name="octomap_resolution" type="double" value="0.015" />
<param name="max_range" type="double" value="5.0" />
```

이제 인터페이스가 완료됐으니 MoveIt! 인터페이스를 테스트할 수 있다. 다음 명령으로 퍼셉션을 위해 가제보를 실행한다.

```
roslaunch seven_dof_arm_gazebo seven_dof_arm_bringup_obstacle_moveit.launch
```

이제 RViz는 센서를 지원한다. 다음 스크린샷에서 로봇 앞에 있는 OctoMap을 볼 수 있다.

그림 7.9 RViz에서 OctoMap 시각화

생성된 OctoMap은 새로운 요소가 씬에 나타날 때 지속적으로 업데이트되고 장애물 회피 모션의 생성을 위해 모션 플래닝 프로세스에 사용한다.

이전 예에서는 작업 씬에서 팔을 안전하게 움직일 수 있는 가능성만 고려했다. 로봇 팔의 중요한 기능은 물체를 다루는 것이다. 물체의 매니퓰레이션을 위해 씬 객체와 상호작용하는 방법을 다음 절에서 살펴보자.

⫶ MoveIt!으로 물체 매니퓰레이션 수행

물체를 매니퓰레이션하는 것은 로봇 팔의 주요 용도 중 하나다. 물체를 선택해 로봇 작업 공간의 다른 위치에 배치하는 것은 산업 및 연구 애플리케이션 영역 모두에서 매우 유용하다. 피킹^{picking} 프로세스는 잡기^{grasping}라고도 하며, 적절한 방법으로 물체를 잡는 데는 많은 제약이 필요하기 때문에 복잡하다. 인간은 지능을 사용해 잡는 작업을 처리할 수 있지만 로봇에게는 규칙이 필요하다. 잡는 데 있어 제약 중 하나는 작용하는 힘이다. 엔드 이펙터는 물체를 잡기 위한 파지력을 조정해야 하지만 파지하는 동안 물체에 변형이 가해지지 않아야 한다. 또한 물체를 가장 잘 고르려면 움켜쥐는 포즈가 필요하며 물체의 모양과 포즈를 고려해 계산해야 한다. 이 절에서는 선택/배치^{pick-and-place} 작업의 시뮬레이션을 위해 MoveIt!의 씬 객체와 상호작용한다.

MoveIt!을 활용한 선택/배치 작업

다양한 방법으로 물건을 고르고 놓을 수 있다. 한 방법은 미리 정의된 조인트 값 시퀀스를 사용하는 것이다. 이 경우 물체를 정해진 위치에 놓고 조인트 값이나 FK^{Forward Kinematics}를 제공해 로봇 팔을 해당 위치로 이동시킨다. 또 다른 선택/배치 방법은 시각적 피드백 없이 IK를 사용하는 것이다. 이 경우 로봇 베이스 프레임에 대한 직교 좌표계상의 목표 위치로 이동하도록 IK^{Inverse Kinematics}를 해결해 명령을 보낸다. 이런 방식으로 로봇은 해당 위치에 도달해 물체를 픽업할 수 있다. 또 다른 방법은 비전 센서와 같은 외부 센서를 사용해 선택/배치 위치를 계산하는 것이다. 이 경우 비전 센서를 사용해 물체의 위치를 식별하고 팔의 물체 선택을 위해 해당 위치로 이동한다. 물론 비전 센서를 사용하려면 물체 인식 및 추적을 수행하고 해당 물체를 선택하는 데 가장 좋은 잡는 포즈를 계산하는 견고한 알고리듬 개발이 필요하다. 그러나 이 절에서는 물체를 선택하고 작업 공간의 다른 위치에 배치를 위해 접근하고 잡는 위치를 정의해 선택/배치 절차를 보여주고자 한다. 가제보와 함께 이 예제를 사용하거나 MoveIt! 데모 인터페이스를 사용할 수 있다. 이 예제의 전체 소스코드는 Seven_dor_arm_test/src/pick_place.cpp 파일에 있다. 이미 봤듯이 먼저 다음과 같이 플래닝 씬을 초기화해야 한다.

```
ros::init(argc, argv, "seven_dof_arm_planner");
```

```
ros::NodeHandle node_handle;
ros::AsyncSpinner spinner(1);
spinner.start();
moveit::planning_interface::MoveGroupInterface group("arm");
moveit::planning_interface::PlanningSceneInterface planning_scene_interface;
sleep(2);
moveit::planning_interface::MoveGroupInterface::Plan my_plan;
const robot_state::JointModelGroup *joint_model_group = group.getCurrentState()
-> getJointModelGroup("arm");
```

그런 다음 로봇의 작업 환경을 만들어야 한다. 이 맥락에서 두 개의 객체 **plane**과 **grasping** 객체를 수동으로 생성한다. 목표는 잡고 있는 물체를 초기 위치에서 선택해 다른 위치로 옮기는 것이다. 다음과 같이 충돌 객체를 생성해보자.

```
moveit::planning_interface::PlanningSceneInterface current_scene;
geometry_msgs::Pose;
shape_msgs::SolidPrimitive primitive;
primitive.type = primitive.BOX;
primitive.dimensions.resize(3);
primitive.dimensions[0] = 0.03;
primitive.dimensions[1] = 0.03;
primitive.dimensions[2] = 0.08;
moveit_msgs::CollisionObject grasping_object;
```

그런 후 다음과 같이 **grasping_object**를 만든다.

```
grasping_object.id = "grasping_object";
pose.orientation.w = 1.0;
pose.position.y = 0.0;
pose.position.x = 0.33;
pose.position.z = 0.35;
```

```
grasping_object.primitives.push_back(primitive);
grasping_object.primitive_poses.push_back(pose);
grasping_object.operation = grasping_object.ADD;
grasping_object.header.frame_id = "base_link";
primitive.dimensions[0] = 0.3;
primitive.dimensions[1] = 0.5;
primitive.dimensions[2] = 0.32;
```

다음과 같이 grasping_table을 만든다.

```
moveit_msgs::CollisionObject grasping_table;
grasping_table.id = "grasping_table";
pose.orientation.w = 1.0;
pose.position.y = 0.0;
pose.position.x = 0.46;
pose.position.z = 0.15;
grasping_table.primitives.push_back(primitive);
grasping_table.primitive_poses.push_back(pose);
grasping_table.operation = grasping_object.ADD;
grasping_table.header.frame_id = "base_link";
```

마지막으로 다음과 같이 충돌 객체(collision_objects)를 플래닝 씬에 추가한다.

```
std::vector<moveit_msgs::CollisionObject> collision_objects;
collision_objects.push_back(grasping_object);
collision_objects.push_back(grasping_table);
current_scene.addCollisionObjects(collision_objects);
```

이제 플래닝 씬이 적절하게 구성됐으므로 다음과 같이 엔드 이펙터를 물체에 가까이 가져와 픽업을 위해 작업 공간에서 정의된 하나의 위치로 로봇의 모션을 요청할 수 있다.

300

```
geometry_msgs::Pose target_pose;
target_pose.orientation.x = 0;
target_pose.orientation.y = 0;
target_pose.orientation.z = 0;
target_pose.orientation.w = 1;
target_pose.position.y = 0.0;
target_pose.position.x = 0.28;
target_pose.position.z = 0.35;
group.setPoseTarget(target_pose);
group.move();
sleep(2);
target_pose.position.y = 0.0;
target_pose.position.x = 0.34;
target_pose.position.z = 0.35;
group.setPoseTarget(target_pose);
group.move();
```

잡는 데 성공하면 다음 코드와 같이 로봇의 엔드 이펙터에 물체를 연결해 작업 공간
의 다른 위치에 배치할 수 있다.

```
moveit_msgs::AttachedCollisionObject att_coll_object;
att_coll_object.object.id = "grasping_object";
att_coll_object.link_name = "gripper_finger_link1";
att_coll_object.object.operation = att_coll_object.object.ADD;
planning_scene_interface.applyAttachedCollisionObject(att_coll_object);
target_pose.position.y = 0.0;
target_pose.position.x = 0.34;
target_pose.position.z = 0.4; group.setPoseTarget(target_pose); group.move();
//---
target_pose.orientation.x = -1;
target_pose.orientation.y = 0;
target_pose.orientation.z = 0;
target_pose.orientation.w = 0;
```

```
target_pose.position.y = -0.1;
target_pose.position.x = 0.34;
target_pose.position.z = 0.35; group.setPoseTarget(target_pose);
group.move();
```

마지막으로 다음과 같이 로봇의 그리퍼에서 물체를 제거해야 한다.

```
grasping_object.operation = grasping_object.REMOVE;
attached_object.link_name = "grasping_frame";
attached_object.object = grasping_object;
current_scene.applyAttachedCollisionObject( attached_object );
```

이 예제를 실행하려면 다음 명령으로 MoveIt! 데모를 실행한다.

```
roslaunch seven_dof_arm_config demo.launch
```

다음 명령을 실행해 선택/배치 프로그램을 실행한다.

```
rosrun seven_dof_arm_test pick_place
```

다음은 잡기^{grasping} 절차의 스크린샷이다.

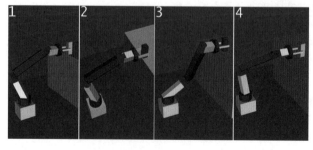

그림 7.10 MoveIt!을 활용한 선택/배치 절차

잡기 과정의 다양한 단계는 다음과 같다.

- 첫 번째 단계에서 로봇 그리퍼가 잡을 물체인 녹색 블록을 볼 수 있다. 이미 `pick_and_place` 노드를 사용해 플래닝 씬 내부에 이 객체를 만들었다. 노드의 첫 번째 부분에서 로봇의 엔드 이펙터가 물체에 접근하고 있다.

- 물체에 접근한 후 물체를 잡을 수 있는 유효 궤적을 생성한다. 잡기가 완료되면 녹색 블록이 로봇의 그리퍼에 부착되고 색상이 보라색으로 바뀐다.

- 로봇은 블록을 집은 후 작업 테이블에 놓기 전에 작업 공간의 다른 위치로 블록을 운반한다. 해당 위치에 유효한 IK가 있는 경우 그리퍼는 플래닝된 궤적에서 블록을 잡고 있다.

- 마지막으로 물체를 테이블 위에 놓고 로봇의 그리퍼에서 분리한다.

선택/배치 작업을 수행하는 또 다른 방법은 MoveIt!에서 제공하는 작업을 사용하는 것이다. MoveIt!을 실행하면 다음과 같이 두 개의 액션 서버가 시작된다.

- **pickup:** 이 액션은 잡을 대상 객체와 잡을 수 있는 객체의 구성configurations 목록을 지정해야 하는 `moveit_msgs::PickupGoal` 메시지를 수락한다. 이 구성은 접근 및 잡기 동작 중에 로봇 조인트의 전체 위치와 피킹 중에 엔드 이펙터의 위치가 설정돼 있는 `moveit_msgs::Grasp` 메시지로 채워져 있다.

- **place:** 이 작업은 테이블에 객체를 배치하는 데 사용한다. 가능한 객체 목록을 지정하고 구성 배치를 위해 `moveit_msgs::PlaceGoal` 메시지를 수락한다.

MoveIt! 액션의 활용은 안전하고 완전한 선택/배치 작업의 성공을 보장하지만 사전에 계획된 많은 정보가 필요하므로 복잡하고 동적인 고급 로봇 애플리케이션에서 사용하기 어렵다.

가제보와 실제 로봇에서 선택/배치 작업

MoveIt! 데모에서 실행되는 잡기 시퀀스는 가짜 컨트롤러를 사용한다. 실제 로봇이나 가제보에 생성된 궤적을 보낼 수 있다. 가제보에서 이 작업을 수행하고자 grasping 월드를 시작할 수 있다.

가제보와 실제 하드웨어의 유일한 차이점은 팔에 대한 조인트 궤적 컨트롤러를 생성해야 한다는 것이다. 일반적으로 사용되는 하드웨어 컨트롤러 중 하나는 다이나믹셀DYNAMIXEL이다.

다음 절에서 다이나믹셀 컨트롤러를 자세히 알아본다.

⋙ 로봇 하드웨어 인터페이스를 위한 다이나믹셀 ROS 서보 컨트롤러의 이해

지금까지 가제보 시뮬레이션과 인터페이스하는 MoveIt!을 알아봤다. 이 절에서는 가제보를 대신해 실제 로봇 인터페이스를 MoveIt!에 넣는 방법을 살펴본다. 다이나믹셀 서보와 ROS 컨트롤러를 알아보자.

다이나믹셀 서보

다이나믹셀 서보DYNAMIXEL servo는 고급 로봇 애플리케이션을 위한 스마트한 고성능 네트워크 액츄에이터다. 이 서보는 로보티즈ROBOTIS(http://en.robotis.com/)라는 한국 회사에서 생산한다. 이 서보는 위치, 속도, 온도, 전압 등과 같은 다양한 피드백뿐만 아니라 우수한 위치 및 토크 제어를 제공할 수 있기 때문에 로봇공학 애호가 사이에서 매우 인기 있다. 유용한 기능 중 하나는 데이지 체인daisy-chain 방식으로 네트워크에 연결할 수 있다는 것이다. 이 기능은 로봇 팔, 인간형 로봇, 로봇 뱀 등과 같은 다관절 시스템에서 매우 유용하다. 서보는 로보티즈에서 제공하는 다이나믹셀 컨트롤러에

USB^{Universal Serial Bus}를 이용해 PC와 직접 연결할 수 있다. 이 컨트롤러에는 USB 인터페이스가 있으며 PC에 연결하면 가상 통신(COM) 포트 역할을 한다. 이 포트로 데이터를 보낼 수 있으며 내부적으로 RS 232 프로토콜을 TTL^{Transistor-Transistor Logic} 및 RS 485 표준으로 변환한다. 다이나믹셀 서보에 전원을 공급한 다음 USB-to- DYNAMIXEL 컨트롤러에 연결해 작업을 시작할 수 있다. 다이나믹셀 서보는 TTL과 RS 485 레벨의 표준을 모두 지원한다. 다음 스크린샷은 MX-106이라는 다이나믹셀 서보와 USB-to-DYNAMIXEL 컨트롤러를 보여준다.

DYNAMIXEL Servo   **USB-to-DYNAMIXEL**

그림 7.11 다이나믹셀 서보와 USB-to-DYNAMIXEL 컨트롤러

시중에는 다양한 시리즈의 다이나믹셀 서보가 있다. 그중 일부는 MX-28, MX-64, MX-106, RX-28, RX-64, RX-106 등이다. 다음 그림은 USB 포트를 사용해 다이나믹셀 모터를 PC에 연결하는 방법을 보여준다.

USB PORT

USB2DYNAMIXEL   Power line

그림 7.12 USB-to-DYNAMIXEL 컨트롤러를 사용해 PC에 연결된 다이나믹셀 서보

앞의 그림과 같이 여러 개의 다이나믹셀 장치를 순차적으로(또는 데이지 체인 방식으로) 연결할 수 있다. 각 다이나믹셀은 컨트롤러 내부에 펌웨어 설정이 있다. 컨트롤러 내부에서 서보의 ID, 조인트 한계, 위치 한계, 위치 명령, PID[Proportional Integral Derivative] 값, 전압 한계 등을 할당할 수 있다. 다이나믹셀용 ROS 드라이버와 컨트롤러는 http://wiki.ros.org/dynamixel_motor에서 구할 수 있다.

DYNAMIXEL-ROS 인터페이스

다이나믹셀 모터와의 인터페이스를 위한 ROS 스택의 이름은 dynamixel_motor다. 이 스택에는 MX-28, MX-64, MX-106, RX-28, RX-64, EX-106, AX-12, AX-18과 같은 다이나믹셀 모터용 인터페이스가 포함돼 있다. 스택은 다음 패키지로 구성된다.

- **dynamixel_driver:** 이는 PC에서 다이나믹셀과 로우레벨[low-level] 입출력[I/O] 통신을 할 수 있는 다이나믹셀의 드라이버 패키지다. 이 드라이버는 앞서 언급한 서보 시리즈에 대한 하드웨어 인터페이스를 갖고 있으며 이 패키지를 바탕으로 다이나믹셀의 읽기/쓰기 작업을 수행할 수 있다. 이 패키지는 dynamixel_controllers와 같은 고급 패키지에서 사용한다. 사용자가 이 패키지와 직접 상호작용하는 경우는 거의 없다.

- **dynamixel_controllers:** dynamixel_motor 패키지를 사용해 작동하는 하이레벨[high-level] 패키지다. 이 패키지를 이용해 로봇의 다이나믹셀 조인트마다 ROS 컨트롤러를 생성할 수 있다. 패키지에는 하나 이상의 컨트롤러 플러그인을 시작, 중지, 재시작할 수있는 구성 가능한[configurable] 노드, 서비스, 생성자 스크립트가 포함돼 있다. 각 컨트롤러에서 속도와 토크를 설정할 수 있다. 각 다이나믹셀 컨트롤러는 ROS 파라미터를 사용해 설정하거나 YAML 파일로 로드할 수 있다. dynamixel_controllers 패키지는 위치, 토크, 궤적 컨트롤러를 지원한다.

- **dynamixel_msgs:** dynamixel_motor 스택 내에서 사용되는 메시지 정의다.

다이나믹셀 서보 모터는 다음 절에서 설명하는 것처럼 다중 자유도가 있는 실제 로봇 팔을 만드는 데 사용할 수 있다.

7-DOF 다이나믹셀 기반 로봇 팔과 ROS Movelt!

이 절에서는 ASIMOV Robotics(http://asimovrobotics.com/)라는 회사에서 제조하고 다음 스크린샷에 표시된 COOL arm-5000이라는 7-DOF 로봇 매니퓰레이터를 설명한다. 로봇은 다이나믹셀 서보를 사용해 제작됐다. dynamixel_controllers를 사용해 다이나믹셀 기반 로봇 팔을 ROS에 인터페이스하는 방법을 살펴보자.

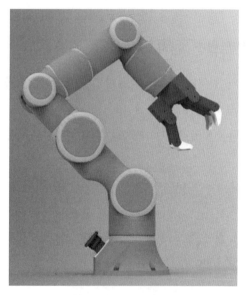

그림 7.13 COOL 로봇 팔

COOL 로봇 팔은 ROS 및 Movelt!과 완벽하게 호환되며 교육 및 연구에 주로 사용한다. 다음은 팔의 세부 사항이다.

- **DOF:** 7-DOF

- **액츄에이터 타입:** 다이나믹셀 MX-64, MX-28

- **조인트 목록:** 어깨 롤^{Shoulder roll}, 어깨 피치^{Shoulder pitch}, 팔꿈치 롤^{elbow roll}, 팔꿈치 피치^{elbow pitch}, 손목 요^{wrist yaw}, 손목 피치^{wrist pitch}, 손목 롤^{wrist roll}

- **탑재 하중^{payload}:** 5킬로그램(kg)

- **도달 거리^{Reach}:** 1미터(m)

- **작업 볼륨:** 2.09m³

- **반복성^{Repeatability}:** +/-0.05 밀리미터(mm)

- **그리퍼^{gripper}:** 세 손가락이 있는 그리퍼

COOL 로봇 암 컨트롤러 패키지 생성

첫 번째 단계는 ROS와 인터페이스하기 위한 COOL 암 컨트롤러 패키지를 만드는 것이다. COOL 암 컨트롤러 패키지는 책의 코드와 함께 다운로드할 수 있다. 패키지를 생성하기 전에 다음과 같이 dynamixel_controllers 패키지를 설치해야 한다.

```
sudo apt-get install ros-kinetic-dynamixel-controllers
```

다음 명령은 의존성이 있는 컨트롤러 패키지를 생성한다. 이 패키지의 주요 의존성은 dynamixel_controllers 패키지다.

```
catkin_create_pkg cool5000_controller roscpp rospy dynamixel_controller
std_msgs sensor_msgs
```

다음 단계는 각 조인트에 대한 구성 파일을 만드는 것이다. 구성 파일은 cool5000. yaml이며 각 컨트롤러의 이름, 해당 타입, 파라미터를 포함한다. 이 파일은

cool5000_controller/config 디렉터리에서 볼 수 있다. 이 팔의 7개 조인트에 대한 파라미터를 생성해야 한다. 다음은 이 구성 파일의 코드다.

```
joint1_controller:
  controller:
    package: dynamixel_controllers
    module: joint_position_controller
    type: JointPositionController
  joint_name: joint1
  joint_speed: 0.1
  motor:
    id: 0
    init: 2048
    min: 320
    max: 3823
joint2_controller:
  controller:
    package: dynamixel_controllers
    module: joint_position_controller
    type: JointPositionController
  joint_name: joint2
  joint_speed: 0.1
  motor:
    id: 1
    init: 2048
    min: 957
    max: 3106
```

컨트롤러 구성 파일은 조인트 이름, 컨트롤러 패키지, 컨트롤러 타입, 조인트 속도, 모터 ID, 초기 위치, 조인트의 최소 및 최대 한계를 포함한다. 원하는 만큼 모터를 연결할 수 있으며 구성 파일에 포함해 컨트롤러 파라미터를 생성할 수 있다. 다음에 생성할 구성 파일은 joint_trajectory_controller 구성 파일이다. MoveIt! 로봇에 FollowJointTrajectory 액션 서버가 있는 경우에만 인터페이스할 수 있다. cool5000_ trajectory_controller.yaml 파일은 cool5000_controller/config 디렉터리에 있으며, 정의는 다음 코드와 같다.

```
cool5000_trajectory_controller:
  controller:
    package: dynamixel_controllers
    module: joint_trajectory_action_controller
    type: JointTrajectoryActionController
  joint_trajectory_action_node:
    min_velocity: 0.0
    constraints:
      goal_time: 0.01
```

JointTrajectory 컨트롤러를 생성한 후 로봇 팔의 조인트 상태를 결합하고 발행하기 위한 joint_state_aggregator 노드를 생성해야 한다. cool5000_controller/src 디렉터리에서 joint_state_aggregator.cpp라는 이 노드를 찾을 수 있다. 이 노드의 기능은 각 컨트롤러의 상태를 dynamixel::JointState 메시지 타입으로 구독하고 컨트롤러의 각 메시지를 sensor_msgs::JointState 메시지와 결합해 /joint_states 토픽으로 발행하는 것이다. 이 메시지는 모든 다이나믹셀 컨트롤러의 조인트 상태를 집계^{aggregate}한 것이다. 파라미터와 함께 joint_state_aggregator 노드를 실행하는 joint_state_aggregator.launch의 정의는 다음 코드에 있다. 이 파일은 cool5000_controller/launch 디렉터리에 있다.

```
<launch>
  <node name="joint_state_aggregator" pkg="cool5000_controller"
type="joint_state_aggregator" output="screen">
    <rosparam>
      rate: 50
      controllers:
        - joint1_controller
```

```
            - joint2_controller
            - joint3_controller
            - joint4_controller
            - joint5_controller
            - joint6_controller
            - joint7_controller
            - gripper_controller
        </rosparam>
    </node>
</launch>
```

런치 디렉터리 안에 있는 Cool5000_controller.launch 파일을 사용해 전체 컨트롤
러를 실행할 수 있다. 이 런치 파일은 PC와 다이나믹셀 서보 간의 통신을 시작하고
컨트롤러 관리자를 실행한다. 컨트롤러 관리자 파라미터는 직렬 포트$^{serial\ port}$, 전송
속도$^{baud\ rate}$, 서보 ID 범위$^{servo\ ID\ range}$, 업데이트 속도$^{update\ rate}$다. 코드는 다음과 같다.

```
<launch>

    <!-- 모든 cool5000 서보를 제어하기 위한 다이나믹셀 모터 관리자 실행 -->

    <node name="dynamixel_manager" pkg="dynamixel_controllers"
type="controller_manager.py" required="true" output="screen">
        <rosparam>
            namespace: dxl_manager
            serial_ports:
                dynamixel_port:
                    port_name: "/dev/ttyUSB0"
                    baud_rate: 1000000
                    min_motor_id: 0
                    max_motor_id: 6
                    update_rate: 20
        </rosparam>
    </node>
```

다음 단계에서는 다음과 같이 컨트롤러 구성 파일을 읽어 컨트롤러 생성자^{spawner}를 시작해야 한다.

```
<!-- YAML에서 파라미터 서버로 조인트 컨트롤러 구성(configuration) 로드(Load) -->
<rosparam file="$(find cool5000_controller)/config/cool5000. yaml"
command="load"/>

    <!-- 모든 Cool 로봇 팔 조인트 컨트롤러 실행 -->
    <node name="controller_spawner" pkg="dynamixel_controllers"
type="controller_spawner.py"
        args="--manager=dxl_manager
        --port dynamixel_port
            joint1_controller
            joint2_controller
                joint3_controller
                joint4_controller
                joint5_controller
                joint6_controller
            joint7_controller
                gripper_controller"
        output="screen"/>
```

다음 코드 섹션에서는 컨트롤러 구성 파일에서 JointTrajectory 컨트롤러를 실행한다.

```
    <!-- cool5000 로봇 팔 궤적(trajectory) 컨트롤러 실행 -->
    <rosparam file="$(find cool5000_controller)/config/cool5000_trajectory_
controller.yaml" command="load"/>
    <node name="controller_spawner_meta" pkg="dynamixel_controllers"
type="controller_spawner.py"
    args="--manager=dxl_manager
        --type=meta
        cool5000_trajectory_controller
```

```
        joint1_controller
        joint2_controller
        joint3_controller
        joint4_controller
        joint5_controller
        joint6_controller"
        output="screen"/>
```

다음 섹션은 cool5000_description 패키지에서 joint_state_aggregator 노드와
로봇 디스크립션을 실행한다.

```
    <!-- 결합된 조인트 정보 발행 -->
    <include file="$(find cool5000_controller)/launch/joint_state_aggregator.
    launch" />

    <param name="robot_description" command="$(find xacro)/xacro.py '$(find
    cool5000_description)/robots/cool5000.xacro'" />
    <node name="joint_state_publisher" pkg="joint_state_publisher"
    type="joint_state_publisher" output="screen">
        <rosparam param="source_list">[joint_states]</rosparam>
        <rosparam param="use_gui">FALSE</rosparam>
    </node>
```

COOL 로봇 팔 컨트롤러 패키지는 여기까지다. 다음으로 COOL 로봇 팔의 MoveIt!
구성 패키지 내부에 cool5000_moveit_config 컨트롤러 구성을 설정해야 한다.

MoveIt! COOL 로봇 팔의 구성

첫 번째 단계는 Cool5000_moveit_config/config 디렉터리 내부에 있는 controllers.
yaml 파일의 구성이다. 이 파일의 정의는 다음 코드에 있다. 지금은 그리퍼 제어가
아닌 팔을 움직이는 데만 집중한다. 따라서 구성에는 arm 그룹 조인트만 포함된다.

```
controller_list:
  - name: cool5000_trajectory_controller
    action_ns: follow_joint_trajectory
    type: FollowJointTrajectory
    default: true
    joints:
      - joint1
      - joint2
      - joint3
      - joint4
      - joint5
      - joint6
      - joint7
```

다음은 cool5000_moveit_config/launch 내부에 있는 cool5000_description_moveit_
controller_manager.launch.xml 파일의 정의다.

```
<launch>
<!--
    trajectory_execution_manager가 컨트롤러 플러그인을 찾는 데 필요한 파라미터를
    설정한다.
-->
    <arg name="moveit_controller_manager" default="MoveIt_simple_controller_
manager/MoveItSimpleControllerManager"/>
    <param name="MoveIt_controller_manager" value="$(arg MoveIt_controller_
manager)"/>

    <!-- load controller_list -->

    <rosparam file="$(find cool5000_moveit_config)/config/controllers.yaml"/>
</launch>
```

MoveIt!을 구성한 후 팔을 활용한 작업을 시작할 수 있다. 팔에 적절한 전원을 공급하고 PC나 다이나믹셀 서보의 USB를 연결한다. 직렬 장치가 생성된 것을 볼 수 있다. 이는 /dev/ttyUSB0 또는 /dev/ttyACM0일 수 있다. 장치에 따라 컨트롤러 런치 파일 내에서 포트 이름을 변경한다.

다음 명령을 사용해 cool5000 로봇 컨트롤러를 시작한다.

```
roslaunch cool5000_controller cool5000_controller.launch
```

RViz 데모를 시작하고 모션 플래닝을 시작한다. Execute 버튼을 누르면 궤적이 다음과 같이 하드웨어 팔에서 실행된다.

```
roslaunch cool5000_moveit_config 5k.launch
```

임의의 포즈(RViz에 표시)와 COOL 로봇 팔이 다음 스크린샷에 나타난다.

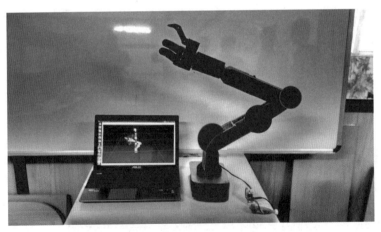

그림 7.14 MoveIt! 시각화와 COOL-Arm-5000 프로토타입

요약하면 MoveIt!은 연구 및 산업 응용 분야 모두에서 로봇 매니퓰레이션 작업을 수행하기 위한 기본 도구를 나타낸다. 특히 MoveIt!은 15장에서 사용하는 쿠카Kuka,

에이브^{ABB} 또는 유니버설 로봇^{Universal Robot}과 같은 회사의 실제 하드웨어와 쉽게 통합할 수 있다.

⠿ 요약

7장에서는 MoveIt!의 몇 가지 고급 기능을 살펴보고 C++ 코드를 작성해 시뮬레이션 및 실제 로봇 매니퓰레이터를 제어하는 방법을 알아봤다. 이 장은 MoveIt!을 사용한 충돌 검사를 살펴보며 시작했다. MoveIt! API를 사용해 충돌 객체를 추가하는 방법과 메시를 플래닝 씬으로 직접 가져오는 것을 살펴봤다. MoveIt! API을 사용해 충돌 확인을 위해 ROS 노드를 살펴봤다. 충돌에 대해 배운 후 MoveIt!을 사용해 퍼셉션을 수행했다. 시뮬레이션된 포인트 클라우드 데이터를 MoveIt!에 연결했고 MoveIt!에서 옥토맵을 만들었다. 이런 측면을 다룬 후 다이나믹셀 서보와 ROS 컨트롤러를 활용해 MoveIt과 하드웨어의 인터페이스를 살펴봤다. 마침내 COOL arm이라는 실제 로봇 팔과 그것을 다이나믹셀 컨트롤러를 사용해 구축된 MoveIt!에 인터페이싱하는 것을 살펴봤다. 8장에서는 다른 종류의 로봇 플랫폼인 드론^{Drone}과 ROS를 활용해 프로그래밍하는 방법을 설명한다.

다음은 7장에서 다룬 내용을 기반으로 한 몇 가지 질문이다.

⠿ 질문

1. MoveIt!에서 FCL 라이브러리의 역할은 무엇인가?

2. MoveIt!은 어떻게 주변 환경의 octomap을 구축하는가?

3. 로봇이 물체를 잡은 후 장애물을 피하려면 어떻게 해야 하는가?

4. 다이나믹셀 서보의 주요 특징은 무엇인가?

08

ROS 드론

7장에서는 지상 로봇과 산업용 로봇만 고려했다. 지난 10년 동안 드론 혹은 무인 항공기^{UAV, Unmanned Aerial Vehicle}와 같은 새로운 종류의 시스템이 매우 인기를 얻었다. 오늘날 UAV는 다양한 모양과 크기로 존재한다. 기본적으로 고정익^{fixed-wing}(비행기와 같은 이동체)과 회전익^{rotary-wing}(여러 개의 수직축 로터가 있는 이동체)으로 나눌 수 있다. 최신 UAV에는 자율비행과 같이 다양한 작업을 수행할 수 있는 온보드 컴퓨터와 센서가 장착돼 있다. ROS를 사용하면 UAV의 센서를 읽고 비행 플랫폼에 명령을 보낼 수 있다. 실제 비행체 외에도 가제보를 사용해 다양한 종류의 항공 시스템 하드웨어 및 센서 시뮬레이션이 가능하다.

8장은 두 부분으로 나뉜다. 먼저 드론의 기본 구성 요소와 가장 일반적인 자동조종장치^{autopilot} 중 하나인 Pixhawk 보드에 대해 설명한다. 또한 ROS 및 Px4 비행 제어 스택의 상호작용 방법도 알아본다. 두 번째 부분에서는 로봇과 프로펠러의 역학을 모델링하는 UAV의 로터^{rotor} 시뮬레이션에 중점을 둔다.

8장에서 다루는 내용은 다음과 같다.

- 드론의 활용

- Px4 비행 제어 스택 활용

- PC/자동조종 장치 통신

- ROS-PX4 애플리케이션 개발

- RotorS 시뮬레이션 프레임워크 활용

﹔ 기술적 요구 사항

8장을 따라 하려면 우분투 20.04에 ROS Noetic이 설치된 노트북이 필요하다. 8장의 참조 코드는 다음 깃허브 저장소에서 다운로드할 수 있다.

https://github.com/PacktPublishing/Mastering-ROS-for-Robotics-Programming-Third-edition.git

코드는 Chapter8/px4_ros_ctrl 및 Chapter8/iris_model 디렉터리에 들어있다.

작동 중인 코드는 https://bit.ly/3svXX9L에서 볼 수 있다.

﹔ 드론의 활용

요즘 드론은 매우 인기 있다. 무선 '컨트롤러'radio controller로 제어되는 기본 구성에서도 일부 드론은 공중에 머물고자 주변 환경에 반응하는 로봇으로 간주될 수 있다. 이런 이동체는 외부 센서를 사용해 상태와 자세를 추정해 자율적으로 비행할 수 있다. 물론 드론에 자율성을 제공하는 것은 다음과 같은 몇 가지 이유로 인해 지상 로봇에 대해 동일한 작업을 수행하는 것보다 더 복잡하다.

- **안정화**Stabilization: 드론은 주변 환경에 대한 상대적인 위치와 방향 유지를 위해 자세를 조정할 수 있어야 한다. 관성 센서IMU, Inertial Measurement Unit는 이 작업을 수행하기에 충분하지 않다. 첫 번째 이유는 외부 교란disturbance(바람 또는 지상 기류와 같은)으로 인한 위치 발산 때문이고, 두 번째 이유는 관성 측정 단위 센서로 인해 발생할 수 있는 오류를 추정할 수 없기 때문이다.

- **낮은 연산 자원:** 지상 로봇에 비해 비행 플랫폼은 적재량payload 문제가 있다. 이런 이유로 작고 가벼운 하드웨어만 사용해야 한다. 따라서 소형 컴패니언 컴퓨터companion computer를 사용해야 한다.

- **디버깅 문제:** 센서 융합 및 제어 전략을 개발하는 동안 디버깅은 쉬운 일이 아니다. 잘못된 기준 좌표계 또는 제어 게인과 관련된 문제로 인해 비행 플랫폼이 추락할 수 있다. 이로 인해 드론과 주변 사람에게 피해를 줄 수 있다.

- **지상국과의 통신:** UAV 컴패니언 PC와 지상국ground station 간의 통신은 일반적으로 드론과 지상 PC 간의 거리에 대한 대처를 위해 저전력 및 느린 통신 프로토콜에 의존한다.

드론의 또 다른 문제는 로봇의 컨트롤러가 통합 임베디드 보드에 구현된다는 것이다. 이를 자동조종 장치autopilot라고 하며, 경우에 따라서는 로봇의 동작 성능이 자동조종 장치에 따라 달라진다. 다음 절에서는 기본 UAV 하드웨어 센서와 자동조종 기능을 설명한다. 그런 다음 ROS와 인터페이스해 실제 드론을 시뮬레이션하는 방법을 알아본다.

UAV 하드웨어

UAV의 핵심은 자동조종 장치다. 이는 온보드 센서의 초기화 및 인터페이스를 담당한다. 또한 UAV의 액츄에이터(프로펠러)를 적절하게 제어하기 위한 입력을 수신하는 것이 바로 이 자동조종 장치다. UAV는 다양하게 플랫폼을 구성할 수 있다. 가장 일반적인 것은 쿼드로터^{quadrotor}다. 여기에는 4개의 모터가 있으며 십자형(X) 또는 플러스(+) 구성될 수 있다. 또한 동축^{coaxial} 버전의 쿼드로터에는 2개의 모터 라인이 있다. 쿼드로터의 모든 축에는 2개의 모터와 프로펠러가 동축으로 설치돼 총 8개가 있다. 헥사콥터^{hexacopters}와 옥토콥터^{octocopters}도 마찬가지다. 그러나 자동조종 장치는 제어 데이터를 모터 입력으로 직접 변환하기 때문에 제어 전략은 기체 구성에 직접적으로 의존하지 않는다.

자동조종 장치의 주요 센서는 관성 측정 장치$^{IMU,\ Inertial\ Measurement\ Unit}$다. 이 모듈은 비행 자세, 고도 및 방향을 계산하는 데 사용한다. 여기에는 일반적으로 다음 요소가 포함된다.

- 피치와 롤을 포함해 드론의 자세를 결정하는 자이로스코프^{gyroscope}로, 드론의 회전 운동을 나타낸다.

- 세 축에 대한 드론의 속도 변화율을 결정하는 가속도계^{accelerometer}

- 지상에서 드론의 고도를 결정하는 고도계^{altimeter} 또는 기압계^{barometer}로, 낮은 고도에서 하향식 소나 센서를 사용해 최대 수 미터의 고도를 결정할 수 있다.

- 자력계^{magnetometer}는 지구 자기장을 기준으로 해서 드론의 방향을 나타내는 나침반 역할을 한다.

관성 센서는 이런 센서를 결합해 쿼드로터의 비행 특성과 관련된 완전한 정보를 측정하고 표시한다. 일반적으로 이 장치는 3차원 모두에서 비행하는 항공기의 가속도와 방향을 측정한다. 이 센서 덕분에 실내외 비행이 가능하다. 그러나 비행 중에 누적될 수 있는 오차가 약간 있다. UAV의 또 다른 중요한 센서는 GPS$^{Global\ Positioning\ System}$다. 이 센서를 사용하면 로봇이 위도와 경도로 자신의 전역 위치를 추정할 수 있으므로 로봇이 위치를 안정화할 수 있다. 그러나 이 센서는 실외에서만 사용할 수 있다. 이런 이유로 실내 환경에서는 비전 또는 LiDAR 센서를 기반으로 하는 다른 기술을 사용해야 한다. 자동조종 장치의 기본 요소를 살펴봤으므로 이제 드론에 사용되는 가장 일반적인 오픈소스 자동조종 장치 중 하나인 Pixhawk 자동조종 장치를 살펴보자.

Pixhawk 자동조종 장치

시장에 존재하는 다양한 오픈소스 자동조종 장치 중에서 Pixhawk 자동조종 장치는 매우 인기 있는 보드 중 하나로, 여러 버전과 다양한 하드웨어 기능으로 출시됐다. 이 보드의 여러 버전 중 하나의 디지털 입력/출력 커넥터는 다음 그림과 같다.

그림 8.1 Pixhawk 2.4.8 자동조종 장치 보드

이 보드에는 USB-직렬serial 통신을 활용한 다양한 입출력 커넥터가 있다. 이 커넥터는 외부 센서와 인터페이스하거나 자동조종 장치를 컴패니언 PC에 연결하는 역할을 한다.

Pixhawk 보드는 아두이노Arduino 보드와 마찬가지로 처음부터 프로그래밍할 수 있다. 또한 자동조종 장치 컨트롤러 코드는 오픈소스며 UAV에 변경 사항과 사용자 정의 동작을 적용하도록 수정할 수 있다. 이 자동조종 장치에는 두 가지 주요 제어 스택이 적합하다.

- **ArduCopter:** https://ardupilot.org/

- **PX4:** https://px4.io/

성능 측면에서 이 두 소프트웨어 스택 간의 큰 차이는 없다. 주요 차이점은 라이선스와 제어 코드 개발을 지원하는 커뮤니티에 있다. 각기 다른 기체(지상 및 수중 이동체 포함)에 대한 소프트웨어를 지원한다.

8장에서는 주로 PX4 제어 스택을 살펴본다. PX4는 다음과 같은 두 가지 주요 레이어로 구성된다.

- **비행 스택**[flight stack]**:** 비행 제어 시스템의 구현이다.

- **미들웨어**[middleware]**:** 내부/외부 통신 및 하드웨어 통합을 제공하는 자율주행 로봇에 대한 지원이 가능한 일반 계층이다.

PX4 제어 스택은 다양한 기체를 지원하며 모두 동일한 코드를 공유한다. 비행 스택은 자율주행 로봇을 위한 안내, 탐색, 제어 알고리듬의 모음이다. 여기에는 고정익, 멀티로터, **수직 이착륙**[VTOL, Vertical TakeOff and Landing] 기체용 컨트롤러와 자세 및 위치 추정기 estimator가 포함된다. 참고로 실제 비행 플랫폼과 자동조종 장치가 없어도 자동조종 장치에 설치된 코드를 ROS 가제보 시뮬레이터에 연결해 수정, 컴파일, 실행할 수 있다.

다음 절에서는 시스템에 PX4 비행 스택을 설치한 다음 노트북에서 자동조종 장치 코드를 시뮬레이션하고 프로그래밍하는 방법을 살펴본다. 그러나 펌웨어 제어 코드에 대한 간략한 개요를 다루는 동안 자동조종 장치 소스코드를 수정하지는 않는다.

⁂ PX4 비행 제어 스택 활용

PX4 펌웨어를 사용하면 리눅스 시스템의 자동조종 장치 보드에서 실행되는 코드를 직접 시뮬레이션할 수 있다. 또한 자동조종 장치 소스코드를 수정하고 Pixhawk 보드에서 새 버전을 다시 로드할 수 있다. 시스템에 펌웨어를 설치하려면 먼저 펌웨어를 다운로드해야 한다. 필수는 아니지만 이것을 ROS와 편리하게 연결하려면 ROS 작업 공간에 배치한다. 자동조종 장치 코드를 다운로드하려면 다음 명령을 사용한다.

```
git clone https://github.com/PX4/PX4-Autopilot.git --recursive
```

이 저장소에는 카메라, 깊이 카메라, 레이저 스캐너 등이 장착된 다양한 UAV 쿼드로터를 사용해 ROS-Gazebo 시뮬레이션에서 PX4 펌웨어를 실행하는 데 필요한 모든 파일이 포함돼 있다. 시뮬레이션은 실제 세계에서 비행을 시도하기 전에 PX4 코드의 변경 사항을 테스트하는 빠르고 쉽고 안전한 방법이다. 아직 실험할 기체가 없을 때 PX4로 비행을 시작하는 것이 좋은 방법이다.

기본 저장소에 포함된 모든 하위 모듈 다운로드를 위해 clone 명령에서 --recursive 옵션을 사용했다. 이는 자동조종 장치 소스코드의 일부가 기본 저장소에 의해 연결된 다른 외부 저장소에 저장된다는 것을 의미한다. 복제 명령은 몇 분 정도 걸릴 수 있다. 복제 명령이 완료된 후 PX4-Autopilot이라는 새 디렉터리가 생성된다. 이 디렉터리에는 내장된 컨트롤러(자동조종 장치) 펌웨어를 수정하고 업로드하는 것뿐만 아니라 다른 시뮬레이터에서 소스코드를 시뮬레이션하는 데 필요한 모든 파일이 들어있다. 필요한 모든 요소 사이 연결을 위해 펌웨어 디렉터리는 ROS 패키지로 컴파일되지 않더라도 ROS 패키지로 인식된다. 또한 이 패키지의 이름은 px4다. 디렉터리 이름이 반드시 ROS 패키지의 이름을 나타내는 것은 아니다. 따라서 이 디렉터리를 ROS 작업 공간에 복제하고 컴파일한 후 다음 명령을 사용해 펌웨어 디렉터리에 접근할 수 있다.

```
roscd px4
```

이제 이 패키지를 컴파일하고 시뮬레이션을 시작할 준비가 됐다. 이 작업을 수행하기 전에 다음 의존성 패키지를 설치해야 한다.[1]

```
sudo apt install python3-pip
pip3 install --user empy
pip3 install --user toml
pip3 install --user numpy
pip3 install --user packaging
sudo apt-get install libgstreamer-plugins-base1.0-dev
pip3 install --user jinja2
```

ROS/FCU^{Flight Control Unit} 통신을 허용하려면 mavros 패키지를 설치해야 한다.[2]

```
sudo apt-get install ros-noeitc-mavros ros-noeitc-mavros-msgs
```

이제 지리 데이터 세트를 설치할 수 있다.

```
sudo /opt/ros/noetic/lib/mavros/install_geographiclib_datasets.sh
```

마지막으로 다음 명령을 실행해 컴파일할 수 있다.

```
roscd px4 && make px4_sitl_default
```

---

1. catkin 컴파일을 위해 추가해야 하는 패키지 목록에는 pip3 install --user kconfiglib, pip3 install --user jsonschema, pip3 install --user future가 있다. – 옮긴이
2. catkin 컴파일을 위해 추가해야 하는 패키지 목록에는 ros-noetic-mav-msg, ros-noetic-rotors-description이 있다. – 옮긴이

이 경우 특정 타깃(px4_sitl_default)과 함께 **make** 명령을 사용했다. 이것은 SITL^Software In The Loop 타깃이다. 이를 바탕으로 펌웨어 소스코드를 시뮬레이션할 수 있다. 이미 언급했듯이 시뮬레이터를 사용하면 PX4 비행 코드가 시뮬레이션된 월드에서 컴퓨터로 모델링된 기체를 제어할 수 있다. 시뮬레이션을 시작한 후에는 QGroundControl, 오프보드 API 또는 무선 컨트롤러 게임패드와 같은 지상국 소프트웨어를 사용해 실제 기체와 마찬가지로 이 기체와 상호작용할 수 있다. 다양한 시뮬레이터가 지원된다. 전체 목록은 https://docs.px4.io/master/en/simulation/에서 찾을 수 있다. 여기에서는 가제보를 사용할 것이다. 가제보에서 PX4 제어 코드를 실행하고자 펌웨어 소스의 루트 디렉터리에서 다음 명령을 실행한다.

```
make px4_sitl_default gazebo
```

이 명령은 다음 그림과 같이 3DR IRIS 쿼드로터로 새로운 가제보 씬을 시작한다.

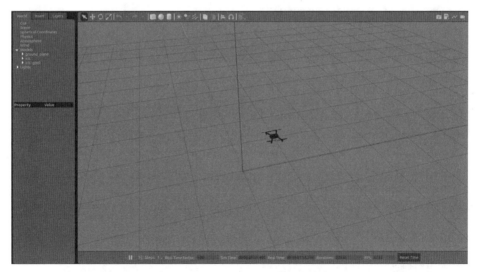

그림 8.2 PX4 제어 스택을 사용해 가제보에서 시뮬레이션된 3DR IRIS 쿼드로터

이것은 가제보의 독립 실행형 버전이므로 아직 ROS와 연결돼 있지 않다. 컴파일할 다른 대상을 선택할 수도 있다. 예를 들어 실제 Pixhawk용 펌웨어를 컴파일하려면 다음 명령을 사용할 수 있다.

```
make px4_fmu-v2_default
```

다양하게 시뮬레이터와 상호작용할 수 있다. 가장 간단한 방법은 QGroundControl과 같은 지상 관제소 프로그램을 사용하는 것이다. 이 소프트웨어를 사용하면 시뮬레이션된 UAV를 이착륙시키고 주변 환경으로 이동시킬 수 있다. 이 인터페이스를 사용해 일부 파라미터를 설정해 자동조종 장치의 동작을 구성하고 컨트롤러 게인을 조정할 수 있다.

QGroundControl을 시작하려면 다음 명령을 사용한다.

```
sudo usermod -a -G dialout $USER
sudo apt-get remove modemmanager -y
sudo apt install gstreamer1.0-plugins-bad gstreamer1.0-libav gstreamer1.0-gl -y
```

이제 다음과 같이 QGroundControl 앱을 다운로드한다.

```
wget https://s3-us-west-2.amazonaws.com/qgroundcontrol/latest/QGroundControl.
AppImage
chmod +x QGroundControl.AppImage
```

마지막으로 PX4 시뮬레이션을 시작하고(이전에 본 것처럼) QGroundControl 소프트웨어를 시작한다.

```
./QGroundControl.AppImage
```

다음 그림과 같이 사용자 인터페이스가 표시된다.

그림 8.3 QGroundControl 사용자 인터페이스

노트북에 유선 또는 무선으로 연결된 실제 자동조종 장치를 시작하는 경우에도 동일한 방법을 사용한다. PX4 제어 스택을 ROS에 연결하기 전에 PX4 소프트웨어 아키텍처를 간략하게 알아보자.

PX4 펌웨어 아키텍처

PX4 제어 스택의 기본 펌웨어를 수정하지는 않겠지만 구성 방법을 이해하는 것이 중요하다. 전체 시스템 아키텍처는 다음 그림과 같다.

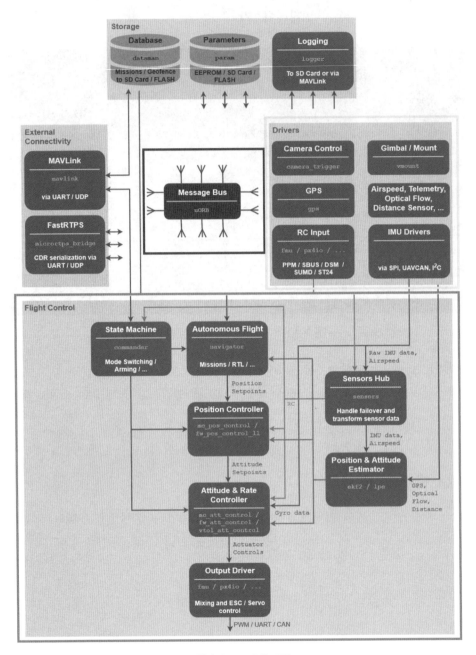

그림 8.4 PX4 스택 모듈

컨트롤러의 소스코드는 독립적인 모듈/프로그램으로 분할된다(그림 8.4에서 단일 블록으로 표시). 각 빌딩 블록은 정확히 하나의 모듈에 해당한다. 모듈은 펌웨어 기본 디렉터리의 소스 디렉터리에서 찾을 수 있다. ROS와 마찬가지로 PX4 소프트웨어 모듈은 uORB 라는 발행/구독 메시지 버스를 바탕으로 서로 통신한다. 발행/구독 프로토콜의 사용은 다음을 의미한다.

- 시스템은 반응형이다. 비동기식이며 새 데이터를 사용할 수 있을 때 즉시 업데이트된다. 모든 명령과 통신은 완전히 병렬화된다.

- 시스템 구성 요소는 스레드로부터 안전한 방식으로, 어디서나 데이터를 사용할 수 있다. 비행 스택은 자율비행 드론을 위한 가이드, 탐색, 제어 알고리듬 모음이다. 여기에는 고정익, 멀티로터, UAV 기체용 컨트롤러와 자세^{attitude} 및 위치 추정기^{estimator}가 포함된다.

특히 PX4 소프트웨어 아키텍처의 주요 모듈은 다음과 같다.

- **추정기**^{estimator}: 하나 이상의 센서 입력을 받아 결합하고 기체 상태(예를 들어 IMU 센서 데이터의 자세)를 계산한다.

- **컨트롤러**^{controller}: 설정 값(setpoint)과 측정값 또는 추정된 상태(프로세스 변수)를 입력으로 사용하는 구성 요소다. 목표는 설정 값과 일치하도록 프로세스 변수의 값을 조정하는 것이다. 출력은 결국 해당 설정점에 도달하고자 조정되는 값이다. 예를 들어 위치 컨트롤러는 위치 설정 값을 입력으로 사용하고 프로세스 변수는 현재 추정된 위치며, 출력은 기체를 원하는 위치로 이동시키는 자세^{attitude} 및 추력^{thrust} 설정 값의 형태를 취한다.

- **믹서**^{mixer}: 이것은 모션 명령(예를 들어 우회전)을 입력으로 받아 한계 값^{limit}을 초과하지 않는 범위에서 개별 모터 명령으로 변환한다. 이 변환은 기체 타입에 따라 다르며 무게 중심에 대한 모터 배열 또는 기체의 회전 관성과 같은 다양한 요인에 따라 달라진다.

이미 언급했듯이 모든 모듈 소스코드는 PX4-Autopilot/src 디렉터리에 있다. ROS 및 가제보와 관련된 모든 것은 PX4-Autopilot/Tools/sitl_gazebo 디렉터리에 있다. 이제 PX4 제어 스택을 ROS와 연결할 준비가 됐다.

PX4 SITL

px4 패키지에는 가제보 ROS 프레임워크에서 UAV를 시뮬레이션하는 데 사용할 수 있는 유용한 소스와 런치 파일이 이미 포함돼 있다. 가제보 ROS와 PX4 제어 스택의 통합은 수많은 드론에서 사용하는 통신 프로토콜 덕분에 가능하다. 이 통신 프로토콜을 mavlink라고 한다. 이런 맥락에서 시뮬레이션과 제어 소프트웨어 간의 통신은 다음 그림과 같다.

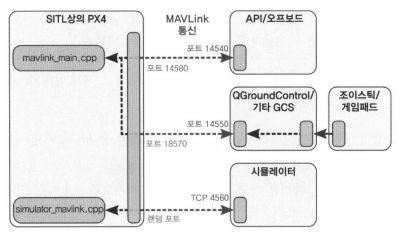

그림 8.5 PX4/가제보 통신 스키마

제어 스택은 시뮬레이션 씬과 통신해 센서 데이터를 수신하는 동시에 액추에이터 값을 로봇에게 전송한다. 동시에 온보드 정보(UAV 포즈, 위치, GPS 등)를 오프보드^{offboard} 프로그램이나 지상 관제소^{ground control station}로 보낸다. 통신 프로토콜에 대한 자세한 정보를 제공하기 전에 ROS 프레임워크에 내장된 시뮬레이션을 시작해본다. 이전과 마찬가지로 PX4 펌웨어 스택의 SITL 도구를 사용한다. 앞 절에서 스택을 컴파일한 후 구성 파일을 로드한 다음 런치 파일을 시작하기만 하면 된다. 패키지에는 ROS 및 PX4 컨트롤러와의 통신 브리지를 시작하는 데 필요한 모든 구성 및 시작 파일이 이미 포함돼 있다. 씬의 내부에서 무슨 일이 일어나고 있는지 살펴보기 전에 구성 파일을 로드하는 것으로 시작한다. 먼저 px4 디렉터리로 이동한다.

```
roscd px4
```

그런 다음 구성 파일을 로드한다.

```
source Tools/setup_gazebo.bash $(pwd) $(pwd)/build/px4_sitl_default
export ROS_PACKAGE_PATH=$ROS_PACKAGE_PATH:$(pwd)
export ROS_PACKAGE_PATH=$ROS_PACKAGE_PATH:$(pwd)/Tools/sitl_gazebo
```

이 줄을 .bashrc 파일에 추가하는 것이 편리하다. 이제 시뮬레이션을 시작한다.

```
roslaunch px4 mavros_posix_sitl.launch
```

이전 실행과 관련해 변경된 사항은 없다. 이제 ROS 토픽 및 서비스를 사용할 수 있다. 이들은 드론에서 정보를 얻고 동작을 제어할 수 있다. rostopic list 명령을 사용해 모든 토픽을 볼 수 있다. 예를 들어 UAV의 자세에 관심이 있다면 /mavros/imu/data 토픽을 볼 수 있다. 여기서 mavros는 ROS와 PX4 소프트웨어 간의 통신을 설정하는 프로토콜이다. 다음 절에서는 이 통신 브리지를 설명한다.

⊹ PC/자동조종 장치 통신

비행 플랫폼(시뮬레이션 또는 실제)에게 정보를 보내고 받고자 다음 두 가지 모드를 사용할 수 있다.

- **지상국**Ground station: 자동조종 장치에 연결해 이착륙과 같은 명령을 보내거나 경유지 탐색 정보를 중계할 수 있는 고급 소프트웨어다.

- **API**: API를 프로그래밍해 드론의 동작을 관리할 수 있다.

두 경우 모두 통신은 MAVLink 프로토콜에 의해 관리된다. MAVLinkMicro Air Vehicle Link는 소형 무인 항공기와 통신하기 위한 프로토콜로 헤더 전용 메시지 마샬링 라이브러리header-only message-marshaling library로 설계됐다. 주로 지상국GCS, Ground Control Station과 무인 기체 간의 통신 및 기체 서브시스템의 상호통신에 사용한다. 패킷 데이터그램의 예는 다음 그림 8.6과 같다.

메시지는 263바이트를 넘지 않는다. 발신자sender는 항상 system ID 및 component ID 필드를 채우므로 수신자receiver는 패킷이 어디에서 왔는지 알 수 있다. system ID는 각 기체 또는 지상국의 고유 ID다. 지상국은 일반적으로 255와 같은 높은 system ID를 사용하지만 기체는 기본적으로 1을 사용한다. 지상국 또는 비행 컨트롤러의 component ID는 일반적으로 1이다. message ID 필드는 common.xml 및 ardupilot. xml 내의 message name 필드 옆에서 볼 수 있다. 예를 들어 HEARTBEAT message ID는 0이다. 마지막으로 메시지의 데이터 부분에는 전송되는 개별 필드 값이 포함된다. 현재 MAVLink 프로토콜의 최신 버전은 2.0이며 1.0 버전과 호환된다. 이것은 장치가 MAVLink2 메시지를 인식한다면 MAVLink1 메시지를 역시 인식한다는 것을 의미한다. 전송 프로토콜의 경우 MAVLink는 직렬 통신을 기반으로 한다. 따라서 사용자 데이터그램 프로토콜UDP, User Datagram Protocol 기반의 기존 직렬 통신을 구현해 보드의 메시지를 읽을 수 있다.

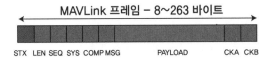

MAVLink 프레임 - 8~263 바이트

STX LEN SEQ SYS COMP MSG   PAYLOAD   CKA CKB

바이트 인덱스	의미	값	설명
0	패킷 시작 표기	v1.0: 0xFE (v0.9: 0x55)	새 패킷의 시작을 나타낸다.
1	페이로드 길이	0 ~ 255	다음 페이로드의 길이를 나타낸다.
2	패킷 시퀀스	0 ~ 255	각 구성 요소는 전송 순서를 계산해 패킷 손실을 감지할 수 있다.
3	시스템 ID	1 ~ 255	SENDING 시스템의 ID로, 동일한 네트워크에서 서로 다른 MAV를 구별할 수 있다
4	컴포넌트 ID	0 ~ 255	SENDING 구성 요소의 ID로, 동일한 시스템의 다른 구성 요소를 구별할 수 있다(예, IMU 및 자동 조종 장치).
5	메시지 ID	0 ~ 255	메시지의 ID - Id는 페이로드 "의미"와 올바르게 디코딩되는 방법을 정의한다.
6 ~ (n+6)	데이터	(0 ~ 255) 바이트	메시지 데이터는 메시지 ID에 따라 다르다
(n+7) ~ (n+8)	체크섬 (낮은 바이트, 높은 바이트 순)	ITU X.25/SAE AS-4 해시(패킷 시작 기호 제외), 따라서 바이트 1..(n+6) 참고: 체크섬에는 MAVLINK_CRC_EXTRA도 포함된다(메시지 필드에서 계산된 개수. 동일한 패킷의 다른 버전 디코딩으로부터 패킷을 다른 변수를 사용해 보호한다).

그림 8.6 MAVLink 프로토콜

요약하자면 MAVLink는 UAV에서 데이터를 가져와 명령을 보내기 위한 표준 통신 프로토콜을 제공한다. 다른 많은 제어 스택과 마찬가지로 PX4는 GCS 또는 온보드 PC와의 인터페이스를 위해 MAVLink 통신 프레임워크를 사용한다. UAV가 생성하는 MAVLink 메시지의 예는 다음과 같다.

- **Global position:** UAV의 고정 GPS 출력

- **Local position:** 글로벌 위치 및 기타 로컬 센서를 바탕으로 생성된 UAV의 직교 좌표계 위치

- **Attitude:** UAV의 자세[attitude]에 대한 정보

UAV에서 사용할 수 있는 명령은 다음과 같다.

- **Take off:** 지정된 글로벌 위치 및 특정 고도^{altitude}에서 이륙한다.

- **Setpoint:** 도달할 위치. 이 위치는 다양한 방식으로 지정할 수 있다. 즉, 로컬, 글로벌, 위치, 속도 설정 값을 사용한다.

- **Flight mode:** 원하는 비행 모드. 비행 모드는 드론이 사용자 입력에 반응하고 기체 움직임을 제어하는 방식을 결정한다.

다른 모드에는 위치 제어, 자세 제어, **OFFBOARD** 모드가 포함될 수 있다. **OFFBOARD** 모드를 사용할 때 기체는 **MAVLink**를 바탕으로 제공된 위치, 속도 또는 자세 설정 값을 따른다. 이런 맥락에서 설정 값은 컴패니언 컴퓨터(보통 직렬 케이블 또는 와이파이로 연결됨)에 의해 제공될 수 있다. 일반적으로 처음부터 **MAVLink** 프로토콜을 구현할 필요가 없다. **mavros**라는 ROS로 만든 이 라이브러리의 래퍼를 사용할 수 있기 때문이다.

mavros ROS 패키지

MAVLink 라이브러리를 사용해 처음부터 **MAVLink** 프로토콜을 개발할 필요는 없다. 대신 **mavros**라는 ROS 래퍼를 사용할 수 있다. 이 패키지는 **MAVLink** 통신 프로토콜을 기반으로 하는 다양한 자동조종 장치용 통신 드라이버를 제공한다. 또한 기지국이나 컴패니언 PC를 위한 UDP **MAVLink** 브리지를 제공한다. **mavros**는 확장할 수 있는 패키지다. 메인 노드는 플러그인으로 확장할 수 있다. **mavros**를 설치하려면 다음 명령을 사용한다.

```
sudo apt-get install ros-noetic-mavros ros-noetic-mavros-msgs ros-noetic-
mavros-extras
```

보시다시피 mavros에서 몇 가지 추가 패키지도 설치했다. 이 패키지는 mavros에 포함되지 않은 추가 노드 및 플러그인을 제공한다. 런치 및 구성 파일로 이 패키지를 실행할 수 있다. PX4 제어 스택에 대한 mavros를 구성해보자. 다음과 같이 mavros가 실행되는 방식을 구성하는 다양한 파라미터가 있다.

- **fcu_url:** 시리얼 통신의 주소 포인트를 정의한다. 이것은 로컬 네트워크 연결 또는 직렬 통신 장치의 주소로 정의할 수 있다. 예를 들어 USB로 PC에 연결된 실제 보드의 경우 **/dev/ttyACM0:57600**과 같다. 이 컨텍스트에서 물리적 장치 주소는 **/dev/ttyACM0**이고 통신 UDP 포트는 **57600**이다.

- **pluginlists_yaml:** mavros로 시작할 플러그인 목록을 정의하는 yaml 설정 파일이다. 각 플러그인은 특정 토픽 또는 서비스를 발행하고 구독한다.

- **config_yaml:** mavros 노드에서 시작되는 각 플러그인의 설정. 이런 파일의 일부는 apt 패키지 매니저로 시스템에 설치된다.

이제 시뮬레이션된 UAV의 동작을 제어하기 위한 첫 번째 ROS 패키지를 만들 준비가 됐다.

ROS-PX4 애플리케이션 작성

ROS를 사용해 시뮬레이션된 UAV에서 데이터를 보내고 받는 데 필요한 모든 소스 및 시작 파일을 저장할 새 패키지를 만들어보자. ROS 작업 공간으로 이동해 다음 명령을 사용한다.

```
catkin_create_project px4_ros_ctrl roscpp mavros_msgs geometry_msgs
```

보시다시피 이 패키지는 mavros_msgs에 의존한다. 이것은 UAV에서 데이터를 검색하는 데 사용한다. 여기서는 기체를 제어하는 ROS 노드에 대해 설명한다. 전체 코드는 책 소스코드에서 찾을 수 있으며 src/px4_ctrl_example.cpp 파일에 들어있다.

목표를 달성하려면 다음 작업을 수행해야 한다.

1. **쿼드로터 아밍**^{armming}: 기체를 아밍시키면 모터가 회전하기 시작한다. 이것은 ROS 서비스를 바탕으로 mavros로 수행할 수 있다. /mavros/cmd/arming 서비스를 사용할 수 있다.

2. **OFFBOARD 모드로 전환**: 그 후에 모터가 회전하기 시작하고 UAV에 입력을 보낼 수 있다. 외부 명령을 수락하려면 **OFFBOARD** 모드를 활성화해야 한다. 이 경우에도 ROS 서비스(/mavros/set_mode)를 사용할 수 있다.

3. **원하는 위치를 전송**: /mavros/setpoint_position/local 토픽으로 발행하기만 하면 UAV가 새로운 위치에 도달하게 요청할 수 있다.

4. **착륙**^{land}: /mavros/cmd/land를 사용해 UAV를 착륙시킬 수 있다.

코드를 살펴보자. 헤더 파일을 포함하는 것으로 시작한다. ROS 헤더 파일과 함께 mavros 메시지를 사용하기 위한 헤더 파일을 포함한다.

```
#include "ros/ros.h"
#include "geometry_msgs/PoseStamped.h"
```

State 메시지를 사용해 자동조종 상태 정보를 얻고 CommandBool 및 CommandTOL 메시지를 사용해 로봇의 작업을 요청하고, SetMode 명령을 사용해 UAV의 작동 모드(예를 들어 외부 제어, 위치 제어 모드 등)를 변경한다.

```
#include "mavros_msgs/State.h"
```

```
#include "mavros_msgs/CommandBool.h"
#include "mavros_msgs/SetMode.h"
#include "mavros_msgs/CommandTOL.h"
```

그런 다음 자동조종 장치에서 제공하는 UAV의 상태 정보를 저장하는 데 사용되는 mavros_msgs::State 데이터를 선언한다. 자동조종 장치가 제대로 연결되고 아밍된 경우 이 메시지에는 다른 정보가 포함될 수 있다. 그로 인해 기체에 전원이 완전히 공급되고 모터가 회전할 수 있다.

```
mavros_msgs::State mav_state;
```

마지막으로 이 메시지에 대한 콜백을 선언한다.

```
void mavros_state_cb( mavros_msgs::State mstate) {
  mav_state = mstate;
}
int main(int argc, char** argv ) {
  ros::init(argc, argv, "px4_ctrl_example");
  ros::NodeHandle nh;
```

CommandBool 메시지 타입을 허용하는 ROS 서비스를 사용할 것이다. 서비스 이름은 /mavros/cmd/arming이다. 마찬가지로 /mavros/set_mode 및 /mavros/cmd/land 서비스를 사용해 동작 모드를 변경하고 UAV가 착륙하도록 요청할 수 있다.

```
  ros::ServiceClient arming_client = nh.serviceClient<mavros_msgs::
CommandBool>("mavros/cmd/arming");
  ros::ServiceClient set_mode_client = nh.serviceClient<mavros_msgs::
SetMode>("mavros/set_mode");
```

```
   ros::ServiceClient land_client = nh.serviceClient<mavros_msgs::
CommandTOL>("/mavros/cmd/land");
```

그런 다음 상태 메시지를 구독하고 **/mavros/state** 및 **/mavros/setpoint_position/
local** 토픽을 사용해 위치 명령을 발행한다.

```
   ros::Subscriber mavros_state_sub = nh.subscribe( "/ mavros/state", 1,
mavros_state_cb);
   ros::Publisher local_pos_pub = nh.advertise<geometry_msgs::PoseStamped>
("mavros/setpoint_ position/local", 1);
```

드론의 동작 모드를 변경할 준비가 됐다. 외부 컴퓨터에서 제어 데이터를 전송하려
면 OFFBOARD 모드를 선택해야 한다. 이런 이유로 SetMode 메시지의 custom_mode
필드를 사용해 "OFFBOARD" 문자열로 채운다. 그런 후 다음과 같이 클라이언트를
호출한다.

```
   mavros_msgs::SetMode offb_set_mode;
   offb_set_mode.request.custom_mode = "OFFBOARD";
   if( set_mode_client.call(offb_set_mode) && offb_set_mode.response.mode_sent){
      ROS_INFO("Manual mode enabled");
   }
```

이제 시스템을 아밍할 준비가 됐다. 이 경우 CommandBool 메시지의 값 필드를 true
로 설정한다(아밍을 해제하려면 값을 false로 설정).

```
   mavros_msgs::CommandBool arm_cmd;
   arm_cmd.request.value = true;
   if( arming_client.call(arm_cmd) && arm_cmd.response.success){
```

```
    ROS_INFO("Ready to be armed");
}
```

계속하기 전에 시스템이 준비될 때까지 기다린다.

```
while(!mav_state.armed ) {
  usleep(0.1*1e6);
  ros::spinOnce();
}
ROS_INFO("Vehicle armed");
```

geometry_msgs::PoseStamped를 사용해 도달하기 원하는 위치를 설정한다.

```
geometry_msgs::PoseStamped pose;
pose.pose.position.x = 1;
pose.pose.position.y = 0;
pose.pose.position.z = 2;
```

이 프로그램의 메인 루프에서 원하는 지점을 보낸 다음 UAV가 그 지점에 도달할 때까지 20초 동안 기다린다. 자동조종 장치를 사용하려면 **OFFBOARD** 모드에서 원하는 제어 입력이 지속적으로 스트리밍돼야 한다. 그렇지 않으면 자동조종 장치에 구현된 감시 장치가 RTL$^{Return-To-Land}$ 안전 제어 모드를 활성화한다.

```
ros::Rate r(10);
float t = 0.0;
while( ros::ok() && (t < 20.0) ) {
  local_pos_pub.publish(pose);
  t += (1.0/10.0);
  r.sleep();
```

```
    ros::spinOnce();
  }
```

마지막으로 land 서비스를 사용해 UAV를 지상으로 다시 가져온다.

```
    mavros_msgs::CommandTOL land_srv;
    land_client.call( land_srv );
    return 0;
  }
```

이제 노드를 실행할 준비가 됐다. 먼저 가제보 시뮬레이션과 **mavros** 노드를 실행해야 컨트롤러 노드를 시작할 수 있다.

시뮬레이터를 실행하려면 **px4_ros_ctrl** 패키지에 포함된 px4_ros.launch 파일을 사용하면 된다. 이 파일의 일부는 앞으로 다룰 것이다. 시뮬레이션 씬에서 로봇의 위치와 같은 일부 파라미터의 초기화로 시작한다.

```
  <launch>
    <arg name="x" default="0"/>
    <arg name="y" default="0"/>
    <arg name="z" default="0"/>
    <arg name="R" default="0"/>
    <arg name="P" default="0"/>
    <arg name="Y" default="0"/>
```

다른 파라미터는 PX4 제어 스택과 밀접하게 관련돼 있다. 특히 자동조종 장치와 드론 모델이 사용하는 자세 및 자세 추정 알고리듬을 명시해야 한다. 기본적으로 **확장 칼만 필터**[ekf, extended Kalman filter]가 선택되고 **vehicle**은 로봇 모델을 나타낸다. PX4에는 여러 모델의 멀티로터가 포함돼 있으며 PX4-Autopilot/Tools/sitl_gazebo/models/ 디렉터리에 .sdf 파일 형식으로 저장돼 있다.

```
<arg name="est" default="ekf2"/>
  <arg name="vehicle" default="iris"/>
  <arg name="sdf" default="$(find px4)/Tools/sitl_gazebo/models/$(arg
vehicle)/$(arg vehicle).sdf"/>
```

ROS 인수로 선언된 드론(vehicle) 및 추정기[estimator]는 다음과 같이 변수 환경을 설정하는 데에도 사용한다.

```
<env name="PX4_SIM_MODEL" value="$(arg vehicle)" />
  <env name="PX4_ESTIMATOR" value="$(arg est)" />
```

그런 다음 가제보 ROS 파라미터를 설정한다.

```
<arg name="gui" default="true"/>
  <arg name="debug" default="false"/>
  <arg name="verbose" default="false"/>
  <arg name="paused" default="false"/>
  <arg name="respawn_gazebo" default="false"/>
```

대화식[interactive] 모드에서 노드를 시작할지 여부를 선택할 수 있다. 전자의 경우 대화식 시트를 사용해 이륙/착륙 명령이나 자동조종 장치를 재부팅하는 명령을 보낼 수 있다.

```
<arg name="interactive" default="true"/>
  <arg unless="$(arg interactive)" name="px4_command_arg1" value="-d"/>
  <arg   if="$(arg interactive)" name="px4_command_arg1" value=""/>
```

마지막으로 px4 패키지의 SITL 노드를 시작할 준비가 됐다. 이 노드는 상태 추정, 모션 동작(예를 들어 이륙 또는 웨이포인트 탐색) 및 모든 안전 계층과 같은 PX4 제어 스택의 실제 기능을 시뮬레이션하는 역할을 한다. 이 노드를 시작하지 않으면 멀티로터만 시뮬레이션한다.

```
<node name="sitl" pkg="px4" type="px4" output="screen" args="$(find px4)/
build/px4_sitl_default/etc -s etc/init.d -posix/rcS $(arg px4_command_arg1)"
required="true"/>
```

그런 다음 시뮬레이션 씬에서 모델이 생성된다.

```
<node name="$(anon vehicle_spawn)" pkg="gazebo_ros" type="spawn_model"
output="screen" args="-sdf -file $(arg sdf) -model $(arg vehicle) -x $(arg x) -y
$(arg y) -z $(arg z) -R $(arg R) -P $(arg P) -Y $(arg Y)"/>
```

마지막으로 비행 플랫폼과 데이터 통신을 위해 **mavros**를 시작해야 한다. **mavros**는 런치 및 구성 파일과 함께 실행된다. 이런 이유로 동일한 ROS 패키지에 px4.launch 파일을 포함시켰다. 이 파일의 내용은 나중에 설명한다. 비행 제어 장치[flight control unit]의 주소인 `fcu_url` 요소를 정의하는 것이 중요하다. 이 경우 시뮬레이션이 실행 중인 컴퓨터의 IP와 포트를 참조한다.

```
<arg name="fcu_url" default="udp://:14540@localhost:14557"/>
<arg name="respawn_mavros" default="false"/>

  <include file="$(find px4_ros_ctrl)/launch/px4.launch">
    <arg name="fcu_url" value="$(arg fcu_url)"/>
  </include>
```

px4.launch 파일의 내용은 다음과 같다. 여기에서는 두 개의 YAML 구성 파일을 포함해 mavros 노드를 실행한다.

- pluginlists_yaml 구성 파일은 화이트리스트와 블랙리스트의 정의를 바탕으로 로드해야 하는 mavros 플러그인을 지정한다.

- config_yaml 구성 파일을 사용해 로드된 플러그인을 구성할 수 있다.

이 예에서는 기본 구성 파일을 사용한다.

```
<include file="$(find mavros)/launch/node.launch">
  <arg name="pluginlists_yaml" value="$(find mavros)/launch/px4_pluginlists.
yaml" />
  <arg name="config_yaml" value="$(find mavros)/launch/px4_config.yaml" />
</include>
```

런치 파일의 내용을 확인한 후 다음 명령으로 px4 제어 노드를 실행할 수 있다.

```
roslaunch px4_ros_ctrl px4_ros.launch
rosrun px4_ros_ctrl px4_ctrl_example
```

일반적으로 드론은 특정 속도 또는 가속도 제약 조건에서 드론을 정밀하게 조종하는 연속적인 위치 스트림으로 명령을 받다. 이것이 궤적 계획trajectory planning의 원칙이다. 다음 절에서는 드론 자동조종 장치에 궤적을 보내는 방법을 설명한다.

궤적 스트리머 작성

이전 예에서 도달할 지점을 발행했으며 UAV는 최대 가속도와 속도를 사용해 도달하려고 했다. 그러나 드론 동작의 속도 프로파일을 더 잘 제어하려면 궤적을 스트리밍할 수 있다. 이 경우 간단한 geometry_msgs::PoseStamped 메시지 대신 mavros_ msgs::PositionTarget 메시지를 사용해야 한다. PositionTarget을 사용해 UAV 의 위치와 속도를 모두 지정할 수 있다. 이 메시지의 정의는 다음과 같다.

첫 번째 필드는 헤더다.

```
std_msgs/Header header
```

이제 좌표 프레임을 선택할 수 있다. 좌표 프레임은 메시지 정의에서 이미 제공한 상수로 정의된다. 이 장의 다음 절에서 참조 프레임을 설명한다. FRAME_LOCAL_NED 및 FRAME_ BODY_NED만 지원된다.

```
uint8 coordinate_frame
uint8 FRAME_LOCAL_NED = 1
uint8 FRAME_LOCAL_OFFSET_NED = 7
uint8 FRAME_BODY_NED = 8
uint8 FRAME_BODY_OFFSET_NED = 9
```

이제 제어 메시지의 몇 가지 요소를 정의하는 데 도움이 되는 비트 마스크를 설정할 수 있다. 예를 들어 UAV의 속도 또는 위치만 스트리밍하기로 결정할 수 있다. z축을 중심으로 한 회전을 무시하도록 설정할 수도 있다.

```
uint16 type_mask
uint16 IGNORE_PX = 1
uint16 IGNORE_PY = 2
uint16 IGNORE_PZ = 4
uint16 IGNORE_VX = 8
uint16 IGNORE_VY = 16
uint16 IGNORE_VZ = 32
uint16 IGNORE_AFX = 64
uint16 IGNORE_AFY = 128
```

```
uint16 IGNORE_AFZ = 256
uint16 FORCE = 512
uint16 IGNORE_YAW = 1024
uint16 IGNORE_YAW_RATE = 2048
```

마지막으로 UAV 요^{yaw}의 위치와 속도는 물론 세 개의 직교 좌표 축에 대한 위치, 속도, 가속도를 설정할 수 있다.

```
geometry_msgs/Point position
geometry_msgs/Vector3 velocity
geometry_msgs/Vector3 acceleration_or_force
float32 yaw
float32 yaw_rate
```

예를 들어 속도와 가속도 데이터를 무시하고 위치만 스트리밍하려면 ROS 노드에 다음 코드를 포함해야 한다.

```
mavros_msgs::PositionTarget ptarget;
    ptarget.coordinate_frame = mavros_msgs::PositionTarget::FRAME_LOCAL_NED;
    ptarget.type_mask =
      mavros_msgs::PositionTarget::IGNORE_VX |
      mavros_msgs::PositionTarget::IGNORE_VY |
      mavros_msgs::PositionTarget::IGNORE_VZ |
      mavros_msgs::PositionTarget::IGNORE_AFX |
      mavros_msgs::PositionTarget::IGNORE_AFY |
      mavros_msgs::PositionTarget::IGNORE_AFZ |
      mavros_msgs::PositionTarget::FORCE |
      mavros_msgs::PositionTarget::IGNORE_YAW_RATE;
```

이 소스코드는 로컬 NED를 좌표 프레임으로 사용했다. 좌표 프레임은 월드 또는 시뮬레이션 환경에서 점(또는 객체)을 찾는 방법을 지정한다. 이런 이유로 좌표 프레임을 이해하는 것은 UAV의 위치 파악과 올바른 동작 명령을 보내는 데 모두 중요하다. PX4 자동조종 장치에는 내부적으로 NED(North, East, Down) 프레임이라는 하나의 참조 프레임만 있다. 이는 로봇의 x가 진행 방향을 따라 양수이고, y는 오른쪽 방향이며, z는 아래쪽 방향임을 의미한다. 한편 글로벌 포지셔닝을 위해 ROS와 가제보가 사용하는 기본 참조 프레임은 ENU(right, ahead, upward)다. 이런 이유로 **mavros** 패키지를 사용할 때 자동조종 장치로 전송되는 모든 것은 ENU 프레임에 있어야 한다. 따라서 **mavros**가 수신한 모든 것은 ENU 프레임에도 포함된다. 이 정보는 예를 들어 SLAM 알고리듬을 사용해 UAV의 위치를 외부적으로 추정하려는 경우에 특히 중요하다. 이전 메시지에서 본문 프레임에서도 명령을 지정할 수 있다(FRAME_BODY_NED 상수 사용). 이 경우 목표 위치는 UAV의 회전을 기준으로 해석된다.

PX4에 대한 외부 위치 추정

UAV는 비행 중 안정화stabilization를 위해 고정 좌표계(월드 프레임)에서의 위치를 알아야 한다. IMU와 같은 관성 센서는 이 작업을 수행하기에 충분히 정확하지 않다. 이런 이유로 GPS, LiDAR 또는 카메라와 같은 외부 센서가 사용한다. UAV의 일반적인 제어 루프는 다음 그림에 나와 있다.

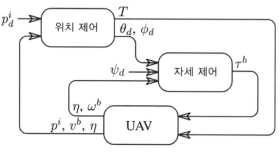

그림 8.7 PX4 제어 루프

위치 제어 루프position control loop(외부 루프)에서는 UAV의 현재 위치가 필요하다. 가능한 경우 이 정보는 GPS를 바탕으로 직접 파악한다. 그러나 경우에 따라(예를 들어 실내 공간에서

비행하는 경우) GPS를 사용할 수 없다. 이런 경우 드론의 위치는 안정화 및 위치 제어를 허용하도록 추정돼야 한다. 외부 센서를 사용해 UAV의 자세를 추정할 수 있다. 특히 Optitrack 및 Vicon 시스템은 이 분야에서 매우 인기가 있다. 이런 시스템은 고성능 광학 추적(모션 캡처 소프트웨어 및 고속 추적 카메라 포함)을 제공한다. 요컨대 이런 시스템은 매우 정밀하고 초고속 GPS 역할을 한다. 또한 UAV는 표준 카메라, 깊이 카메라 또는 LiDAR와 같은 온보드 센서를 사용해 자세를 추정할 수 있어야 한다. 이런 맥락에서 SLAM 알고리듬이 이런 목적에 적합하다. 최근 몇 년 동안 FPGA 장치를 사용해 위치를 재구성해 계산 프로세스의 속도를 높일 수 있는 많은 센서가 시장에 배포됐다. 인텔 RealSense t265 추적 카메라가 그런 경우다.

이 카메라에 대한 정보는 https://www.intelrealsense.com/tracking-camera-t265을 참고하자.

PX4 제어 스택은 컴패니언 PC에서 추정된 위치를 수락하도록 구성할 수 있다. 이것은 PX4 파라미터와 mavros 플러그인을 사용해 구성할 수 있다. 외부 위치 추정 활성화를 위해 vision_pose_estimate 플러그인을 사용해 다음 파라미터를 구성할 수 있다. QGroundControl을 열고 다음 파라미터를 설정한다.

- **EKF2_AID_MASK:** 여기에서 외부 추정 소스 목록을 선택할 수 있다. 외부 포즈를 사용하려면 vision_position_fusion 및 vision_yaw_fusion을 선택한다.

- **EKF2_HGT_MODE:** UAV의 높이를 추정하려면 비전 소스를 선택해야 한다.

이제 ENU 참조 프레임에서 geometry_msgs::PoseStamped 메시지 타입을 사용하는 /mavros/vision_pose/ 토픽으로 원하는 위치를 스트리밍할 수 있다. 시스템은 스트리밍된 데이터만 확인하고 참조 프레임에 보고된 데이터는 확인하지 않는다는 점에 유의하자.

PX4 스택을 사용해 UAV를 시뮬레이션하려면 여러 요소가 필요하다. 이 장의 첫 부분에서 자동조종 장치 코드와 가제보 간의 연결에 집중했다. 이제 문제는 가제보가 UAV의 센서와 동역학을 얼마나 효과적으로 시뮬레이션할 수 있느냐는 것이다. 이 질문은 RotorS에서 구현한 Gazebo 플러그인 덕분에 해결됐다. 다음 절에서 이 모든 것을 다룬다.

⁑ RotorS 시뮬레이션 프레임워크 사용

앞 절에서 가제보 ROS를 사용해 비행 컨트롤러 유닛 코드를 시뮬레이션하는 방법을 살펴봤다. 그러나 경우에 따라 기본 센서(예를 들어 IMU, GPS 등) 및 프로펠러를 활용한 UAV 역학만 시뮬레이션하는 데 관심이 있을 수 있다. 이것이 RotorS 시뮬레이터의 목표다. 이 시뮬레이터는 다양한 타입의 UAV 시뮬레이션을 위해 ROS 패키지 형태의 구성 파일 및 모델을 제공한다. 표준 모델 외에도 RotorS를 사용하면 개발자가 처음부터 새로운 멀티로터 시스템을 구성할 수 있다. 간단히 말해 이 ROS 패키지는 멀티로터에 장착할 수 있는 Gazebo 플러그인 형태로 센서와 메커니즘을 모두 구현한다. 이 절에서는 ROS에 RotorS를 설치한다. 이후에는 4개의 로터를 포함하는 새로운 밀티로터 모델을 생성할 것이다.

RotorS 설치

시스템에 RotorS를 설치한다. 이 단계를 수행하려면 다음 의존성 패키지를 설치해야 한다.

```
sudo apt-get install ros-noetic-joy ros-noetic-octomap-ros ros-noetic-mavlink
protobuf-compiler libgoogle-glog-dev ros-noetic-control-toolbox
```

이제 ROS 작업 공간에서 RotorS 저장소를 복제한다.

```
roscd && cd ../src
git clone https://github.com/ethz-asl/rotors_simulator.git
```

그런 다음 작업 공간에서 catkin_make 명령으로 패키지를 컴파일한다.

오류가 발생하지 않고 컴파일이 끝나면 RotorS에서 제공하는 모델 중 하나를 사용해 시뮬레이터를 시작할 준비가 된 것이다. 이 패키지는 UAV 컨트롤러를 구현해 시뮬레이션된 월드에서 드론의 위치를 이동시킨다. 예를 들어 헥사콥터 모델을 시뮬레이션하려면 다음 명령을 사용할 수 있다.

```
roslaunch rotors_gazebo mav_hovering_example.launch mav_name:=firefly world_
name:=basic
```

mav_hovering_exmaple.launch 파일은 다음 코드에서 설명한다. 먼저 mav_name을 사용해 UAV 타입을 정의한다. 이 경우에는 firefly라는 이름을 선택했다.

```
<launch>
  <arg name="mav_name" default="firefly"/>
```

그런 다음 환경 변수를 설정해 시뮬레이션을 시작하는 데 사용되는 구성 파일을 가제보에 추가한다. 특히 GAZEBO_MODEL_PATH에는 가제보가 모델을 검색할 디렉터리 목록이 포함돼 있고 GAZEBO_RESOURCE_PATH에는 월드 및 미디어 파일과 같은 다른 리소스에 대한 디렉터리 목록이 포함돼 있다.

```
  <env name="GAZEBO_MODEL_PATH" value="${GAZEBO_MODEL_PATH}:$(find rotors_
gazebo)/models"/>
  <env name="GAZEBO_RESOURCE_PATH" value="${GAZEBO_RESOURCE_PATH}:$(find
rotors_gazebo)/models"/>
```

그런 다음 가제보를 시작할 수 있다.

```
<include file="$(find gazebo_ros)/launch/empty_world.launch">
  <arg name="world_name" value="$(find rotors_gazebo)/worlds/$(arg
world_name).world" />
  <arg name="debug" value="$(arg debug)" />
  <arg name="paused" value="$(arg paused)" />
  <arg name="gui" value="$(arg gui)" />
  <arg name="verbose" value="$(arg verbose)"/>
</include>
```

UAV 타입에 따라 런치 파일이 포함된다. 다음은 가제보 시뮬레이터에서 모델을 생성하는 것이다.

```
<group ns="$(arg mav_name)">
  <include file="$(find rotors_gazebo)/launch/spawn_mav.launch">
    <arg name="mav_name" value="$(arg mav_name)" />
    <arg name="model" value="$(find rotors_description)/urdf/mav_generic_
odometry_sensor.gazebo" />
    <arg name="enable_logging" value="$(arg enable_logging)" />
    <arg name="enable_ground_truth" value="$(arg enable_ground_truth)" />
    <arg name="log_file" value="$(arg log_file)"/>
  </include>
```

이제 드론을 제어할 준비가 됐다. 다음 단계는 UAV의 각 프로펠러에 대한 속도를 생성하는 컨트롤러 노드를 실행하는 것이다. 다시 말하지만 이것은 RotorS 패키지 세트인 lee_position_controller_node에서 제공되는 노드다.

```
<node name="lee_position_controller_node" pkg="rotors_control" type="lee_
position_controller_node" output="screen">
  <rosparam command="load" file="$(find rotors_gazebo)/resource/lee_
```

```
controller_$(arg mav_name).yaml" />
    <rosparam command="load" file="$(find rotors_gazebo)/ resource/$(arg
mav_name).yaml" />
    <remap from="odometry" to="odometry_sensor1/odometry" />
  </node>
```

마지막으로 hovering_example 노드를 사용해 드론을 제어한다. 이 노드의 목표는
geometry_msgs::Pose 데이터를 사용해 설정점^{setpoint}을 발행하는 것이다.

```
  <node name="hovering_example" pkg="rotors_gazebo" type="hovering_example"
  output="screen"/>
```

hovering_example 노드는 시뮬레이션된 환경에서 드론 구동을 위해 노드로 전환할
수 있다. 요약하면 ROS로 UAV의 시뮬레이션과 제어를 위해 RotorS에 의존하는
것이 PX4 SITL 및 ROS를 사용하는 것보다 쉽다. RotorS를 사용하면 기체에 직접
명령을 보낼 수 있다. 그러나 자율 탐색 루틴을 먼저 구현해야 한다. 계속해서 새로
운 멀티로터 모델을 정의하는 방법을 살펴보기 전에 RotorS의 요소를 알아보고 패
키지의 내용을 살펴보자.

RotorS 패키지

RotorS 시뮬레이터는 다음 그림과 같이 여러 패키지로 나뉜다.

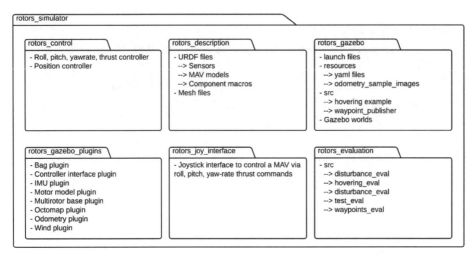

그림 8.8 RotorS 시뮬레이터의 패키지

RotorS의 주요 요소는 다음 목록에 자세히 설명돼 있다.

● **rotors_description:** rotors_description 패키지에는 xacro 파일과 시뮬레이션에 관련된 구성 요소(센서, UAV 프레임 등)의 3D 모델이 포함돼 있다.

● **rotors_control:** 이 패키지에는 원하는 위치 입력을 기반으로 프로펠러의 속도를 생성하는 UAV용 로우레벨 컨트롤러가 포함돼 있다.

● **rotors_gazebo_plugins:** 이 패키지에는 UAV 센서 및 프로펠러를 시뮬레이션하는 데 사용되는 Gazebo 플러그인이 포함돼 있다. 모든 모델에는 다음 플러그인이 포함된다.

  ● IMU plugin: 관성 센서를 시뮬레이션한다.

  ● Motor model plugin: UAV에 장착된 모터의 동역학을 시뮬레이션한다.

  ● Multirotor base plugin: 이 플러그인은 모터 속도를 기반으로 UAV의 기준 링크에 힘과 토크를 계산하고 적용한다.

  ● Odometry plugin: 이 플러그인은 UAV 위치 및 방향 스트리밍을 위해 주행

거리 센서를 시뮬레이션한다.

- **Rotors Gazebo-ROS interface:** 이 플러그인은 RotorS ROS 메시지와 가제보 시뮬레이션 씬 간의 통신 레이어를 나타낸다. 이 플러그인을 로드하지 못하면 ROS 토픽으로 드론에게 명령할 수 없다. 또한 이 플러그인의 인스턴스는 하나만 로드할 수 있다. 이런 이유로 가제보 월드 파일에서 이 플러그인을 로드하는 것이 편리하다.

- **rotors_gazebo:** 이 패키지에는 가제보 시뮬레이터에서 다양한 모델을 시작하기 위한 런치 파일이 포함돼 있다.

RotorS 패키지에 포함된 요소의 조합을 바탕으로 새 로봇을 만들거나 이미 구현된 로봇을 수정하거나 센서를 추가하거나 로봇의 동적 파라미터(예를 들어 로봇 질량 또는 관성)를 변경할 수 있다.

이 플러그인이 어떻게 작동하는지 이해하려면 **firefly** 로봇을 시작한 후 사용할 수 있는 ROS 토픽을 검사해보자.

```
roslaunch rotors_gazebo mav_hovering_example.launch mav_name:=firefly world_
name:=basic
rostopic list
```

ROS 네트워크에서 다음과 같은 주요 토픽이 활성화된다.

- **/firefly/command/motor_speed:** 이것은 시스템의 유일한 입력이며 UAV의 각 프로펠러 속도를 나타낸다. 메시지 타입은 **mav_msgs** 패키지(http://wiki.ros.org/mav_msgs)의 일부다. 이 토픽은 다음과 같이 정의된 **mav_msgs::Actuator** 메시지를 사용한다.

```
std_msgs/Header header
    uint32 seq
    time stamp
    string frame_id
float64[] angles
float64[] angular_velocities
float64[] normalized
```

이런 맥락에서 **angular_velocities**에 집중하자. 이것은 로봇의 모터 수에 따라 크기가 달라지는 벡터다. 이 경우 6개의 요소로 구성된 벡터가 있다.

- **/firefly/odometry_sensor1/odometry:** 이 항목은 odometry 플러그인에 의해 발행되며 UAV의 예상 위치, 방향, 속도를 나타낸다. 이 토픽은 nav_msgs/Odometry 메시지를 스트리밍한다.

- **/firefly/motor_speed/${num_motor}:** 이 토픽은 모터를 모델링하는 플러그인에 의해 발행된다. 디버깅에 사용할 수 있다.

- **/firefly/imu:** 이 토픽은 IMU 플러그인에 의해 발행되며 UAV의 자세를 나타낸다.

런치 파일의 변수에 설정된 네임스페이스이기 때문에 모든 토픽은 UAV의 이름으로 시작한다. 주요 구성 요소를 살펴봤으니 다음 절에서는 새로운 UAV 모델을 정의하는 방법을 알아보자.

새로운 UAV 모델 생성

RotorS 시뮬레이터에는 다양한 구성의 UAV 모델이 있다. 그러나 로봇 기반 프레임을 기준으로 원하는 수의 모터를 배치해 새 로봇 모델을 추가할 수 있다. RotorS 프레임워크에서 새 모델을 가져오려면 멀티로터의 모든 관절, 링크, 센서를 포함하는 xacro 파일을 정의해야 한다. `roters_description` 패키지에는 UAV 모델의 편리한 생성을 위해 다양한 매크로를 구현하기 위한 xacro 파일이 포함돼 있다. 특히 다음 xacro 파일이 로봇에 포함된다.

- multirotor_base.xacro 파일은 UAV의 주요 요소를 나타낸다. 로봇의 `base_link`를 설정한다.

- component_snippets.xacro 파일에는 여러 시뮬레이션 관련 구성 요소(센서, 모터 등)에 대한 매크로가 포함돼 있다.

이 파일을 참조해 새 모델을 만들자. IRIS 로봇의 모델을 만들 것이다. 첫 번째 단계는 이전에 나열된 xacro 파일이 있는 `roters_description` 패키지에 의존하는 새 ROS 패키지를 만드는 것이다.

```
catkin_create_pkg iris_model roscpp rotors_description mav_msgs
```

이제 urdf 디렉터리를 생성해야 한다. 이 디렉터리 안에 두 개의 xacro 파일(iris.xacro 및 iris_base.xacro)을 생성한다. 여기에서는 RotorS 패키지의 다른 리소스(예를 들어 CAD 모델, 추가 매크로 파일 및 기타)를 사용한다. 이런 이유로 새로운 패키지는 `roters_description` 패키지에 의존할 것이다.

iris_base.xacro 파일부터 시작한다. 우선 로봇 이름을 다음과 같이 정의한다.

```
<?xml version="1.0"?>
<robot name="iris" xmlns:xacro="http://ros.org/wiki/xacro">
```

그런 다음 두 개의 추가 xacro 파일을 포함한다. 하나는 중요한 매크로(component_snippets. xacro 파일)를 포함하고 다른 하나는 멀티로터의 메인 프레임(iris.xacro 파일이라고 함)을 포함한다.

```
    <xacro:include filename="$(find rotors_description)/urdf/component_
snippets.xacro" />
    <xacro:include filename="$(find iris_model)/urdf/iris.xacro" />
```

마지막으로 두 개의 센서를 포함한다. 이것은 component_snippets.xacro 파일에 정의된 `default_imu` 매크로와 주행 거리 센서를 사용한다.

```
    <xacro:default_imu namespace="${namespace}" parent_link="${namespace}/
base_link" />
```

주행 거리 플러그인은 다음을 포함한 파라미터로 구성해야 한다.

- 런치 파일에 지정되고 센서를 로봇의 기준 링크에 적절히 연결하는 데 필요한 로봇의 네임스페이스

```
    <xacro:odometry_plugin_macro
      namespace="${namespace}"
      odometry_sensor_suffix="1"
      parent_link="${namespace}/base_link"
```

- 데이터가 스트리밍되는 토픽(position, velocity)

```
    pose_topic="odometry_sensor1/pose"
    pose_with_covariance_topic="odometry_sensor1/pose_with_covariance"
    position_topic="odometry_sensor1/position"
    transform_topic="odometry_sensor1/transform"
    odometry_topic="odometry_sensor1/odometry"
    parent_frame_id="world"
    child_frame_id="${namespace}/odometry_sensor1"
```

- 노이즈 반영. 좀 더 현실적인 시뮬레이션을 위해 주행 거리 오차를 반영하는 데 사용한다.

```
mass_odometry_sensor="0.00001"
measurement_divisor="1"
measurement_delay="0"
unknown_delay="0.0"
noise_normal_position="0 0 0"
noise_normal_quaternion="0 0 0"
noise_normal_linear_velocity="0 0 0"
noise_normal_angular_velocity="0 0 0"
noise_uniform_position="0 0 0"
noise_uniform_quaternion="0 0 0"
noise_uniform_linear_velocity="0 0 0"
noise_uniform_angular_velocity="0 0 0"
enable_odometry_map="false"
odometry_map=""
image_scale="">
    <inertia ixx="0.00001" ixy="0.0" ixz="0.0"
iyy="0.00001" iyz="0.0" izz="0.00001" /> <!-- [kg m^2] [kg m^2] [kg m^2] [kg
m^2] [kg m^2] [kg m^2] -->
        <origin xyz="0.0 0.0 0.0" rpy="0.0 0.0 0.0" />
    </xacro:odometry_plugin_macro>
</robot>
```

이제 iris.xacro 파일을 정의할 수 있다. 이 파일은 로봇의 각 프로펠러와 다른 센서에 대한 정의를 포함하므로 매우 길 수 있다. 파일의 첫 번째 부분에는 일부 파라미터의 정의도 포함돼 있다. 시뮬레이션 뷰^{view}에서 프로펠러의 회전 속도를 늦추게 선택할 수 있으며 로봇 프레임으로 사용할 CAD 파일을 설정할 수 있다.

```
<?xml version="1.0"?>
<robot name="iris" xmlns:xacro="http://ros.org/wiki/xacro">
```

```
<!-- Properties -->
<xacro:property name="namespace" value="$(arg namespace)" />
<xacro:property name="rotor_velocity_slowdown_sim" value="10" />
<xacro:property name="use_mesh_file" value="true" />
<xacro:property name="mesh_file" value="package://rotors_description/
meshes/iris.dae" />
```

이제 질량, 관성, 팔 길이 등과 같은 일부 UAV 특정 파라미터를 정의해야 한다.
또한 모터 및 모멘트 상수와 같은 일부 상수를 고려해 로터의 동역학도 모델링된다.
이런 파라미터는 모터 모드에 따라 다르다.

```
<xacro:property name="mass" value="1.5" />
<xacro:property name="body_width" value="0.47" />
<xacro:property name="body_height" value="0.11" />
<xacro:property name="mass_rotor" value="0.005" />
<xacro:property name="arm_length_front_x" value="0.13" />
<xacro:property name="arm_length_back_x" value="0.13" />
<xacro:property name="arm_length_front_y" value="0.22" />
<xacro:property name="arm_length_back_y" value="0.2" />
<xacro:property name="rotor_offset_top" value="0.023" />
<xacro:property name="radius_rotor" value="0.1" />
<xacro:property name="motor_constant" value="8.54858e-06" />
<xacro:property name="moment_constant" value="0.016" />
<xacro:property name="time_constant_up" value="0.0125" />
<xacro:property name="time_constant_down" value="0.025" />
<xacro:property name="max_rot_velocity" value="838" />
<xacro:property name="rotor_drag_coefficient" value="8.06428e-05" />
<xacro:property name="rolling_moment_coefficient" value="0.000001" />
```

이제 일부 속성 블록을 정의해 본체 및 로터 관성을 지정할 수 있다.

```
<!-- Property Blocks -->
<xacro:property name="body_inertia">
    <inertia ixx="0.0347563" ixy="0.0" ixz="0.0" iyy="0.0458929" iyz="0.0"
izz="0.0977" /> <!-- [kg.m^2] [kg.m^2] [kg.m^2] [kg.m^2] [kg.m^2] [kg.m^2] -->
</xacro:property>
<xacro:property name="rotor_inertia">
    <xacro:box_inertia x="${radius_rotor}" y="0.015" z="0.003" mass="${mass_
rotor*rotor_velocity_slowdown_sim}" />
</xacro:property>
```

이제 멀티로터의 주요 부분을 인스턴스화하는 데 사용되는 또 다른 xacro 파일을
포함한다. 이 파일을 포함하면 플랫폼의 크기와 시뮬레이션 씬에서 사용되는 메시
파일에 따라 채워지는 mulitror_base_macro 매크로 블록에 접근할 수 있다.

```
<xacro:include filename="$(find rotors_description)/urdf/multirotor_
base.xacro" />
<!-- multirotor_base_macro 인스턴스 -->
<xacro:multirotor_base_macro
  robot_namespace="${namespace}"
  mass="${mass}"
  body_width="${body_width}"
  body_height="${body_height}"
  use_mesh_file="${use_mesh_file}"
  mesh_file="${mesh_file}"
  >
  <xacro:insert_block name="body_inertia" />
</xacro:multirotor_base_macro>
```

파일의 나머지 부분에서는 UAV의 모터를 인스턴스화한다. 쿼드로터를 모델링하고
있으므로 4개의 다른 모터를 포함할 것이다. 다음 파라미터를 사용해 각 로터의
파라미터를 자유롭게 구성할 수 있다.

- **Direction:** 이 파라미터는 프로펠러의 회전 방향을 나타낸다. cw: clockwise (시계 방향), ccw: counterclockwise(반시계 방향)로 설정할 수 있다.

- **Motor number:** 로터의 ID다. 모든 모터에는 고유한 ID가 있어야 한다.

- **Origin block:** 이 블록은 UAV의 중심을 기준으로 모터의 위치를 나타내기 때문에 UAV 모델을 올바르게 생성하기 위한 기본 블록이다.

회전 방향 또는 모터 및 모멘트 상수와 같은 파라미터 중 일부의 값은 개발하려는 컨트롤러에 따라 다르다. 다음 블록에서 모터 0을 인스턴스화한다. 이를 위해 multirotor_base.xacro 파일에 정의된 vertical_rotor 매크로를 사용한다.

```
<xacro:vertical_rotor
  robot_namespace="${namespace}"
  suffix="front_right"
  direction="ccw"
  motor_constant="${motor_constant}"
  moment_constant="${moment_constant}"
  parent="${namespace}/base_link"
  mass_rotor="${mass_rotor}"
  radius_rotor="${radius_rotor}"
  time_constant_up="${time_constant_up}"
  time_constant_down="${time_constant_down}"
  max_rot_velocity="${max_rot_velocity}"
  motor_number="0"
  rotor_drag_coefficient="${rotor_drag_coefficient}"
  rolling_moment_coefficient="${rolling_moment_coefficient}"
  color="Blue"
  use_own_mesh="false?mesh="">
  <origin xyz="${arm_length_front_x} -${arm_length_front_y} ${rotor_
offset_top}" rpy="0 0 0" />
  <xacro:insert_block name="rotor_inertia" />
</xacro:vertical_rotor>
```

그런 다음 시계 반대 방향으로 회전하는 모터 1을 추가한다.

```
<xacro:vertical_rotor
  robot_namespace="${namespace}"
  suffix="back_left"
  direction="ccw"
  motor_constant="${motor_constant}"
  moment_constant="${moment_constant}"
  parent="${namespace}/base_link"
  mass_rotor="${mass_rotor}"
  radius_rotor="${radius_rotor}"
  time_constant_up="${time_constant_up}"
  time_constant_down="${time_constant_down}"
  max_rot_velocity="${max_rot_velocity}"
  motor_number="1"
  rotor_drag_coefficient="${rotor_drag_coefficient}"
  rolling_moment_coefficient="${rolling_moment_coefficient}"
  color="Red"
  use_own_mesh="false"
  mesh="">
  <origin xyz="-${arm_length_back_x} ${arm_length_back_y} ${rotor_offset_
top}" rpy="0 0 0" />
  <xacro:insert_block name="rotor_inertia" />
</xacro:vertical_rotor>
```

그런 다음 시계 방향으로 회전하는 모터 2를 추가한다.

```
<xacro:vertical_rotor robot_namespace="${namespace}"
  suffix="front_left"
  direction="cw"
  motor_constant="${motor_constant}"
  moment_constant="${moment_constant}"
  parent="${namespace}/base_link"
```

```
        mass_rotor="${mass_rotor}"
        radius_rotor="${radius_rotor}"
        time_constant_up="${time_constant_up}"
        time_constant_down="${time_constant_down}"
        max_rot_velocity="${max_rot_velocity}"
        motor_number="2"
        rotor_drag_coefficient="${rotor_drag_coefficient}"
        rolling_moment_coefficient="${rolling_moment_ coefficient}"
        color="Blue"
        use_own_mesh="false"
        mesh="">
        <origin xyz="${arm_length_front_x} ${arm_length_front_y} ${rotor_
    offset_top}" rpy="0 0 0" />
        <xacro:insert_block name="rotor_inertia" />
    </xacro:vertical_rotor>
```

마지막으로 ID가 3이고 시계 방향으로 회전하는 마지막 모터를 추가한다.

```
    <xacro:vertical_rotor robot_namespace="${namespace}"
      suffix="back_right"
      direction="cw"
      motor_constant="${motor_constant}"
      moment_constant="${moment_constant}"
      parent="${namespace}/base_link"
      mass_rotor="${mass_rotor}"
      radius_rotor="${radius_rotor}"
      time_constant_up="${time_constant_up}"
      time_constant_down="${time_constant_down}"
      max_rot_velocity="${max_rot_velocity}"
      motor_number="3"
      rotor_drag_coefficient="${rotor_drag_coefficient}"
      rolling_moment_coefficient="${rolling_moment_coefficient}"
      color="Red"
```

```
    use_own_mesh="false"
    mesh="">
    <origin xyz="-${arm_length_back_x} -${arm_length_back_y} ${rotor_offset_
top}" rpy="0 0 0" />
    <xacro:insert_block name="rotor_inertia" />
  </xacro:vertical_rotor>
</robot>
```

이제 UAV 모델을 정의했다. 이 새로운 UAV로 시뮬레이션을 시작하려면 가제보 월드 파일과 런치 파일을 만들어야 한다. iris_model 패키지에 가제보 월드 파일을 정의하는 것으로 시작한다. iris_model 패키지에 world 디렉터리를 생성한 다음 empty.world 파일을 생성한다.

```
roscd iris_model
mkdir world && cd world
touch empty.world
```

이 파일의 내용은 다음과 같다. 평소처럼 다음과 같이 지면과 환경 조명을 정의하는 몇 가지 모델을 포함한다.

```
<?xml version="1.0" ?>
<sdf version="1.4">
  <world name="default">
    <include>
      <uri>model://ground_plane</uri>
    </include>
    <include>
      <uri>model://sun</uri>
    </include>
```

그런 다음 ROS 토픽을 사용해 로봇 모터를 제어하고 가제보 씬에서 센서 정보 검색을 위해 RotorS Gazebo-ROS 인터페이스 플러그인을 포함해야 한다.

```xml
<plugin name="ros_interface_plugin" filename="librotors_gazebo_ros_interface_plugin.so"/>
```

이미 언급했듯이 일반적으로 UAV는 GPS 위치 파악을 사용해 작동한다. 이런 이유로 평면 좌표(x, y, z)를 구면 좌표(latitude, longitude, altitude)로 변환하는 구면 좌표 참조 시스템을 추가하는 것이 편리할 수 있다. 다음과 같이 위도^{latitude} 및 경도^{longitude} 원점을 추가할 수도 있다.

```xml
<spherical_coordinates>
  <surface_model>EARTH_WGS84</surface_model>
  <latitude_deg>47.3667</latitude_deg>
  <longitude_deg>8.5500</longitude_deg>
  <elevation>500.0</elevation>
  <heading_deg>0</heading_deg>
</spherical_coordinates>
```

마지막으로 다음과 같이 동적 솔버를 포함한다.

```xml
<physics type='ode'>
  <ode>
    <solver>
      <type>quick</type>
      <iters>1000</iters>
      <sor>1.3</sor>
    </solver>
    <constraints>
      <cfm>0</cfm>
```

```
        <erp>0.2</erp>
        <contact_max_correcting_vel>100</contact_max_correcting_vel>
        <contact_surface_layer>0.001</contact_surface_ layer>
      </constraints>
    </ode>
    <max_step_size>0.01</max_step_size>
    <real_time_factor>1</real_time_factor>
    <real_time_update_rate>100</real_time_update_rate>
    <gravity>0 0 -9.8</gravity>
  </physics>
 </world>
</sdf>
```

시뮬레이션을 시작하기 전 마지막 단계는 이전에 생성된 월드를 시작하고 그 안에 IRIS 모델을 생성하기 위한 적절한 런치 파일을 작성하는 것이다. iris_model/launch 디렉터리에 런치 파일을 생성하자. 파일은 앞서 설명한 **mav_hovering_example** 프로그램과 매우 유사하지만 두 가지 차이점이 있다. 첫 번째는 로드할 월드 파일이다. 이는 다음과 같이 iris_model 디렉터리에 있는 world 파일을 로드하는 **world_name** 인수를 사용해 정의된다.

```
<arg name="world_name" value="$(find iris_model)/worlds/empty.world" />
```

두 번째는 로드할 모델이며 다음과 같이 iris_base.xacro 파일을 참조한다.

```
<arg name="model" value="$(find iris_model)/urdf/iris_base.xacro" />
```

시뮬레이션을 시작하려면 다음 명령을 사용한다.

```
roslaunch iris_model spawn_iris.launch
```

이제 로봇 모터를 제어할 준비가 됐다. 이에 대해서는 다음 절에서 자세히 다룬다.

RotorS 모터 모델과 상호작용

이 절에서는 이전에 개발한 IRIS UAV 모델의 모터와 상호작용할 ROS 노드를 생성한다. iris_model 패키지의 src 디렉터리에 motor_example.cpp라는 소스 파일을 생성해보자. 이 파일의 내용은 다음 절에서 설명한다.

먼저 다음과 같이 UAV에 명령을 보내고자 mav_msgs::Actuators 헤더를 포함한다.

```
#include "ros/ros.h"
#include "mav_msgs/Actuators.h"
using namespace std;
```

main 함수에서 다음과 같이 /iris/gazebo/command/motor_speed 토픽에 대한 발행자를 정의한다.

```
int main(int argc, char ** argv ) {
  ros::init(argc, argv, "motor_example");
  ros::NodeHandle nh;
  ros::Publisher actuators_pub;
  actuators_pub = nh.advertise<mav_msgs::Actuators>("/iris/gazebo/
command/motor_speed", 1);
  ros::Rate r(10);
```

이 코드의 목표는 한 번에 하나의 모터를 움직이는 각 모터에 800rad/s의 회전을 요청하는 것이다. 이제 다음과 같이 UAV의 4개 모터를 모두 고려하도록 actuators

메시지의 angular_velocities 필드 크기를 조정한다.

```
mav_msgs::Actuators m;
m.angular_velocities.resize(4);
while(ros::ok()) {
  for(int i=0; i<4; i++) {
    for(int j=0; j<4; j++) {
      if( i!=j) m.angular_velocities[j] = 0.0;
      else m.angular_velocities[i] = 800;
    }
```

마지막으로 다음과 같이 actuators 메시지를 발행한다.

```
      actuators_pub.publish(m);
      ros::spinOnce();
      sleep(1);
    }
  }
  return 0;
}
```

이 코드를 컴파일한 후 모터가 올바르게 작동하는지 테스트할 수 있다. 가제보 시뮬레이션을 시작한다.

```
roslaunch iris_model spawn_iris.launch
```

그런 다음 로봇 모터에 입력을 보낼 수 있다.

```
rosrun iris_model motor_example
```

이제 가제보 씬에서 모터가 순서대로 회전하는 것을 볼 수 있으며 시뮬레이션된 월드에서 로봇을 안정화하고 움직이고자 4개 로터의 속도를 조절하도록 컨트롤러를 프로그래밍할 수 있다.

◈ 요약

8장에서는 드론의 개념을 소개하고 주요 요소를 살펴봤다. 또한 UAV로 맞춤형 애플리케이션을 개발하는 데 사용되는 가장 유명한 자동조종 장치 보드 중 하나면서 PX4를 실행하는 Pixhawk 제어 보드도 설명했다. 실제 멀티로터 플랫폼을 사용하고 ROS와 통합하는 방법을 배운 후 두 가지 시뮬레이션 방식을 알아봤다. 실제 UAV에서 실행하기 전에 제어 알고리듬의 효과를 시뮬레이션하는 것이 매우 중요하다. 이는 로봇 및 주변 사람의 피해를 방지하기 위함이다.

9장에서는 마이크로컨트롤러 보드와 액추에이터를 ROS와 인터페이스하는 방법을 설명한다.

다음은 8장에서 배운 내용을 기반으로 한 몇 가지 질문이다.

◈ 질문

- 드론이란 무엇인가?

- 드론의 핵심 요소는 무엇인가?

- PX4 제어 스택이란 무엇인가?

- PX4 SITL과 RotorS 시뮬레이션의 주요 차이점은 무엇인가?

ROS 로봇 하드웨어 프로토타이핑

3부에서는 로봇의 하드웨어 프로토타이핑을 다룬다. 로봇 센서 인터페이스, 임베디드 보드 인터페이스, 마지막으로 ROS를 사용해 실제 차동 로봇을 구축하는 방법을 살펴본다.

3부는 다음 장으로 구성된다.

- 9장, ROS와 I/O 보드, 센서, 액추에이터 인터페이스

- 10장, ROS와 OpenCV, PCL을 활용한 비전 센서 프로그래밍

- 11장, ROS에서 차동 구동 로봇 하드웨어 구축과 인터페이스

09

ROS와 I/O 보드, 센서, 액추에이터 인터페이스

8장에서는 ROS에서 사용되는 다양한 종류의 플러그인 프레임워크를 살펴봤다. 9장에서는 센서 및 액추에이터와 같은 일부 하드웨어 구성 요소와 ROS의 인터페이스를 살펴본다. 아두이노^{Arduino}, 틴시^{Teensy}, 라즈베리파이$^{Raspberry\ Pi}$ 4, 젯슨 나노$^{Jetson\ Nano}$, 오드로이드-C4$^{Odroid-C4}$와 같은 I/O 보드를 사용하는 센서와 ROS 간의 인터페이스를 살펴보고 다이나믹셀과 같은 스마트 액추에이터 및 ROS의 인터페이스를 살펴본다.

9장에서 다루는 내용은 다음과 같다.

- 아두이노-ROS 인터페이스 이해

- 아두이노-ROS 인터페이스 패키지

- 아두이노 이외의 보드와 ROS 인터페이스

- 다이나믹셀 액츄에이터와 ROS 인터페이스

⁘ 기술적 요구 사항

9장의 참조 코드는 다음 깃허브 저장소에서 다운로드할 수 있다.

https://github.com/PacktPublishing/Mastering-ROS-for-Robotics-Programming-Third-edition/tree/main/Chapter9

작동 중인 코드는 https://bit.ly/3k3RM9f에서 볼 수 있다.

⁘ 아두이노-ROS 인터페이스 이해

먼저 아두이노가 무엇인지 살펴보자. 아두이노는 시장에서 가장 인기 있는 오픈소스 개발 보드 중 하나다. 프로그래밍의 용이성과 하드웨어의 비용 효율성은 아두이노를 큰 성공으로 이끌었다. 대부분의 아두이노 보드는 8MHz에서 84MHz의 클록 속도와 함께 8비트에서 32비트까지 사용할 수 있는 아트멜^{Atmel} 마이크로컨트롤러로 구동된다. 아두이노는 로봇의 빠른 프로토타이핑에 사용할 수 있다. 로봇공학에서 아두이노의 주요 애플리케이션은 PC와 통신해 하이레벨의 명령을 수신하고 UART 프로토콜을 사용해 PC에 센서 값을 보내는 데 사용되는 센서 및 액추에이터 인터페이스다.

시장에는 다양한 종류의 아두이노가 있다. 목적에 따라 보드를 선택하는 것은 로봇 애플리케이션의 특성에 따라 다르다. 초급, 중급, 고급 사용자가 사용할 수 있는 몇 가지 보드를 살펴보자.

초급: 아두이노 UNO

중급: 아두이노 Mega

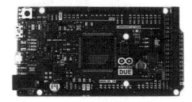
고급: 아두이노 DUE

그림 9.1 아두이노 보드의 다양한 버전

다음 표에서는 각 아두이노 보드 사양을 간략하게 살펴보고 어느 응용 분야에서
활용할 수 있는지 살펴본다.

보드	아두이노 UNO	아두이노 Mega 2560	아두이노 Due
프로세서	ATmega328P	ATmega2560	ATSAM3X8E
동작/입력 전압	5V/7-12V	5V/7-12V	3.3V/7-12V
CPU 속도	16MHz	16MHz	84MHz
아날로그 입/출력	6/0	16/0	12/2
디지털 IO/PWM	14/6	54/15	54/12
EEPROM[KB]	1	4	–
SRAM[KB]	2	8	96
플래시[KB]	32	256	512
USB	표준	표준	2 마이크로
UART	1	4	4
응용 분야	기초 로보틱스 및 센서 인터페이싱	중급 로보틱스 응용 수준의 애플리케이션	하이엔드 로보틱스 애플리케이션

그림 9.2 다양한 아두이노 보드의 비교

아두이노를 ROS에 연결하는 방법을 살펴보자.

아두이노-ROS 인터페이스는 무엇인가?

로봇에서 PC와 I/O 보드 간의 대부분 통신은 UART 프로토콜을 바탕으로 이뤄진다. 장치가 서로 통신할 때 각 장치의 직렬 명령을 번역할 수 있는 프로그램이 양쪽에 있어야 한다. 보드에서 PC로 또는 그 반대로 데이터를 수신 및 전송하는 로직을 구현할 수 있다. 이 통신을 수행하는 표준 라이브러리가 없기 때문에 인터페이스 코드는 각 I/O 보드에서 다를 수 있다.

아두이노-ROS 인터페이스는 아두이노 보드와 PC 간의 표준 통신 방법이다. 현재 이 인터페이스는 아두이노 보드 및 아두이노 IDE에서 지원하는 보드에 한정된다. 이런 보드의 예로는 OpenCR(https://robots.ros.org/opencr/)과 틴시Teensy(https://www.pjrc.com/teensy/)가 있다. 다른 보드의 경우 사용자 정의 ROS 인터페이스를 작성해야 한다. rosserial 튜토리얼 페이지http://wiki.ros.org/rosserial_client/Tutorials에서 튜토리얼이 제공된다. http://wiki.ros.org/rosserial에서 rosserial 프로토콜을 지원하는 보드 목록을 찾을 수 있다.

다음 절에서는 ROS의 rosserial 패키지의 자세한 정보를 제공한다.

ROS의 rosserial 패키지 이해

rosserial 패키지는 직렬serial 포트 및 소켓socket과 같은 캐릭터 장치character device와 ROS 간의 통신을 위해 구현된 표준화된 통신 프로토콜이다. rosserial 프로토콜은 표준 ROS 메시지 및 서비스 데이터 타입을 임베디드 장치 데이터 타입으로 변환할 수 있다. 또한 캐릭터 장치(https://askubuntu.com/questions/1021394/what-is-a-character-device)에서 직렬 데이터를 다중화multiplexing해 다중 토픽을 지원한다. 직렬 데이터는 패킷에 헤더 및 테일 바이트를 추가해 데이터 패킷으로 전송되는데, 패킷 표현은 다음과 같다.

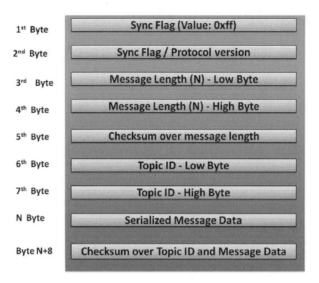

1st Byte	Sync Flag (Value: 0xff)
2nd Byte	Sync Flag / Protocol version
3rd Byte	Message Length (N) - Low Byte
4th Byte	Message Length (N) - High Byte
5th Byte	Checksum over message length
6th Byte	Topic ID - Low Byte
7th Byte	Topic ID - High Byte
N Byte	Serialized Message Data
Byte N+8	Checksum over Topic ID and Message Data

그림 9.3 rosserial 패킷 표현

각 바이트의 기능은 다음과 같다.

- Sync Flag: 동기화 플래그로 패킷의 첫 번째 바이트로 항상 0xff다.

- Sync Flag/Protocol version: 동기화 플래그/프로토콜 버전으로 이 바이트는 ROS Groovy에서 0xff였고 이후에는 0xfe로 설정된다.

- Message Length: 패킷의 길이다.

- Checksum over message length: 패킷 손상을 찾기 위한 패킷 길이의 체크섬이다.

- Topic ID: 토픽별로 할당된 ID다. 0 ~ 100의 범위는 시스템 관련 기능에 할당된다.

- Serialized Message Data: 각 토픽과 관련된 데이터다.

- Checksum over Topic ID and Message Data: 패킷 손상을 찾기 위한 토픽 및 해당 직렬 데이터에 대한 체크섬이다.

패킷 길이의 체크섬은 다음 식으로 계산된다.

체크섬 = 255 − ((토픽 ID 하위 바이트 + 토픽 ID 상위 바이트 + …

데이터 바이트값) % 256)

roscpp, rospy, roslisp와 같은 ROS 클라이언트 라이브러리를 사용하면 다른 프로그래밍 언어로 ROS 노드를 개발할 수 있다. ROS에는 아두이노 및 rosserial_client라는 클라이언트 라이브러리가 있다. 이는 임베디드 리눅스 기반 보드에서 ROS 노드를 개발하는 데 도움이 된다. rosserial_client 라이브러리를 사용하면 아두이노 및 기타 임베디드 보드 플랫폼에서도 ROS 노드를 개발할 수 있다. 다음은 각 플랫폼에 대한 rosserial_client 라이브러리 목록이다.

- **rosserial_arduino:** 아두이노 UNO, 레오나르도[Leonardo], Mega, 고급 로봇 프로젝트용 Due 시리즈와 같은 아두이노 플랫폼에서 작동한다.

- **rosserial_embeddedlinux:** VEXPro, Chumby 알람시계, WRT54GL 라우터 등과 같은 임베디드 리눅스 플랫폼을 지원한다.

- **rosserial_windows:** 윈도우 플랫폼용 클라이언트다.

- **rosserial_mbed:** Mbed 플랫폼용 클라이언트 라이브러리다.

- **rosserial_tivac:** TI의 런치패드[LaunchPad] 보드, TM4C123GXL, TM4C1294XL용 클라이언트 라이브러리다.

- **ros-teensy:** 틴시 플랫폼용 클라이언트 라이브러리다.

PC 측에서는 직렬 메시지를 디코딩하고 rosserial_client 라이브러리의 정확한 토픽으로 변환하기 위한 ROS 노드가 필요하다. 다음 패키지는 직렬 데이터 디코딩에 도움이 된다.

- **rosserial_python:** 장치에서 직렬 데이터 처리를 위해 권장되는 PC 측 노드

다. 수신 노드는 완전히 파이썬으로 작성된다.

- **rosserial_server:** PC 측에서 rosserial을 C++로 구현한 것이다. rosserial_python에 비해 내장 기능이 적지만 고성능 애플리케이션에 사용할 수 있다.

여기에서는 주로 아두이노에서 ROS 노드를 실행하는 데 중점을 두고 있다. 먼저 PC에서 rosserial 패키지를 설정하는 방법을 확인한 다음 아두이노 IDE에서 rosserial_arduino 클라이언트를 설정하는 방법을 살펴본다.

우분투 20.04에 rosserial 패키지 설치

우분투 20.04의 아두이노 IDE에서 ROS를 활성화하려면 rosserial ROS 패키지를 설치한 다음 ROS 환경과 통신하도록 아두이노-ROS 클라이언트 라이브러리를 설정해야 한다. 다음 명령을 사용해 우분투에 rosserial 패키지를 설치한다.

1. apt 패키지 관리자를 사용해 rosserial 패키지 바이너리를 설치한다.

```
sudo apt install ros-noetic-rosserial ros-noetic-rosserial-arduino
ros-noetic-rosserial-python
```

2. ros_lib라는 rosserial_client 라이브러리를 아두이노에 설치하려면 리눅스 32/64비트용 최신 아두이노 IDE를 다운로드해야 한다.

   아두이노 IDE를 설치하는 가장 쉬운 방법 중 하나는 아두이노 snap 툴(https://snapcraft.io/arduino)을 사용하는 것이다. 다음 명령을 사용해 snap 앱 스토어를 사용해 아두이노 IDE를 설치할 수 있다.

```
sudo snap install Arduino
```

아두이노 IDE는 우분투의 Unity Dash 검색 상자에서 'arduino'를 검색해 찾을 수 있다.

최신 아두이노 IDE 바이너리를 다운로드하려면 다음 링크를 사용할 수 있다.

https://www.arduino.cc/en/main/software

이 책에서는 아두이노 IDE 1.8.x를 사용하며 https://www.arduino.cc/en/main/OldSoftwareReleases에서 다운로드할 수 있다.

여기에서 리눅스 64비트 버전을 다운로드하고 아두이노 IDE 디렉터리를 우분투 데스크톱에 복사한다. 아두이노를 실행하려면 자바 런타임 지원이 필요하다. 설치돼 있지 않으면 다음 명령을 사용해 설치할 수 있다.

```
sudo apt install default-jre
```

3. 자바 런타임을 설치한 후 다음 명령을 사용해 arduino 디렉터리로 이동할 수 있다. x는 아두이노 IDE 버전이나.

```
cd ~/Desktop/arduino-1.8.x-linux64/
```

4. 다음 명령으로 아두이노를 시작한다.

```
./arduino
```

다음은 아두이노 IDE 창이다.

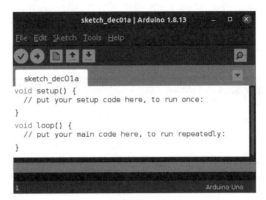

그림 9.4 아두이노 IDE

5. 아두이노의 sketchbook 디렉터리 구성을 위해 File ❯ Preference로 이동한다. 아두이노 IDE는 이 위치에 스케치^{sketch}를 저장한다. 사용자의 home 디렉터리에 Arduino1이라는 디렉터리를 만들고 이를 Sketchbook location으로 설정했다.

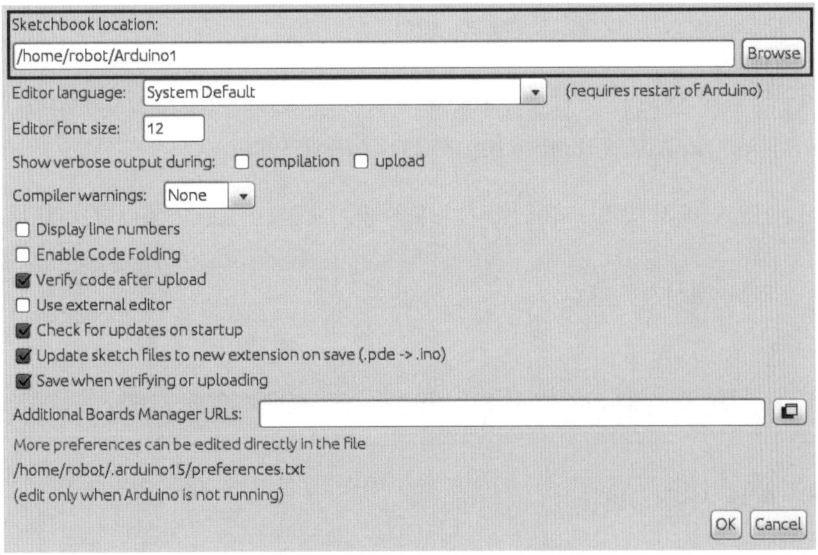

그림 9.5 아두이노 IDE의 기본 설정

Arduino1 디렉터리 안에 libraries라는 디렉터리가 표시된다.

6. 아두이노 IDE 메뉴로 이동해 Sketch ❯ Include Library ❯ Manage Libraries에서 다음 스크린샷처럼 rosserial을 검색한다.

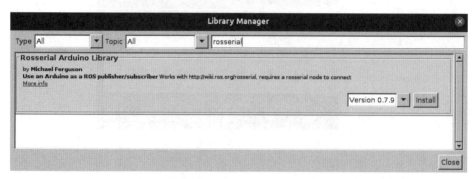

그림 9.6 아두이노 라이브러리 관리자

라이브러리 관리자^{Library Manager}에 표시되는 **rosserial** 라이브러리를 설치한다. 이제 Arduino1 디렉터리에 아두이노 ROS 라이브러리를 설치했으며 이제 아두이노 보드 내부에서 ROS 노드를 구현할 수 있다.

아두이노 ROS 라이브러리를 설치하는 또 다른 방법은 http://wiki.ros.org/rosserial_arduino/Tutorials/Arduino%20IDE%20Setup에 있다.

이런 ROS 메시지 및 서비스는 다음과 같이 아두이노 C/C++ 코드로 변환된다.

- ROS 메시지 변환

```
ros_package_name/msg/Test.msg --> ros_package_name::Test
```

- ROS 서비스 변환

```
ros_package_name/srv/Foo.srv --> ros_package_name::Foo
```

예를 들어 #include <std_msgs/UInt16.h>를 포함하면 std_msgs::UInt16 타입의
값을 인스턴스화할 수 있다.

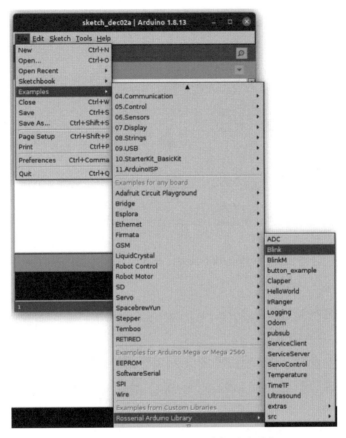

그림 9.7 Rosserial_Arduino 라이브러리 예제

rosserial_arduino 패키지 API가 제대로 작동하는지 확인하고자 라이브러리 예제
를 선택해 제대로 빌드되는지 확인할 수 있다. ROS 아두이노 노드를 빌드하는 데
필요한 API는 다음 절에서 설명한다.

아두이노의 ROS 노드 API 이해

다음은 ROS 아두이노 노드의 기본 구조다. 각 코드의 기능을 볼 수 있다.

```
#include <ros.h>

ros::NodeHandle nh;

void setup() {
  nh.initNode();
}

void loop() {
  nh.spinOnce();
}
```

아두이노에서 다음 코드로 NodeHandle을 생성한다.

```
ros::NodeHandle nh;
```

Nodehandle은 nh라는 인스턴스에 전역 범위를 제공하는 setup() 함수보다 먼저 선언돼야 한다. 이 노드의 초기화는 setup() 함수 내에서 수행된다.

```
nh.initNode();
```

아두이노 setup() 함수는 장치가 시작될 때 한 번만 실행된다. 직렬 장치에서는 하나의 노드만 생성할 수 있다.

loop() 함수 내에서 다음 코드를 사용해 ROS 콜백을 한 번 실행해야 한다.

```
nh.spinOnce();
```

다른 ROS 클라이언트 라이브러리와 마찬가지로 아두이노에서 Subscriber와 Publisher 객체를 만들 수 있다. 구독자와 발행자를 정의하는 절차는 다음과 같다.

먼저 아두이노에서 Subscriber 객체를 정의하는 방법은 다음과 같다.

```
ros::Subscriber<std_msgs::String> sub("talker", callback);
```

여기에서 String 메시지를 구독하는 구독자를 정의한다. 콜백은 토픽으로 String 메시지를 수신할 수 있을 때 실행되는 콜백 함수다. 다음은 String 데이터를 처리하기 위한 예제 콜백이다.

```
std_msgs::String str_msg;

ros::Publisher chatter("chatter", &str_msg);

void callback ( const std_msgs::String& msg){
  str_msg.data = msg.data;

  chatter.publish( &str_msg );

}
```

callback(), Subscriber, Publisher 정의는 전역 범위를 가져오기 위한 setup() 함수 위에 있다. 여기에서는 const std_msgs::String& msg를 사용해 문자열 데이터를 수신한다.

다음 코드는 아두이노에서 Publisher 객체를 정의하는 방법을 보여준다.

```
ros::Publisher chatter("chatter", &str_msg);
```

다음 코드는 문자열 메시지를 발행하는 방법을 보여준다.

```
chatter.publish( &str_msg );
```

발행자와 구독자를 정의한 후 다음 코드를 사용해 setup() 함수 내에서 이를 초기화해야 한다.

```
nh.advertise(chatter);
nh.subscribe(sub);
```

아두이노에서 로깅logging하기 위한 ROS API가 있다. 다음은 사용할 수 있는 다양한 로깅 API다.

```
nh.logdebug("Debug Statement");
nh.loginfo("Program info");
nh.logwarn("Warnings.);
nh.logerror("Errors..");
nh.logfatal("Fatalities!");
```

Time 및 Duration과 같은 ROS 내장 함수를 사용해 아두이노에서 현재 ROS 시간을 조회할 수 있다.

- 현재 ROS 시간을 조회하는 함수는 다음과 같다.

```
ros::Time begin = nh.now();
```

- ROS 시간을 초로 변환하는 함수는 다음과 같다.

```
double secs = nh.now().toSec();
```

- 지속 시간^{duration}을 초 단위로 생성하는 함수는 다음과 같다.

```
ros::Duration ten_seconds(10, 0);
```

이 절에서는 ROS-아두이노 라이브러리의 중요한 함수를 살펴봤다. 다음 절에서는
이 함수를 사용해 다양한 애플리케이션을 구현하는 방법을 살펴본다.

ROS-아두이노 발행자 및 구독자 예제

아두이노 및 ROS 인터페이스를 사용하는 첫 번째 예는 chatter 및 talker 인터페
이스다. 사용자는 talker 토픽에 String 메시지를 보낼 수 있으며 아두이노는
chatter 토픽에 동일한 메시지를 발행한다. 다음 ROS 노드는 아두이노용으로 구현
됐으며, 이 예제를 자세히 설명한다.

```
#include <ros.h>
#include <std_msgs/String.h>

// Nodehandle 생성
ros::NodeHandle nh;

// String 변수 선언
std_msgs::String str_msg;

// 발행자 정의
ros::Publisher chatter("chatter", &str_msg);
// callback 정의
void callback ( const std_msgs::String& msg){
```

```
    str_msg.data = msg.data;
    chatter.publish( &str_msg );

}

// 구독자 정의
ros::Subscriber<std_msgs::String> sub("talker", callback);

void setup()
{
    // 노드 초기화
    nh.initNode();
    // 토픽 광고 및 구독 시작
    nh.advertise(chatter);
    nh.subscribe(sub);
}

void loop()
{
    nh.spinOnce();
    delay(3);
}
```

이 코드를 컴파일해 아두이노 보드에 업로드할 수 있다. 코드를 컴파일하기 전에
이 예제에 사용할 아두이노 보드와 아두이노 IDE의 장치 직렬 포트를 선택한다.

현재 아두이노 보드를 선택하려면 Tools ❯ Boards로 이동한 뒤 Tools ❯ Port로 이동
해 보드의 장치 포트를 선택한다. 이 예제에서는 아두이노 Mega를 사용한다.

코드를 컴파일하고 업로드한 후 다음 명령을 사용해 아두이노와 PC를 연결하는
ROS 직렬 클라이언트 노드를 시작할 수 있다.

새 터미널에서 roscore를 실행한다.

```
roscore
```

이제 rosserial 파이썬 클라이언트를 시작할 수 있다.

```
rosrun rosserial_python serial_node.py /dev/ttyACM0
```

이 경우 /dev/ttyACM0 포트에서 serial_node.py를 실행하고 있다. /dev 디렉터리 내의 나열된 파일 중 포트 이름을 검색할 수 있다. 이 포트를 사용하려면 루트 권한이 필요하다. 이 경우 원하는 포트에서 데이터를 읽고 쓰고자 다음 명령을 사용해 권한을 변경할 수 있다.

```
sudo chmod 666 /dev/ttyACM0
```

여기서는 rosserial_python 노드를 ROS 브리징 노드로 사용하고 있다. 장치 이름과 전송 속도를 인자로 입력해야 한다. 이 통신의 기본 전송 속도는 57600이다. 애플리케이션에 따라 전송 속도를 변경할 수 있으며 rosserial_python 패키지 내의 serial_node.py 사용법은 http://wiki.ros.org/rosserial_python에 나와 있다. ROS 노드와 아두이노 노드 간의 통신이 정확하면 다음 메시지가 표시된다.

```
[INFO] [WallTime: 1438880620.972231] ROS Serial Python Node
[INFO] [WallTime: 1438880620.982245] Connecting to /dev/ttyACM0 at 57600 baud
[INFO] [WallTime: 1438880623.117417] Note: publish buffer size is 512 bytes
[INFO] [WallTime: 1438880623.118587] Setup publisher on chatter [std_msgs/String
]
[INFO] [WallTime: 1438880623.132048] Note: subscribe buffer size is 512 bytes
[INFO] [WallTime: 1438880623.132745] Setup subscriber on talker [std_msgs/String
```

그림 9.8 rosserial_python 노드 실행

serial_node.py가 PC에서 실행을 시작하면 쿼리 패킷이라는 직렬 데이터 패킷을 전송해 아두이노 노드에서 받은 토픽의 개수, 이름, 타입을 가져온다. 이미 아두이

노 ROS 통신에 사용되는 직렬 패킷의 구조를 살펴봤다. 다음은 serial_node.py에서 아두이노로 전송되는 쿼리 패킷의 구조다.

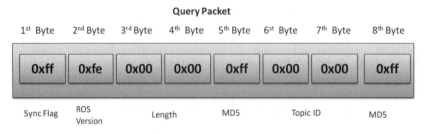

그림 9.9 쿼리 패킷의 구조

쿼리 토픽에는 Sync Flag, ROS 버전^{Version}, 메시지 길이$^{message\ length}$, MD5 sum, Topic ID 등과 같은 필드가 포함된다. 쿼리 패킷이 아두이노에서 수신되면 토픽 이름, 타입, 길이, 토픽 데이터 등이 포함된 토픽 정보 메시지로 응답한다. 다음은 아두이노의 일반적인 응답 패킷이다.

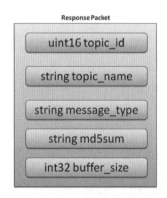

그림 9.10 응답 패킷의 구조

쿼리 패킷에 대한 응답이 없으면 다시 보낸다. 통신의 동기화는 ROS 시간을 기반으로 한다.

그림 9.11에서 serial_node.py를 실행할 때 발행 및 구독에 할당된 버퍼 크기는 512바이트임을 알 수 있다. 버퍼 할당은 작업 중인 각 마이크로컨트롤러에서 사용

할 수 있는 RAM의 양에 따라 다르다. 다음은 각 아두이노 컨트롤러의 버퍼 할당을 나타낸 표다. ros.h 내에서 BUFFER_SIZE 매크로를 변경해 이런 설정을 무시할 수 있다.

AVR 모델	버퍼 크기	발행자/구독자
ATMEGA 168	150바이트	6/6
ATMEGA 328P	280바이트	25/25
기타 모든 모델	512바이트	25/25

그림 9.11 응답 패킷의 구조

아두이노에서 ROS의 **float64** 데이터 타입에도 몇 가지 제한 사항이 있다. 데이터가 32비트로 잘린다는 것이다. 문자열 타입을 사용할 때 **unsigned char** 포인터를 사용해 메모리를 절약하자.

serial_node.py를 실행한 후 다음 명령으로 ROS 토픽 목록을 가져온다.

```
rostopic list
```

chatter, talker 등의 토픽이 생성된 것을 볼 수 있다. 다음 명령을 사용해 talker 토픽에 메시지를 발행할 수 있다.

```
rostopic pub -r 5 talker std_msgs/String "Hello World"
```

5Hz 속도로 'Hello World' 메시지를 발행한다. chatter 토픽을 확인할 수 있으며 발행한 것과 동일한 메시지를 받게 된다.

```
rostopic echo /chatter
```

이 절에서 기본적인 발행자-구독자 설정을 살펴봤다. 다음 절에서는 푸시 버튼과

ROS 토픽을 사용해 LED를 깜박이는 방법을 살펴보자.

아두이노-ROS 예제: 푸시 버튼으로 LED 깜박임

이 예제에서는 LED와 푸시 버튼을 아두이노에 연결하고 ROS를 사용해 제어할 수 있다. 푸시 버튼이 눌리면 아두이노 노드는 push라는 토픽에 True 값을 보내고 동시에 아두이노 보드에 있는 LED를 켠다.

다음은 예제 회로를 보여준다.

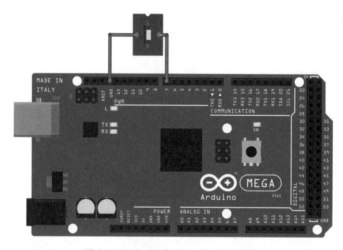

그림 9.12 푸시 버튼을 아두이노에 인터페이스

다음은 아두이노에서 LED를 깜박이고 푸시 버튼 이벤트를 처리하기 위한 아두이노-ROS 코드다.

푸시 버튼의 상태 발행를 위해 불리언 메시지를 정의해야 한다. pushed라는 토픽을 만들고 버튼을 누르면 pushed 토픽에 상태가 발행된다.

```
std_msgs::Bool pushed_msg;
ros::Publisher pub_button("pushed", &pushed_msg);
```

발행자 객체를 초기화하고 LED 및 버튼 인터페이스에 아두이노 핀을 할당한다. LED 핀은 출력으로 구성되고 버튼 핀은 입력으로 구성된다.

```
nh.advertise(pub_button);
pinMode(led_pin, OUTPUT);
pinMode(button_pin, INPUT);
```

푸시 버튼 핀을 바탕으로 입력 신호를 처리하려면 내부 풀업 저항을 활성화해야 한다. 푸시 버튼에 연결된 핀에 **HIGH** 값을 작성해 활성화할 수 있다.

```
digitalWrite(button_pin, HIGH);
```

푸시 버튼 핀의 값은 **digitalRead()**를 사용해 읽을 수 있다. 값은 반전돼 변수에 저장돼 초깃값을 얻는다.

```
last_reading = ! digitalRead(button_pin);
```

메인 루프에서 버튼의 디바운싱을 확인한다(https://www.arduino.cc/en/Tutorial/BuiltInExamples/Debounce). 버튼 값이 안정적이면 LED가 켜지고 pushed 토픽에 버튼 상태를 발행한다.

```
void loop()
{

  bool reading = ! digitalRead(button_pin);

  if (last_reading!= reading){
    last_debounce_time = millis();
    published = false;
  }
```

```
if ( !published && (millis() - last_debounce_time) > debounce_delay) {

    digitalWrite(led_pin, reading);
    pushed_msg.data = reading;
    pub_button.publish(&pushed_msg);
    published = true;
  }
  last_reading = reading;
  nh.spinOnce();
}
```

앞의 코드는 키 디바운싱을 처리하고 버튼을 놓은 후에만 버튼 상태를 변경한다.
다음 명령을 사용해 이전 코드를 아두이노에 업로드하고 ROS와 인터페이스할 수
있다.

1. roscore를 시작한다.

```
roscore
```

2. serial_node.py를 시작한다.

```
rosrun roserial_python serial_node.py /dev/ttyACM0
```

3. pushed 토픽을 echo해 버튼 누르기 이벤트를 볼 수 있다.

```
rostopic echo pushed
```

버튼을 누르면 다음 값을 얻는다.

그림 9.13 버튼을 누를 때 아두이노의 출력

지금까지 ROS 토픽을 사용해 LED를 깜박이도록 푸시 버튼을 인터페이스하는 방법을 살펴봤다. 이제 아두이노와 가속도계를 인터페이스하고 그 센서 데이터를 ROS 토픽으로 발행하는 방법을 살펴보자.

아두이노-ROS 예제: 가속도계 ADXL 335

이 예제에서는 ADC 핀으로 가속도계 ADXL 335를 아두이노 Mega에 연결하고 **rqt_plot**이라는 ROS 도구를 사용해 값을 플롯한다.

다음 다이어그램은 ADLX 335와 아두이노 간의 연결 회로를 보여준다.

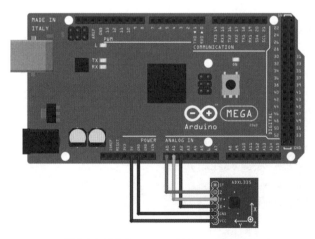

그림 9.14 아두이노: ADXL 335 HW 인터페이스

ADLX 335는 아날로그 가속도계다. ADC 포트에 연결해 디지털 값을 읽기만 하면 된다. 다음은 ADLX 335와 아두이노 ADC를 인터페이스하기 위한 임베디드 코드에 대한 설명이다.

rosserial_arduino 패키지에는 이 애플리케이션에 사용할 수 있는 Adc 메시지 타입이 있다. Adc 메시지 변수를 만들고 Adc 값 발행을 위한 ROS 발행자를 만든다.

```
ros::NodeHandle nh;
rosserial_arduino::Adc adc_msg;
ros::Publisher pub("adc", &adc_msg);
```

일부 노이즈 제거를 위해 아날로그 값을 평균화한다.

```
int averageAnalog(int pin){
    int v=0;
    for(int i=0; i<4; i++) v+= analogRead(pin);
    return v/4;
}
```

loop() 내에서 X, Y, Z 축의 ADC 값을 ADC 메시지에 삽입하고 /adc라는 토픽으로 발행할 수 있다. rqt_plot 도구를 사용해 값을 플롯할 수 있다.

```
void loop()
{
    adc_msg.adc0 = averageAnalog(xpin);
    adc_msg.adc1 = averageAnalog(ypin);
    adc_msg.adc2 = averageAnalog(zpin);
    pub.publish(&adc_msg);
    nh.spinOnce();
```

```
    delay(10);
}
```

다음은 단일 그래프에 세 개의 축 값을 플롯하는 명령이다.

```
rqt_plot adc/adc0 adc/adc1 adc/adc2
```

다음은 ADC의 세 채널 플롯의 스크린샷이다.

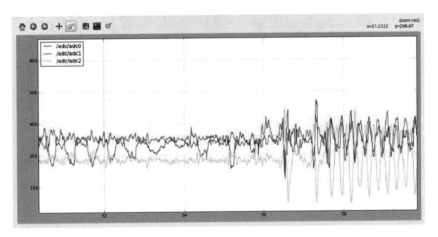

그림 9.15 rqt_plot을 활용한 ADXL 335 값 플롯

지금까지 가속도계를 아두이노에 인터페이스하는 방법과 센서 값을 ROS 토픽으로 발행하는 방법을 살펴봤다. 다음 절에서는 초음파 거리 센서를 아두이노와 인터페이스하고 센서 값을 ROS 토픽으로 발행하는 방법을 살펴보자.

아두이노-ROS 예제: 초음파 거리 센서

로봇에서 유용한 센서 유형 중 하나는 범위 센서다. 가장 저렴한 범위 센서 중 하나는 초음파 거리 센서다. 초음파 센서에는 **Echo/Trigger**라는 입력/출력 처리를 위한 두 개의 핀이 있다. 예제에서는 다음 다이어그램에 표시된 HC-SR04 초음파 거리 센서를 사용한다.

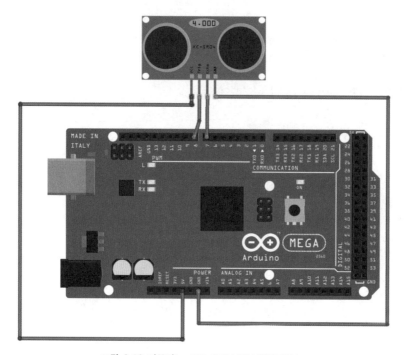

그림 9.16 아두이노: HC-SR04 HW 인터페이스

초음파 거리 센서에는 두 부분이 있다. 하나는 송신기transmitter고 다른 하나는 수신기receiver다. 초음파 거리 센서는 다음과 같이 작동한다. 짧은 지속 시간의 트리거 펄스가 초음파 센서의 트리거 핀에 가해지면 초음파 송신기가 소리 신호를 로봇 주위 환경에 보낸다. 송신기에서 보낸 소리 신호는 장애물에 부딪혀 센서로 반사된다. 반사된 음파는 센서의 수신기에 의해 수집되고 반사된 음파 신호를 수신하는 데 걸린 시간과 관련된 출력 신호를 생성한다.

초음파 거리 센서를 사용해 거리를 찾는 방정식

다음은 초음파 거리 센서에서 장애물까지의 거리를 계산하는 데 사용되는 방정식이다.

거리 = 속도 × 시간/2

해수면에서 소리의 속도 = 343m/s 또는 34,300cm/s

따라서 거리 = 17,150 × 시간(단위 cm)

출력의 펄스 지속 시간을 사용해 장애물까지의 거리를 계산할 수 있다. 다음은 ROS 의 range 메시지 정의를 이용해 ultrasound 토픽으로 값을 보내는 코드다.

ROS sensor_msgs/Range 메시지 정의를 사용해 초음파 센서 데이터를 처리할 수 있다. 이 ROS 메시지를 가져오고자 다음 헤더를 포함시킨다.

```
#include <sensor_msgs/Range.h>
```

Range ROS 메시지 타입을 만들고 ultrasound 토픽에 발행한다.

```
sensor_msgs::Range range_msg;
ros::Publisher pub_range( "/ultrasound", &range_msg);
```

변경되지 않을 값으로 range 메시지를 채울 수 있다. 예를 들어 frame_id, field_of_view, min/max_range는 setup()에서 이 메시지를 채운다.

```
void setup() {
    range_msg.radiation_type = sensor_msgs::Range::ULTRASOUND;
    range_msg.header.frame_id = frameid;
    range_msg.field_of_view = 0.1;  // fake
    range_msg.min_range = 0.0;
    range_msg.max_range = 60;
    pinMode(trigPin, OUTPUT);
    pinMode(echoPin, INPUT);
}
```

다음 함수는 초음파 센서에서 물체까지의 거리를 반환한다.

```
float getRange_Ultrasound(){
  int val = 0;
  for(int i=0; i<4; i++) {
    digitalWrite(trigPin, LOW);
    delayMicroseconds(2);
    digitalWrite(trigPin, HIGH);
    delayMicroseconds(10);
    digitalWrite(trigPin, LOW);
    duration = pulseIn(echoPin, HIGH);
    //소리 속도를 기반으로 거리(cm 단위)를 계산한다.
    val += duration;
  }
  return val / 232.8 ;
}
```

loop()에서 range 값은 센서를 안정화하는 데 필요한 시간인 50밀리초^{msec}마다 발행된다.

```
void loop() {
  if ( millis() >= range_time ){
    int r =0;

    range_msg.range = getRange_Ultrasound();
    range_msg.header.stamp = nh.now();
    pub_range.publish(&range_msg);
    range_time = millis() + 50;
  }

  nh.spinOnce();

  delay(50);
}
```

다음 명령을 사용해 거리 값을 플롯할 수 있다.

- roscore를 시작한다.

```
roscore
```

- serial_node.py를 시작한다.

```
rosrun rosserial_python serial_node.py /dev/ttyACM0
```

- rqt_plot을 사용해 값을 플롯한다.

```
rqt_plot /ultrasound
```

다음 스크린샷에서 볼 수 있듯이 중심선은 센서로부터의 현재 거리(범위)를 나타낸다. 위쪽 줄은 max_range이고 아래 줄은 min_range다.

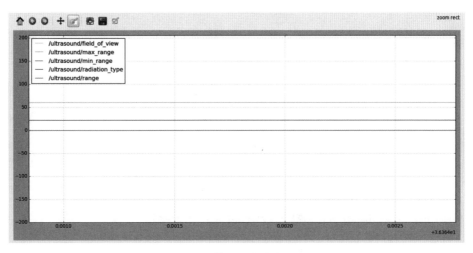

그림 9.17 초음파 센서 거리 값 플롯

지금까지 초음파 거리 센서를 아두이노에 연결하고 ROS 토픽에서 **range** 값을 발행하는 방법을 살펴봤다. 다음 절에서는 아두이노에서 주행 거리^{odometry} 데이터를 생성하고 ROS 토픽으로 발행하는 방법을 살펴본다.

아두이노-ROS 예제: 주행 거리 데이터 발행자

이 예에서는 아두이노 노드에서 **odom** 메시지를 PC로 보내는 방법을 살펴본다. 또한 이 예제는 로봇에서 **odom**을 계산하고 ROS 내비게이션 스택에 입력으로 보내는 데 활용할 수 있다. 모터 인코더는 **odom**을 계산하는 데 사용할 수 있다. 이 예제에서는 모터 인코더 값을 사용하지 않고 원을 그리며 움직이는 로봇의 **odom**을 보내는 방법을 살펴본다.

다음은 **base_link**와 **odom** 프레임 간의 변환을 발행하기 위한 변환 브로드캐스터_{transform broadcaster} 객체를 만든다.

```
geometry_msgs::TransformStamped t;
tf::TransformBroadcaster broadcaster;
```

setup() 함수에서 TF 브로드캐스터를 초기화한다.

```
void setup()
{
   nh.initNode();
   broadcaster.init(nh);
}
```

원의 방정식을 사용해 **odom** 값 X, Y, theta를 생성한다.

```
void loop()
{
  double dx = 0.2;
  double dtheta = 0.18;

  x += cos(theta)*dx*0.1;
  y += sin(theta)*dx*0.1;
  theta += dtheta*0.1;

  if(theta > 3.14)
    theta=-3.14;
```

현재 odom 값을 base_link와 odom 간의 변환으로 발행한다.

```
  t.header.frame_id = odom;
  t.child_frame_id = base_link;

  t.transform.translation.x = x;
  t.transform.translation.y = y;

  t.transform.rotation = tf::createQuaternionFromYaw(theta);
  t.header.stamp = nh.now();

  broadcaster.sendTransform(t);
  nh.spinOnce();

  delay(10);
}
```

코드를 업로드한 후 **roscore** 및 rosserial_node.py를 실행한다. RViz에서 **tf**와 odom을 볼 수 있다. 다음과 같이 RViz를 열고 **tf**를 본다. 원을 그리며 움직이는 odom 포인터를 볼 수 있다.

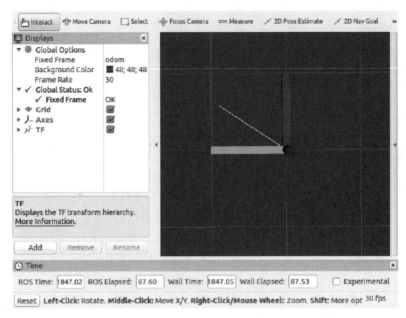

그림 9.18 아두이노의 odom 데이터 시각화

지금까지 아두이노에서 주행 거리 데이터를 생성하고 값을 ROS 토픽으로 발행하는 방법을 살펴봤다. 다음 절에서는 아두이노가 아닌 보드와 ROS 사이 인터페이스 방법을 살펴본다.

⁑ 아두이노 이외의 보드와 ROS의 인터페이스

아두이노 보드는 로봇에서 일반적으로 사용되는 보드지만 아두이노보다 강력한 보드를 원하면 어떻게 해야 할까? 이런 경우 직렬 메시지를 토픽으로 변환할 수 있는 보드용 사용자 정의 드라이버를 작성할 수 있다. 다음 링크는 새 보드용 사용자 정의 드라이버 작성을 안내하는 데 도움이 된다.

http://wiki.ros.org/action/fullsearch/rosserial_client/Tutorials/Adding%20Support%20for%20New%20Hardware

ROS 설치를 위한 오드로이드-C4, 라즈베리파이 4, 젯슨 나노 설정

오드로이드-C4와 라즈베리파이 4는 신용카드 크기의 싱글 보드 컴퓨터[SBC, Single Board Computer]다. 이 싱글 보드 컴퓨터는 로봇에 설치할 수 있고 그 위에 ROS를 설치할 수 있다.

오드로이드-C4, 라즈베리파이 4, 젯슨 나노의 주요 사양을 비교하면 다음과 같다.

장치	오드로이드-XU4	라즈베리파이 4	젯슨 나노
CPU	Amlogic의 2.0GHz 쿼드코어 ARM Cortex-A55 CPU	Broadcom의 1.5GHz 쿼드코어 ARM Cortex-A72-64비트 CPU	쿼드코어 ARM A57 @ 1.43GHz
GPU	Mali-G31 GPU	VideoCore IV	128코어 맥스웰
메모리	4GB	2GB, 4GB 또는 8GB	2GB, 4GB 64비트 LPDDR4 25.6GB/s
저장 장치	SD 카드 슬롯 또는 eMMC 모듈	SD 카드 슬롯	SD 카드 슬롯
연결 장치	4 x USB 3.0, 1 x Micro USB 2.0(OTG), HDMI 2.0, 기가비트 이더넷	2 x USB 3.0, 2 x Micro HDMI, 이더넷, 3.5mm 오디오 잭	4 x USB 3.0, USB 2.0, Micro-B, HDMI와 디스플레이 포트, 기가비트 이더넷
운영체제	안드로이드, 우분투/리눅스	라즈비안, 우분투/리눅스 윈도우 10, 안드로이드	우분투
커넥터	GPIO, SPI, I2C, ADC PWM	카메라 인터페이스(CSI), 디스플레이 인터페이스(DSI), GPIO, SPI, I2C, JTAG	GPIO, I2C, I2S, SPI, UART
가격	50달러	35달러, 55달러, 75달러	54달러, 99달러

그림 9.19 보드 비교

다음은 오드로이드-C4 보드의 사진이다.

그림 9.20 오드로이드-C4 보드

오드로이드 보드는 하드 커널^{Hard Kernel}이라는 회사에서 제조한다. 오드로이드-C4 보드의 공식 웹 사이트는 https://www.hardkernel.com/shop/odroid-c4/다.

오드로이드-C4는 오드로이드 제품군의 최신 보드 중 하나다. 오드로이드-C1+ 및 C2처럼 더 저렴하지만 성능이 낮은 보드도 있다. 이 모든 보드는 ROS를 지원한다. 인기 있는 싱글 보드 컴퓨터 중 하나는 라즈베리파이^{Raspberry Pi}다. 라즈베리파이 보드는 영국에 기반을 둔 라즈베리파이 파운데이션^{Raspberry Pi Foundation}에서 제조한다 (https://www.raspberrypi.org).

다음은 라즈베리파이 4 보드의 사진이다.

그림 9.21 라즈베리파이 4 보드

오드로이드에 우분투와 안드로이드를 설치할 수 있다. 데비안 미니^{Debian mini}, 카일 리눅스^{Kali Linux}, 아치 리눅스^{Arch Linux}, 페도라 등의 비공식 리눅스 배포판과 ROS,

OpenCV, PCL 등의 지원 라이브러리도 있다. 오드로이드에서 ROS를 사용하려면 우분투 버전 20.04를 설치하고 표준 데스크톱 PC처럼 수동으로 ROS를 설치할 수 있다. 또는 ROS가 이미 설치된 오드로이드용 비공식 우분투 배포판을 직접 다운로드하자.

그림 9.22 젯슨 나노 보드

엔비디아 젯슨 나노^{NVIDIA Jetson Nano}는 엔비디아의 인기 있고 저렴한 ARM 기반 SBC 중 하나다. 젯슨 나노에는 2GB와 4GB의 두 가지 버전이 있다. 다른 두 보드와 비교할 때 나노는 딥러닝 애플리케이션을 위한 GPU 기반 컴퓨팅을 수행하는 데 큰 이점이 있다.

오드로이드 보드용 우분투 20.04용 이미지는 https://wiki.odroid.com/odroid-c4/ odroid-c4에서 다운로드할 수 있다. 우분투 MATE 데스크톱 버전 또는 우분투 최소 이미지는 https://wiki.odroid.com/odroid-c4/os_images/ubuntu에서 다운로드할 수 있다.

오드로이드-C4에서 지원하는 다른 운영체제 목록은 앞서 언급한 위키 페이지에 나와 있다.

라즈베리파이 4 공식 OS 이미지는 https://www.raspberrypi.org/software/에서 제공된다. 라즈베리파이 파운데이션에서 지원하는 공식 OS는 라즈베리파이 OS

(이전에는 라즈비안이라고 함)다. 라즈베리파이 4에도 사용할 수 있는 비공식 우분투 MATE 배포판이 있다(https://ubuntu-mate.org/ports/raspberry-pi/).

라즈베리파이용 OS에는 32비트 및 64비트 버전이 있다. 64비트 버전은 32비트 OS에 비해 성능이 좋다.

필자의 경험에 따르면 우분투와 라즈비안Raspbian OS 모두에서 ROS는 잘 작동한다. 개인적으로 라즈베리파이 OS에 비해 로봇용 우분투 MATE를 선호한다. 우분투에 최신 소프트웨어 패키지가 있고 데스크톱에서 우분투 20.04로 작업하는 경우 OS에 큰 차이가 없기 때문이다.

젯슨 나노에서는 엔비디아 드라이버가 포함된 맞춤형 우분투 버전 18.04를 설치할 수 있다. 다음 링크에서 설치 가이드를 찾을 수 있다.

https://developer.nvidia.com/embedded/learn/getting-started-jetson.

앞의 URL에서 각 보드에 대한 시작 가이드를 찾을 수 있다. 클릭하면 나노 보드를 다운로드하고 설정하는 조항이 있다.

오드로이드-C4, 라즈베리파이 4, 젯슨 나노에 OS 이미지 설치

오드로이드용 우분투 이미지와 라즈베리파이 4용 우분투 이미지를 다운로드해 마이크로micro SD 카드(가급적이면 32GB)에 설치할 수 있다. FAT32 파일시스템에서 마이크로 SD 카드를 포맷하거나 SD 카드 어댑터 또는 USB 메모리 카드 리더를 사용해 PC에 연결할 수 있다.

윈도우 또는 리눅스에 OS를 설치할 수 있다. 이 보드에 OS를 설치하는 절차는 다음과 같다.

윈도우/리눅스/맥에서 OS 이미지 설치

윈도우/리눅스/맥에는 OS를 SD 카드에 플래시하게 설계된 balenaEtcher라는 도구가 있다. OS 이미지를 오드로이드 또는 라즈베리파이로 플래시하려는 경우 이 도구가 작동한다. https://www.balena.io/etcher/에서 도구를 다운로드할 수 있다.

앞의 링크에서 balenaEtcher를 설치 후 실행하자. 다운로드한 이미지를 선택하고 대상 메모리 카드 드라이브를 선택한 다음 이미지를 드라이브에 기록한다.

그림 9.23 라즈베리파이/오드로이드/젯슨 나노용 balenaEtcher

이 마법사를 완료하면 마이크로 SD 카드를 오드로이드/라즈베리파이에 넣고 OS를 부팅할 수 있다.

라즈베리파이 4/오드로이드/나노에 ROS 설치

라즈베리파이/오드로이드에서 우분투 20.04로 작업하는 경우 공식 ROS Noetic 설치 가이드에 따라 ROS를 설치할 수 있다.

http://wiki.ros.org/noetic/Installation/Ubuntu

라즈베리파이 OS로 작업하는 경우 다음 자습서가 ROS를 설치하는 데 도움이 된다.

http://wiki.ros.org/noetic/Installation/Debian

https://varhowto.com/install-ros-noetic-raspberry-pi-4/

PC에서 오드로이드-C4, 라즈베리파이 4, 젯슨 나노에 연결

일반 PC처럼 HDMI 디스플레이 포트에 모니터를 연결하고 키보드와 마우스를 USB에 연결하면 오드로이드-C4, 라즈베리파이 4, 나노로 작업할 수 있다. 이것은 이 보드로 작업하는 가장 간단한 방법이다.

대부분의 프로젝트에서 보드는 로봇에 설치되므로 디스플레이와 키보드를 로봇에 연결할 수 없다. 이런 보드를 PC에 연결하는 방법에는 여러 가지가 있다. 이 보드를 인터넷에 연결해야 PC와 연결이 용이하다. 다음 방법으로 보드를 인터넷에 연결할 수 있으며 동시에 SSH 프로토콜을 바탕으로 원격 접속할 수 있다.

- **SSH를 통한 와이파이 라우터 및 와이파이 동글을 사용한 원격 연결:** 이 방법에서는 인터넷 연결이 가능한 와이파이 라우터와 보드에 와이파이 동글이 필요하다. PC와 보드는 모두 동일한 와이파이 네트워크에 연결되므로 각각 IP 주소가 있고 그 주소를 사용해 통신할 수 있다.

- **이더넷 핫스팟을 사용한 직접 연결:** 리눅스의 시스템 리소스를 사용하는 무료 소프트웨어 DNS 포워더^{forwarder} 및 DHCP 서버인 **Dnsmasq**를 바탕으로 SSH로 인터넷에 연결해 통신할 수 있다. 이 도구를 사용해 노트북의 와이파이 인터넷 연결을 이더넷에 연결하고 보드를 PC의 이더넷 포트에 연결할 수 있다. 이런 종류의 통신은 작동이 정지된 로봇에 사용할 수 있다. 윈도우로 작업하는 경우 **Dnsmasq**와 동일한 작업을 수행하는 데 사용할 수 있는 Connectify Hotspot https://www.connectify.me/ 이라는 애플리케이션을 구입하는 것을 고려할 수 있다. 윈도우에서 이더넷 핫스팟을 쉽게 만들 수 있다.

첫 번째 방법은 구성하기 매우 쉽다. SSH를 사용해 동일한 네트워크에 있는 두 대의 PC를 연결한다. 두 시스템 모두에 **openssh-server**를 설치할 수 있으며 둘 다 해당 IP 주소를 사용해 **ssh** 명령으로 연결할 수 있다.

다음 명령을 사용해 **openssh-server**를 설치한다.

```
sudo apt install openssh-server
```

두 시스템 모두에 **ssh-server**를 설치한 후 다음 명령을 사용해 다른 컴퓨터에 연결을 시도할 수 있다.

- PC에서 오드로이드에 연결

```
ssh odroid@odroid_ip_address
password는 odroid
```

- PC에서 라즈베리파이에 연결

```
ssh pi@rpi_ip_adress
password는 raspberry
```

각 장치의 IP 주소는 리눅스에서 **ifconfig** 명령을 사용해 찾을 수 있다. 윈도우에서는 **ipconfig**다. 사용자 이름을 얻으려면 **whoami** 명령을 실행할 수 있다.

두 번째 방법은 이더넷 케이블을 사용해 보드에서 노트북으로 직접 연결하는 것이다. 이 방법은 로봇이 움직이지 않을 때 사용할 수 있다. 이 방법에서 보드와 노트북은 SSH로 동시에 통신할 수 있으며 인터넷 액세스도 공유할 수 있다. 이 방법의 장점은 유선이기 때문에 와이파이 연결에 비해 더 많은 대역폭을 얻을 수 있다는 것이다. 이 장에서는 ROS로 작업할 때 이 방법을 사용한다.

이더넷 핫스팟 구성

우분투에서 이더넷 핫스팟을 만들고 이 연결을 바탕으로 와이파이 인터넷을 공유하는 절차는 다음과 같다.

다음과 같이 네트워크 설정에서 Edit Connections...으로 이동하고 Add를 클릭해 새 연결을 추가한다.

그림 9.24 우분투에서 네트워크 연결 구성

Ethernet 연결을 만들고 IPv4 설정에서 방법을 Shared to other computers로 변경한다. 그 후 다음과 같이 연결 이름을 Share로 설정한다.

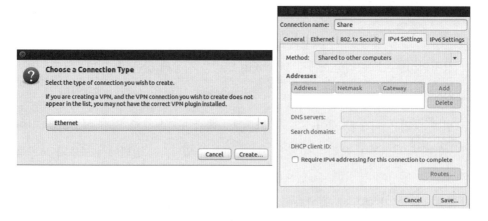

그림 9.25 이더넷으로 공유하기 위한 새 연결 생성

마이크로 SD 카드를 꽂고 보드의 전원을 켠 후 랜^{LAN} 케이블을 사용해 보드의 이더넷 포트를 PC와 연결한다. 보드가 부팅되면 공유 네트워크가 보드 네트워크에 자동으로 연결된 것을 볼 수 있다.

다음 명령을 사용해 보드와 통신할 수 있다.

- 오드로이드

```
ssh odroid@ip_address
password는 odroid
```

- 라즈베리파이 4

```
ssh pi@ip_adress
password는 raspberry
```

- 젯슨 나노

```
ssh nvidia@nano_ip_adress
password는 nano
```

보드에 SSH를 실행한 후 PC와 보드 모두에서 **roscore** 및 대부분의 ROS 명령을 실행할 수 있다. 이 보드를 사용하는 두 가지 예를 살펴보자. 하나는 LED 깜박임용이고 다른 하나는 푸시 버튼 처리용이다. 오드로이드와 라즈베리파이의 GPIO 핀을 처리하는 데 사용할 라이브러리를 **WiringPi**라고 한다. 공식 **WiringPi**는 더 이상 사용되지 않으므로 비공식 **WiringPi** 라이브러리를 사용할 것이다. 엔비디아는 젯슨 나노에서 GPIO 처리를 위해 **jetson-gpio** 라이브러리(https://github.com/NVIDIA/jetson-gpio)를 제공한다.

오드로이드와 라즈베리파이는 핀 레이아웃이 동일하며 대부분의 라즈베리파이 GPIO 라이브러리는 오드로이드로 이식돼 프로그래밍이 더 쉽다. 이 장에서 GPIO 프로그래밍을 위해 사용하는 라이브러리 중 하나는 **WiringPi**다. **WiringPi**는 C++ API를 기반으로 하며 C++ API를 사용해 보드 GPIO에 액세스할 수 있다.

오드로이드 및 라즈베리파이 4에 **WiringPi**를 설치하기 위한 지침을 살펴보자.

오드로이드-C4에 WiringPi 설치

다음 절차를 따라가며 오드로이드-C4에 WiringPi를 설치할 수 있다. 이것은 라즈
베리파이 4와 함께 사용할 수 없는 사용자 정의 버전의 WiringPi다.

```
git clone https://github.com/hardkernel/wiringPi.git
cd wiringPi
sudo ./build
```

오드로이드-C4에는 다음 다이어그램과 같이 40개의 핀이 있다.

3.3V Power	1	2	5.0V Power
I2C_EE_M2_SDA/GPIOX_17(#)	3	4	5.0V Power
I2C_EE_M2_SCL/GPIOX_18(#)	5	6	Ground
PWM_C/GPIOX_5(#)	7	8	GPIOX_12(#)/UART_EE_A_TX
Ground	9	10	GPIOX_13(#)/UART_EE_A_RX
PWM_D/GPIOX_3(#)	11	12	GPIOX_16(#)/PWM_E
GPIOX_4(#)	13	14	Ground
GPIOX_7(#)	15	16	GPIOX_0(#)
3.3V Power	17	18	GPIOX_1(#)
SPI_A_MOSI/GPIOX_8(#)	19	20	Ground
SPI_A_MISO/GPIOX_9(#)	21	22	GPIOX_2(#)
SPI_A_SCLK/GPIOX_11(#)	23	24	GPIOX_10(#)/SPI_A_SS0
Ground	25	26	GPIOH_6(#)
I2C_EE_M3_SDA/GPIOA_14(#)	27	28	GPIOA_15(#)/I2C_EE_M3_SCL
UART_EE_A_CTS/GPIOX_14(#)	29	30	Ground
UART_EE_A_RTS/GPIOX_15(#)	31	32	GPIOH_7(#)
PWM_A/GPIOX_6(#)	33	34	Ground
PWM_B/GPIOX_19(#)	35	36	GPIOH_5(#)/PWM_F
ADC.AIN2	37	38	VDDIO_AO1V8
Ground	39	40	ADC.AIN0

그림 9.26 오드로이드-C4의 핀 배치

오드로이드-C4에서 `WiringPi` 라이브러리의 설치 및 핀 배치[pinout] 다이어그램을 살펴봤다. 다음 절에서는 라즈베리파이 4에 `WiringPi`를 설치하는 방법을 살펴보자.

라즈베리파이 4에 WiringPi 설치

다음 절차를 따라가며 라즈베리파이 4에 `WiringPi`를 설치할 수 있다.

```
git clone https://github.com/WiringPi/WiringPi.git
cd WiringPi
sudo ./build
```

라즈베리파이 4 및 `WiringPi`의 핀 배치는 다음과 같다.

P1: The Main GPIO connector							
WiringPi Pin	BCM GPIO	Name	Header		Name	BCM GPIO	WiringPi Pin
		3.3v	1	2	5v		
8	Rv1:0 - Rv2:2	SDA	3	4	5v		
9	Rv1:1 - Rv2:3	SCL	5	6	0v		
7	4	GPIO7	7	8	TxD	14	15
		0v	9	10	RxD	15	16
0	17	GPIO0	11	12	GPIO1	18	1
2	Rv1:21 - Rv2:27	GPIO2	13	14	0v		
3	22	GPIO3	15	16	GPIO4	23	4
		3.3v	17	18	GPIO5	24	5
12	10	MOSI	19	20	0v		
13	9	MISO	21	22	GPIO6	25	6
14	11	SCLK	23	24	CE0	8	10
		0v	25	26	CE1	7	11

P5: Secondary GPIO connector (Rev. 2 Pi only)							
WiringPi Pin	BCM GPIO	Name	Header		Name	BCM GPIO	WiringPi Pin
		5v	1	2	3.3v		
17	28	GPIO8	3	4	GPIO9	29	18
19	30	GPIO10	5	6	GPIO11	31	20
		0v	7	8	0v		

그림 9.27 라즈베리파이 4의 핀 배치

다음은 라즈베리파이 4의 ROS 예제다.

라즈베리파이 4에서 ROS를 사용해 LED 깜박임

보드의 12번째 핀인 **WiringPi**의 첫 번째 핀에 연결된 LED를 깜박일 수 있는 기본 LED 예제다. LED 음극^{cathode}은 GND 핀에 연결되고 12번째 핀은 양극^{anode}으로 연결된다. 다음 다이어그램은 LED가 있는 라즈베리파이의 회로를 보여준다.

그림 9.28 라즈베리파이 4를 사용해 LED 깜박임

다음 명령을 사용해 예제 ROS 패키지를 만들 수 있다.

```
catkin_create_pkg ros_wiring_example roscpp std_msgs
```

ros_wiring_examples 디렉터리에서 기존 패키지를 가져온다.

src 디렉터리를 만들고 내부에 blink.cpp라는 코드를 만든다.

```
#include "ros/ros.h"
#include "std_msgs/Bool.h"
#include <iostream>
```

```cpp
// Pi header 포함
#include "wiringPi.h"

// Pi 첫 번째 핀

#define LED 1

// 토픽 값에 따라 LED를 깜빡이는 콜백
void blink_callback(const std_msgs::Bool::ConstPtr&amp; msg)
{

  if(msg->data == 1){
    digitalWrite (LED, HIGH) ;
    ROS_INFO("LED ON");
  }
  if(msg->data == 0){
    digitalWrite (LED, LOW) ;
    ROS_INFO("LED OFF");
  }
}

int main(int argc, char** argv)
{
  ros::init(argc, argv,"blink_led");
  ROS_INFO("Started Raspberry Blink Node");
  // WiringPi 설정
  wiringPiSetup(); // 출력으로 LED 핀 설정
  pinMode(LED, OUTPUT);
  ros::NodeHandle n;
  ros::Subscriber sub = n.subscribe("led_blink", 10, blink_callback);
  ros::spin();
}
```

이 코드는 불리언 타입인 **led_blink**라는 토픽을 발행한다. 이 토픽에 1을 발행하면 LED가 켜진다. 0을 발행하면 LED가 꺼진다.

라즈베리파이 4에서 ROS를 사용하는 푸시 버튼과 깜박이는 LED

다음 예제는 버튼의 입력을 처리하는 것이다. 버튼을 누르면 코드가 led_blink 토픽에 발행되고 LED가 깜박인다. 스위치가 꺼지면 LED도 꺼진다. LED는 12번 핀과 GND에 연결되고 버튼은 11번 핀과 GND에 연결된다. 다음 다이어그램은 이 예제의 회로를 보여준다. 회로는 오드로이드에서도 동일하다.

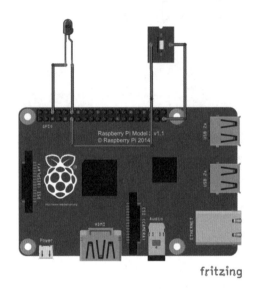

그림 9.29 라즈베리파이 4의 LED 및 푸시 버튼

다음은 LED와 버튼을 연결하는 코드다. 코드는 src 디렉터리 안에 button.cpp라는 이름으로 저장한다.

```
#include "ros/ros.h"
#include "std_msgs/Bool.h"

#include <iostream>
#include "wiringPi.h"

// Pi 1 핀 설정
```

```
#define BUTTON 0
#define LED 1
```

다음 코드는 **led_blink** 토픽에 대한 콜백이다.

```
void blink_callback(const std_msgs::Bool::ConstPtr&amp; msg)
{

  if(msg->data == 1) {

    digitalWrite (LED, HIGH) ;
    ROS_INFO("LED ON");
  }

  if(msg->data == 0) {
    digitalWrite (LED, LOW) ;
    ROS_INFO("LED OFF");
  }

}
```

출력 및 입력을 위해 라즈베리파이에서 ROS 노드와 핀을 초기화한다. 출력 핀은
LED용이고 입력 핀은 버튼 인터페이스용이다. 또한 입력 처리를 위해 풀업 저항을
활성화해야 한다.

```
int main(int argc, char** argv)
{

  ros::init(argc, argv,"button_led");

  ROS_INFO("Started Raspberry Button Blink Node");
  wiringPiSetup ();
```

```
pinMode(LED, OUTPUT);
pinMode(BUTTON, INPUT);
pullUpDnControl(BUTTON, PUD_UP); // 버튼으로 풀업 저항을 활성화한다.
```

다음으로 **led_blink** 토픽에 대한 구독자 및 발행자 객체를 만든다. 버튼을 누르면 발행자가 발행하고 이 토픽의 구독자가 LED를 제어한다.

```
ros::NodeHandle n;
ros::Rate loop_rate(10);

ros::Subscriber sub = n.subscribe("led_blink", 10, blink_callback);
ros::Publisher chatter_pub = n.advertise<std_msgs::Bool>("led_blink", 10);

std_msgs::Bool button_press;
button_press.data = 1;

std_msgs::Bool button_release;
button_release.data = 0;

while (ros::ok())
{
  if (!digitalRead(BUTTON)) // 버튼이 눌리면 True를 반환
  {
    ROS_INFO("Button Pressed");
    chatter_pub.publish(button_press);
  }
  else
  {
    ROS_INFO("Button Released");

    chatter_pub.publish(button_release);
  }
  ros::spinOnce();
  loop_rate.sleep();
```

```
      }
   }
```

이 두 가지 예를 빌드하기 위한 CMakeLists.txt는 다음과 같다. WiringPi 코드는
WiringPi 라이브러리와 연결해야 한다. 이것을 CMakeLists.txt 파일에 추가했다.

```
cmake_minimum_required(VERSION 2.8.3)
project(ros_wiring_examples)

find_package(catkin REQUIRED COMPONENTS
    roscpp
    std_msgs
)

find_package(Boost REQUIRED COMPONENTS system)

// wiring Pi의 디렉터리 포함
set(wiringPi_include "/usr/local/include")

include_directories(
    ${catkin_INCLUDE_DIRS}
    ${wiringPi_include}
)

// wiring Pi의 디렉터리와 연결
LINK_DIRECTORIES("/usr/local/lib")

add_executable(blink_led src/blink.cpp)

add_executable(button_led src/button.cpp)

target_link_libraries(blink_led
    ${catkin_LIBRARIES} wiringPi
)

target_link_libraries(button_led
```

```
    ${catkin_LIBRARIES} wiringPi
)
```

catkin_make를 사용해 프로젝트를 빌드하고 각 예제를 실행할 수 있다. WiringPi 기반 코드를 실행하려면 루트 권한이 필요하다.

라즈베리파이 4에서 예제 실행

이제 프로젝트를 빌드했으므로 예제를 실행하기 전에 라즈베리파이에 대해 다음 설정을 수행해야 한다. SSH로 라즈베리파이에 로그인해 이 설정을 할 수 있다.

루트 사용자의 .bashrc 파일에 다음 내용을 추가해야 한다. 루트 사용자의 .bashrc 파일을 가져온다.

```
sudo -i
nano .bashrc
```

이 파일의 끝에 다음 줄을 추가한다.

```
source /opt/ros/noetic/setup.sh
source /home/pi/catkin_ws/devel/setup.bash
export ROS_MASTER_URI=http://localhost:11311
```

이제 라즈베리파이 4에서 다른 터미널로 로그인하고 다음 명령을 실행해 blink_demo 프로그램을 실행할 수 있다.

하나의 터미널에서 roscore를 시작한다.

```
roscore
```

다른 터미널에서 루트로 실행 파일을 실행한다.

```
sudo -s
cd /home/pi/catkin_ws/build/ros_wiring_examples
./blink_led
```

blink_led 노드를 시작한 후 다른 터미널의 led_blink 토픽에 1을 발행한다.

- 다음은 LED를 ON 상태로 설정하는 코드다.

```
rostopic pub /led_blink std_msgs/Bool 1
```

- 다음은 LED를 OFF 상태로 설정하는 코드다.

```
rostopic pub /led_blink std_msgs/Bool 0
```

- 다른 터미널에서 버튼 LED 노드를 실행한다.

```
sudo -s
cd /home/pi/catkin_ws/build/ros_wiring_examples
./button_led
```

버튼을 누르면 LED가 깜박이는 것을 볼 수 있다. led_blink 토픽을 반영해 버튼 상태를 확인할 수도 있다.

```
rostopic echo /led_blink
```

다이나믹셀 액츄에이터와 ROS 인터페이스

시장에 출시된 최신 스마트 액추에이터 중 하나는 로보티스[Robotis]라는 회사에서 제조한 다이나믹셀[DYNAMIXEL]이다. 다이나믹셀 서보는 다양한 버전이 있으며 그중 일부는 다음 그림과 같다.

그림 9.30 다이나믹셀 서보의 종류

이런 스마트 액추에이터는 ROS에서 완벽하게 지원되며 명확한 문서도 제공된다.

다이나믹셀의 공식 ROS 위키 페이지는 http://wiki.ros.org/dynamixel_controllers/Tutorials다.

요약

9장에서는 I/O 보드를 ROS에 인터페이스하고 센서를 추가하는 방법을 설명했다. 아두이노라는 인기 있는 I/O 보드와 ROS의 인터페이스를 살펴봤다. 아두이노와 LED, 버튼, 가속도계, 초음파 사운드 센서 등과 같은 HW 인터페이스의 기본 구성 요소를 살펴봤다. 아두이노의 인터페이스를 살펴본 후 라즈베리파이 4 및 오드로이드-C4에서 ROS를 설정하는 방법을 알아봤다. 또한 ROS 및 `WiringPi` 기반의 오드로이드 및 라즈베리파이에 대한 몇 가지 기본 예제를 제시했다. 마지막으로 ROS에서 다이나믹셀 스마트 액츄에이터의 인터페이스를 살펴봤다. 9장에서는 로봇 센서와 액추에이터를 I/O 보드나 컴퓨터에 연결하는 공백을 채웠다. 이 지식을 사용해 로봇에 적합한 I/O 보드를 선택하고 ROS와 인터페이스할 수 있다.

10장에서는 차동 구동 로봇을 처음부터 만들고 로봇과 ROS를 인터페이스하는 방법을 설명한다.

다음은 9장에서 다룬 내용을 기반으로 한 몇 가지 질문이다.

⠿ 질문

1. rosserial 패키지의 다양한 종류에는 무엇이 있는가?

2. rosserial_arduino의 주요 기능은 무엇인가?

3. rosserial 프로토콜은 어떻게 작동하는가?

4. 오드로이드와 라즈베리파이 보드의 주요 차이점은 무엇인가?

10

ROS와 OpenCV, PCL을 활용한 비전 센서 프로그래밍

9장에서는 ROS에서 I/O 보드를 사용해 센서와 액추에이터를 인터페이스하는 방법을 살펴봤다. 10장에서는 ROS에서 다양한 비전 센서를 인터페이스하고 OpenCV Open Source Computer Vision 및 PCL Point Cloud Library 같은 라이브러리를 활용해 프로그래밍하는 방법을 알아본다. 로봇 비전은 물체를 조작하고 환경을 탐색하는 모든 로봇에게 중요한 요소다. 시장에는 많은 2D/3D 비전 센서가 있으며 이런 센서의 대부분은 ROS와 인터페이스하기 위한 드라이버 패키지가 있다. 먼저 비전 센서를 ROS와 인터페이스하는 방법과 OpenCV 및 PCL을 사용해 프로그래밍하는 방법을 알아본다. 마지막으로 fiducial marker 라이브러리를 사용해 비전 기반 로봇 애플리케이션을 개발하는 방법을 살펴본다.

10장에서 다루는 내용은 다음과 같다.

- ROS: OpenCV 인터페이스 패키지 이해

- ROS: PCL 인터페이스 패키지 이해

- ROS에서 USB 웹캠 인터페이스

- ROS 카메라 보정

- Kinect 및 아수스 Xtion Pro와 ROS 인터페이스

- 인텔 RealSense 카메라와 ROS 인터페이스

- ROS와 Hokuyo 레이저 인터페이스

- 포인트 클라우드 데이터 작업

기술적 요구 사항

19장을 따라 하려면 다음 소프트웨어 및 하드웨어 설정이 필요하다.

- **하드웨어:** 좋은 노트북, 리눅스에서 지원되는 웹캠. 깊이^{depth} 카메라와 LiDAR는 선택 사항

- **소프트웨어:** ROS Noetic이 설치된 우분투 20.04

ROS를 사용해 로봇 비전 애플리케이션을 사용하는 데 필요한 ROS 패키지 및 라이브러리로 시스템을 구성하는 것부터 시작한다. 다음 절에서는 OpenCV 라이브러리와 ROS의 인터페이스 패키지를 간략하게 소개한다.

10장의 참조 코드는 다음 깃허브 저장소에서 다운로드할 수 있다.

https://github.com/PacktPublishing/Mastering-ROS-for-Robotics-Programming-Third-edition/tree/main/Chapter10

작동 중인 코드는 https://bit.ly/3yZYao1에서 볼 수 있다.

⁜ ROS-OpenCV 인터페이스 패키지 이해

OpenCV는 가장 인기 있는 오픈소스, 실시간 컴퓨터 비전 라이브러리 중 하나며 주로 C/C++로 작성된다. OpenCV는 BSD 라이선스와 함께 제공되며 학술 및 상용 애플리케이션 모두에서 무료다. OpenCV는 C/C++, 파이썬, 자바를 사용해 프로그래밍할 수 있으며 윈도우, 리눅스, 맥OS X, 안드로이드, iOS와 같은 다중 플랫폼을 지원한다. OpenCV에는 컴퓨터 비전 애플리케이션을 구현하는 데 사용할 수 있는 수많은 컴퓨터 비전 API가 있다. OpenCV 라이브러리의 웹 사이트는 https://opencv.org/에서 찾을 수 있다.

OpenCV 라이브러리는 **vision_opencv**라는 ROS 스택으로 ROS와 인터페이스한다. **vision_opencv**는 다음과 같이 OpenCV와 ROS를 연결하기 위한 두 가지 중요한 패키지로 구성된다.

- **cv_bridge:** **cv_bridge** 패키지에는 OpenCV 이미지 데이터 타입인 **cv::Mat**을 **sensor_msgs/Image**라는 ROS 이미지 메시지로 (또는 그 반대로) 변환하기 위한 API 라이브러리가 포함돼 있다. 간단히 말해 OpenCV와 ROS 사이를 연결하는 역할을 한다. OpenCV API를 사용해 이미지를 처리해 다른 노드로 보내고 싶을 때마다 ROS 이미지 메시지로 변환할 수 있다. 다음 절에서 이 변환을 수행하는 방법을 살펴본다.

- **image_geometry:** 카메라를 사용하기 전에 가장 먼저 수행해야 하는 프로세스 중 하나는 보정^{calibration}이다. **image_geometry** 패키지에는 C++ 및 파이썬으로 작성된 라이브러리가 포함돼 있기 때문에 보정 파라미터를 사용해 이미지의 기하^{geomtry}를 수정하는 데 도움이 된다. 패키지는 보정 파라미터를 처리하고 OpenCV 이미지 수정을 위해 **sensor_msgs/CameraInfo**라는 메시지 타입을 사용한다.

이 절에서는 2D 로봇 비전 애플리케이션을 위한 OpenCV 라이브러리와 인터페이스하기 위한 ROS의 몇 가지 중요한 패키지를 살펴본다. 또한 ROS를 PCL에 연결해 3D 포인트 클라우드 처리를 수행하는 방법도 알아본다.

ROS-PCL 인터페이스 패키지 이해

포인트 클라우드는 3D 모양/객체를 나타내는 공간의 3D 포인트 그룹이다. 포인트 클라우드 데이터의 각 포인트는 X, Y, Z 값을 사용해 표현된다. 또한 공간의 한 지점이 아니라 각 지점에서 RGB 또는 HSV와 같은 값을 가질 수 있다(https://en. wikipedia.org/wiki/Point_cloud). PCL 라이브러리는 3D 포인트 클라우드 처리를 수행하기 위한 오픈소스 프로젝트다.

OpenCV와 마찬가지로 BSD 라이선스에 있으며 학술 및 상업적 목적에서 무료로 사용할 수 있다. 또한 리눅스, 윈도우, 맥OS, 안드로이드/iOS를 지원하는 크로스플 랫폼 패키지다.

라이브러리는 다양한 포인트 클라우드 기반 애플리케이션을 구현하는 데 필요한 필 터링filtering, 세그먼테이션segmentation, 특징 추정feature estimation 등을 위한 표준 알고리듬으로 구성된다. 포인트 클라우드 라이브러리의 기본 웹 사이트는 http://pointclouds.org/ 에서 찾을 수 있다.

포인트 클라우드 데이터는 Kinect, 아수스 Xtion Pro, 인텔 RealSense 등과 같은 센서 에서 획득할 수 있다. 이 데이터는 물체 감지object detection, 잡기grasping, 조작manipulation과 같은 로봇 애플리케이션에서 사용할 수 있다. PCL은 다양한 센서의 포인트 클라우드 데이터 처리를 위해 ROS와 긴밀하게 통합된다. perception_pcl 스택은 PCL 라이브 러리에 대한 ROS 인터페이스다. ROS에서 PCL 데이터 타입으로 또는 그 반대로 포 인트 클라우드 데이터를 변환하기 위한 패키지로 구성된다. perception_pcl은 다음 패키지로 구성된다.

- **pcl_conversions:** 이 패키지는 PCL 데이터 타입을 ROS 메시지로 또는 그 반대로 변환하는 API를 제공한다.

- **pcl_msgs:** 이 패키지에는 ROS의 PCL 관련 메시지 정의가 포함돼 있다. PCL 메시지는 ModelCoefficients, PointIndices, PolygonMesh, Vertices다.

- **pcl_ros:** ROS의 PCL 브리지다. 이 패키지에는 ROS 메시지를 PCL 데이터 타입으로 또는 그 반대로 연결하는 도구와 노드가 포함돼 있다.

다음 절에서는 ROS 퍼셉션^{perception} 스택을 설치하는 방법을 설명하고 각 패키지의 다양한 기능도 볼 수 있다.

ROS 퍼셉션 설치

이 절에서는 OpenCV, PCL 등과 같이 퍼셉션과 관련된 대부분의 패키지를 포함하는 메타패키지인 퍼셉션을 설치할 것이다.

```
sudo apt install ros-noetic-perception
```

ROS 퍼셉션 스택에는 다음 ROS 패키지가 포함돼 있다.

- **image_common:** 이 메타패키지는 ROS에서 이미지를 처리하기 위한 공통 함수를 포함한다. 메타패키지는 다음 패키지 목록(http://wiki.ros.org/image_common)으로 구성된다.

  - **image_transport:** 이 패키지는 이미지 토픽을 발행/구독하는 동안 대역폭 절약을 위해 이미지를 압축한다(http://wiki.ros.org/image_transport). 사용할 수 있는 다양한 압축 방법은 JPEG/PNG 압축과 스트리밍 비디오를 위한 테오라^{Theora}다. image_transport에 사용자 정의 압축 방법을 추가할 수도 있다.

- **camera_calibration_parsers:** 이 패키지는 XML 파일에서 카메라 보정 파라미터를 읽고 쓰기 위한 루틴을 포함한다. 이 패키지는 주로 카메라 드라이버에서 보정 파라미터에 접근하는 데 사용한다.

- **camera_info_manager:** 이 패키지는 보정 정보를 저장, 복원, 로드하는 데 사용되는 루틴으로 구성된다. 주로 카메라 드라이버가 사용한다.

- **polled_camera:** 이 패키지에는 폴링^{polling} 카메라 드라이버(예를 들어 prosilica_camera)에서 이미지를 요청하기 위한 인터페이스가 포함돼 있다.

- **image_pipeline:** 이 메타패키지는 카메라 드라이버에서 원시^{raw} 이미지를 처리하기 위한 패키지를 포함한다. 이 메타패키지가 수행하는 처리에는 보정, 왜곡^{distortion} 제거, 스테레오 비전$^{stereo\ vision}$ 처리, 깊이 영상$^{depth-image}$ 처리 등이 포함된다. 처리를 위해 이 메타패키지는 다음 패키지를 포함한다(http://wiki.ros.org/image_pipeline).

  - **camera_calibration:** 3D를 2D 카메라 이미지와 연관시키는 중요한 도구 중 하나는 **calibration**이다. 이 패키지는 ROS에서 모노 및 스테레오 이미지 보정을 수행하기 위한 도구를 제공한다.

  - **image_proc:** 이 패키지의 노드는 카메라 드라이버와 비전 처리 노드 사이에서 작동한다. 보정 파라미터 처리, 원시 이미지에서 카메라 왜곡 수정, 다른 색상 포맷으로 이미지 변환이 가능하다.

  - **depth_image_proc:** 이 패키지에는 Kinect 및 3D 비전 센서의 깊이 이미지를 처리하기 위한 노드 및 **nodelet**이 포함돼 있다. 포인트 클라우드 데이터를 생성을 위해 이런 **nodelet**으로 깊이 이미지를 처리할 수 있다.

  - **stereo_image_proc:** 이 패키지에는 한 쌍의 카메라에 대한 왜곡 제거를 수행하는 노드가 포함돼 있다. 이는 두 대의 카메라를 처리한다는 점을 제외하면 **image_proc** 패키지와 동일하다. 하나는 스테레오 비전용이고 다른 하나는 포인트 클라우드 및 디스패리티^{disparity} 이미지 개발용이다.

- **image_rotate:** 이 패키지에는 입력 이미지를 회전하기 위한 노드가 포함돼 있다.

- **image_view:** 이것은 ROS 메시지 토픽을 보기 위한 간단한 ROS 도구다. 스테레오 및 디스패리티 이미지도 볼 수 있다.

- **image_transport_plugins:** 이 플러그인은 다른 압축 레벨 또는 다른 비디오 코덱으로, ROS 이미지의 발행과 구독을 위한 목적으로 ROS 이미지 전송에 사용한다. 대역폭^{bandwidth}과 지연 시간^{latency}을 줄이는 데 도움이 된다(http://wiki.ros.org/image_transport_plugins).

- **laser_pipeline:** 레이저 데이터를 필터링하며 3D 직교 좌표계 포인트로 변환하고 포인트를 조합해 클라우드를 형성하는 등의 레이저 데이터를 처리할 수 있는 패키지 세트다(https://wiki.ros.org/laser_pipeline). **laser_pipeline** 스택에는 다음 패키지가 포함돼 있다.

  - **laser_filters:** 이 패키지에는 원시 레이저 데이터의 노이즈를 필터링하고, 로봇 풋프린트^{footprint} 내부의 레이저 포인트를 제거하고, 레이저 데이터 내부의 비논리적인^{spurious} 값을 제거하는 노드가 포함돼 있다.

  - **laser_geometry:** 레이저 데이터를 필터링한 후 레이저 스캐너의 기울기^{tilt} 및 비틀림^{skew} 각도를 고려해 레이저 범위와 각도를 3D 직교 좌표로 효율적으로 변환하도록 도움을 준다.

  - **laser_assembler:** 이 패키지는 레이저 스캔을 3D 포인트 클라우드 또는 2.5D 스캔으로 어셈블할 수 있다.

- **recognition_pcl:** PCL-ROS 인터페이스의 스택이다.

- **vision_opencv:** OpenCV-ROS 인터페이스의 스택이다.

이 절에서는 ROS 퍼셉션 패키지를 설치하는 방법과 ROS 퍼셉션 스택에 포함된 ROS 패키지 목록을 살펴봤다. 다음 절에서는 ROS에서 USB 웹캠을 인터페이스하는 방법을 배운다.

ROS에서 USB 웹캠 인터페이스

ROS에서 일반 웹캠이나 노트북 캠과 인터페이스할 수 있다. 모든 종류의 웹 카메라 사용을 위해 설치해야 하는 ROS 패키지는 없다. 카메라가 우분투/리눅스에서 작동하는 경우 ROS 드라이버에서 지원될 수 있다. 카메라를 연결한 후 /dev/videoX 장치 파일이 생성됐는지 확인한다. Cheese, VLC 등의 애플리케이션을 사용해 이를 확인할 수 있다. 우분투에서 웹캠이 지원되는지 확인하는 방법은 https://help.ubuntu.com/community/Webcam에서 확인할 수 있다.

다음 명령을 사용해 시스템에 있는 비디오 장치를 찾을 수 있다.

```
ls /dev/ | grep video
```

video0이 출력되면 USB 카메라를 사용할 수 있다. 웹캠이 우분투를 지원하는지 확인한 후 다음 명령을 사용해 usb_cam이라는 ROS 웹캠 드라이버를 설치할 수 있다.

```
sudo apt install ros-noetic-usb-cam
```

소스코드에서 최신 usb_cam 패키지를 설치할 수 있다. 드라이버는 깃허브(https://github.com/ros-drivers/usb_cam)에서 사용할 수 있다.

usb_cam 패키지에는 USB 캠의 드라이버인 usb_cam_node라는 노드가 포함돼 있다.

432

이 노드를 실행하기 전에 일부 ROS 파라미터를 구성해야 한다. 파라미터와 함께 ROS 노드를 실행해보자. usb_cam-test.launch 파일은 필요한 파라미터를 사용해 USB 캠 드라이버를 실행할 수 있다.

```xml
<launch>
  <node name="usb_cam" pkg="usb_cam" type="usb_cam_node" output="screen" >
    <param name="video_device" value="/dev/video0" />
    <param name="image_width" value="640" />
    <param name="image_height" value="480" />
    <param name="pixel_format" value="yuyv" />
    <param name="camera_frame_id" value="usb_cam" />
    <param name="io_method" value="mmap"/>
  </node>
  <node name="image_view" pkg="image_view" type="image_view" respawn="false"
output="screen">
    <remap from="image" to="/usb_cam/image_raw"/>
    <param name="autosize" value="true" />
  </node>
</launch>
```

이 런치 파일은 usb_cam_node로 시작하고, device /dev/video0을 포함하며 해상도는 640 × 480이다. 여기에서 픽셀 포맷은 YUV(https://wiki.videolan.org/YUV)다. usb_cam_node를 시작한 후 드라이버에서 원시 이미지 표시를 위해 image_view 노드를 실행한다. 다음 명령을 사용해 이전 파일을 시작할 수 있다.

```
roslaunch usb_cam usb_cam-test.launch
```

이미지 미리보기와 함께 다음 메시지가 표시된다.

그림 10.1 이미지 보기 도구를 사용한 USB 카메라 이미지

드라이버에 의해 생성된 토픽은 다음 스크린샷에 표시된다. 다음은 모두 원시, 압축
_{compressed}, 테오라 코덱 토픽이다.

```
/image_view/output
/image_view/parameter_descriptions
/image_view/parameter_updates
/rosout
/rosout_agg
/usb_cam/camera_info
/usb_cam/image_raw
/usb_cam/image_raw/compressed
/usb_cam/image_raw/compressed/parameter_descriptions
/usb_cam/image_raw/compressed/parameter_updates
/usb_cam/image_raw/compressedDepth
/usb_cam/image_raw/compressedDepth/parameter_descriptions
/usb_cam/image_raw/compressedDepth/parameter_updates
/usb_cam/image_raw/theora
/usb_cam/image_raw/theora/parameter_descriptions
/usb_cam/image_raw/theora/parameter_updates
```

그림 10.2 USB 카메라 드라이버에 의해 생성된 토픽 목록

다음 명령을 사용해 다른 창에서 이미지를 시각화할 수 있다.

```
rosrun image_view image_view image:=/usb_cam/image_raw
```

토픽 목록에서 볼 수 있듯이 image_trasport 패키지를 설치했기 때문에 이미지는 압축 및 비압축의 다양한 방식으로 발행된다. 테오라 코덱 포맷은 네트워크를 바탕으로 다른 ROS 노드로 이미지를 전송하거나 하드 디스크의 공간을 거의 차지하지 않도록 백^{bag} 파일에 토픽의 비디오 데이터를 저장하는 데 유용하다. 원격 시스템이나 동일한 시스템에 있는 백 파일의 압축된 이미지를 사용하려면 image_transport 패키지의 republish 노드를 사용해 압축되지 않은 형식으로 다시 발행해야 한다.

```
rosrun image_transport republish [input format] in:=<in_topic_base> [output
format] out:=<out_topic>
```

다음은 이에 대한 예다.

```
rosrun image_transport republish compressed in:=/usb_cam/image_raw [output
format] out:=/usb_cam/image_raw/republished
```

이전 예에서는 압축된 버전_(/usb_cam/image_raw/compressed)이 아니라 토픽 기본 이름을 입력_(/usb_cam/img_raw)으로 사용했다.

지금까지 카메라에서 이미지를 획득하고 처리하는 방법을 배웠다. 이제 카메라 보정^{calibration}을 살펴보자.

ROS 카메라 보정

모든 센서와 마찬가지로 카메라도 보정해야 내부 파라미터로 인한 카메라 이미지의 왜곡을 수정하고 카메라 좌표로 월드 좌표를 찾을 수 있다.

이미지 왜곡을 일으키는 주요 파라미터는 방사형radial 왜곡과 접선tangential 왜곡이다. 카메라 보정 알고리듬을 사용해 이런 파라미터를 모델링하고 초점 거리focal distance와 주요 포인트principal points를 포함하는 카메라 보정 매트릭스를 계산한다. 이를 바탕으로 카메라 좌표에서 실제 좌표를 계산할 수 있다.

카메라 보정은 고전적인 흑백 체스판black-white chessboard, 대칭 원형 패턴symmetrical circle pattern 또는 비대칭 원형 패턴asymmetrical circle pattern을 사용해 수행할 수 있다. 각 패턴에 따라 다른 방정식을 사용해 보정 파라미터를 얻을 수 있다. 특정 보정 도구를 사용해 이런 패턴을 감지할 수 있으며 감지된 각 패턴은 새로운 방정식으로 간주된다. 보정 도구가 충분한 패턴을 감지하면 카메라의 최종 파라미터를 계산할 수 있다.

ROS는 카메라 보정을 수행하고자 camera_calibration(http://wiki.ros.org/camera_calibration/ Tutorials/MonocularCalibration) 패키지를 제공하며 image_pipline 스택의 일부다. Kinect 및 인텔 RealSense와 같은 단안, 스테레오, 3D 센서도 보정할 수 있다.

보정을 수행하기 전에 가장 먼저 해야 할 일은 ROS 위키에 언급된 체스판 패턴을 다운로드한 다음 인쇄해 카드보드에 붙여 넣는 것이다. 이 체크보드는 보정에 사용할 패턴으로 전체 크기는 8 × 6이고, 내부 정사각형에서 변의 길이는 108mm다.

usb_cam 런치 파일을 실행해 카메라 드라이버를 시작한다. /usb_cam/image_raw 토픽의 원시 이미지를 사용해 ROS의 카메라 보정 노드를 실행할 것이다. 다음 명령으로 필요한 파라미터를 사용해 보정 노드를 실행한다.

```
rosrun camera_calibration cameracalibrator.py --size 8x6 --square 0.108
image:=/usb_cam/image_raw camera:=/usb_cam
```

보정 창이 나타난다. 카메라에 보정 패턴이 감지돼 표시되면 출력은 다음과 같다.

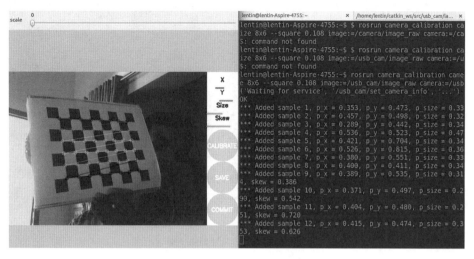

그림 10.3 ROS 카메라 보정

보정 패턴을 X와 Y 방향으로 이동한다. 보정 노드가 충분한 양의 샘플을 가져오면 창에서 CALIBRATE 버튼이 활성화된다. 이 CALIBRATE 버튼을 누르면 샘플을 사용해 카메라 파라미터를 계산한다. 계산에 시간이 좀 걸린다. 계산이 끝나면 다음 이미지와 같이 창 내부에 SAVE 및 COMMIT이라는 두 개의 버튼이 활성화된다. SAVE 버튼을 누르면 보정 파라미터가 /tmp/calibrationdata.tar.gz 파일에 저장된다. COMMIT 버튼을 누르면 서비스 호출을 사용해 카메라 드라이버에서 새 보정 파라미터가 업데이트된다. 이 보정 파라미터는 ~/.ros/camera_info/<camera_name.yaml>에 저장돼 있다. 여기서 **camera_name**은 카메라 드라이버에서 할당한 이름이다.

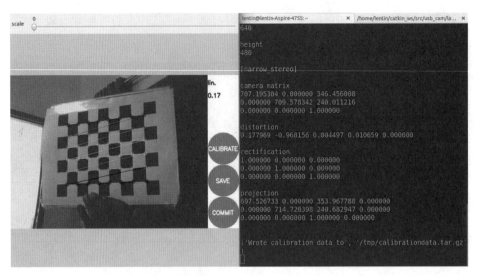

그림 10.4 카메라 보정 파일 작성

이제 카메라 드라이버를 다시 시작하면 YAML 보정 파일이 드라이버와 함께 로드되는 것을 볼 수 있다. 생성된 보정 파일은 다음과 같다.

```
image_width: 640
image_height: 480
camera_name: head_camera
camera_matrix:
rows: 3
cols: 3
data: [707.1953043273086, 0, 346.4560078627374, 0, 709.5783421541863,
240.0112155124814, 0, 0, 1]
distortion_model: plumb_bob
distortion_coefficients:
rows: 1
cols: 5
data: [0.1779688561999974, -0.9681558538432319, 0.004497434720139909,
0.0106588921249554, 0]
rectification_matrix:
```

```
rows: 3
cols: 3
data: [1, 0, 0, 0, 1, 0, 0, 0, 1]
projection_matrix:
  rows: 3
  cols: 4
  data: [697.5267333984375, 0, 353.9677879190494, 0, 0, 714.7203979492188,
240.6829465337159, 0, 0, 0, 1, 0]
```

ROS 카메라 보정 패키지를 사용해 카메라를 보정하는 방법을 배웠으므로 ROS 이미지 메시지를 OpenCV 데이터 타입으로 또는 그 반대로 변환하는 방법을 알아본다. 이것은 OpenCV 라이브러리를 사용해 ROS 이미지 메시지를 처리하는 데 도움이 된다.

cv_bridge를 사용해 ROS와 OpenCV 간에 이미지 변환

이 절에서는 ROS 이미지 메시지(sensor_msgs/Image)와 OpenCV 이미지 데이터 타입(cv::Mat) 사이 변환 방법을 알아본다. 이 변환에 사용되는 주요 ROS 패키지는 vision_opencv 스택의 일부인 cv_bridge다. CvBridge라고 하는 cv_bridge 내부의 ROS 라이브러리는 이 변환을 수행하는 데 도움이 된다. 코드 내에서 CvBridge 라이브러리를 사용해 이 변환을 수행할 수 있다. 다음 다이어그램은 ROS와 OpenCV 간에 변환이 수행되는 방법을 보여준다.

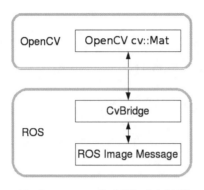

그림 10.5 CvBridge를 사용한 이미지 변환

여기서 **CvBridge** 라이브러리는 ROS 메시지를 OpenCV 이미지로 또는 그 반대로 변환하는 가교^{bridge} 역할을 한다. 다음 예제에서 ROS와 OpenCV 간의 변환이 어떻게 수행되는지 알아보자.

ROS 및 OpenCV를 사용한 이미지 처리

이 절에서는 **cv_bridge**를 사용해 카메라 드라이버에서 이미지를 가져오는 방법과 OpenCV API를 사용해 이미지를 변환하고 처리하는 방법의 예를 살펴본다. 이 예제의 작동 방식을 살펴보자.

- **/usb_cam/image_raw** 토픽_(sensor_msgs/Image)으로 카메라 드라이버의 이미지를 구독한다.

- **CvBridge**를 사용해 ROS 이미지를 OpenCV 이미지 타입으로 변환한다.

- API를 사용해 OpenCV 이미지를 처리하고 이미지에서 가장자리^{edge}를 찾는다.

- 가장자리 감지^{edge detection}의 OpenCV 이미지 타입을 ROS 이미지 메시지로 변환하고 **/edge_detector/processed_image** 토픽으로 발행한다.

이 예제를 빌드하려면 다음 단계를 따른다.

1. 예제를 위한 ROS 패키지를 생성한다.

   이 패키지는 Chapter 10 코드 디렉터리에서 얻을 수 있다. 또는 다음 명령을 사용해 새 패키지를 만들 수 있다.

   ```
   catkin_create_pkg cv_bridge_tutorial_pkg cv_bridge image_transport
   roscpp sensor_msgs std_msgs
   ```

   이 패키지는 주로 **cv_bridge**, **image_transport**, **sensor_msgs**에 의존한다.

2. 필요한 소스 파일을 생성한다.

   샘플 sample_cv_bridge_node.cpp 파일의 소스코드는 Chapter_10/cv_bridge_tutorial_pkg/src 디렉터리에서 얻을 수 있다.

3. 코드를 살펴보자.

   다음은 cv_bridgenode.cpp 소스코드에 대한 설명이다.

   ```
   #include <image_transport/image_transport.h>
   ```

4. 여기에서는 **image_transport** 패키지를 사용해 ROS의 이미지를 발행하고 구독한다.

   ```
   #include <cv_bridge/cv_bridge.h>
   #include <sensor_msgs/image_encodings.h>
   ```

5. 이 헤더에는 **CvBridge** 클래스와 이미지 인코딩 관련 함수를 포함한다.

   ```
   #include <opencv2/imgproc/imgproc.hpp>
   ```

```
#include <opencv2/highgui/highgui.hpp>
```

6. 다음은 코드에서 이미지 처리 및 GUI API를 제공하는 주요 OpenCV 이미지 처리 모듈 및 GUI 모듈이다.

```
    image_transport::ImageTransport it_;
public:
    Edge_Detector()
      : it_(nh_)
    {
        // 입력 video feed를 구독하고 출력 video feed를 발행한다.
        image_sub_ = it_.subscribe("/usb_cam/image_raw", 1,
&ImageConverter::imageCb, this);
        image_pub_ = it_.advertise("/edge_detector/raw_ image", 1);
```

image_transport::ImageTransport it_ 줄을 더 자세히 살펴보자. 이 줄은 ROS 이미지 메시지를 발행하고 구독하는 데 사용되는 ImageTransport의 인스턴스를 만든다. ImageTransport API에 대한 자세한 내용은 다음 절에서 다룬다.

image_transport를 활용한 이미지 발행과 구독

ROS image_transport는 ROS 발행자 및 구독자와 매우 유사하며 카메라 정보와 함께 이미지를 발행하거나 구독하는 데 사용한다. ros::Publisher를 사용해 이미지 데이터를 발행할 수 있지만 이미지 트랜스포트image transport가 이미지 데이터를 보내는 더 효과적인 방법이다.

이미지 트랜스포트 API는 image_transport 패키지에서 제공된다. 이런 API를 사용해 다양한 압축 포맷으로 이미지를 전송할 수 있다. 예를 들어 압축되지 않은 uncompressed 이미지, JPEG/PNG 압축 또는 테오라Theora(https://www.theora.org/) 압축 포맷으로 전송할 수 있다. 플러그인을 추가해 다양한 전송 포맷을 추가할 수도 있다. 기본적으로 압축^{compressed} 및 테오라 트랜스포트를 볼 수 있다.

```
// 다음 줄에서 ImageTransport 클래스의 인스턴스를 만든다.
image_transport::ImageTransport it_;

// 그런 다음 image_Transport 객체를 사용해 이미지를 구독 및 발행하기 위한 구독자 및
발행자 객체를 선언한다.
image_transport::Subscriber image_sub_;
image_transport::Publisher image_pub_;

// 다음은 이미지를 구독하고 발행하는 방법이다.
image_sub_ = it_.subscribe("/usb_cam/image_raw", 1,
&ImageConverter::imageCb, this);
image_pub_ = it_.advertise("/edge_detector/processed_image", 1);
cv::namedWindow(OPENCV_WINDOW);
}

~Edge_Detector()
{
cv::destroyWindow(OPENCV_WINDOW);
}
```

이것이 이미지를 표시하기 위한 GUI를 만드는 데 사용되는 OpenCV 함수인 image.cv::namedWindow()를 구독하고 발행하는 방법이다. 이 함수 내부의 인수는 창의 이름이다. 클래스 소멸자 내부에서 그 창을 종료한다.

cv_bridge를 사용해 OpenCV 이미지를 ROS 이미지 메시지로 변환

다음은 이미지 콜백 함수로, CvBridge API를 사용해 ROS 이미지 메시지를 OpenCV cv::Mat 타입으로 변환한다. 다음은 ROS에서의 이미지 타입을 OpenCV의 타입 또는 그 반대로 변환하는 방법이다.

```
void imageCb(const sensor_msgs::ImageConstPtr& msg)
{
   cv_bridge::CvImagePtr cv_ptr;
   namespace enc = sensor_msgs::image_encodings;

   try
   {
     cv_ptr = cv_bridge::toCvCopy(msg, sensor_msgs::image_encodings::BGR8);
   }
   catch (cv_bridge::Exception& e)
   {
     ROS_ERROR("cv_bridge exception: %s", e.what());
     return;
   }
```

CvBridge의 관점에서 CvImage의 인스턴스를 생성하는 것으로 시작해야 한다. 다음 명령은 CvImage 포인터를 만든다.

```
cv_bridge::CvImagePtr cv_ptr;
```

CvImage 타입은 cv_bridge에서 제공하는 클래스로 OpenCV 이미지 및 인코딩 ecoding, ROS 헤더 등의 정보로 구성된다. 이 타입을 사용해 ROS 이미지를 OpenCV로 또는 그 반대로 쉽게 변환할 수 있다.

```
cv_ptr = cv_bridge::toCvCopy(msg, sensor_msgs::image_encodings::BGR8);
```

ROS 이미지 메시지를 두 가지 방법으로 처리할 수 있다. 이미지를 복사하거나 이미지 데이터를 공유하는 방법이다. 이미지를 복사하면 복사된 이미지를 수정할 수 있지만 공유 포인터를 사용하면 수정할 수 없다. toCvCopy()를 사용해 ROS 이미지의 복사본을 만들 수 있다. toCvShare() 함수는 이미지의 포인터를 가져오는 데 사용한다. 이 함수 내에서 ROS 메시지와 인코딩 타입을 언급해야 한다.

```
if (cv_ptr->image.rows > 400 && cv_ptr->image.cols > 600){
  detect_edges(cv_ptr->image);
  image_pub_.publish(cv_ptr->toImageMsg());
}
```

여기에서는 CvImage 인스턴스에서 이미지와 속성을 추출한 다음 이 인스턴스에서 cv::Mat 객체에 접근한다. 이 코드는 이미지의 행과 열이 특정 범위에 있는지 여부를 확인하고, 이것이 사실이면 detect_edges(cv::Mat)라는 다른 메서드를 호출해 인수로 제공된 이미지를 처리하고 가장자리가 감지된 이미지를 표시한다.

```
image_pub_.publish(cv_ptr->toImageMsg());
```

이 줄은 가장자리 감지 이미지를 ROS 이미지 메시지로 변환한 후 발행한다. 여기서는 toImageMsg() 함수를 사용해 CvImage 인스턴스를 ROS 이미지 메시지로 변환한다.

이미지에서 가장자리 검출

ROS 이미지를 OpenCV 타입으로 변환한 후 이미지의 가장자리를 찾고자 detect_edge(cv::Mat) 함수를 호출해야 한다. OpenCV 내장 함수를 사용해 이 작업을 수행할 수 있다.

```
cv::cvtColor( img, src_gray, CV_BGR2GRAY );
cv::blur( src_gray, detected_edges, cv::Size(3,3) );
cv::Canny( detected_edges, detected_edges, lowThreshold, lowThreshold*ratio,
kernel_size );
```

여기에서 cvtColor() 함수는 RGB 이미지를 그레이스케일로 변환하고 cv::blur() 는 이미지에 흐림blurring 효과를 추가한다. 그런 다음 Canny edge Detector를 사용해 이미지의 가장자리를 추출할 수 있다.

원시 및 가장자리 감지 이미지 시각화

여기서는 창 이름과 이미지 이름으로 구성된 imshow() OpenCV 함수를 사용해 이미지 데이터를 출력한다.

```
cv::imshow(OPENCV_WINDOW, img);
cv::imshow(OPENCV_WINDOW_1, dst);
cv::waitKey(3);
```

코드를 자세히 살펴봤으므로 CMakeLists.txt 파일을 편집해 코드를 빌드하는 방법을 알아보자.

CMakeLists.txt 파일 편집

CMakeLists.txt 파일의 정의는 다음과 같다. 이 예에서는 OpenCV 지원이 필요하므로 OpenCV 헤더 경로를 포함하고 소스코드를 OpenCV 라이브러리와 연결해야 한다.

```
include_directories(
    ${catkin_INCLUDE_DIRS}
    ${OpenCV_INCLUDE_DIRS}
)

add_executable(sample_cv_bridge_node src/sample_cv_bridge_node.cpp)

## 타깃(다른 라이브러리나 실행 파일)에 연결할 라이브러리 지정한다.
```

```
target_link_libraries(sample_cv_bridge_node
   ${catkin_LIBRARIES}
   ${OpenCV_LIBRARIES}
)
```

이제 ROS 패키지 내에서 CMakeLists.txt 파일을 편집했으므로 패키지를 빌드하고
애플리케이션을 실행하는 방법을 알아보자.

예제 빌드와 실행

catkin_make를 사용해 패키지를 빌드한 후 다음 단계를 수행해 노드를 실행할 수
있다.

1. 웹캠 드라이버를 실행한다.

```
roslaunch usb_cam usb_cam-test.launch
```

2. cv_bridge 샘플 노드를 실행한다.

```
rosrun cv_bridge_tutorial_pkg sample_cv_bridge_node
```

3. 모든 것이 제대로 작동하면 다음 이미지와 같이 두 개의 창이 나타난다. 첫
   번째 창에는 원시 이미지가 표시되고 두 번째 창에는 처리된 가장자리가 감지
   된 이미지가 표시된다.

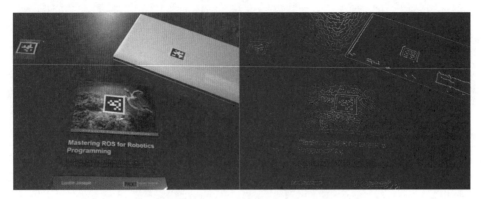

그림 10.6 원시 이미지 및 가장자리 감지 이미지

ROS-OpenCV 애플리케이션을 실행하는 방법을 배웠으므로 Kinect, 아수스 Xtion Pro, 인텔 RealSense와 같은 고급 깊이 센서를 ROS와 인터페이스하는 방법을 알아보자.

ROS와 Kinect 및 아수스 Xtion Pro 인터페이스

지금까지 작업한 웹캠은 주변 환경의 2D 시각 정보만 제공할 수 있다. 주변 환경에 대한 3D 정보를 얻으려면 3D 비전 센서 또는 레이저 파인더^{finder}와 같은 거리 측정기를 사용해야 한다. 이 장에서 다룰 3D 비전 센서 중 일부는 Kinect, 아수스 Xtion Pro, 인텔 RealSense, Hokuyo 레이저 스캐너다.

그림 10.7 상단: Kinect, 하단: 아수스 Xtion Pro

처음으로 다룰 두 개의 센서는 Kinect와 아수스 Xtion Pro다. 이 두 기기 모두 리눅스에서 작동하려면 OpenNI^Open Source Natural Interaction 드라이버 라이브러리가 필요하다. OpenNI는 3D 비전 디바이스와 애플리케이션 소프트웨어 사이의 미들웨어 역할을 한다. OpenNI 드라이버는 ROS에 통합돼 있으며 다음 명령을 사용해 드라이버를 설치할 수 있다. 이 패키지는 Kinect 및 아수스 Xtion Pro와 같은 OpenNI 지원 장치를 인터페이스하는 데 도움이 된다.

```
sudo apt install ros-noetic-openni2-launch ros-noetic-openni2-camera
```

이 명령은 OpenNI 드라이버를 설치하고 RGB/깊이^depth 스트림을 시작하기 위한 런치 파일을 실행한다. 패키지를 성공적으로 설치한 후 다음 명령을 사용해 드라이버를 실행할 수 있다.

```
roslaunch openni2_launch openni2.launch
```

이 런치 파일은 장치의 원시 데이터를 3D 포인트 클라우드, 디스패리티^disparity 이미지, 깊이와 같은 데이터와 ROS **nodelet**을 사용하는 RGB 이미지로 변환한다.

OpenNI 드라이버 외에 **lib-freenect**라는 다른 드라이버를 사용할 수 있다. 이 드라이버의 공통 런치 파일은 **rgbd_launch**라는 패키지로 구성된다. 이 패키지는 **freenect** 및 **openni** 드라이버에 사용되는 공통 런치 파일로 구성된다.

RViz를 사용해 OpenNI ROS 드라이버에서 생성된 포인트 클라우드를 시각화할 수 있다. 다음 명령을 사용해 RViz를 실행할 수 있다.

```
rosrun RViz RViz
```

Fixed Frame을 **/camera_depth_optical_frame**으로 설정하고 PointCloud2 displye를 추가한 뒤 토픽을 **/camera/depth/points**로 설정한다. 이것은 IR 카메라에서 등록되지 않은 포인트 클라우드다. 즉, RGB 카메라와 픽셀 위치가 일치하면서 깊이 카메라만 사용한 포인트 클라우드를 생성할 수 있다.

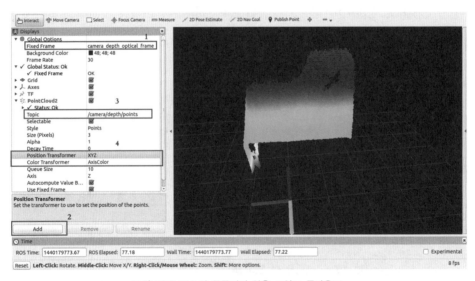

그림 10.8 RViz의 등록되지 않은 포인트 클라우드

Dynamic Reconfigure GUI를 사용해 등록된 포인트 클라우드를 활성화할 수 있다. 다음 명령을 사용하자.

450

```
rosrun rqt_reconfigure rqt_reconfigure
```

rqt에서 다음과 같은 Dynamic Reconfigure 플러그인을 얻을 수 있다.

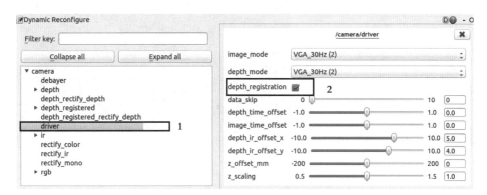

그림 **10.9** Dynamic Reconfigure GUI

camera ❯ driver를 클릭하고 depth_registration 항목을 체크한다. RViz에서 포인트 클라우드를 /camera/depth_registered/points로 변경하고 Color Transformer를 RGB8로 변경한다. RViz에 등록된 포인트 클라우드는 다음과 같다. 포인트 클라우드를 생성하는 데 깊이와 RGB 카메라의 정보가 필요하다.

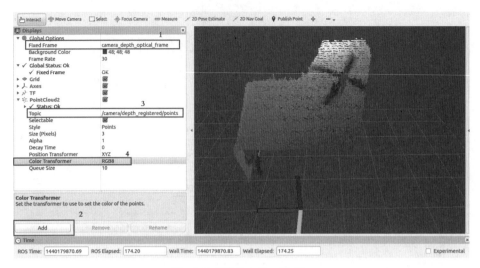

그림 10.10 등록된 포인트 클라우드

이를 바탕으로 ROS에서 Kinect와 아수스 Xtion Pro의 인터페이스를 설정하는 방법을 알아봤다. 또한 깊이 센서에서 포인트 클라우드를 시각화하는 방법을 배웠다. 다음 절에서는 인텔 RealSense라는 또 다른 깊이 카메라를 ROS와 인터페이스하는 방법을 알아본다.

인텔 RealSense 카메라와 ROS 인터페이스

인텔의 새로운 3D 깊이 센서 중 하나는 RealSense다. 이 책을 집필하는 당시 이 센서의 새로운 버전이 출시됐다(LIDAR 카메라 L515, D400 제품군, D435, T265, F200, R200, SR30). RealSense 센서를 ROS와 인터페이스하려면 `librealsense` 라이브러리를 설치해야 한다.

apt 패키지 관리자를 사용해 `librealsense` 라이브러리를 설치할 수 있다. 이 라이브러리 설정에 대한 자세한 지침은 https://github.com/IntelRealSense/librealsense/blob/master/doc/distribution_linux.md에서 찾을 수 있다.

소스코드에서 수동으로 `librealsense` 라이브러리를 빌드할 수도 있다. 라이브러리 설치 방법을 알아보자.

다음 링크에서 RealSense SDK(https://www.intelrealsense.com/sdk-2/)를 다운로드한다.

https://github.com/IntelRealSense/librealsense/blob/master/doc/installation.md

RealSense 라이브러리를 설치한 후 센서 데이터 스트리밍을 시작하려면 ROS 래퍼 (https://dev.intelrealsense.com/docs/ros-wrapper)를 설치해야 한다. 바이너리 설치 및 수동 설치 절 차는 https://github.com/IntelRealSense/realsense-ros에서 찾을 수 있다.

이제 예제 런치 파일을 사용해 센서를 시작하고 RViz를 열어 **RealSense**에서 스트리 밍되는 색상 및 깊이 데이터를 시각화할 수 있다.

```
roslaunch realsense2_camera rs_camera.launch
```

다음 이미지는 인텔 RealSense 센서가 포인트 클라우드, 깊이 이미지, RGB 이미지, IR 이미지를 시각화하는 방법을 보여준다.

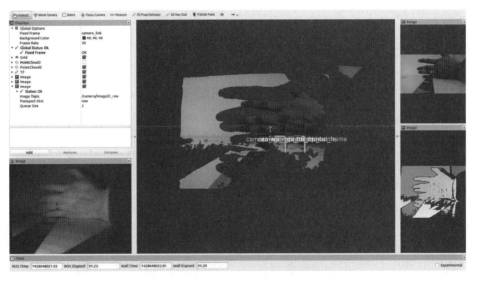

그림 10.11 RViz에서 인텔 RealSense 데이터 시각화

다음은 RealSense 드라이버에 의해 생성된 중요한 토픽이다.

```
sensor_msgs::PointCloud2
/camera/depth/color/points          # RGB가 포함된 포인트 클라우드

sensor_msgs::Image
/camera/image/image_raw             # RGB 센서에서 생성된 원시 이미지
/camera/depth/image_rect_raw        # depth 센서에서 생성된 원시 이미지
/camera/infra1/image_rect_raw       # infrared 센서에서 생성된 원시 이미지
```

이를 바탕으로 인텔 RealSense ROS 패키지를 설정하는 방법과 카메라의 다양한 이미지 데이터를 시각화하는 방법을 알아봤다. 다음 절에서는 깊이 카메라의 포인트 클라우드 및 깊이 이미지 데이터를 레이저 스캔 데이터로 변환하는 방법을 알아본다.

포인트 클라우드를 레이저 스캔 데이터로 변환

3D 비전 센서의 가장 중요한 애플리케이션 중 하나는 레이저 스캐너의 기능을 모방하는 것이다. 로봇 애플리케이션에서 대부분의 2D/3D 매핑 및 위치 파악 알고리듬은 레이저 스캔 데이터를 입력으로 사용한다. 포인트 클라우드 데이터/깊이 이미지의 일부slice를 레이저 범위 데이터로 변환하면 3D 비전 센서를 사용해 가짜 레이저 스캐너 데이터를 만들 수 있다. ROS에는 포인트 클라우드 데이터를 레이저 스캔으로 변환하는 데 사용할 수 있는 패키지 세트가 있다.

- **depthimage_to_laserscan:** 이 패키지에는 비전 센서에서 깊이 이미지를 가져와 제공된 파라미터를 기반으로 2D 레이저 스캔을 생성하는 노드가 포함돼 있다. 노드의 입력은 보정 파라미터를 포함하는 깊이 이미지 및 카메라 정보 파라미터다. 레이저 스캔 데이터로 변환한 후 /scan 토픽에 레이저 스캐너 데이터를 발행한다. 노드 파라미터는 scan_height, scan_time, range_min, range_max, 출력 프레임^{output frame} ID다. 이 패키지의 공식 ROS 위키는 http://wiki.ros.org/depthimage_to_laserscan에서 찾을 수 있다.

- **pointcloud_to_laserscan:** 이 패키지는 이전 패키지와 같이 깊이 이미지를 찍는 대신 실제 포인트 클라우드 데이터를 2D 레이저 스캔으로 변환한다. 이 패키지의 공식 위키는 http://wiki.ros.org/pointcloud_to_laserscan에서 찾을 수 있다.

첫 번째 패키지는 일반 애플리케이션에 적합하다. 그러나 센서가 비스듬히 배치된 경우 두 번째 패키지를 사용하는 것이 좋다. 또한 첫 번째 패키지는 두 번째 패키지보다 처리 시간이 짧다. 여기서는 레이저 스캔으로 변환하고자 depthimage_to_laserscan 패키지를 사용한다. 다음 명령을 사용해 depthimage_to_laserscan 및 pointcloud_to_laserscan을 설치할 수 있다.

```
sudo apt install ros-noetic-depthimage-to-lasersca ROS-noetic-pointcloud-to-laserscan
```

새로운 ROS 패키지를 생성해 OpenNI 장치의 깊이 이미지를 2D 레이저 스캐너로 변환할 수 있다.

다음 명령을 사용해 이 변환을 수행하기 위한 패키지를 만든다.

```
catkin_create_pkg fake_laser_pkg depthimage_to_laserscan nodelet roscpp
```

launch라는 디렉터리를 만든다. 이 디렉터리 안에 start_laser.launch라는 런치 파일을 만든다. 이 패키지와 파일은 fake_laser_pkg/의 launch 디렉터리에서 얻을 수 있다.

```
<launch>
  <!-- "camera"는 장치를 고유하게 식별해야 한다. 모든 토픽은 "camera" 네임스페이스로
푸시되고 tf frame ID 앞에 추가된다. -->
  <arg name="camera" default="camera"/>
  <arg name="publish_tf" default="true"/>

. . .

. . .

  <group if="$(arg scan_processing)">
    <node pkg="nodelet" type="nodelet" name="depthimage_to_laserscan"
args="load depthimage_to_laserscan/DepthImageToLaserScannodelet $(arg
camera)/$(arg camera)_nodelet_manager">
      <!-- 레이저 스캔을 생성하는 데 사용할 픽셀 행(rows)이다. 각 열(columns)에 대해
스캔은 가운데에 위치한 픽셀의 최솟값을 반환한다. -->
      <param name="scan_height" value="10"/>
      <param name="output_frame_id" value="/$(arg camera)_depth_frame"/>
      <param name="range_min" value="0.45"/>
      <remap from="image" to="$(arg camera)/$(arg depth)/image_raw"/>
      <remap from="scan" to="$(arg scan_topic)"/>
. . .

. . .
</launch>
```

다음 코드는 깊이 이미지의 레이저 스캐너로 변환을 위해 nodelet을 실행한다.

```
<node pkg="nodelet" type="nodelet" name="depthimage_to_laserscan" args="load
depthimage_to_laserscan/DepthImageToLaserScannodelet $(arg camera)/$(arg
camera)_nodelet_manager">
```

이제 RViz에서 레이저 스캐너를 볼 수 있게 실행해보자. 다음 명령을 사용한다.

```
roslaunch fake_laser_pkg start_laser.launch
```

이렇게 하면 다음 스크린샷과 같이 RViz에서 레이저 스캐너 데이터를 볼 수 있다.

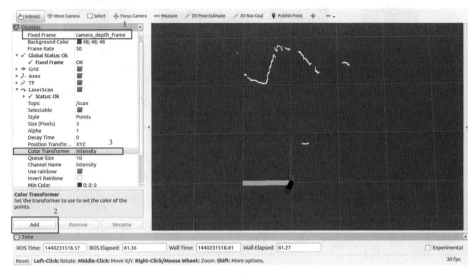

그림 10.12 RViz의 레이저 스캔

그림 10.10에서의 절차처럼 먼저 Fixed Frame을 `camera_depth_frame`으로 설정한 다음 Add 버튼을 눌러 RViz에 `LaserScan` 데이터 타입을 표시할 수 있다. RViz에서 `LaserScan` 디스플레이 타입을 로드한 후 토픽을 `/scan`으로 설정한다. 그 후 Color Transformer를 `Intensity`로 변경한다. 뷰포트^{viewport}에서 레이저 데이터를 볼 수 있다.

ROS와 Hokuyo 레이저 인터페이스

ROS에서는 다양한 범위의 레이저 스캐너와 인터페이스할 수 있다. 시장에서 가장 인기 있는 레이저 스캐너 중 하나는 Hokuyo 레이저 스캐너다(http://www.robotshop.com/en/ hokuyo-utm-03lx-laser-scanning-rangefinder.html).

그림 10.13 Hokuyo 레이저 스캐너의 시리즈

가장 일반적으로 사용되는 Hokuyo 레이저 스캐너 모델 중 하나는 UTM-30LX다. 이 센서는 빠르고 정확하며 로봇 애플리케이션에 적합하다. 이 장치는 통신을 위한 USB 2.0 인터페이스가 있고 밀리미터 해상도로 30미터 거리 범위^{distance range}를 감지한다. 스캔의 호 범위^{arg range}는 약 270도다.

그림 10.14 Hokuyo UTM-30LX

이런 스캐너와 인터페이스를 위해 ROS에서 사용할 수 있는 드라이버가 이미 존재한다. 인터페이스 중 하나는 **urg_node**(http://wiki.ros.org/urg_node)라고 한다. 다음 명령을 사용해 이 패키지를 설치할 수 있다.

```
sudo apt install ros-noetic-urg-node
```

장치가 우분투 시스템에 연결되면 **ttyACMx**라는 장치가 생성된다. 터미널에서 **dmesg** 명령을 입력해 장치의 이름을 확인한다. 다음 명령을 사용해 USB 장치 권한을 변경할 수 있다.

```
sudo chmod a+rw /dev/ttyACMx
```

hokuyo_start.launch 런치 파일을 사용해 레이저 스캔 장치를 실행한다.

```
<launch>
  <node name="urg_node" pkg="urg_node" type="urg_node" output="screen">
    <param name="serial_port" value="/dev/ttyACM0"/>
    <param name="frame_id" value="laser"/>
    <param name="angle_min" value="-1.5707963"/>
    <param name="angle_max" value="1.5707963"/>
  </node>
  name="RViz" pkg="RViz" type="RViz" respawn="false" output="screen" args="-d
$(find hokuyo_node)/hokuyo_test.vcg"/>
</launch>
```

이 런치 파일은 노드를 시작하고 /dev/ttyACM0 장치에서 레이저 데이터를 가져온다. 레이저 데이터는 다음 스크린샷처럼 RViz 창에서 볼 수 있다.

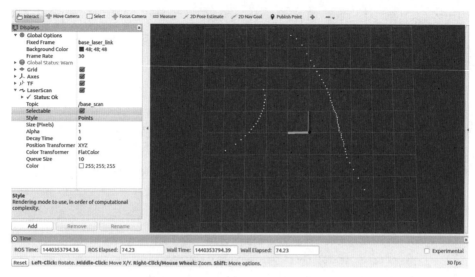

그림 10.15 RViz의 Hokuyo 레이저 스캔 데이터

이를 바탕으로 Hokuyo 레이저 스캐너를 ROS와 인터페이스하는 방법과 RViz에서 스캔 데이터를 시각화하는 방법을 살펴봤다. 다음 절에서는 RPLIDAR 및 YDLIDAR를 ROS와 인터페이스하는 방법을 알아본다.

RPLIDAR 및 YDLIDAR와 ROS 인터페이스

취미로 로봇 프로젝트를 수행을 위해 저렴한 LIDAR로 작업할 계획이라면 구현할 수 있는 몇 가지 솔루션이 있다. SLAMTEC(https://www.slamtec.com/en/) 및 YDLIDAR(https://www.ydlidar.com/)의 RPLIDAR는 비용 효율적인 두 가지 LiDAR 솔루션이다.

RPLIDAR   YDLIDAR

그림 10.16 RPLIDAR 및 YDLIDAR

이 두 모델 모두에 사용할 수 있는 ROS 드라이버가 있으며 두 모델 모두 다음 링크에서 찾을 수 있다.

- **RPLIDAR ROS 드라이버 패키지:** https://github.com/slamtec/rplidar_ros

- **YDLIDAR ROS 드라이버 패키지:** https://github.com/YDLIDAR/ydlidar_ros

이 절에서는 ROS에서 다양한 LIDAR 센서를 인터페이스하는 방법을 알아봤다. 다음 절에서는 ROS에서 포인트 클라우드 데이터로 작업하는 방법을 다룬다.

포인트 클라우드 데이터 작업

Kinect 또는 기타 3D 센서의 포인트 클라우드 데이터를 처리해 3D 물체 감지^{detection} 및 인식^{recognition}, 장애물 회피^{obstacle avoidance}, 3D 모델링 등과 같은 다양한 작업을 수행할 수 있다. 이 절에서는 PCL 라이브러리와 ROS 인터페이스를 사용해 몇 가지 기본 기능을 살펴본다. 다음 주제를 살펴본다.

- ROS에서 포인트 클라우드를 발행하는 방법

- 포인트 클라우드를 구독하거나 처리하는 방법

- 포인트 클라우드 데이터를 PCD 파일에 쓰는 방법

- PCD 파일에서 포인트 클라우드 데이터를 읽고 발행하는 방법

C++ 예제를 사용해 포인트 클라우드 데이터를 ROS 토픽으로 발행하는 방법을 알아보자.

포인트 클라우드를 발행하는 방법

이 예제에서는 sensor_msgs/PointCloud2 메시지를 사용해 포인트 클라우드 데이터를 발행하는 방법을 알아본다. 이 코드는 PCL API를 사용해 포인트 클라우드를 처리 및 생성하고 PCL 클라우드 데이터를 PointCloud2 메시지 타입으로 변환한다.

pcl_ros_tutorial/src 디렉터리에서 pcl_publisher.cpp 예제 코드 파일을 찾을 수 있다. 코드의 중요한 부분은 다음과 같다.

```
#include <ros/ros.h>

// 포인트 클라우드 헤더
#include <pcl/point_cloud.h>
#include <pcl_conversions/pcl_conversions.h>
```

앞의 헤더 파일은 PCL 데이터를 처리하고 PCL과 ROS 간에 변환하는 데 필요한 함수를 포함한다.

```
#include <sensor_msgs/PointCloud2.h>
```

이 헤더 파일은 포인트 클라우드 데이터를 처리하기 위한 ROS 메시지 헤더다. PointCloud 메시지 정의에 접근하려면 이 헤더를 포함해야 한다.

```
ros::Publisher pcl_pub = nh.advertise<sensor_msgs::PointCloud2>
("pcl_output", 1);
```

포인트 클라우드 게시를 위한 게시자 객체를 만드는 방법을 살펴보자. 보시다시피 여기에서 사용하는 ROS 메시지는 sensor_msgs::PointCloud2이며 sensor_msgs/PointCloud2.h 파일을 포함시켜 가져온다.

```
pcl::PointCloud<pcl::PointXYZ> cloud;
```

이제 포인트 클라우드 데이터를 저장할 포인트 클라우드 타입 객체를 생성한다.

```
sensor_msgs::PointCloud2 output;
```

그런 다음 포인트 클라우드 ROS 메시지 인스턴스를 생성해 포인트 클라우드 데이터를 발행한다.

```
//클라우드 데이터 삽입
cloud.width = 50000;
cloud.height = 2;
cloud.points.resize(cloud.width * cloud.height);
for (size_t i = 0; i < cloud.points.size (); ++i)
{
  cloud.points[i].x = 512 * rand () / (RAND_MAX + 1.0f);
  cloud.points[i].y = 512 * rand () / (RAND_MAX + 1.0f);
  cloud.points[i].z = 512 * rand () / (RAND_MAX + 1.0f);
}
```

이제 포인트 클라우드 객체 메시지에 포인트를 삽입하는 방법을 알아보자. 여기에서 포인트 클라우드 객체에 임의의 포인트 세트를 할당한다.

```
pcl::toROSMsg(cloud, output);
output.header.frame_id = "point_cloud";
```

포인트 클라우드 객체를 ROS 메시지로 변환하는 방법은 다음과 같다.

```
    ros::Rate loop_rate(1);
    while (ros::ok())
    {
        //포인트 클라우드 데이터 발행
        pcl_pub.publish(output);
        ros::spinOnce();
        loop_rate.sleep();
    }

    return 0;
}
```

앞의 코드에서는 변환된 포인트 클라우드 메시지를 /pcl_output 토픽에 발행한다.

다음 절에서는 /pcl_output 토픽에서 포인트 클라우드 데이터를 구독하고 처리하는 방법을 알아본다.

포인트 클라우드 구독과 처리 방법

이 절에서는 /pcl_output 포인트 클라우드 토픽을 구독할 수 있는 ROS C++ 예제를 살펴본다. 이 포인트 클라우드를 구독한 후 VoxelGrid 클래스의 필터를 PCL에 적용해 구독된 클라우드를 다운샘플링downsample하면서 원래 클라우드와 같은 모양을 유지한다. pcl_ros_tutorial 패키지의 src 디렉터리에서 pcl_filter.cpp 예제 코드 파일을 찾을 수 있다. 이제 이 코드의 중요한 부분을 살펴보자.

이 코드에는 /pcl_output 토픽에서 포인트 클라우드 데이터를 구독하기 위한 함수가 포함된 cloudHandler라는 클래스가 있다.

464

```
#include <ros/ros.h>
#include <pcl/point_cloud.h>
#include <pcl_conversions/pcl_conversions.h>
#include <sensor_msgs/PointCloud2.h>
//Vortex 필터 헤더
#include <pcl/filters/voxel_grid.h>
```

포인트 클라우드 구독 및 처리에 필요한 중요한 헤더 파일을 살펴보자. pcl/filters/voxel_grid.h 헤더에는 포인트 클라우드를 다운샘플링하는 데 사용되는 **VoxelGrid** 필터의 정의가 포함된다.

```
class cloudHandler
{
public:
  cloudHandler()
  {

    // 발행자 토픽에서 pcl_output 토픽 구독
    // 이 토픽은 포인트 클라우드의 소스에 따라 변경할 수 있다.

    pcl_sub = nh.subscribe("pcl_output", 10, &cloudHandler::cloudCB, this);
    // 필터링된 포인트 클라우드를 위한 발행자 생성
    pcl_pub = nh.advertise<sensor_msgs::PointCloud2>("pcl_ filtered", 1);
  }
```

다음으로 **cloudHandler**라는 클래스를 생성한다. 다음 코드에는 **pcl_output** 토픽에 대한 구독자 생성 및 콜백 기능과 필터링된 포인트 클라우드 발행을 위한 발행자 객체가 있다.

```
// cloud 콜백 생성
  void cloudCB(const sensor_msgs::PointCloud2& input)
```

```
{
    pcl::PointCloud<pcl::PointXYZ> cloud;
    pcl::PointCloud<pcl::PointXYZ> cloud_filtered;

    sensor_msgs::PointCloud2 output;
    pcl::fromROSMsg(input, cloud);

    // VoxelGrid 객체 생성
    pcl::VoxelGrid<pcl::PointXYZ> vox_obj;

    // voxel 객체의 입력 설정
    vox_obj.setInputCloud (cloud.makeShared());

    // laef 크기와 같은 필터 파라미터 설정
    vox_obj.setLeafSize (0.1f, 0.1f, 0.1f);

    // 필터링 수행 및 cloud_filtered 변수에 복사
    vox_obj.filter(cloud_filtered);
    pcl::toROSMsg(cloud_filtered, output);
    output.header.frame_id = "point_cloud";
    pcl_pub.publish(output);
}
```

다음은 pcl_output 토픽의 콜백 함수다. 콜백 함수는 ROS PCL 메시지를 PCL 데이
터 타입으로 변환한 다음 VoxelGrid 필터를 사용해 변환된 PCL 데이터를 다운샘플
링한다. 그런 다음 필터링된 PCL을 ROS 메시지로 변환한 후 /pcl_filtered 토픽
으로 발행한다.

```
int main(int argc, char** argv)
{
    ros::init(argc, argv, "pcl_filter");

    ROS_INFO("Started Filter Node");
    cloudHandler handler;
```

```
    ros::spin();
    return 0;
}
```

main( ) 함수에서 cloudHandler 클래스의 객체를 생성하고 /pcl_output 토픽을 기
다리고자 ros::spin( ) 함수를 호출했다.

다음 절에서는 /pcl_output의 포인트 클라우드 데이터를 파일에 저장하는 방법을
알아본다. PCD 파일은 포인트 클라우드 데이터를 저장하는 데 사용할 수 있다.

포인트 클라우드 데이터(PCD) 파일에 데이터 쓰기

다음 코드를 사용해 포인트 클라우드 데이터를 PCD 파일에 저장할 수 있다. 파일
이름은 pcl_write.cpp이며 src 디렉터리에서 찾을 수 있다.

```
#include <ros/ros.h>
#include <pcl/point_cloud.h>
#include <pcl_conversions/pcl_conversions.h>
#include <sensor_msgs/PointCloud2.h>

// PCD 파일을 작성하기 위한 헤더 파일
#include <pcl/io/pcd_io.h>
```

다음은 PCD를 처리하고 파일에서 읽기/쓰는 데 필요한 헤더 파일이다.

```
void cloudCB(const sensor_msgs::PointCloud2 &input)
{
    pcl::PointCloud<pcl::PointXYZ> cloud;
    pcl::fromROSMsg(input, cloud);

    // test.pcd 파일로 데이터 저장
```

```
    pcl::io::savePCDFileASCII ("test.pcd", cloud);
}
```

이전 콜백 함수인 cloudCB는 포인트 클라우드 메시지가 /pcl_output 토픽에서 사용 가능할 때마다 실행된다. 수신된 포인트 클라우드 ROS 메시지는 PCL 데이터 타입으로 변환되고 pcl::io::savePCDFileASCII() 함수를 사용해 PCD 파일로 저장된다.

```
main (int argc, char **argv)
{
  ros::init (argc, argv, "pcl_write");

  ROS_INFO("Started PCL write node");

  ros::NodeHandle nh;
  ros::Subscriber bat_sub = nh.subscribe("pcl_output", 10, cloudCB);

  ros::spin();

  return 0;
}
```

이를 바탕으로 포인트 클라우드 데이터를 파일에 쓰는 방법을 배웠다. 이제 PCD 파일을 읽어 포인트 클라우드를 토픽으로 발행하는 방법을 알아보자.

PCD 파일에서 포인트 클라우드 읽기와 발행하기

이 코드는 PCD 파일을 읽고 포인트 클라우드를 /pcl_output 토픽에 발행할 수 있다. pcl_read.cpp 파일은 src 디렉터리에서 사용할 수 있다.

```
#include <ros/ros.h>
#include <pcl/point_cloud.h>
#include <pcl_conversions/pcl_conversions.h>
#include <sensor_msgs/PointCloud2.h>
#include <pcl/io/pcd_io.h>
```

이 코드에서는 포인트 클라우드를 작성하는 데 사용한 것과 동일한 헤더 파일을
사용한다.

```
main(int argc, char **argv)
{
  ros::init (argc, argv, "pcl_read");

  ROS_INFO("Started PCL read node");

  ros::NodeHandle nh;
  ros::Publisher pcl_pub = nh.advertise<sensor_msgs::PointCloud2>
("pcl_output", 1);
```

main() 함수에서는 PCD 파일에서 읽은 포인트 클라우드 발행을 위해 ROS 발행자
객체를 생성한다.

```
sensor_msgs::PointCloud2 output;
pcl::PointCloud<pcl::PointXYZ> cloud;

// test.pcd 파일 로드
pcl::io::loadPCDFile ("test.pcd", cloud);

pcl::toROSMsg(cloud, output);
output.header.frame_id = "point_cloud";
```

이 코드에서는 pcl::io::loadPCDFile() 함수를 사용해 PCL 데이터를 읽는다. 그런 다음 pcl::toROSMsg() 함수를 바탕으로 ROS에서의 포인트 클라우드 메시지 타입으로 변환한다.

```
ros::Rate loop_rate(1);
while (ros::ok())
{
    // pcd 파일 내의 클라우드 발행
    pcl_pub.publish(output);
    ros::spinOnce();
    loop_rate.sleep();
}

return 0;
}
```

이전 루프에서는 PCD를 1Hz의 토픽으로 발행한다.

다음 예제를 컴파일하고자 pcl_ros_tutorial이라는 ROS 패키지를 만든다.

```
catkin_create_pkg pcl_ros_tutorial pcl pcl_ros roscpp sensor_msgs
```

또 다른 방법으로 기존 패키지를 사용할 수 있다. pcl_ros_tutorial/src 디렉터리 안에 이전 예제를 pcl_publisher.cpp, pcl_filter.cpp, pcl_write.cpp, pcl_read.cpp로 만든다.

모든 소스를 컴파일하기 위한 CMakeLists.txt 파일을 생성한다.

```
## cpp 실행 파일 선언
add_executable(pcl_publisher_node src/pcl_publisher.cpp)
add_executable(pcl_filter src/pcl_filter.cpp)
```

```
add_executable(pcl_write src/pcl_write.cpp)
add_executable(pcl_read src/pcl_read.cpp)

target_link_libraries(pcl_publisher_node
  ${catkin_LIBRARIES}
)
target_link_libraries(pcl_filter
  ${catkin_LIBRARIES}
)
target_link_libraries(pcl_write
  ${catkin_LIBRARIES}
)
target_link_libraries(pcl_read
  ${catkin_LIBRARIES}
)
```

catkin_make를 사용해 이 패키지를 빌드한다. 이제 다음 명령으로 pcl_publisher_
node를 실행하고 RViz에서 포인트 클라우드를 볼 수 있다.

```
rosrun RViz RViz -f point_cloud
```

다음은 pcl_output의 포인트 클라우드 스크린샷이다.

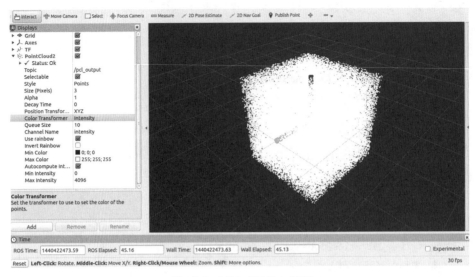

그림 10.17 포인트 클라우드 시각화

`pcl_filter` 노드를 실행해 이 클라우드를 구독하고 복셀 그리드^{voxel grid} 필터링을
수행할 수 있다. 다음 스크린샷은 결과적으로 다운샘플링된 클라우드인 `/pcl_
filtered` 토픽 결과를 보여준다.

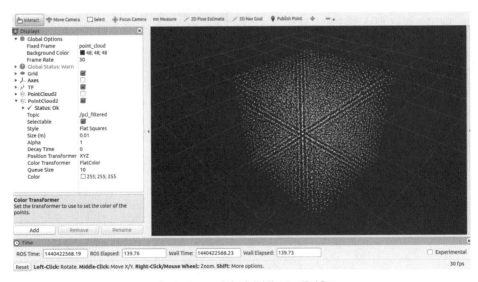

그림 10.18 RViz에서 필터링된 PCL 클라우드

pcl_write 노드를 사용해 pcl_output 클라우드를 작성할 수 있다. pcl_read 노드를 사용해 pcl_output 클라우드를 읽거나 발행할 수 있다.

이것이 이 장의 마지막 주제다. 이 절에서는 ROS에서 포인트 클라우드 데이터를 읽고, 쓰고, 필터링하고, 발행하는 방법을 알아봤다. 이제 이 장을 요약해보자.

요약

10장은 비전 센서와 ROS에서의 프로그래밍에 관한 것이었다. 카메라와 3D 비전 센서(예를 들어 vision_opencv 및 recognition_pcl)를 인터페이스하는 데 사용되는 인터페이스 패키지를 살펴봤다. 각 패키지가 이런 스택에서 어떻게 작동하는지 살펴봤다. 또한 cv_bridge를 사용해 ROS와 기본 웹캠을 인터페이스하고 이미지를 처리하는 방법을 살펴봤다. cv_bridge를 실펴본 후 다양한 3D 비전 센서 및 레이저 스캐너를 ROS와 인터페이스하는 방법을 살펴봤다. 그런 다음 PCL 라이브러리와 ROS를 사용해 이런 센서 데이터를 처리하는 방법을 알아봤다. 11장에서는 ROS를 사용해 자율주행 로봇을 구축하는 방법을 살펴본다.

다음은 10장에서 다룬 내용을 기반으로 한 몇 가지 질문이다.

질문

- vision_opencv 스택 패키지는 무엇인가?

- recognition_pcl 스택에 포함된 패키지는 무엇인가?

- cv_bridge의 기능은 무엇인가?

- PCL 클라우드를 ROS 메시지로 어떻게 변환하는가?

11

ROS에서 차동 구동 로봇 하드웨어 구축과 인터페이스

10장에서는 ROS를 사용한 로봇 비전을 살펴봤다. 11장에서는 차동 구동^{differential driver} 구성으로 모바일 로봇 하드웨어를 구축하는 방법과 ROS 컨트롤을 사용해 ROS와 인터페이스하는 방법을 살펴본다. 이 로봇의 자율주행을 위해 ROS 내비게이션 스택을 구성하고 SLAM 및 AMCL을 수행하는 방법을 살펴본다. 11장에서는 맞춤형 custom 모바일 로봇을 구축하고 ROS와 인터페이스하는 방법의 아이디어를 제공하는 것이 목표다.

11장에서 다루는 내용은 다음과 같다.

- Remo 로봇 소개: DIY 자율주행 로봇

- 차동 구동 로봇을 위한 로우레벨 컨트롤러 및 하이레벨 ROS 컨트롤 하드웨어 인터페이스 개발

- 내비게이션 스택 구성 및 작업

11장에서 다룰 주제는 Remo^{Research Education Modular/Mobile Open}라는 DIY^{Do It Yourself} 자율주행 로봇을 구축하는 방법과 하이레벨의 소프트웨어 및 로우레벨의 펌웨어를 개발하고 인터페이스를 만드는 방법이다. ROS 컨트롤과 ROS 내비게이션 스택을 함께 사용한다. Remo라는 로봇은 프란츠 푸처^{Franz Pucher}의 학습 경험으로 제작됐으며 팩트출판사(http://learn-robotics.com)에서 출판한 로봇 서적과 렌틴 조셉^{Lentin Joseph}의 ROS 코스에서 귀중한 정보를 얻었다. 이 로봇을 만드는 단계별 절차는 https://ros-mobile-robots.com에 게시된 온라인 문서에서 볼 수 있다. 11장에서는 ROS 컨트롤 `hardware_interface::RobotHW` C++ 클래스를 구현하는 방법과 SLAM 및 AMCL로 자율주행을 수행하도록 ROS 내비게이션 스택을 구성하는 방법을 자세히 알아본다. 이미 6장에서 ROS 내비게이션 스택을 다뤘고 가제보를 사용해 차동 로봇의 시뮬레이션, SLAM 및 AMCL을 수행했다. 11장의 첫 번째 부분을 따라 하려면 Remo 하드웨어가 필요하다. 그러나 11장의 첫 번째 부분에서 다룰 개념은 시뮬레이션된 로봇에 적용된다.

⋙ 기술적 요구 사항

차동 구동 로봇을 설정하는 데 필요한 ROS 패키지는 https://github.com/ros-mobile-robots에서 찾을 수 있다. 주요 소프트웨어 저장소 중 하나는 https://github.com/ros-mobile-robots/diffbot이다. 여기에는 시뮬레이션을 위한 패키지와 실제 로봇을 작동하고 개발 PC에서 로봇과 상호작용하기 위한 구성 및 소프트웨어가 포함된다. 하드웨어의 경우 `diffbot_description` 패키지에 있는 것과 유사한 자신만의 2륜 차동 구동 로봇을 구축하거나 https://github.com/ros-mobile-robot/remo_description의 stl 파일을 사용해 좀 더 안정적인 Remo 로봇을 3D 프린트할 수 있다. 다음 두 절에서는 소프트웨어 및 하드웨어에 대한 기술적 요구 사항을 설명한다.

작동 중인 코드는 https://bit.ly/3xU9916에서 볼 수 있다.

소프트웨어 요구 사항

개발 PC의 경우 우분투 20.04(https://ubuntu-mate.org/download/)에 ROS Noetic이 설치돼 있어야 한다. Remo에 탑재된 라즈베리파이 4B SBC^{Single-Board Computer}에서는 **arm64** 아키텍처용 우분투 Mate 20.04를 사용한다(https://ubuntu-mate.org/download/arm64/focal/). 깃허브 저장소에서 큰 파일을 복제하려면 **git-lfs**를 사용한다. 두 우분투 버전 모두 다음과 함께 설치해야 한다.

```
sudo apt install git-lfs
```

개발 PC와 로봇의 SBC 모두에서 동일한 로컬 네트워크에 대한 연결이 필요하다. **ssh** 프로토콜을 활성화하려면 개발 PC(클라이언트)에서 **open-ssh** 서버를 실행하는 로봇에 연결 요청을 해야 한다. 다음을 사용해 우분투 Mate 20.04에 **openssh-server**를 설치한다.

```
sudo apt install openssh-server
```

마이크로컨트롤러와 함께 작동하는 데 필요한 또 다른 인터페이스 설정은 SBC와 개발 PC의 두 시스템에서 **dialout** 그룹에 사용자를 추가하는 것이다. 이것은 다음 명령으로 수행할 수 있으며 시스템 재부팅이 필요하다.

```
sudo adduser <username> dialout
```

새 catkin 작업 공간에 **diffbot** 저장소를 복제하면 의존성 패키지의 버전 제어 타입, 저장소 주소, 상대 경로와 함께 필수 소스 의존성을 나열하는 두 개의 YAML

파일(diffbot_dev.repos 및 remo-robot.repos)을 찾을 수 있다. **remo_robot.repos**는 실제 로봇에 소스 의존성을 복제하는 데 필요하다.

이런 YAML 파일을 사용하고 나열된 의존성 복제를 위해 **wstool**(http://wiki.ros.org/wstool) 대신 **vcstool**(http://wiki.ros.org/vcstool)의 커맨드라인 도구를 사용한다.

1. 새 catkin 작업 공간의 src 디렉터리 안에 **diffbot** 저장소를 복제한다.

```
git clone --depth 1 --branch 1.0.0 https://github.com/ros-mobile-
robots/diffbot.git
```

2. catkin 작업 공간의 루트에서 **vcs import** 명령을 실행하면서 diffbot_dev.repos 또는 remo_robot.repos YAML 파일을 리다이렉션한다. 그렇지 않으면 개발 PC 또는 Remo의 SBC에서 나열된 의존성을 복제한다.

```
vcs import < src/diffbot/diffbot_dev.repos
```

3. 로봇의 SBC에서 다음 명령을 실행한다.

```
vcs import < src/diffbot/remo_robot.repos
```

vcstool로 소스 의존성을 획득한 후 작업 공간을 컴파일할 수 있다. 저장소의 패키지를 성공적으로 컴파일하려면 바이너리 의존성을 설치해야 한다. 각 ROS 패키지의 package.xml 파일에 필요한 의존성 패키지가 지정돼 있기 때문에 **rosdep** 명령을 사용해 우분투 저장소에서 설치한다.

```
rosdep install --from-paths src --ignore-src -r -y
```

마지막으로 개발 PC와 로봇에서 SBC의 작업 공간을 `catkin_make` 또는 catkin 도구를 사용해 빌드한다. 여기에서는 ROS와 함께 설치된 `catkin_make`를 사용한다.

```
catkin_make
```

네트워크 설정

ROS는 분산 컴퓨팅 환경이다. 이를 바탕으로 더 높은 성능을 가진 머신에서 시각화 또는 경로 계획과 같은 연산 비용이 많이 드는 작업을 실행한다. 라즈베리파이 4B처럼 낮은 성능의 하드웨어로 작동하는 로봇에는 연산 결과인 목표를 보낸다. 자세한 내용은 ROS 네트워크 설정 페이지(http://wiki.ros.org/ROS/NetworkSetup) 및 ROS 환경 변수 페이지(http://wiki.ros.org/ROS/EnvironmentVariables)를 참고하자.

컴퓨팅 집약적인 작업을 처리하는 개발 PC와 Remo 사이의 설정은 `ROS_MASTER_URI` 환경 변수를 개발 머신의 IP 주소로 설정해 구성한다. 이렇게 하려면 `export ROS_MASTER_URI=http://{IP-OF-DEV-MACHINE}:11311/` 줄을 개발 PC와 로봇에서 SBC의 .bashrc에 추가한다. 이는 개발 PC를 ROS 마스터로 만든다. 이 장의 명령을 실행하기 전에 개발 PC에서 `roscore`를 실행해야 한다.

하드웨어 요구 사항

https://github.com/ros-mobile-robots/remo_description의 저장소에는 Remo의 `robot_description`이 포함돼 있다. Remo는 엔비디아의 JetBot을 기반으로 하는 모듈식 모바일 로봇 플랫폼이다. 현재 사용할 수 있는 부품은 `remo_description` 저장소에 제공된 stl 파일을 사용해 3D 프린트할 수 있다. 이렇게 하려면 권장 빌드 볼륨이 15 × 15 × 15cm인 3D 프린터가 필요하거나 오프라인 또는 온라인 3D 프린트 서비스를 활용해야 한다.

⠿ Remo 로봇 소개: DIY 자율주행 로봇

6장에서 ROS 내비게이션 스택과 모바일 로봇을 인터페이스하기 위한 몇 가지 필수 요구 사항을 살펴봤다. 다음은 http://wiki.ros.org/navigation/Tutorials/RobotSetup 서 정리된 내용이다.

- **Odometry source:** 로봇은 시작 위치와 관련된 주행 거리[odometry]/위치 데이터를 발행해야 한다. 주행 거리 정보를 제공하는 필수 하드웨어 구성 요소는 휠 인코더와 IMU[Inertial Measurement Unit]다.

- **Sensor source:** 레이저 스캐너 또는 비전 센서가 필요하다. 레이저 스캐너 데이터는 SLAM을 사용한 지도 작성 프로세스에 필수다.

- **Sensor transform using tf:** 로봇은 ROS 트랜스폼[transform]을 사용해 센서 및 기타 로봇 구성 요소의 tf를 발행해야 한다.

- **Base controller:** 내비게이션 스택의 twist 메시지를 개별 모터 속도로 변환할 수 있는 ROS 노드다.

Remo 로봇의 구성 요소를 확인하고 내비게이션 스택 요구 사항을 충족하는지 확인할 수 있다.

Remo 하드웨어 구성 요소

다음 그림은 ROS 내비게이션 스택의 요구 사항을 충족하는 구성 요소와 함께 3D 프린트된 Remo 로봇을 보여준다. 이 부분은 다음 그림에서 소개한다.

그림 11.1 Remo 프로토타입

- **Dagu DC Gear motor encoder**(https://www.sparkfun.com/products/16413): 이 모터는 3V ~ 9V 사이의 전압 범위에서 작동하며 4.5V에서 80RPM을 제공한다. 모터 샤프트가 구적 인코더quadrature encoder에 부착돼 있다. 기어박스 출력 샤프트의 최대 회전수는 542 ticks/rev다. 인코더는 주행 거리 측정의 한 소스다.

- **Adafruit Feather motor driver**(https://www.adafruit.com/product/2927): 이 모터 드라이버는 2개의 스테퍼 모터 또는 4개의 브러시 DC 모터를 제어할 수 있다. Remo의 경우 두 개의 브러시 DC 모터 단자를 사용한다. I2C 프로토콜을 사용하며 통신을 위해 3.3V에서 작동한다. 보드에 전원 공급과 모터에 전압 적용을 위해 지원되는 전압은 4.5V ~ 13.5V며 브리지당 1.2A를 제공한다.

- **Teensy 3.2**(https://www.pjrc.com/teensy/): Remo에는 모터 드라이버와 인코더의 인터페이스를 위한 틴시Teensy 마이크로컨트롤러가 있다. SBC에서 제어 명령을 수신하고 모터 드라이버로 모터에 적절한 신호를 보낼 수 있다. 틴시 3.2는 인코더 틱tick을 읽어 처리하기에 충분히 빠른 72MHz로 실행된다. 사용할 수 있는 또 다른 마이크로컨트롤러는 600MHz Cortex-M7 칩이 탑재된 틴시 4.0이다.

- **SLAMTEC RPLIDAR A2 M8**(https://www.slamtec.com/en/Lidar/A2): 레이저 스캐너는 360도

각도 범위$^{angular\ range}$를 가진 SLAMTEC의 RPLIDAR A2 M8이다. 거리 범위^{distance} ^{range}는 16m다. SLAMTEC RPLIDAR A1을 사용하는 것이 가능하지만 크기가 더 크기 때문에 라이더 플랫폼 stl 파일을 조정해야 한다. stl 파일은 remo_description/meshes/remo 디렉터리에 있다.

- **라즈베리파이 Camera v2**(https://www.raspberrypi.org/products/camera-module-v2/): Sony IMX219 8M-pixel 센서가 있는 공식 라즈베리파이 카메라 모듈이다. 차선 따라가기 등 다양한 작업에 사용할 수 있다.

- **라즈베리파이 4B**: SD 카드에 우분투와 ROS가 설치된 라즈베리파이 파운데이션 의 SBC다. SBC는 RPLIDAR 및 틴시 MCU에 연결돼 센서 및 주행 거리 데이터 를 처리한다. SBC에서 실행되는 노드는 로봇 프레임 간의 **tf** 변환을 계산하고 ROS 컨트롤 하드웨어 인터페이스를 실행한다. 라즈베리파이 SBC는 Remo의 교환 가능한 데크에 배치된다. **remo_description** 패키지에서 젯슨 나노용으로 다른 데크를 사용할 수 있다.

- **Powerbank와 battery pack**: 로봇은 2개의 전원 공급 장치를 사용한다. 15,000mAh의 파워 뱅크$^{power\ bank}$ 하나는 라즈베리파이와 틴시 MCU 및 RPLIDAR 와 같은 주변 장치에 5V를 제공하는 데 사용한다. 또 다른 전원 공급 장치는 모터 드라이버로 모터에 전원을 공급하는 데 사용한다. 배터리 팩$^{battery\ pack}$은 모 터 드라이버의 모터 전원 입력 단자에 연결돼 있다. Remo는 총 9.6V를 제공하 는 8개의 충전식 AA 배터리(1.2V, 2,000mAh)가 포함된 배터리 팩을 사용한다.

- **와이파이 동글**(선택 사항, 권장): 라즈베리파이에는 와이파이 모듈이 내장돼 있지만 연 결이 약할 수 있다. 따라서 개발 PC를 로봇에 안정적으로 연결하려면 외부 USB 와이파이 동글을 사용하는 것이 좋다.

- **MPU 6050 IMU**(선택 사항): 이 로봇에 사용되는 IMU는 가속도계, 자이로스코프, DMP$^{Digital\ Motion\ Processer}$가 결합된 MPU 6050이다. 출력값을 사용해 휠 인코더와 함께 주행 거리를 계산할 수 있다.

- **OAK-1, OAK-D**(선택 사항): IMX378 센서가 있는 4K 카메라 모듈로 Movidius Myriad X 칩 덕분에 신경망 추론*neural network inference*을 할 수 있다. OAK-D는 2개의 동기화된 그레이스케일 글로벌 셔터 카메라(OV9282 센서)를 가진 스테레오 카메라로 깊이 정보를 제공한다. `remo_description` 패키지에 있는 3D 프린팅이 가능한 카메라 홀더 마운트는 이런 카메라에 사용할 수 있다.

하드웨어 목록에서 ROS 내비게이션 스택의 모든 요구 사항이 충족되는지 확인할 수 있다. 다음 그림은 이 로봇의 블록 다이어그램을 보여준다.

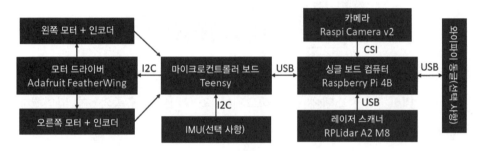

그림 11.2 Remo의 블록 다이어그램

틴시 3.2 마이크로컨트롤러 보드는 인코더, IMU 센서(선택 사항), 모터 드라이버 액추에이터에 연결된다. `rosserial` 프로토콜을 사용해 USB로 연결된 라즈베리파이 4B와 통신한다. 모터 드라이버와 IMU는 I2C로 마이크로컨트롤러와 데이터를 교환한다. RPLIDAR에는 serial-USB 변환기가 있으므로 SBC의 USB 포트 중 하나에 연결된다. 모터 인코더 센서는 마이크로컨트롤러의 GPIO 핀을 바탕으로 인터페이스한다. 다음은 구성 요소의 연결 다이어그램이다.

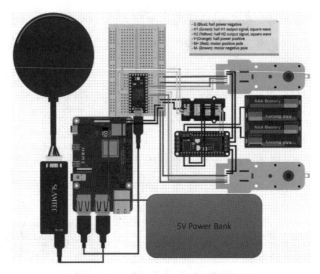

그림 11.3 Remo의 Fritzing 연결 다이어그램

지금까지 내비게이션 스택에 대한 하드웨어 요구 사항이 충족되는지 확인했다. Remo의 소프트웨어에 대한 개요는 다음과 같다.

ROS Navigation 스택에 대한 소프트웨어 요구 사항

`diffbot` 및 `remo_description` 저장소에는 다음 ROS 패키지가 포함돼 있다.

* **diffbot_base:** 이 패키지에는 ROS 내비게이션 스택에 필요한 기본 컨트롤러 구성 요소에 대한 플랫폼별 코드가 포함돼 있다. 이는 틴시 MCU용 `rosserial` 기반 펌웨어와 ROS 컨트롤 하드웨어 인터페이스를 구현한 C++ 노드로 구성된다. ROS 컨트롤 하드웨어 인터페이스는 실제 로봇 제어를 위한 `controller_manager` 제어 루프를 포함하며, 이 노드는 SBC에서 실행된다. 로우레벨 `base_controller` 구성 요소는 하드웨어에서 인코더 틱^{tick}을 읽고 각도 조인트^{angular joint}의 위치와 속도를 계산해 ROS 컨트롤 하드웨어 인터페이스에 발행한다. 이 인터페이스를 사용하면 ROS 컨트롤_(http://wiki.ros.org/diff_drive_controller)의 **diff_drive_**

controller 패키지를 사용할 수 있다. **teleop** 노드 또는 ROS 내비게이션 스택
에서 수신한 명령으로 목표 조인트 속도^{target joint velocity}를 계산하는 차동 구동 모바
일 로봇용 컨트롤러(DiffDriveController)를 제공한다. 계산된 목표 조인트 속도는 로
우레벨의 기본 컨트롤러로 전달되며, 여기에서 측정된 속도와 비교해 각 모터
에 개별 PID 컨트롤러를 사용해 적절한 PWM 신호를 계산한다.

- **diffbot_bringup:** 실제 로봇을 위한 **diffbot_base** 패키지의 C++ 노드뿐만
  아니라 하드웨어 드라이버 노드(카메라, 라이더, 마이크로컨트롤러 등)를 불러오는 파일을 실행
  한다.

- **diffbot_control:** 가제보 시뮬레이션 및 실제 로봇에 사용되는 ROS 컨트롤의
  DiffDriveController 및 **JointStateController**에 대한 구성이다. 파라미터
  구성은 이 패키지 내의 런치 파일을 사용해 파라미터 서버에 로드된다.

- **remo_description:** 이 패키지에는 센서를 포함한 Remo의 URDF 디스크립션
  ^{description}이 포함돼 있다. 다양한 카메라 및 SBC 타입을 시각화하기 위한 인수를
  전달할 수 있다. 또한 **gazebo_ros_control** 플러그인을 정의한다. Remo의 디스
  크립션은 https://github.com/ros-mobile-robots/mobile_robot_description을
  기반으로 하며, 차동 구동 로봇을 쉽게 모델링할 수 있는 모듈식 URDF 구조를
  제공한다.

- **diffbot_gazebo:** 가제보 시뮬레이터에서 사용할 Remo 및 Diffbot용 시뮬레이
  션별 런치 및 구성 파일이다.

- **diffbot_msgs:** Remo/Diffbot에서 사용하는 메시지 정의다. 예를 들어 인코더
  데이터에 대한 메시지는 이 패키지에 정의된다.

- **diffbot_navigation:** 이 패키지에는 ROS 내비게이션 스택이 작동하는 데 필
  요한 모든 구성 및 런치 파일이 포함돼 있다.

- **diffbot_slam:** 환경 지도를 생성하는 **gmapping**과 같은 SLAM^{Simultaneous Localization}

And Mapping의 구현을 지정하는 구성이다.

지금까지 내비게이션 스택의 요구 사항을 충족하는 차동 로봇의 ROS 패키지에 대한 개요를 살펴봤다. 다음 절에서는 기본 컨트롤러base controller 구성 요소를 구현한다.

⸬ 차동 구동 로봇을 위한 로우레벨 컨트롤러 및 하이레벨 ROS 컨트롤 하드웨어 인터페이스 개발

다음 두 절에서는 내비게이션 스택에서 언급한 기본 컨트롤러를 개발할 것이다. Remo의 경우 이 플랫폼별 노드는 두 개의 소프트웨어 구성 요소로 나뉜다.

첫 번째 구성 요소는 hardware_interface::RobotHW에서 상속된 하이레벨 diffbot:: DiffBotHWInterface로 로봇 하드웨어와 ROS 컨트롤 패키지 간의 인터페이스 역할을 한다. ROS 컨트롤 패키지는 내비게이션 스택과 통신하고 diff_drive_ controller(http://wiki.ros.org/diff_drive_controller)를 제공한다. diff_drive_controller는 ROS 컨트롤에서 사용할 수 있는 여러 컨트롤러 중 하나다. gazebo_ros_control 플러그인을 사용하면 동일한 구성의 컨트롤러를 시뮬레이션과 실제 로봇에서 사용할 수 있다. 시뮬레이션과 현실에서 ROS 컨트롤에 대한 개요는 다음 그림(http://gazebosim. org/tutorials/?tut=ros_control)과 같다.

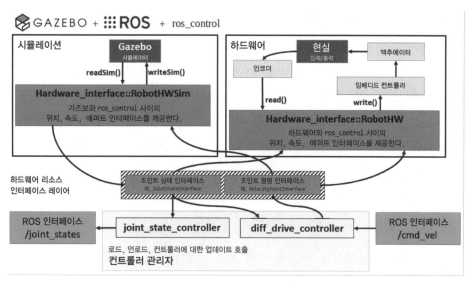

그림 11.4 시뮬레이션 및 현실에서의 ROS 제어

두 번째 구성 요소는 각도 휠 조인트 위치와 속도를 측정하고 하이레벨 인터페이스의 명령을 휠 조인트에 적용하는 로우레벨의 기본 컨트롤러다. 다음 그림은 두 구성 요소 간의 통신을 보여준다.

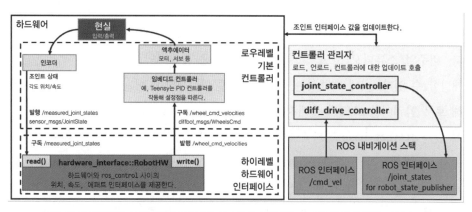

그림 11.5 로우레벨 컨트롤러와 하이레벨 하드웨어 인터페이스(ROS 제어)의 블록 다이어그램

로우레벨 기본 컨트롤러는 두 개의 PID 컨트롤러를 사용해 측정된 휠 속도와 목표 휠 속도 간의 오차를 기반으로 각 모터에 대한 PWM 신호를 계산한다.

RobotHW는 조인트 값을 업데이트하는 측정된 조인트 상태(각도^{rad} 및 각속도$^{rad/s}$)를 수신한다. 인코더에서 측정된 속도와 내비게이션 스택에서 보낸 속도 명령(cmd_vel 토픽의 geometry_msgs/Twist 메시지)으로 **diff_drive_controller**는 두 바퀴 조인트에 대한 목표 각속도를 계산한다. 여기에서 차동 구동 로봇의 운동 방정식을 사용한다. 이 컨트롤러는 **VelocityJointInterface** 클래스를 바탕으로 연속 휠 조인트와 함께 작동한다. 그런 다음 계산된 타깃 명령은 로봇의 **RobotHW::write** 메서드 내부의 하이레벨 하드웨어 인터페이스 내에 발행된다. 또한 컨트롤러는 **odom** 토픽(nav_msgs/Odometry)으로 보낼 주행 거리와 **odom** 프레임에서 **base_footprint** 프레임으로의 변환^{transform}을 계산하고 발행한다.

지금까지 기본 컨트롤러의 두 가지 구성 요소를 설명했다. 다음 절에서는 로우레벨 펌웨어 구현을 먼저 수행하고 하이레벨 하드웨어 인터페이스는 그다음 절에서 다룬다.

Remo용 로우레벨 기본 컨트롤러 구현

로우레벨 기본 컨트롤러는 PlatformIO(https://platformio.org/)를 사용해 틴시 마이크로컨트롤러에서 구현된다. PlatformIO의 프로그래밍 언어는 아두이노(Wiring 기반)와 동일하다. 비주얼 스튜디오 코드$^{Visual Studio Code}$ 편집기용 플러그인으로도 기본 컨트롤러를 개발할 수 있다. 이에 대해서는 16장에서 다룬다. 개발 PC에서 이 플러그인을 사용해 로봇 펌웨어를 보드에 플래시할 수 있다. scripts/base_controller 하위 디렉터리에 있는 **diffbot_base** 패키지에서 펌웨어 코드를 가져온다. 비주얼 스튜디오 코드에서 이 디렉터리를 열면 platformio.ini 파일이 포함돼 있기 때문에 PlatformIO 작업 공간으로 인식한다. 이 파일은 필요한 의존성을 정의하고 컴파일한 후 펌웨어를 틴시 보드에 간단하게 플래시한다. 이 파일 안에 사용된 라이브러리 목록은 다음과 같다.

```
lib_deps = frankjoshua/Rosserial Arduino Library@^0.9.1
           adafruit/Adafruit Motor Shield V2 Library@^1.0.11
           Wire
```

보시다시피 펌웨어는 rosserial, Adafruit Motor Shield V2 라이브러리, Wire, I2C 라이브러리에 의존한다. PlatformIO는 이 절에서 개발된 사용자 정의 라이브러리를 사용할 수 있다. 그 라이브러리는 ./lib 디렉터리에 정의돼 있다.

펌웨어는 인코더 및 IMU 센서에서 데이터를 읽고 다음 절에서 설명하는 하이레벨 hardware_interface::RobotHW 클래스에서 휠 속도 명령을 수신하는 데 사용한다. 다음 코드는 로우레벨 기본 컨트롤러의 main.cpp 파일의 일부며 lib 및 src 디렉터리 내의 diffbot_base/scripts/base_controller에서 사용된 라이브러리를 보여준다. src에는 모든 아두이노 스케치에 공통적인 setup() 및 loop() 함수로 구성된 main. cpp가 포함돼 있으며 다음 헤더를 포함하며 시작한다.

```
#include <ros.h>
#include "diffbot_base_config.h"
```

ros 헤더 파일 외에도 diffbot_base_config.h에 Remo와 관련된 정의가 포함돼 있다. 여기에는 다음과 같은 상수 파라미터의 디폴트 값이 포함된다.

- Encoder pins: 홀^{Hall} 센서가 연결된 틴시 마이크로컨트롤러의 핀을 정의한다.

- Motor I2C address and pins: Adafruit 모터 드라이버는 4개의 DC 모터를 구동할 수 있다. 케이블 관리를 위해 모터 단자 M3 및 M4는 각각 왼쪽 및 오른쪽 모터에 사용한다.

- PID: base_controller의 두 PID 컨트롤러에 대해 조정된 상수다.

- PWM_MAX 및 PWM_MIN: 모터 드라이버에 보낼 수 있는 최소 및 최대 PWM 값이다.

- **Update rates**: base_controller의 함수가 실행되는 빈도를 정의한다. 예를 들어 로우레벨 기본 컨트롤러 코드의 제어 부분은 인코더 값을 읽고 특정 빈도로 모터 명령을 보낸다.

Remo 관련 정의를 포함시킨 후 다음은 lib 디렉터리의 사용자 정의 라이브러리를 포함한다.

```
#include "base_controller.h"
#include "adafruit_feather_wing/adafruit_feather_wing.h"
```

여기에 포함된 헤더 및 헤더와 함께 포함되는 라이브러리는 다음과 같다.

- **base_controller**: base_controller.h 헤더에 정의된 BaseController 템플릿 클래스를 정의하고 각 모터의 인코더를 포함해 2개의 모터를 관리하며, 하이레벨 하드웨어 인터페이스와 통신하는 기본 클래스 역할을 한다.

- **motor_controller_intf**: 이 라이브러리는 adafruit_feather_wing.h에 간접적으로 포함되고 MotorControllerIntf라는 추상 기본 클래스를 정의한다. 일반적인^{arbitrary} 모터 드라이버를 사용해 특정 모터를 구동하는 데 사용되는 제네릭 인터페이스^{generic interface}다. 이는 다른 특정 모터 컨트롤러 서브클래스에 의해 구현돼야 하며, MotorControllerIntf 인터페이스를 알고 BaseController에서처럼 setSpeed(int value) 메서드를 호출해 클래스 코드를 변경하는 것을 방지한다. setSpeed(int value) 메서드를 사용하기 위한 유일한 방법은 하위 클래스가 이 MotorControllerIntf 인터페이스를 상속받아 setSpeed(int value) 클래스 메서드를 구현하는 것이다.

- **adafruit_feather_wing**: motor_controllers 디렉터리에 있는 이 라이브러리는 MotorControllerIntf 추상 인터페이스 클래스를 구현하고 특정 모터 컨트롤러를 정의한다. Remo의 경우 모터 컨트롤러는 AdafruitMotorController

클래스에 정의돼 있다. 이 클래스는 모터 드라이버 보드에 대한 접근 권한을 가지며 단일 모터의 속도로 작동하는 역할을 하므로 main.cpp 파일에 두 개의 인스턴스가 생성된다.

- **encoder:** 이 라이브러리는 BaseController 클래스에서 사용되며 https://www.pjrc.com/teensy/td_libs_Encoder.html의 Encoder.h를 기반으로 한다. 또한 DG01D-E 모터의 구성과 같은 구적 인코더^{quadrature encoder}에서 인코더 틱 카운트를 읽을 수 있다. encoder 라이브러리는 조인트 상태를 직접 얻고자 JointState() 메서드도 제공한다. 조인트 상태는 JointState 구조체의 JointState() 메서드에 의해 반환되며 휠 조인트의 측정된 각도(rad)와 각속도(rad/s)로 구성된다.

```
diffbot::JointState diffbot::Encoder::jointState() {
  long encoder_ticks = encoder.read();
  ros::Time current_time = nh_.now();
  ros::Duration dt = current_time - prev_update_time_;
  double dts = dt.toSec();
  double delta_ticks = encoder_ticks - prev_encoder_ticks_;
  double delta_angle = ticksToAngle(delta_ticks);
  joint_state_.angular_position_ += delta_angle;
  joint_state_.angular_velocity_ = delta_angle / dts;
  prev_update_time_ = current_time;
  prev_encoder_ticks_ = encoder_ticks;
  return joint_state_;
}
```

- **pid:** 측정되고 명령된 각 휠 조인트^{angular wheel joint} 속도 사이의 속도 차이(오류)를 기반으로 PWM 신호를 계산하는 PID 컨트롤러를 정의한다.

이 라이브러리를 사용해 main.cpp 파일을 살펴보자. 내부에는 코드를 조직하고 포함되는 개별 구성 요소를 테스트할 수 있게 하는 몇 가지 전역 변수만 있다. 다음은 주요 코드에 대한 설명이다.

1. 먼저 BaseController와 같은 클래스에서 참조하는 전역 ROS 노드 핸들을 정의한다. 노드 핸들은 발행, 구독 또는 현재 시간을 가져오는 데 필요하다. 현재 시간은 ros::NodeHandle::now()를 사용해 가져올 수 있으며, 업데이트 속도를 추적할 수 있다.

```
ros::NodeHandle nh;
```

2. 개발 편의와 코드 일관성 유지를 위해 기본 컨트롤러 라이브러리가 선언된 diffbot 네임스페이스를 사용하겠다고 선언한다.

```
using namespace diffbot;
```

3. 다음으로 두 모터의 모터 컨트롤러 타입을 정의한다. 그 타입은 motor_controllers 라이브러리에 있는 AdafruitMotorController다.

```
AdafruitMotorController motor_controller_right =
AdafruitMotorController(3);
AdafruitMotorController motor_controller_left =
AdafruitMotorController(4);
```

위에서 설명했듯이 이 클래스는 추상 기본 클래스인 MotorControllerIntf를 상속한다. 오픈소스 라이브러리인 Adafruit_MotorShield(https://learn.adafruit.com/adafruit-stepper-dc-motor-featherwing/library-reference)를 사용해 Adafruit 모터 드라이버에 연결하는 방법과 DC 모터의 C++ 포인터를 가져오는 방법(getMotor(motor_num))을 알고 있다. AdafruitMotorController::setSpeed(int value)의 정수 입력값에 따라 DC 모터는 특정 방향과 지정된 속도로 회전하도록 명령을 받는다. Remo의 경우 PWM_MAX 및 PWM_MIN 식별자로 지정된 범위는 -255에서 255 사이이다.

492

4. main 내부에 전역적으로 정의된 다음 클래스는 BaseController며 로우레벨 기본 컨트롤러의 주요 로직 대부분을 통합한다.

```
BaseController<AdafruitMotorController, Adafruit_MotorShield>
base_controller(nh, &motor_controller_left, &motor_controller_right);
```

보시다시피 MotorControllerIntf 인터페이스를 사용해 다른 모터 드라이버 (TMotorDriver, Adafruit_MotorShield)에서 작동하는 다양한 종류의 모터 컨트롤러(TMotorController, Remo의 경우 AdafruitMotorController와 동일)를 허용하는 템플릿 클래스다. BaseController 생성자는 전역으로 정의된 ROS 노드 핸들과 두 개의 모터 컨트롤러에 대한 참조를 사용해 각 휠에 대한 PID 컨트롤러로 계산된 속도 명령을 설정할 수 있다. 모터 컨트롤러에 대한 포인터를 설정하는 것 외에도 BaseController 클래스는 diffbot::Encoder 타입의 두 인스턴스를 초기화한다. diffbot::Encoder:: jointState()에서 반환된 측정된 조인트 상태는 diffbot::PID 컨트롤러에서 명령된 휠 조인트 속도와 함께 사용돼 속도 오차를 계산하고 모터에 적절한 PWM 신호를 전달한다.

지금까지 전역 인스턴스를 정의했다. 이제 펌웨어의 setup() 함수를 알아보자.

로우레벨 BaseController 클래스는 ROS 발행자 및 구독자를 사용하는 DiffBot HWInterface 인터페이스로 하이레벨과 통신한다. 이것들은 main.cpp의 setup() 함수에서 호출되는 Basecontroller::setup() 메서드에서 설정된다. 그 외에도 BaseController::init() 메서드는 바퀴 반경 및 바퀴 사이의 거리와 같은 ROS 파라미터 서버에 저장된 파라미터를 읽기 위한 것이다. BaseController를 초기화하는 것 외에 모터 드라이버의 통신 주파수는 다음과 같이 구성된다.

```
void setup() {
  base_controller.setup();
```

```
    base_controller.init();
    motor_controller_left.begin();
    motor_controller_right.begin();
}
```

MotorControllerIntf는 begin() 또는 setup() 메서드를 제공하지 않기 때문에
모터 컨트롤러의 begin(uint16_t freq) 메서드는 기본 setup() 함수에서 명시적
으로 호출돼야 한다. 이것은 추가될 때 MotorControllerIntf를 좀 더 구체적으로
만드는 디자인 옵션이다.

setup() 함수 다음에 위치한 loop() 함수는 센서에서 데이터를 읽고 액츄에이터에
명령을 쓰고자 diffbot_base_config.h 헤더에 설정된 속도로 반복 실행된다. 이러한
읽기/쓰기 기능이 발생한 시점의 북키핑bookkeeping은 lastUpdateRates 구조체 내부의
BaseController 클래스에 보관된다. 인코더에서 읽고 모터 명령을 쓰는 것은 제어
속도와 동일한 코드 블록에서 일어난다.

```
void loop() {
    ros::Duration command_dt = nh.now() - base_controller.lastUpdateTime().control;
    if (command_dt.toSec() >= ros::Duration(1.0 / base_controller.
publishRate().control_, 0).toSec()) {
        base_controller.read();
        base_controller.write();
        base_controller.lastUpdateTime().control = nh.now();
    }
```

이 코드 블록의 다음 단계가 설정된 속도로 계속 일어난다.

1. 인코더 센서 값은 BaseController::read() 메서드로 읽고 내부에서 데이터
   는 하이레벨 DiffbotHWInterface 클래스로 발행된다. 이때 데이터는 sensor_
   msgs::JointState 메시지 타입의 sensor_msgs_joint_states 토픽이다.

2. BaseController 클래스는 DiffBotHWInterface를 구독한다. BaseController
   의 BaseController::commandCallback(const diffbot_msgs::WheelsCmdStamped&)
   콜백 메서드에서 명령된 휠 조인트 속도(diffbot_msgs::WheelsCmdStamped 타입의 wheel_cmd_velocities
   토픽)를 수신한다. BaseController::read()에서 PID는 속도 오차로부터 모터
   PWM 신호 계산을 위해 호출되고 두 개의 모터 컨트롤러에 모터 속도가 설정
   된다.

3. 원하는 제어 속도로 이 메서드를 계속 호출하려면 lastUpdateTime().control
   변수를 현재 시간으로 업데이트한다.

제어 루프 업데이트 블록 후에 IMU가 사용되면 IMU 처리 속도$^{loop\ rate}$로 데이터
를 읽고 인코더 데이터와 융합해 좀 더 정확한 주행 거리를 노드로 발행할 수
있다. 마지막으로 메인 loop()에서 ROS 콜백 대기열에 있는 모든 콜백 함수는
nh.spinOnce()를 호출해 처리된다.

이것은 로우레벨의 기본 컨트롤러에 대한 설명이다. 자세한 내용과 전체 라이브러
리 코드는 diffbot_base/scripts/base_controller 패키지를 참조하자. 다음 절
에서는 diffbot::DiffBotHWInterface 클래스를 설명한다.

차동 구동 로봇을 위한 ROS 컨트롤 하이레벨 하드웨어 인터페이스

ros_control(http://wiki.ros.org/ros_control) 메타패키지에는 hardware_interface::RobotHW
하드웨어 인터페이스 클래스가 포함돼 있다. 하드웨어 인터페이스는 ros_controllers
메타패키지에서 사용할 수 있는 많은 컨트롤러를 활용하도록 구현돼 있다. 먼저
하드웨어 인터페이스를 인스턴스화하고 사용하는 diffbot_base 노드를 살펴보자.

1. diffbot_base 노드는 제어 루프(읽기, 업데이트, 쓰기)의 생성을 위해 diffbot_hw_
   interface.h와 controller_manager에 정의된 controller_manager.h를 포함
   한다.

```
#include <ros/ros.h>
#include <diffbot_base/diffbot_hw_interface.h>
#include <controller_manager/controller_manager.h>
```

2. 이 diffbot_base 노드의 주요 함수 내에서 하드웨어 인터페이스(diffbot_base::
DiffBotHWInterface)인 ROS 노드 핸들을 정의하고 이를 controller_manager에 전달
해 리소스에 접근할 수 있게 한다.

```
ros::NodeHandle nh;
diffbot_base::DiffBotHWInterface diffBot(nh);
controller_manager::ControllerManager cm(&diffBot);
```

3. 다음으로 ROS 콜백을 서비스하는 데 사용할 별도의 스레드를 설정한다. 서비
스 콜백이 제어 루프를 차단할 수 있으므로 별도의 스레드에서 ROS 루프를
실행한다.

```
ros::AsyncSpinner spinner(1);
spinner.start();
```

4. 그런 다음 하이레벨 하드웨어 인터페이스의 제어 루프가 실행되는 속도를 정의
한다. Remo의 경우 10Hz로 정의한다.

```
ros::Time prev_time = ros::Time::now();
ros::Rate rate(10.0); rate.sleep(); // 10 Hz 루프 속도
```

5. diffbot_base 노드의 블로킹 while 루프 내부에서 제어 시간을 계산하는 시스
템 시간을 얻고자 기본 북키핑을 처리한다.

```
while (ros::ok()) {
  const ros::Time time = ros::Time::now();
  const ros::Duration period = time - prev_time;
  prev_time = time;
```

6. 다음으로 제어 루프 단계인 읽기, 업데이트, 쓰기를 실행한다. read() 메서드는 센서 값을 가져오기 위한 것이고 write()는 update() 단계에서 diff_drive_ controller에 의해 계산된 명령을 작성한다.

```
diffBot.read(time, period);
cm.update(time, period);
diffBot.write(time, period);
```

7. 이 단계는 rate.sleep()을 사용해 지정된 속도로 계속 반복된다.

diffbot_base의 메인 제어 루프를 실행하는 코드를 정의한 후 hardware_ interface::RobotHW의 자식 클래스인 diffbot::DiffBotHWInterface의 구현을 살펴보자. 이를 바탕으로 하드웨어를 등록하고 read() 및 write() 메서드를 구현한다.

diffbot::DiffBotHWInterface 클래스의 생성자는 diffbot_control 패키지의 diff_ drive_controller 구성과 같이 파라미터 서버에서 파라미터를 가져오는 데 사용한다. 생성자 내부에서 휠 명령 발행자와 측정된 조인트 상태 구독자가 초기화된다. 또 다른 발행자는 pub_reset_encoders_로 로우레벨 기본 컨트롤러에서 측정된 조인트 상태를 isReducingMeasuredJointStates 메서드로 수신한 후 인코더 틱을 0 으로 재설정하는 데 사용한다.

DiffBotHWInterface를 구성한 후 제어 가능한 각 조인트에 대해 JointStateHandles 클래스(읽기 전용) 및 JointHandle 클래스(읽기 및 쓰기 액세스용)의 인스턴스를 만들고 이를 각

각 JointStateInterface 및 VelocityJointInterface 인터페이스에 등록한다. 이를 바탕으로 controller_manager는 여러 컨트롤러의 조인트 리소스에 대한 접근을 관리할 수 있다. Remo는 DiffDriveController 및 JointStateController를 사용한다.

```
for (unsigned int i = 0; i < num_joints_; i++) {
  hardware_interface::JointStateHandle joint_state_handle(
    joint_names_[i], &joint_positions_[i],
    &joint_velocities_[i], &joint_efforts_[i]);
  joint_state_interface_.registerHandle(joint_state_handle)
  hardware_interface::JointHandle joint_handle(
    joint_state_handle,
    &joint_velocity_commands_[i]);
  velocity_joint_interface_.registerHandle(joint_handle);
}
```

하드웨어 리소스를 초기화하는 데 필요한 마지막 단계는 JointStateInterface 및 VelocityJointInterface 인터페이스를 로봇 하드웨어 인터페이스에 등록해 소프트웨어에서 Remo 로봇이 나타나도록 인터페이스를 그룹화하는 것이다.

```
registerInterface(&joint_state_interface_);
registerInterface(&velocity_joint_interface_);
```

이제 하드웨어 조인트 리소스가 등록돼 컨트롤러 관리자가 이를 알게 됐으므로 하드웨어 인터페이스의 read() 및 write() 메서드를 호출할 수 있다. 컨트롤러 관리자 업데이트는 읽기와 쓰기 단계 사이에 발생한다.

Remo는 로우레벨 기본 컨트롤러에서 발행한 Measuring_joint_states 토픽을 구독한다. 이 토픽으로 구독된 메시지는 measured_JointStateCallback 메서드에서 diffbot_base::JointState 타입의 measured_ joint_states_ 배열에 저장된

다. 이 배열은 read() 메서드와 관련이 있다.

1. read() 메서드는 각도(rad) 및 속도(rad/s)와 같은 인코더의 현재 센서 판독 값으로 측정된 조인트 값을 업데이트하기 위한 것이다.

```
void DiffBotHWInterface::read() {
    for (std::size_t i = 0; i < num_joints_; ++i) {
        joint_positions[i]=measured_joint_states[i].angular_position;
        joint_velocity[i]=measured_joint_states[i].angular_velocity;
    }
```

2. 제어 루프의 마지막 단계는 DiffBotHWInterface 클래스의 write() 메서드를 호출해 diff_drive_controller에 의해 계산된 각 조인트의 각 바퀴 속도 명령을 발행하는 것이다.

```
void DiffBotHWInterface::write() {
    diffbot_msgs::WheelsCmdStamped wheel_cmd_msg;
    for (int i = 0; i < NUM_JOINTS; ++i) {
        wheel_cmd_msg.wheels_cmd.angular_velocities.joint.push_
back(joint_velocity_commands_[i]);
    }
    pub_wheel_cmd_velocities_.publish(wheel_cmd_msg);
}
```

이 메서드에서는 모델의 불완전성과 휠 반경의 오차로 인한 스티어링steering 오프셋을 수정할 수 있다.

이것으로 DiffBotHWInterface 클래스의 중요한 부분을 마무리하고 Remo가 ROS 내비게이션 스택을 활용하기 위한 요구 사항을 알아보자. 다음 절에서는 로봇 하드웨어를 불러오는 방법과 시작된 노드가 서로 상호작용하는 방법을 살펴본다.

Remo 로봇에 대한 ROS 노드 및 토픽 개요

다음 런치 파일은 하드웨어 노드를 불러오고 로봇 디스크립션을 파라미터 서버에서 로드하며, `diff_drive_controller`를 시작하고 `tf`를 사용해 변환하도록 발행자를 실행한다. 로봇의 SBC에서 다음 런치 파일을 실행한다.

```
roslaunch diffbot_bringup bringup.launch model:=remo
```

개발 PC에서 `teleop` 노드를 사용해 로봇을 조종할 수 있다. 이렇게 하려면 다음을 실행한다.

```
roslaunch diffbot_bringup keyboard_teleop.launch
```

`rosnode list` 명령을 실행하면 다음 같이 시작된 노드가 표시된다.

```
/diffbot/controller_spawner
/diffbot/diffbot_base
/diffbot/robot_state_publisher
/diffbot/rosserial_base_controller
/diffbot_teleop_keyboard
/rosout
```

RPLIDAR 레이저 스캐너도 실행을 위해 로봇의 `diffbot_bringup` 패키지에서 `bringup_with_laser.launch` 런치 파일을 사용한다. 그러면 `/diffbot/rplidarNode` 토픽에 대한 레이저 스캔이 발행된다. 다음 그림은 시작된 노드와 토픽을 보여준다.

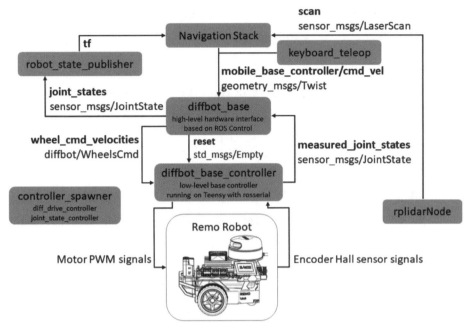

그림 11.6 Remo의 각 노드 상호 연결

이 런치 파일에 의해 실행되는 노드와 해당 작업은 다음과 같다.

- **rosserial_base_controller:** 틴시 MCU는 SBC를 바탕으로 rosserial과 인터페이스한다. 이는 틴시의 ROS 드라이버 역할을 할 뿐만 아니라 로봇 하드웨어와 ROS 토픽을 사용하는 고급 하드웨어 인터페이스 간의 가교^{bridge} 역할을 한다. 이 노드는 틴시에 연결된 센서에서 센서 값을 읽고 두 개의 PID 컨트롤러를 사용해 모터에 명령을 쓴다. 센서 데이터를 토픽(measured_joint_states)에 발행하고 diffbot_base 노드에 의해 발행된 wheel_cmd_velocities 토픽에 대한 휠 명령을 구독한다.

- **diffbot_base:** 로봇 하드웨어에 접근하고 diffbot_control 패키지의 파라미터를 사용해 diff_drive_controller를 생성하는 DiffBotHWInterface 및 controller_manager를 실행한다. 생성된 또 다른 컨트롤러는 JointState Controller로, 아무 것도 제어하지 않지만 관절 상태에 액세스할 수 있으며

이를 sensor_msgs/JointState 타입의 joint_states 토픽으로 발행한다. 이 노드는 telop 노드 또는 내비케이션 스택에서 cmd_vel 토픽(geometry_ msgs/Twist)를 구독하고, 메시지를 각도 휠 조인트 속도(rad/s)로 변환해 각 바퀴에 대한 목표 각속도를 포함하는 wheel_cmd_velocities 토픽(diffbot_msgs::WheelsCmdStamped 타입)으로 발행한다. 또한 diff_drive_controller는 조인트 상태로 주행 거리를 계산한다.

- **robot_state_publisher:** ROS 컨트롤의 JointStateController에서 발행한 joint_states 토픽을 구독하고 내비게이션 스택에 대한 모든 링크 간의 tf 변환을 발행한다. diff_drive_controller 컨트롤러는 odom과 base_footprint 간에 단일 변환만 발행한다.

Bringup.launch는 diffbot_base 및 remo_description과 같은 패키지의 다른 런치 파일을 포함한다. 내용을 요약하면 다음과 같다.

1. 다른 로봇 디스크립션의 ROS 파라미터 서버에 로드를 위해 이 런치 파일은 다른 것과 마찬가지로 diffbot으로 설정된 model 인수를 허용한다. Remo의 경우 실행 명령에 model:=remo를 전달해야 한다.

2. rosserial을 실행해 틴시 MCU에 연결하고 기본 컨트롤러를 시작한다.

```
<node name="rosserial_base_controller" pkg="rosserial_python"
type="serial_node.py" respawn="false" output="screen"
args="_port:=/dev/ttyACM0 _baud:=115200"/>
```

3. 하이레벨 하드웨어 인터페이스로 diffbot_base 노드를 실행한다.

```
<node name="diffbot_base" pkg="diffbot_base" type="diffbot_base"
output="screen"/>
```

4. 컨트롤러 및 기본 구성을 파라미터 서버에 로드한다.

```
<rosparam command="load" file="$(find diffbot_control)/config/diffbot_
control.yaml"/>
<rosparam command="load" file="$(find diffbot_base)/config/base.yaml"/>
```

5. 컨트롤러 구성을 로드한 후 컨트롤러 자체를 로드한다.

```
<node name="controller_spawner" pkg="controller_manager" type="spawner"
respawn="false" output="screen" args="joint_state_controller
mobile_base_controller"/>
```

6. robot_state_publisher 노드를 실행해 ROS 컨트롤의 joint_state_controller
에서 발행한 조인트 상태를 읽고 tf 변환을 발행한다.

```
<node name="robot_state_publisher" pkg="robot_state_publisher"
type="robot_state_publisher" output="screen" ns="diffbot" />
```

Bringup.launch를 실행한 후 다음 명령을 사용해 RViz에서 로봇을 시각화할 수
있다.

```
roslaunch diffbot_bringup view_diffbot.launch model:=remo
```

그러면 RViz가 열리고 로봇 모델이 표시된다. 다음으로 키보드 telepop 노드를 실
행한다.

```
roslaunch diffbot_bringup keyboard_teleop.launch
```

터미널에 표시된 키를 사용해 로봇을 움직이고 RViz에서 움직임과 주행 거리를 관찰할 수 있다.

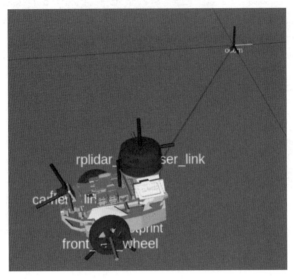

그림 11.7 로봇 주행 거리의 관찰

지금까지 ROS에서의 Remo 인터페이스를 살펴봤다. C++ 코드는 모듈식으로 유지되며 사용할 수 있는 많은 ROS 패키지가 ROS 컨트롤에서 사용됐다. 이들은 기본적으로 차동 구동 기구학을 제공하고 ROS 내비게이션 스택과 인터페이스하기 위한 요구 사항을 지원한다. 이제 남은 것은 하이레벨 및 로우레벨 코드를 작성하는 것이다.

내비게이션 스택 구성과 작업

하드웨어 인터페이스와 로우레벨 컨트롤러를 생성한 후에는 SLAM 및 AMCL^{Adaptive Monte Carlo Localization}을 수행해 지도를 구축한 후 로봇을 로컬라이제이션^{localization}해 자율주행을 수행하도록 내비게이션 스택을 구성해야 한다. 6장에서 내비게이션 스택의 기본 패키지를 살펴봤다. 환경 지도를 작성하고자 글로벌 및 로컬 플래너, 글로벌 및 로컬 코스트맵과 함께 gmapping 및 move_base를 구성한다. 또한 로컬라이제이션을 수행하고자 amcl 노드를 구성한다. gmapping 노드부터 시작하자.

gmapping 노드 구성과 지도 작성

gmapping은 SLAM(http://wiki.ros.org/gmapping)을 수행하기 위한 패키지다. Remo의 gmapping 노드 파라미터는 diffbot_slam/config/gmapping_params.yaml에 있으며 diffbot_slam/launch/diffbot_gmapping.launch으로 로드된다. 파라미터를 미세 조정해 gmapping 노드의 정확도를 개선한다. 예를 들어 더 나은 지도 해상도를 얻으려면 delta를 줄인다. 자세한 내용은 6장을 참고하자.

gmapping 노드 작업

gmapping으로 작업하려면 로봇 하드웨어가 먼저 실행돼야 한다. 이렇게 하려면 실제 로봇의 SBC에서 다음 런치 파일을 실행한다.

```
roslaunch diffbot_bringup bringup_with_laser.launch model:=remo
```

이것은 하드웨어 인터페이스와 로우레벨의 기본 컨트롤러를 초기화하고 rplidar 노드를 실행한다. 레이저는 diffbot/scan 토픽에 대한 레이저 스캔 데이터를 스트리밍하기 시작한다. 그런 다음 개발 PC에서 다음 명령을 사용해 gmapping 노드를 시작한다.

```
roslaunch diffbot_slam diffbot_slam.launch
```

구성과 함께 gmapping 노드를 실행하고 지도 작성 프로세스를 볼 수 있는 RViz를
연다.

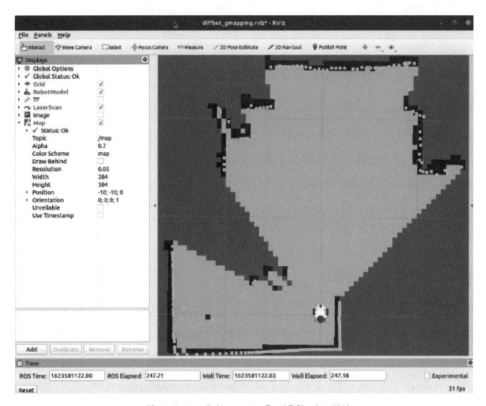

그림 11.8 RViz에서 gmapping을 사용한 지도 작성

이제 로봇을 이동해 환경 지도를 작성하기 위한 teleop 노드를 시작할 수 있다.
다음은 로봇을 움직이기 위해 telop 노드를 실행한다.

```
roslaunch diffbot_bringup keyboard_teleop.launch
```

지도 작성 프로세스를 완료한 후 다음 명령을 사용해 지도를 저장한다.

```
rosrun map_server map_saver -f ~/room
```

ROS의 map_server 패키지에는 현재 지도 데이터를 ROS 서비스로 제공하는 **map_server** 노드가 포함돼 있다. 지도를 저장하는 데 도움이 되는 **map_saver**라는 명령을 제공한다. 현재 지도는 사용자의 홈 디렉터리에 room.pgm와 room.yaml 파일로 저장된다. 첫 번째 파일은 지도 데이터고 다음 파일은 지도 파일의 이름과 파라미터를 포함하는 메타데이터다. 자세한 내용은 http://wiki.ros.org/map_server를 참조하자.

환경 지도를 생성한 후 다음 단계는 로컬라이제이션 및 자율주행을 구현하는 것이다. AMCL 노드를 시작하기 전에 다음 절에서 **move_base**를 살펴보자.

move_base 노드 구성

move_base 노드와 함께 글로벌 및 로컬 플래너와 글로벌 및 로컬 코스트맵을 구성해야 한다. 이런 모든 구성 파라미터 로드를 위해 diffbot_navigation/launch/move_base.launch 파일을 사용한다.

각 구성 파일과 해당 파라미터를 간략하게 설명하면 다음과 같다.

local_costmap과 global_costmap 노드에 대한 공통 구성

코스트맵은 로봇 주변에 존재하는 장애물을 사용해 생성된다. 파라미터를 미세 조정하면 지도 생성의 정확도를 높일 수 있다. diffbot_navigation/config 디렉터리의 사용자 정의 파일 costmap_common_params.yaml에는 장애물과 로봇의 풋프린트에 대한 **obstacle_range**, **raytrace_range**, **inflation_radius** 파라미터와 같은 글로벌 및 로컬 코스트맵의 공통 파라미터가 포함돼 있다. 또한 **observation_sources** 파라미터를 지정한다. 로컬 코스트맵을 얻으려면 올바른 레이저 스캔 토픽을 설정해야 한다. 모든 파라미터는 http://wiki.ros.org/costmap_2d/flat을 참조하자.

다음은 글로벌 및 로컬 코스트맵을 구축하는 데 필요한 주요 구성이다. 파라미터의 정의는 diffbot_navigation/config/costmap_global_params.yaml 및 costmap_local_params.yaml에 있다. 두 코스트맵의 **global_frame** 파라미터는 **map**이다. **robots_base_frame** 파라미터는 **base_footprint**다. 이는 코스트맵이 로봇 베이스 주변에서 참조되는 좌표 프레임이다. **update_frequency** 파라미터는 코스트맵이 메인 업데이트 루프에서 실행되는 빈도인 반면 **publication_frequency**는 디스플레이 정보를 발행하기 위한 빈도로서 10Hz로 설정된다. 기존 지도를 사용하는 경우 **static_map**을 **true**로 설정하고 그렇지 않으면 **false**로 설정한다. **global_costmap**의 경우 **true**로 설정되고 로컬 코스트맵의 경우 **false**로 설정된다. **transform_tolerance** 파라미터는 변환이 수행되는 속도다. 변환이 이 속도로 업데이트되지 않으면 로봇이 중지된다.

로컬 코스트맵의 **rolling_window** 파라미터는 로봇을 중심으로 로컬 코스트맵의 사용을 위해 **true**로 설정한다. width, height 및 resolution 파라미터는 코스트맵의 너비, 높이, 해상도다. 다음 단계는 기본 로컬 플래너를 구성하는 것이다.

베이스 로컬 플래너 및 DWA 로컬 플래너 파라미터 구성

베이스 로컬 플래너base local planner와 DWA 로컬 플래너는 파라미터가 거의 동일하다. diffbot_navigation/launch/diffbot_navigation.launch 런치 파일의 **local_planner** 인수를 사용해 베이스 로컬 플래너 또는 DWA 로컬 플래너를 선택할 수 있다. 이 플래너의 기능은 ROS 노드에서 보낸 목표까지의 속도 명령을 계산하는 것이다. Remo의 베이스 로컬 플래너 구성은 dwa_local_planner_params.yaml의 DWA 구성과 함께 diffbot_navigation/config/base_local_planner_params.yaml에 있다. 이 파일에는 속도 및 가속도 제한과 관련된 파라미터가 포함돼 있으며 **holonomic_** robot을 사용해 차동 구동 로봇 구성을 지정한다. Remo의 경우 non-holonomic 로봇이기 때문에 false로 설정돼 있다. 목표에 도달하는 시점을 지정해 목표 허용 오차goal tolerance를 설정할 수도 있다.

move_base 노드 파라미터 구성

move_base 노드 구성은 move_base_params.yaml 파일에 정의돼 있다. move_base 노드가 업데이트 루프에서 속도 명령을 보내는 빈도를 정의하는 controller_frequency와 같은 파라미터를 정의한다. planner_patience도 정의하는데, 공간 비우기space-clearing 작업이 일어나기 전에 유효한 경로를 찾기 위한 플래너의 대기 시간 이다. 자세한 내용은 6장과 http://wiki.ros.org/move_base을 참조하자.

AMCL 노드 구성

이 절에서는 사용할 수 있는 Remo의 amcl 런치 파일을 알아본다. AMCL 알고리듬은 지도를 기준으로 로봇의 포즈pose 추적을 위해 입자 필터를 사용한다. 이 알고리듬은 레이저 스캔 메시지, tf 변환, 초기 포즈initial pose 및 점유 격자 지도를 수신하는 AMCL ROS 패키지(http://wiki.ros.org/amcl)의 노드에 구현돼 있다. 센서 데이터를 처리한 후 amcl_pose, particlecloud, tf를 발행한다.

amcl을 시작하기 위한 기본 런치 파일은 diffbot_navigation 패키지의 diffbot_navigation.launch다. 내비게이션 스택에서 전달받은 명령에 따라 amcl 관련 노드, 지도 데이터 제공을 위한 맵 서버, 로컬라이제이션 수행을 위한 amcl 노드, 로봇을 움직이기 위한 move_base 노드를 실행한다.

전체 amcl 실행 파라미터는 amcl.launch라는 다른 파일에 설정된다. 이 런치 파일에서 허용하는 인수는 scan_topic 및 초기 포즈다. 로봇의 초기 포즈가 언급되지 않으면 입자가 원점 근처에 있게 된다. laser_max_range와 같은 다른 파라미터는

RPLIDAR의 사양으로 설정된다. 대부분의 다른 파라미터는 ROS 위키(http://wiki.ros.org/amcl)에 있는 기본값과 유사하다.

지금까지 내비게이션 스택, **gmapping**, **move_base** 노드에서 사용되는 파라미터를 살펴봤다. 이제 기존 지도에서 Remo를 로컬라이제이션하고 탐색하는 방법을 살펴보자.

AMCL 플래닝

다음 명령을 사용해 로봇 하드웨어 노드를 실행한다.

```
roslaunch diffbot_bringup Bringup_with_laser.launch model:=remo
```

그런 다음 개발 PC에서 이전에 사용자의 홈 디렉터리에 저장된 지도 파일과 함께 **navigation** 런치 파일을 실행한다.

```
roslaunch diffbot_navigation diffbot_hw.lauch map_file:=/home/<username>/
room.yaml
```

그러면 로봇을 지도의 특정 위치로 이동시키도록 명령을 주는 RViz가 실행된다.

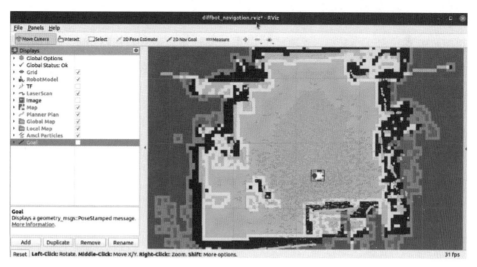

그림 11.9 AMCL을 사용한 로봇 자율주행

다음으로 RViz의 더 많은 옵션과 지도에서 로봇을 명령하는 방법을 살펴보자.

2D Pose Estimate 및 2D Nav Goal 버튼

RViz의 첫 번째 단계는 지도에서 로봇의 초기 위치(자세)를 설정하는 것이다. 로봇이 지도에서 스스로 위치를 파악할 수 있다면 초기 위치를 설정할 필요가 없다. 그렇지 않으면 다음 스크린샷과 같이 RViz의 2D Pose Estimate 버튼을 사용해 위치를 설정한다.

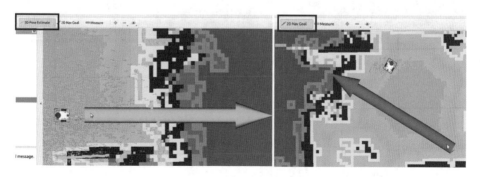

그림 11.10 RViz 2D Pose Estimate(왼쪽) 및 2D Nav Goal(오른쪽) 버튼

로봇 주변의 녹색 화살표는 amc1의 입자 클라우드다. 입자의 밀도[spread]는 위치의 불확실성을 의미한다. 낮은 스프레드는 낮은 불확실성을 의미하며 로봇은 자신의 위치에 대해 거의 확신한다. 자세를 설정한 후 경로 계획을 시작할 수 있다.

2D Nav Goal 버튼은 RViz를 바탕으로 move_base 노드에 목표 위치를 지정하고 로봇을 해당 위치로 이동시키는 데 사용한다. RViz의 상단 패널에서 이 버튼을 선택하고 지도 내부를 마우스 왼쪽 버튼으로 클릭해 목표 위치를 지도 내부에 지정할 수 있다.

내비게이션 스택을 사용한 장애물 회피

내비게이션 스택을 사용하면 로봇이 움직이는 동안 임의의 장애물을 피할 수 있다. 다음은 로봇의 계획된 경로에 동적 장애물이 있는 시나리오다. 특히 다음 그림의 왼쪽 부분은 경로에 장애물이 없는 경로 계획을 보여준다. 로봇 경로에 동적 장애물이 배치되면 장애물을 피하는 경로가 계획된다.

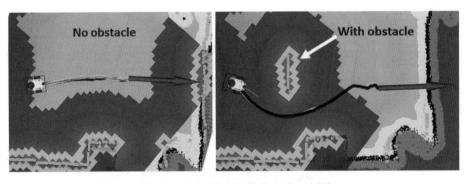

그림 11.11 RViz에서 장애물 회피 기능 시각화

앞의 그림은 로컬 및 글로벌 코스트맵, 레이저 스캔으로 감지한 실제 장애물(점으로 표시)과 팽창된 장애물을 보여준다. 계획 알고리듬에서 장애물은 실제 장애물과의 충돌 회피를 위해 실제 장애물에서 일정 거리만큼 팽창된다. 이 팽창된 거리는 구성 파일의 값에 따라 결정되고 이를 팽창 장애물[inflated obstacle]이라고 한다. 로봇은 팽창 장애물 너머의 경로만 계획한다. 팽창^{inflation}은 실제 장애물과의 충돌을 피하기 위한 기술이다. 다음 그림에서 글로벌, 로컬 및 플래너 계획을 볼 수 있다.

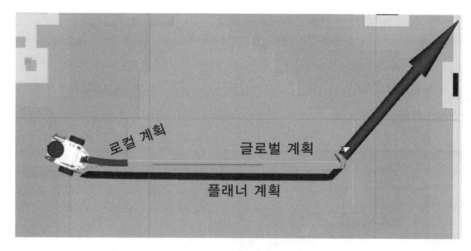

그림 11.12 RViz에서 글로벌, 로컬 및 플래너 계획 시각화

플래너와 글로벌 계획은 목표를 달성하기 위한 완전한 계획을 나타낸다. 로컬 계획은 글로벌 계획에 따른 단기 계획을 나타낸다. 글로벌 계획과 플래너 계획은 차질이 있을 경우 변경될 수 있다. RViz의 경로 디스플레이$^{path\ display}$ 타입을 사용해 계획을 표시할 수 있다.

지금까지는 현실에서 Remo로 작업했다. 다음 절에서는 사용할 수 있는 시뮬레이션을 살펴보자.

시뮬레이션에서 Remo 로봇 작업

diffbot_gazebo 시뮬레이터 패키지는 diffbot 저장소에서 복제할 수 있다. 이를 바탕으로 가제보에서 로봇을 시뮬레이션할 수 있다. 하드웨어에 대해 diffbot_bringup에서 Bringup.launch를 실행하는 대신 diffbot 월드를 사용해 로봇에 대한 좀 더 복잡한 시뮬레이션 환경을 얻기 위한 예제를 시작할 수 있다.

```
roslaunch diffbot_navigation diffbot.launch model:=remo
```

이것은 diffbot_navigation/maps 디렉터리에서 이전에 저장된 지도를 로드하고, diffbot_gazeb/worlds 디렉터리에서 db_world.world를 로드하는 가제보 시뮬레이터를 열고 robot_rqt_steering 창을 연다. 이를 바탕으로 Remo를 수동으로 조종할 수 있다. 또한 런치 명령은 다음 그림과 같이 Rviz를 연다. 툴바에서 내비게이션 도구를 사용해 실제 로봇에 대해 수행한 것처럼 로봇이 자율주행하게 할 수 있다.

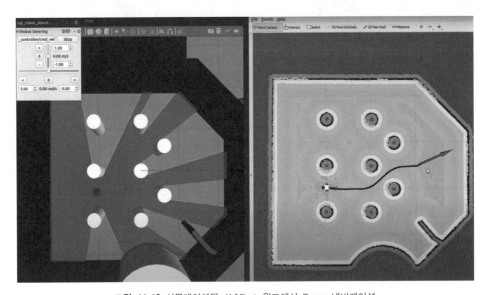

그림 11.13 시뮬레이션된 diffbot 월드에서 Remo 내비게이션

SLAM 및 AMCL과 같은 다른 작업은 하드웨어에 대해 수행한 것과 동일한 절차를 따른다. 다음 런치 파일은 시뮬레이션에서 SLAM 및 AMCL을 수행하는 데 사용한다.

1. 시뮬레이션에서 SLAM을 실행하고자 먼저 가제보와 diffbot 월드를 실행한다.

```
roslaunch diffbot_gazebo diffbot.launch model:=remo
```

2. 두 번째 터미널에서 SLAM **gmapping**을 실행한다.

```
roslaunch diffbot_slam diffbot_slam.launch slam_method:=gmapping
```

3. 그런 다음 이미 열린 **rqt_robot_steering** 창으로 로봇을 수동으로 조종하거나 키보드 **teleop** 노드를 실행해 키로 로봇을 움직인다.

```
roslaunch diffbot_bringup keyboard_teleop.launch
```

4. 로봇을 이리저리 이동시킨 후 생성된 지도를 이전과 같이 저장할 수 있다.

```
rosrun map_server map_saver -f /tmp/db_world
```

생성된 지도는 시뮬레이션에서 사용할 수 있다. 이를 위해 지도 파일과 월드 파일을 diffbot_navigation/launch/difbot.launch에 전달하기만 하면 된다. 완전한 명령의 예는 다음과 같다.

```
roslaunch diffbot_navigation diffbot.launch model:=remo
world_name:='$(find diffbot_gazebo)/worlds/turtlebot3_world.world'
map_file:='$(find diffbot_navigation)/maps/map.yaml'
```

그러면 이전에 저장된 지도와 함께 turtlebot3 월드가 시작된다.

이것으로 가제보의 Remo 시뮬레이션을 마친다. 여기에서 실행 파일을 사용해 **diffbot** 월드의 기존 지도에서 자율주행을 했다. 또한 **diffbot** 월드의 지도 작성이 어떻게 수행되는지 살펴봤다. 이 절차를 사용해 새로운 시뮬레이션 환경의 지도를 작성하고 **diffbot_navigation** 패키지의 런치 파일을 사용해 나중에 Remo 로봇을 자율적으로 구동할 수 있다.

⠶ 요약

11장에서는 DIY 자율주행 로봇을 ROS 및 내비게이션 스택과 인터페이스하는 방법을 다뤘다. 로봇과 필요한 구성 요소 및 연결 다이어그램을 소개한 후 로봇 펌웨어를 살펴보고 실제 로봇에 플래시하는 방법을 살펴봤다. 그런 다음 하드웨어 인터페이스를 개발했고, ROS 컨트롤 패키지를 사용해 ROS와 인터페이스하는 방법을 알아봤다. diff_drive_controller를 사용하면 twist 메시지를 모터 속도로 변환하고 인코더 틱을 odom 및 tf로 쉽게 변환할 수 있다. 또한 ROS 컨트롤은 gazebo_ros_control 플러그인으로 시뮬레이션을 활성화한다. 이러한 노드를 살펴본 후 ROS 내비게이션 스택의 구성을 살펴봤다. 또한 gmapping과 AMCL을 수행하고 내비게이션 스택과 함께 RViz를 사용하는 방법을 살펴봤다. 또한 내비게이션 스택을 사용해 장애물 회피를 다뤘고 시뮬레이션에서 Remo로 작업했다.

12장에서는 pluginlib, nodelet, Gazebo 플러그인을 소개한다.

다음은 11장에서 다룬 내용을 기반으로 한 몇 가지 질문이다.

- ROS 내비게이션 스택 작업을 위한 기본 요구 사항은 무엇인가?

- ROS 컨트롤은 어떤 장점을 제공하는가?

- ROS 컨트롤 하드웨어 인터페이스를 구현하기 위한 절차는 무엇인가?

- ROS 내비게이션 스택 작업을 위한 주요 구성 파일은 무엇인가?

- 목표 위치를 내비게이션 스택으로 보내는 방법은 무엇인가?

ROS 고급 프로그래밍

4부에서는 ROS의 고급 개념을 다룬다. 컨트롤러, 플러그인, 매트랩^{MATLAB}과 같은 타사 애플리케이션에 대한 ROS 인터페이스와 같은 고급 개념을 프로토타이핑하는 데 도움이 될 것이다.

4부는 다음 장으로 구성된다.

- 12장, `pluginlib`, `nodelet`, `Gazebo` 플러그인 활용

- 13장, ROS 컨트롤러와 시각화 플러그인

- 14장, 매트랩과 시뮬링크에서 ROS 활용

- 15장, 산업용 로봇을 위한 ROS

- 16장, ROS에서 문제 해결 및 모범 사례

12

pluginlib, nodelet, Gazebo 플러그인 활용

11장에서 ROS 내비게이션 스택에 대한 모바일 로봇의 인터페이스 및 시뮬레이션을 살펴봤다. 12장에서는 ROS pluginlib, nodelet, Gazebo 플러그인과 같은 ROS의 고급 개념을 살펴본다. 각 개념의 기능과 응용을 살펴하고 그 작동을 보여주는 예를 살펴본다. 이전 장들에서는 Gazebo 플러그인을 사용해 가제보 시뮬레이터 내에서 센서와 로봇 동작을 시뮬레이션했다. 12장에서는 플러그인을 만드는 방법을 살펴본다. 또한 ROS nodelet이라는 다른 형태의 ROS 노드도 살펴본다. ROS의 이런 기능은 pluginlib라는 플러그인 아키텍처를 사용해 구현된다.

12장에서 다루는 내용은 다음과 같다.

- pluginlib의 이해

- ROS nodelet 이해

- Gazebo 플러그인 이해와 생성

⁂ 기술적 요구 사항

12장을 따라 하가려면 컴퓨터에 다음 설정이 돼야 한다.

- 우분투 20.04 LTS(Long-Term Support)

- ROS Noetic 데스크톱 전체^{Desktop full} 설치

12장의 참조 코드는 다음 깃허브 저장소에서 다운로드할 수 있다.

https://github.com/PacktPublishing/Mastering-ROS-for-Robotics-Programming-Third-edition/tree/main/Chapter12

작동 중인 코드는 https://bit.ly/3AZxg0p에서 볼 수 있다.

⁂ pluginlib 이해

플러그인은 컴퓨터 분야에서 일반적으로 사용되는 용어로, 기존 소프트웨어 애플리케이션에 새로운 기능을 추가할 수 있는 모듈식 소프트웨어를 의미한다. 플러그인의 장점은 메인 소프트웨어의 모든 기능을 작성할 필요가 없다는 것이다. 대신 새 플러그인을 허용하고자 메인 소프트웨어에 인프라를 만들 수 있다. 이 방법을 사용해 소프트웨어의 기능을 어떤 레벨로든 확장할 수 있다.

로봇 애플리케이션을 위한 플러그인도 필요하다. 복잡한 ROS 기반 애플리케이션을 구축할 때 플러그인은 애플리케이션의 기능을 확장하는 좋은 선택이다.

ROS 시스템은 pluginlib이라는 플러그인 프레임워크를 제공해 라이브러리 또는 클래스가 될 수 있는 플러그인을 동적으로 로드/언로드한다. pluginlib은 기본적으로 플러그인을 작성하고 필요할 때마다 로드/언로드하는 데 도움이 되는 C++ 라이브러리다.

플러그인 파일은 기본 애플리케이션 코드에 연결하지 않고 빌드되는 런타임 라이브러리(예를 들어 공유 객체(.so) 또는 dynamic-link 라이브러리(.dll))다. 플러그인은 메인 소프트웨어에 종속되지 않는 별도의 엔티티^{entity}다.

플러그인의 주요 장점은 기본 애플리케이션 코드를 변경하지 않고도 애플리케이션 기능을 확장할 수 있다는 것이다. 또한 런타임에 이러한 기능을 동적으로 로드/언로드할 수 있다.

pluginlib을 사용해 간단한 플러그인을 만들고 ROS pluginlib을 사용해 플러그인을 만드는 모든 절차를 경험할 수 있다.

여기서는 pluginlib을 사용해 간단한 계산기^{calculator} 애플리케이션을 만들어본다. 플러그인을 사용해 계산기의 각 기능을 추가한다.

pluginlib을 사용해 계산기 플러그인 구현

플러그인을 사용해 계산기 애플리케이션을 만드는 것은 단일 코드를 작성하는 것에 비해 약간 지루한 작업이다. 그러나 이 예제의 목적은 메인 애플리케이션 코드를 수정하지 않고 계산기에 새로운 기능을 추가하는 방법을 보여주는 것이다.

이 예에서는 각 작업을 수행하고자 플러그인을 로드하는 ROS 애플리케이션을 볼 수 있다. 여기서는 덧셈, 뺄셈, 곱셈, 나눗셈과 같은 주요 연산만 구현한다. 각 작업에 대해 개별 플러그인을 작성해 어떤 레벨로든 확장할 수 있다.

플러그인을 정의하기 전에 참조용으로 pluginlib_calculator 디렉터리에서 계산기 코드에 접근할 수 있다. 이런 플러그인과 메인 계산기 애플리케이션 빌드를 위해 pluginlib_calculator라는 ROS 패키지를 만들 것이다.

다음 다이어그램은 계산기 플러그인 및 애플리케이션이 pluginlib_calculator ROS 패키지 내에서 구성되는 방식을 보여준다.

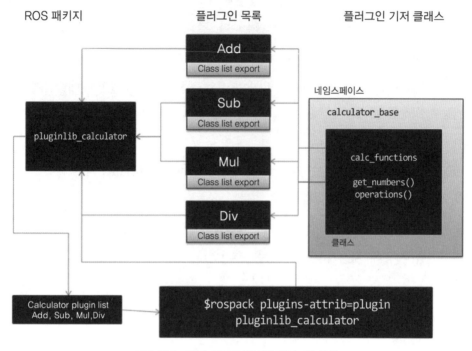

그림 12.1 계산기 애플리케이션의 플러그인 구성

계산기 플러그인 목록과 CalcFunctions라는 플러그인 기본 클래스를 볼 수 있다. 플러그인 기본 클래스는 이러한 플러그인에 필요한 공통 기능을 구현한다. 이것이 ROS 패키지를 만들고 메인 계산기 애플리케이션을 위한 플러그인 개발을 시작하는 방법이다.

pluginlib_calculator 패키지 작업

빠른 시작을 위해 기존 pluginlib_calculator ROS 플러그인 패키지를 사용할 수 있다.

이 패키지를 처음부터 생성하려면 다음 명령을 사용한다.

```
catkin_create_pkg pluginlib_calculator pluginlib roscpp std_msgs
```

이 패키지의 주요 의존성은 pluginlib이다. 플러그인 빌드를 위해 이 패키지의 주요 소스 파일을 살펴보자. 플러그인 코드는 Chapter 12/plugins calculator 디렉터리에서 얻을 수 있다.

저장소를 복제한 후 각 파일을 저장소에서 새 패키지로 복사하거나 다음 단계를 수행해 플러그인 계산기 패키지 내에서 각 파일의 기능을 이해할 수 있다.

1단계: calculator_base 헤더 파일 작성

calculator_base.h 파일은 pluginlib_calculator/include/pluginlib_calculator 디렉터리에 있으며, 이 파일의 주요 목적은 플러그인에서 일반적으로 사용하는 함수/메서드를 선언하는 것이다. 다음 코드를 살펴보자.

```
namespace calculator_base
{
  class CalcFunctions
  {
```

앞의 코드에서는 플러그인에서 사용하는 메서드를 캡슐화하는 CalcFunctions라는 추상 기본 클래스를 선언한다. 이 클래스는 calculator_base라는 네임스페이스에 포함돼 있다. 다음 코드를 살펴보자.

```
virtual void get_numbers(double number1, double number2) = 0;
virtual double operation() = 0;
```

다음은 CalcFunctions 클래스 내부에 구현된 주요 메서드다. get_number() 함수는 계산기에 대한 입력으로 두 개의 숫자를 검색할 수 있으며 operation() 함수는 수행하려는 수학 연산을 정의한다.

2단계: calculator_plugins 헤더 파일 작성

calculator_plugins.h 파일은 pluginlib_calculator/include/pluginlib_calculator 디렉터리에 있으며, 이 파일의 주요 목적은 Add, Sub, Mul, Div라는 이름의 계산기 플러그인의 완전한 기능을 정의하는 것이다. 다음은 이 파일의 코드다.

```
#include <pluginlib_calculator/calculator_base.h>
#include <iostream>
#include <cmath>

namespace calculator_plugins
{
    class Add : public calculator_base::CalcFunctions
    {
```

이 헤더 파일에는 계산기의 기본 기능에 접근하기 위한 calculator_base.h 파일이 포함돼 있다. 각 플러그인은 클래스로 정의되며 다음 코드에서 볼 수 있는 것처럼 calculator_base.h 클래스에서 CalcFunctions 클래스를 상속한다.

```
class Add : public calculator_base::CalcFunctions
{
public:
    Add()
    {
        number1_ = 0;
        number2_ = 0;
    }
```

다음 함수는 기본 클래스에서 재정의하는 **get_numbers()** 함수의 정의다. 두 개의 숫자를 입력으로 받는다.

```cpp
void get_numbers(double number1, double number2)
{

  try
  {
    number1_ = number1;
    number2_ = number2;
  }
  catch(int e)
  {
    std::cerr<<"Exception while inputting numbers"<<std::endl;
  }
}
```

operation() 함수는 원하는 수학 연산을 수행한다. 이 경우 다음 코드와 같이 추가 작업을 수행한다.

```cpp
double operation()
{
  return(number1_+number2_);
}

private:
  double number1_;
  double number2_;
};

};
```

다음 단계에서는 생성한 플러그인을 내보내야^{export} 한다. 플러그인을 제대로 내보내면 런타임에서 로드할 수 있다.

3단계: calculator_plugins.cpp 파일을 사용해 플러그인 내보내기

플러그인 클래스를 동적으로 로드하려면 PLUGINLIB_EXPORT_CLASS라는 특수 매크로를 사용해 각 클래스를 내보내야 한다. 이 매크로는 플러그인 클래스로 구성된 모든 .cpp 파일에 있어야 한다. 이미 플러그인 클래스를 정의했으므로 이 파일에서는 매크로 구문만 정의할 것이다.

pluginlib_calculator/src 디렉터리에서 calculator_plugins.cpp 파일을 살펴보자. 각 플러그인을 내보내는 방법은 다음과 같다.

```
#include <pluginlib/class_list_macros.h>
#include <pluginlib_calculator/calculator_base.h>
#include <pluginlib_calculator/calculator_plugins.h>

PLUGINLIB_EXPORT_CLASS(calculator_plugins::Add, calculator_base::
CalcFunctions);
```

PLUGINLIB_EXPORT_CLASS 내에 플러그인의 클래스 이름과 기본 클래스를 제공해야 한다.

4단계: Calculator_loader.cpp 파일을 사용해 플러그인 로더 구현

이 플러그인 로더 노드는 각 플러그인을 로드하고, 각 플러그인에 숫자를 입력하고, 플러그인에서 결과를 가져온다. pluginlib_calculator/src 디렉터리에서calculator_loader.cpp 파일을 찾을 수 있다.

다음은 이 파일의 코드다.

```
#include <boost/shared_ptr.hpp>
#include <pluginlib/class_loader.h>
#include <pluginlib_calculator/calculator_base.h>
```

다음은 플러그인을 로드하는 데 필요한 헤더 파일이다.

```
pluginlib::ClassLoader<calculator_base::CalcFunctions>
calc_loader("pluginlib_calculator", "calculator_base::CalcFunctions");
```

pluginlib 플러그인은 class_loader.h 내부에 있는 **ClassLoader** 클래스를 제공해 런타임에 클래스를 로드한다. 다음과 같이 로더와 계산기 기본 클래스의 이름을 인수로 제공해야 한다.

```
boost::shared_ptr<calculator_base::CalcFunctions> add = calc_loader.
createInstance("pluginlib_calculator/Add");
```

그러면 다음 코드에 표시된 대로 **ClassLoader** 객체를 사용해 **add** 클래스의 인스턴스가 생성된다.

```
add->get_numbers(10.0,10.0);
double result = add->operation();
```

이 줄은 입력을 제공하고 플러그인 인스턴스로 작업을 수행한다.

5단계: 플러그인 디스크립션 파일(calculator_plugins.xml) 생성

계산기 로더 코드를 생성한 후에는 플러그인 디스크립션 파일이라는 XML^eXtensible Markup Language에 이 패키지 내부의 플러그인 목록을 언급해야 한다. 플러그인 디스크립션 파일에는 클래스 이름, 클래스 타입, 기본 클래스 등과 같은 패키지 내부의 플러그인에 대한 모든 정보가 포함된다.

플러그인 디스크립션 파일은 ROS 시스템이 자동으로 플러그인을 찾고, 불러오고, 추론하는 데 도움을 주기 때문에 플러그인 기반 패키지의 중요한 파일이다. 또한 플러그인에 대한 디스크립션과 같은 정보를 포함한다.

다음 코드는 CMakeLists.txt 및 package.xml 파일과 함께 저장되는 calculator_plugins.xml 플러그인 디스크립션 파일이다. 패키지 디렉터리에서 이 파일을 얻을 수 있다.

다음은 이 파일의 코드다.

```
<library path="lib/libpluginlib_calculator">
  <class name="pluginlib_calculator/Add" type="calculator_plugins::Add"
base_class_type="calculator_base::CalcFunctions">
    <description>This is a add plugin.</description>
  </class>
```

이 코드는 Add 플러그인용으로 플러그인의 라이브러리 경로, 클래스 이름, 클래스 타입, 기본 클래스, 디스크립션을 정의한다.

6단계: ROS 패키지 시스템에 플러그인 등록

pluginlib이 ROS 시스템에서 모든 플러그인 기반 패키지를 찾으려면 package.xml 내부에 플러그인 설명 파일을 내보내야 한다. 이 플러그인을 포함하지 않으면 ROS 시스템은 패키지 내에서 플러그인을 찾지 못한다.

다음과 같이 package.xml에 export 태그를 추가한다.

```
<export>
```

```
    <pluginlib_calculator plugin="${prefix}/calculator_plugins.xml" />
</export>
```

플러그인 디스크립션 파일 내보내기가 완료됐다. 다음으로 CMakeLists.txt 파일을 편집해 플러그인을 빌드할 수 있다.

7단계: CMakeLists.txt 파일 편집

일반적인 ROS 노드와의 또 다른 차이점은 CMakeLists.txt 파일에 포함된 컴파일 지시문과 관련이 있다. 계산기 플러그인과 로더 노드를 빌드하려면 CMakeLists.txt 에 다음 줄을 추가해야 한다.

```
## pluginlib_calculator 라이브러리 추가
add_library(pluginlib_calculator src/calculator_plugins.cpp)
target_link_libraries(pluginlib_calculator ${catkin_LIBRARIES})
## calculator_loader 실행 파일 추가
add_executable(calculator_loader src/calculator_loader.cpp)
target_link_libraries(calculator_loader ${catkin_LIBRARIES})
```

거의 모든 설정이 완료됐으며 이제 catkin_make 명령을 사용해 패키지를 빌드할 시간이다.

8단계: 패키지의 플러그인 목록 쿼리

패키지가 제대로 빌드되면 로더를 실행할 수 있다. 다음 명령은 패키지 내부의 플러그인을 쿼리한다.

```
rospack plugins --attrib=plugin pluginlib_calculator
```

모든 것이 제대로 빌드되면 다음 결과를 얻을 수 있다.

```
pluginlib_calculator /home/robot/master_ros_ws/src/plugin_calculator/
calculator_plugins.xml
```

다음 단계에서는 이러한 모든 플러그인을 로드하는 방법을 볼 수 있다.

9단계: 플러그인 로더 실행

roscore를 시작한 후 다음 명령을 사용해 calculator_loader 실행 파일을 실행할 수 있다.

```
rosrun pluginlib_calculator calculator_loader
```

다음 코드 블록은 모든 것이 제대로 작동하는지를 확인하는 출력이다. 로더는 두 입력을 모두 10.0으로 제공하며 적절한 결과를 얻고 있다. ·

```
[ INFO] [1609673718.399514348]: Sum result: 20.00
[ INFO] [1609673718.399737057]: Substracted result: 0.00
[ INFO] [1609673718.399838030]: Multiplied result: 100.00
[ INFO] [1609673718.399916915]: Division result: 1.00
```

다음 절에서는 nodelet이라는 새로운 개념을 살펴보고 구현하는 방법을 살펴본다.

ROS nodelet 이해

nodelet은 동일한 프로세스 내에서 여러 알고리듬을 효율적인 방식으로 실행해 각 프로세스를 스레드로 실행하도록 설계된 특별한 ROS 노드다. 스레드 노드는 두 노드 간의 제로카피 전송^{zero-copy transport}으로 네트워크 과부하 없이 서로 효율적으로 통신할 수 있다. 이러한 스레드 노드는 외부 노드와도 통신할 수 있다.

각 nodelet은 별도의 네임스페이스가 있는 플러그인처럼 동적으로 로드할 수 있다. 각 nodelet은 별도의 노드로 작동할 수 있지만 단일 프로세스에서 작동한다.

nodelet은 노드 간에 전송되는 데이터의 양이 매우 많을 때 사용한다. 예를 들어 3D 센서나 카메라에서 데이터를 전송할 때다. nodelet 사용의 단점은 별도의 프로세스에서 실행할 수 없기 때문에 병렬화가 잘 이뤄지지 않는다는 것이다.

이제 nodelet을 생성하는 방법을 살펴보자.

샘플 nodelet 구현

이 절에서는 /msg_in이라는 문자열 토픽을 구독하고 /msg_out 토픽에 동일한 문자열(std_msgs/String)을 발행하는 기본 nodelet을 만든다.

1단계: nodelet용 패키지 생성

다음 명령을 사용해 nodelet을 생성해 nodelet_hello_world라는 패키지를 생성할 수 있다.

```
catkin_create_pkg nodelet_hello_world nodelet roscpp std_msgs
```

또 다른 방법으로 기존 nodelet_hello_world 패키지를 사용할 수 있다.

이 패키지는 코드 저장소의 Chapter12/nodelet_hello_world 디렉터리에서 찾을 수 있다. 여기에서 이 패키지의 주요 의존성은 ROS nodelet을 빌드하는 데 필요한 API를 제공하는 nodelet 패키지다.

2단계: hello_world.cpp nodelet 생성

이제 nodelet 코드를 생성할 것이다. nodelet_hello_world 패키지 내부에 src라는 디렉터리를 만들고 hello_world.cpp라는 파일을 생성한다.

nodelet_hello_world/src 디렉터리에서 기존 코드를 가져온다.

3단계: hello_world.cpp의 설명

다음은 hello_world.cpp 파일의 코드다.

```
#include <pluginlib/class_list_macros.h>
#include <nodelet/nodelet.h>
#include <ros/ros.h>
#include <std_msgs/String.h>
#include <stdio.h>
```

이 코드 파일에 포함된 헤더 파일이다. pluginlib API 및 nodelet API에 접근하려면 class_list_macro.h 및 nodelet.h를 포함해야 한다. 다음 코드를 살펴보자.

```
namespace nodelet_hello_world
{
  class Hello : public nodelet::nodelet
  {
```

여기에서 표준 nodelet 기본 클래스를 상속하는 Hello라는 nodelet 클래스를 만든다. 모든 nodelet 클래스는 nodelet 기본 클래스에서 상속돼야 하며 pluginlib을 사용해 동적으로 로드할 수 있어야 한다. 여기에서 Hello 클래스는 동적 로딩에 사용될 것이다. 코드는 다음에 나와 있다.

```
virtual void onInit()
{
    ros::NodeHandle& private_nh = getPrivateNodeHandle();
    NODELET_DEBUG("Initialized the Nodelet");
    pub = private_nh.advertise<std_msgs::String>("msg_out", 5);
    sub = private_nh.subscribe("msg_in", 5, &Hello::callback, this);
}
```

이것은 nodelet의 초기화 함수다. 이 함수는 중요한 작업을 차단하거나 수행해서는 안 된다. 함수 내에서 각각 msg_out 및 msg_in 토픽에 대해 NodeHandle 객체, 토픽 발행자, 구독자를 생성한다. nodelet을 실행하는 동안 디버그 메시지를 출력하는 매크로가 있다. 여기에서 NODELET_DEBUG를 사용해 콘솔에서 디버그 메시지를 출력한다. 구독자는 Hello 클래스 내부에 있는 callback() 콜백 함수와 연결돼 있다. 코드는 다음과 같다.

```
void callback(const std_msgs::StringConstPtr input)
{
    std_msgs::String output;
    output.data = input->data;
    NODELET_DEBUG("Message data = %s",output.data.c_str());
    ROS_INFO("Message data = %s",output.data.c_str());
    pub.publish(output);
}
```

callback() 함수에서 /msg_in 토픽의 메시지를 출력하고 다음 코드와 같이 /msg_out 토픽에 발행한다.

```
PLUGINLIB_EXPORT_CLASS(nodelet_hello_world::Hello, nodelet::Nodelet);
```

여기서는 동적 로딩을 위한 플러그인으로 Hello를 내보내고 있다.

4단계: 플러그인 디스크립션 파일 작성

pluginlib 예제와 마찬가지로 nodelet_hello_world 패키지 안에 플러그인 디스크립션 파일을 생성해야 한다. hello_world.xml 플러그인 디스크립션 파일은 다음 코드에 나와 있다.

```
<library path="libnodelet_hello_world">
  <class name="nodelet_hello_world/Hello" type="nodelet_hello_world::Hello"
base_class_type="nodelet::Nodelet">
    <description>
      A node to republish a message
    </description>
  </class>
</library>
```

플러그인 디스크립션 파일을 추가한 후 다음 단계에서 package.xml에 플러그인 디스크립션 파일의 경로를 추가하는 방법을 볼 수 있다.

5단계: package.xml에 export 태그 추가

다음과 같이 export 태그를 package.xml에 추가하고 빌드 및 실행 의존성을 추가해야 한다.

```
<export>
  <nodelet plugin="${prefix}/hello_world.xml"/>
</export>
```

지금까지 package.xml 파일을 편집했다. 이제 nodelet을 컴파일하고자 CMakeLists.txt 파일을 편집하는 방법을 살펴보자.

6단계: CMakeLists.txt 편집

nodelet 패키지를 빌드하려면 CMakeLists.txt에 코드 줄을 추가해야 한다. 다음은 추가한 줄이다. 기존 패키지에서 CMakeLists.txt 파일을 가져온다.

```
## cpp 라이브러리 선언
add_library(nodelet_hello_world
  src/hello_world.cpp
)

## 라이브러리 또는 실행 가능한 타깃을 연결할 라이브러리 지정
target_link_libraries(nodelet_hello_world
  ${catkin_LIBRARIES}
)
```

CMakeLists.txt 파일을 편집했다. 이제 nodelet ROS 패키지를 빌드하는 방법을 살펴보자.

7단계: nodelet 빌드 및 실행

이 절차를 수행한 후 catkin_make를 사용해 패키지를 빌드할 수 있으며 빌드가 성공하면 플러그인을 나타내는 libnodelet_hello_world.so 공유 객체 파일을 생성할 수 있다.

nodelet 실행의 첫 번째 단계는 nodelet 관리자를 시작하는 것이다. nodelet 관리자는 ROS 서비스를 수신하고 nodelet을 동적으로 로드하는 C++ 실행 프로그램이다. 독립적으로 실행되는 관리자를 실행하거나 실행 중인 노드에 포함시킬 수 있다.

다음 명령으로 nodelet 관리자를 시작할 수 있다.

1. 다음과 같이 roscore를 시작한다.

```
roscore
```

2. 다음 명령으로 nodelet 관리자를 시작한다.

```
rosrun nodelet nodelet_manager __name:= nodelet_manager
```

3. nodelet 관리자가 성공적으로 실행되면 다음 메시지가 표시된다.

```
[ INFO] [1609674707.691565050]: Initializing nodelet with 6 worker threads.
```

4. nodelet 관리자를 시작한 후 다음 명령으로 nodelet을 시작할 수 있다.

```
rosrun nodelet nodelet load nodelet_hello_world/Hello nodelet_manager
__name:= nodelet1
```

5. 앞의 명령을 실행할 때 nodelet은 nodelet 관리자에게 연락해 nodelet1이라
는 이름으로 nodelet_hello_world/Hello nodelet의 인스턴스를 생성한다.
다음 코드 블록은 nodelet을 로드할 때 수신하는 메시지를 보여준다.

```
[ INFO] [1609674752.075787641]: Loading nodelet /nodelet1 of type nodelet_
hello_world/Hello to manager nodelet_manager with the following
remappings:
```

6. 이 nodelet을 실행한 후 생성된 토픽과 노드 목록은 다음과 같다.

```
rostopic list
/nodelet1/msg_in
```

```
/nodelet1/msg_out
/nodelet_manager/bond
/rosout
/rosout_agg
```

/nodelet1/msg_in 토픽에 문자열을 발행해 노드를 테스트하고 nodelet1/msg_out에서 동일한 메시지를 수신하는지 확인할 수 있다.

7. 다음 명령은 문자열을 /nodelet1/msg_in으로 발행한다.

```
rostopic pub /nodelet1/msg_in std_msgs/String "Hello" -r 1
```

8. 다음 코드에서 볼 수 있듯이 /nodelet1/msg_out 토픽에서 입력으로 제공한 것과 동일한 데이터를 얻을 수 있다.

```
rostopic echo /nodelet1/msg_out
data: "Hello"
---
```

msg_out 토픽을 echo해 코드가 제대로 작동하는지 확인할 수 있다.

여기에서 Hello() 클래스의 단일 인스턴스가 노드로 생성되는 것을 살펴봤다. 이 nodelet 내부에 다른 노드 이름을 가진 Hello() 클래스의 여러 인스턴스를 만들 수 있다.

8단계: nodelet용 런치 파일 작성

nodelet 클래스에서 둘 이상의 인스턴스 로드를 위해 런치 파일을 작성할 수 있다. 다음 런치 파일은 이름이 test1 및 test2인 두 개의 nodelet을 로드하고 이를

launch/hello_world.launch로 저장할 수 있다.

```
<launch>

  <!-- nodelet 관리자 실행 -->

  <node pkg="nodelet" type="nodelet" name="standalone_nodelet" args="manager"
output="screen"/>

  <!-- 첫 번째 nodelet 시작 -->

  <node pkg="nodelet" type="nodelet" name="test1" args="load
nodelet_hello_world/Hello standalone_nodelet" output="screen">
  </node>

  <!-- 두 번째 nodelet 시작 -->

  <node pkg="nodelet" type="nodelet" name="test2" args="load
nodelet_hello_world/Hello standalone_nodelet" output="screen">
  </node>

</launch>
```

이 런치 파일은 다음 명령으로 실행할 수 있다.

```
roslaunch nodelet_hello_world hello_world.launch
```

터미널이 성공적으로 실행되면 다음 메시지가 터미널에 표시된다.

```
[ INFO] [1609675205.643405707]: Loading nodelet /test1 of type nodelet_
hello_world/Hello to manager standalone_nodelet with the following remappings:
[ INFO] [1609675205.645714262]: waitForService: Service
[/standalone_nodelet/load_nodelet] has not been advertised, waiting...
[ INFO] [1609675205.652567416]: Loading nodelet /test2 of type nodelet_
```

```
hello_world/Hello to manager standalone_nodelet with the following remappings:
[ INFO] [1609675205.655896332]: waitForService: Service
[/standalone_nodelet/load_nodelet] has not been advertised, waiting...
[ INFO] [1609675205.707828044]: Initializing nodelet with 6 worker threads.
[ INFO] [1609675205.711686663]: waitForService: Service
[/standalone_nodelet/load_nodelet] is now available.
[ INFO] [1609675205.719831856]: waitForService: Service
[/standalone_nodelet/load_nodelet] is now available.
```

토픽 및 노드 목록은 다음 코드에 표시된다. 인스턴스화된 두 nodelet과 해당 토픽을 볼 수 있다.

```
rostopic list

/rosout_agg
/standalone_nodelet/bond
/test1/msg_in
/test1/msg_out
/test2/msg_in
/test2/msg_out
```

토픽은 Hello() 클래스의 여러 인스턴스에서 생성된다. rqt_graph 도구를 사용해 이러한 nodelet 간의 상호 연결을 볼 수 있다. 다음 명령을 실행해 rqt를 연다.

```
rqt
```

Plugins ➤ Introspection ➤ Node Graph 옵션에서 Node Graph 플러그인을 로드하면 다음 다이어그램과 같은 그래프가 표시된다.

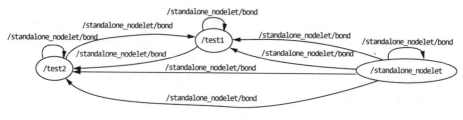

그림 12.2 nodelet의 두 노드 인스턴스

또는 다음과 같이 **rqt_graph** 플러그인을 직접 로드할 수 있다.

```
rqt_graph
```

앞 절에서는 ROS **nodelet**으로 작업하는 방법을 살펴봤다. 다음 절에서는 가제보 시뮬레이터용 플러그인을 만드는 방법을 살펴보자.

⁝ Gazebo 플러그인 이해와 생성

Gazebo 플러그인은 로봇 모델, 센서, 월드 속성, 가제보가 실행되는 방식까지 제어하는 데 도움이 된다. **pluginlib** 및 **nodelet**과 마찬가지로 Gazebo 플러그인은 가제보 시뮬레이터에서 동적으로 로드/언로드할 수 있는 C++ 코드 세트다.

플러그인을 사용하면 ROS와 독립적인 가제보의 모든 구성 요소에 접근해 ROS를 사용하지 않는 사람(즉, 구성 요소)과 공유할 수 있다. 플러그인은 주로 다음과 같이 분류할 수 있다.

- **월드 플러그인**^{world plugin}: 월드 플러그인을 사용해 Gazebo에서 특정 월드의 속성을 제어할 수 있다. 이 플러그인을 사용해 물리 엔진, 조명, 기타 월드 속성을 변경할 수 있다.

- **모델 플러그인**^{model plugin}: 모델 플러그인은 Gazebo의 특정 모델에 부착돼 속성을

제어한다. 모델의 조인트 상태, 조인트 제어 등과 같은 파라미터는 이 플러그인을 사용해 제어할 수 있다.

- **센서 플러그인**^{sensor plugin}: 센서 플러그인은 Gazebo에서 카메라, IMU^{Inertial Measurement Unit} 등과 같은 센서를 모델링하기 위한 것이다.

- **시스템 플러그인**^{system plugin}: Gazebo 시작과 함께 시스템 플러그인이 시작된다. 사용자는 이 플러그인을 사용해 가제보에서 시스템 관련 기능을 제어할 수 있다.

- **시각화 플러그인**^{visual plugin}: 모든 가제보 구성 요소의 시각화 속성은 시각화 플러그인을 사용해 접근하고 제어할 수 있다.

- **GUI 플러그인**^{Graphical User Interface plugin}: GUI 플러그인을 사용해 가제보에서 사용자 정의 GUI 위젯을 생성할 수 있으며 가제보의 기존 GUI 파라미터를 변경할 수 있다.

Gazebo 플러그인으로 개발을 시작하기 전에 일부 패키지를 설치해야 할 수도 있다. ROS Noetic과 함께 설치된 Gazebo 버전은 11.0이므로 다음 명령을 사용해 우분투에 개발 패키지를 설치해야 할 수도 있다.

```
sudo apt install libgazebo11-dev
```

Gazebo 플러그인은 ROS와 독립적이며 플러그인 빌드를 위해 ROS 라이브러리는 필요 없다.

기본 월드 플러그인 생성

기본 Gazebo 월드 플러그인을 살펴보고 Gazebo에서 빌드하고 로드하자. 이 프로젝트는 책과 함께 제공되는 Chapter12/gazebo_ros_hello_world 디렉터리에도 포함돼 있다.

원하는 디렉터리에 gazebo_basic_world_plugin이라는 디렉터리를 생성하고 다음과 같이 hello_world.cc라는 CPP 파일을 생성한다.

```
mkdir gazebo_basic_world_plugin && cd gazebo_basic_world_plugin
```

다음 코드는 텍스트 편집기를 사용해 열 수 있다. 여기에서 **gedit**를 사용한다.

```
gedit hello_world.cc
```

hello_world.cc의 정의는 다음 코드에 있다.

```cpp
#include <gazebo/gazebo.hh>
namespace gazebo
{
  class WorldPluginTutorial : public WorldPlugin
  {

  public: WorldPluginTutorial() : WorldPlugin()
    {
      printf("Hello World!\n");
    }
  public: void Load(physics::WorldPtr _world, sdf::ElementPtr _sdf)
    {
    }
  };
  GZ_REGISTER_WORLD_PLUGIN(WorldPluginTutorial)
}
```

이 코드에 사용된 헤더 파일은 **<gazebo/gazebo.hh>**다. 헤더에는 가제보의 핵심 기능이 포함돼 있다. 다른 헤더는 다음과 같다.

- gazebo/physics/physics.hh: 물리 엔진 파라미터에 접근하기 위한 Gazebo 헤더다.

- gazebo/rendering/rendering.hh: 렌더링 파라미터를 처리하기 위한 Gazebo 헤더다.

- gazebo/sensors/sensors.hh: 센서를 처리하기 위한 Gazebo 헤더다. 코드 끝에서 다음 명령문을 사용해 플러그인을 내보내야 한다.

GZ_REGISTER_WORLD_PLUGIN(WorldPluginTutorial) 매크로는 플러그인을 월드 플러그인으로 등록하고 내보낸다. 다음 매크로는 센서, 모델 등을 등록하는 데 사용한다.

- **GZ_REGISTER_MODEL_PLUGIN**: Gazebo 로봇 모델에 대한 내보내기 매크로다.

- **GZ_REGISTER_SENSOR_PLUGIN**: Gazebo 센서 모델에 대한 내보내기 매크로다.

- **GZ_REGISTER_SYSTEM_PLUGIN**: Gazebo 시스템에 대한 내보내기 매크로다.

- **GZ_REGISTER_VISUAL_PLUGIN**: Gazebo 시각화에 대한 내보내기 매크로다.

코드를 설정한 후 소스코드를 컴파일하기 위한 CMakeLists.txt 파일을 만들 수 있다. 다음은 CMakeLists.txt의 소스코드다.

```
gedit gazebo_basic_world_plugin/CMakeLists.txt

cmake_minimum_required(VERSION 2.8 FATAL_ERROR)
find_package(gazebo REQUIRED)
include_directories(${GAZEBO_INCLUDE_DIRS})
link_directories(${GAZEBO_LIBRARY_DIRS})
list(APPEND CMAKE_CXX_FLAGS "${GAZEBO_CXX_FLAGS}")
add_library(hello_world SHARED hello_world.cc)
target_link_libraries(hello_world ${GAZEBO_LIBRARIES})
```

다음과 같이 공유 객체를 저장할 build 디렉터리를 만든다.

```
mkdir build && cd build
```

build 디렉터리로 이동한 후 다음 명령으로 소스코드를 컴파일 및 빌드한다.

```
cmake ../
make
```

코드를 빌드한 후 `libhello_world.so`라는 공유 객체를 얻게 되며, 이 공유 객체의 경로를 `GAZEBO_PLUGIN_PATH`에 내보내고 .bashrc 파일에 추가해야 한다.

다음과 같이 `GAZEBO_ PLUGIN_PATH`를 내보내기 전에 build 디렉터리의 경로를 편집 했는지 확인하자.

```
export GAZEBO_PLUGIN_PATH=${GAZEBO_PLUGIN_PATH}:/path/to/gazebo_basic_
world_plugin/build
```

Gazebo 플러그인 경로를 설정하고 .bashrc 파일을 다시 로드한 후 URDF^{Unified Robot Description Format} 파일이나 SDF^{Simulation Description Format} 파일 내에서 공유 객체를 사용할 수 있다. 다음은 이 플러그인을 포함하는 hello.world라는 샘플 월드 파일이다.

```
gedit gazebo_basic_world_plugin/hello.world

<?xml version="1.0"?>
<sdf version="1.4">
  <world name="default">
    <plugin name="hello_world" filename="libhello_world.so"/>
  </world>
</sdf>
```

다음과 같이 가제보 서버를 실행하고 이 월드 파일을 로드한다.

```
cd gazebo_basic_world_plugin
gzserver hello.world --verbose
```

다음은 이 명령의 출력이다.

```
Gazebo multi-robot simulator, version 11.1.0
Copyright (C) 2012 Open Source Robotics Foundation.
Released under the Apache 2 License.
http://gazebosim.org
[Msg] Waiting for master.
[Msg] Connected to gazebo master @ http://127.0.0.1:11345
[Msg] Publicized address: 192.168.47.131
Hello World!
```

Gazebo 월드 플러그인은 Hello World!를 출력한다. 런치 파일을 사용해 플러그인을 실행할 수도 있다. 다음은 런치 파일에서 실행하는 명령이다.

```
gzserver hello.world --verbose
```

가제보 저장소에서는 다양한 Gazebo 플러그인에 대한 코드를 제공한다.

다음 스크린샷처럼 https://github.com/osrf/gazebo를 확인하고 소스코드를 찾아 예제 디렉터리와 플러그인을 차례로 가져올 수 있다.

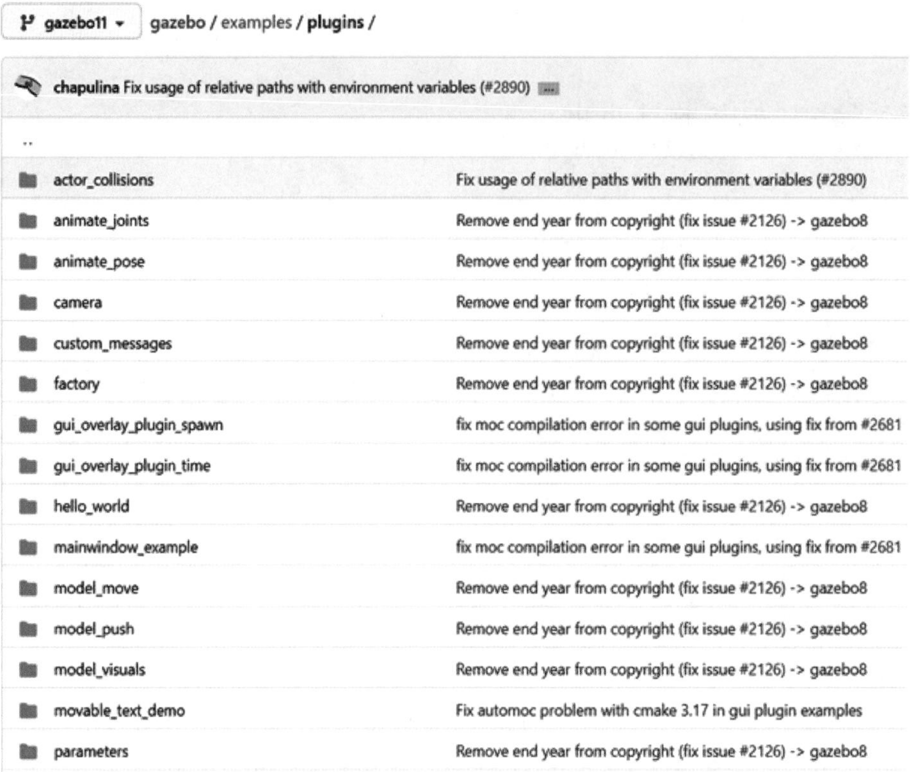

그림 12.3 샘플 Gazebo 플러그인 목록

이 저장소를 복제하고 시뮬레이션을 기반으로 선택한 Gazebo 플러그인을 빌드할
수 있다. 기본 hello world Gazebo 플러그인에 대해 수행한 것과 동일한 빌드 안내
에 따라 플러그인 목록을 빌드할 수 있다.

요약

12장에서는 복잡한 ROS 애플리케이션에 더 많은 기능을 추가하는 데 사용할 수
있는 pluginlib, nodelet, Gazebo 플러그인과 같은 몇 가지 고급 개념을 다뤘다.
pluginlib의 기본을 살펴보고 사용하는 예를 살펴봤다. pluginlib을 다룬 후 고성

능 애플리케이션에서 널리 사용되는 ROS nodelet을 살펴봤다. 또한 ROS nodelet을 사용하는 예를 살펴봤다. 마지막으로 가제보 시뮬레이터에 기능을 추가하는 데 사용되는 Gazebo 플러그인을 살펴봤다.

12장에서는 ROS에서 플러그인과 nodelet을 작성하는 방법의 명확한 아이디어를 제공했다. nodelet은 컴퓨터 비전 및 3D 포인트 클라우드 애플리케이션으로 작업할 때 매우 유용하다. Gazebo 플러그인을 사용하면 로봇용 사용자 정의 플러그인을 만드는 방법을 잘 이해할 수 있다.

13장에서는 RViz^{ROS Visualization} 플러그인과 ROS 컨트롤러를 자세히 알아본다.

다음은 12장에서 배운 내용을 기반으로 한 몇 가지 질문이다.

⠿ 질문

- pluginlib이란 무엇이며 주요 애플리케이션은 무엇인가?

- nodelet의 주요 애플리케이션은 무엇인가?

- 다양한 타입의 Gazebo 플러그인에는 무엇이 있는가?

- 가제보에서 모델 플러그인의 기능은 무엇인가?

13

ROS 컨트롤러와 시각화 플러그인

12장에서는 pluginlib, nodelet, Gazebo 플러그인을 살펴봤다. ROS에서 플러그인을 만들기 위한 기본 라이브러리는 pluginlib이며 nodelet에서도 동일한 라이브러리를 사용할 수 있다. 13장에서는 ROS 컨트롤러 및 RViz^{ROS Visualization} 플러그인과 같은 pluginlib 기반 개념을 계속 알아본다. 이미 ROS contolleγ로 작업해봤으며 4장에서 조인트 상태, 위치 및 궤적 컨트롤러와 같은 일부 표준 컨트롤러를 재사용했다.

13장에서는 일반 로봇을 위한 기본 ROS 컨트롤러를 작성하는 방법을 살펴본다. 앞에서 개발한 7-DOF^{Degree of Freedom} 로봇 팔에 대해 원하는 컨트롤러를 구현해 가제보 시뮬레이터에서 실행한다. RViz 플러그인은 RViz에 더 많은 기능을 추가할 수 있으며 13장에서는 기본 RViz 플러그인을 만드는 방법을 살펴본다.

13장에서 다루는 내용은 다음과 같다.

- ros_control 패키지 이해

- ROS에서 기본 조인트 컨트롤러 작성

- RViz 도구와 플러그인 이해

- 원격 조작을 위한 RViz 플러그인 작성

기술적 요구 사항

13장을 따라 하려면 컴퓨터가 다음과 같이 설정돼야 한다.

- 우분투 20.04 LTS

- ROS Noetic 데스크톱 전체 설치

13장의 참조 코드는 다음 깃허브 저장소에서 다운로드할 수 있다.

https://github.com/PacktPublishing/Mastering-ROS-for-Robotics-Programming-Third-edition/tree/main/Chapter13

작동 중인 코드는 https://bit.ly/3k51SGW에서 볼 수 있다.

ros_control 패키지 이해

ROS 컨트롤러를 개발하는 방법을 살펴보자. 첫 번째 단계는 사용자 정의 컨트롤러를 빌드하는 데 필요한 의존성 패키지를 이해하는 것이다.

모든 로봇에 적용되는 일반적인 컨트롤러를 개발하는 데 사용되는 패키지 세트는 ros_control 스택에 포함돼 있다. 이것은 이전 버전의 ROS에서 사용된 PR2(http://wiki.ros.org/Robots/PR2)용 로우레벨 컨트롤러를 작성하는 데 유용한 라이브러리를 포함하는 pr2_mechanism의 재작성 버전이다. ROS Kinetic에서는 pr2_mechanism이 ros_control 스택(http://wiki.ros.org/ros_control)으로 대체됐다. 다음은 로봇 컨트롤러를 작성하는 데 도움이 되는 몇 가지 유용한 패키지다.

- **ros_control:** 로봇 액츄에이터와 원하는 설정점에서 직접 조인트 상태 데이터를 입력으로 받아 모터에 보낼 출력을 생성한다. 출력은 일반적으로 조인트 위치, 속도 또는 에퍼트^{effort}로 표시된다.

- **controller_manager:** 컨트롤러 관리자는 여러 컨트롤러를 로드 및 관리할 수 있으며 실시간 호환 루프에서 작동할 수 있다.

- **controller_interface:** 모든 사용자 정의 컨트롤러가 상속해야 하는 컨트롤러 기본 클래스 패키지다.

- **hardware_interface:** 구현된 컨트롤러와 로봇 하드웨어 간의 인터페이스를 나타낸다. 이 인터페이스를 사용해 컨트롤러는 주기적으로 하드웨어 구성 요소에 직접 접근할 수 있다.

- **joint_limits_interface:** 이 패키지를 사용하면 로봇과 안전하게 작업할 수 있도록 조인트 제한^{limit}을 설정할 수 있다. 조인트 제한은 로봇의 URDF^{Unified Robotic Description Format}에도 포함돼 있다. 이 패키지는 가속 및 저크^{jerk} 제한을 추가로 지정할 수 있다는 점에서 URDF와 다르다. 또한 이 패키지를 사용해 URDF 모델에 포함된 위치, 속도, 에퍼트 값을 재정의할 수 있다. 하드웨어로 전송된 명령은 지정된 조인트 제한에 따라 필터링된다.

- **realtime_tools:** 운영체제가 실시간^{real-time} 동작을 지원하는 경우 엄격한 실시간^{hard real-time} 스레드에서 사용할 수 있는 도구 집합을 포함한다. 이 도구는 현재 실시간 발행자만 제공하므로 실시간으로 ROS 토픽에 메시지를 발행할 수 있다.

4장에서 **ros_control**로 작업했으므로 모든 것이 이미 시스템에 설치돼 있어야 한다. 그렇지 않으면 이 패키지 작동을 위해 우분투/데비안 저장소에서 다음과 같이 ROS 패키지를 설치해야 한다.

```
sudo apt install ros-noetic-ros-control ros-noetic-ros-controllers
```

ROS 컨트롤러를 작성하기 전에 ros_control 스택의 각 패키지 사용법을 이해하는 것이 좋다.

ros_control 스택에는 기성^{ready-made} 컨트롤러를 사용하기 위한 패키지와 시뮬레이션/실제 로봇을 위한 맞춤형 ROS 컨트롤러를 만들기 위한 라이브러리가 포함돼 있다. 주요 패키지에는 controller_interface, controller_manager, hardware_interface, transmission이 포함된다. 살펴볼 첫 번째 패키지는 controller_interface 패키지다.

controller_interface 패키지

구현하려는 기본 ROS 로우레벨 컨트롤러는 controller_interface::Controller라는 기본 클래스를 상속받아야 한다. 또한 이 컨트롤러에서 사용할 hardware_interface(https://github.com/ros-controls/ros_control/wiki/hardware_interface)를 언급해야 한다. 컨트롤러를 생성하려면 기본적으로 4가지 중요한 함수인 init(), starting(), update(), stoping()을 재정의해야 한다. 컨트롤러 클래스는 사용자 정의 네임스페이스에 있어야 한다. 사용자 정의 ROS 컨트롤러 클래스의 기본 코드는 다음과 같다.

```
namespace our_controller_ns
{
   class Controller: public controller_interface::Controller<Th type of
hardware interface>
   {
   public:
     virtual bool init(hardware_interface *robotHW, ros::NodeHandle &nh);
     virtual void starting(const ros::Time& time);
```

```
    virtual void update(const ros::Time& time, const ros::Duration& period);
    virtual void stopping(const ros::Time& time);
  };
}
```

ROS 컨트롤러 클래스의 작업 흐름은 다음과 같다.

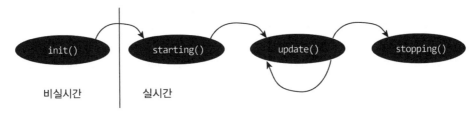

그림 13.1 ROS 컨트롤러의 작업 흐름

다음 절에서는 컨트롤러의 각 부분이 어떻게 작동하는지 살펴보자.

컨트롤러 초기화

컨트롤러가 로드될 때 실행되는 첫 번째 함수는 init()이다. init() 함수는 컨트롤러를 실행시키지 않는다. 그것은 단지 컨트롤러를 초기화[1]할 것이다. 초기화는 컨트롤러를 시작하기 전에 시간이 걸릴 수 있다. init() 함수의 다음과 같이 선언한다.

```
virtual bool init(harware_interface *robotHW, ros::NodeHandle &nh);
```

함수 인자[argument]는 다음과 같다.

- **hardware_interface *robotHW:** 이 포인터는 컨트롤러에서 사용하는 특정 하드웨어 인터페이스를 나타낸다. ROS에는 다음과 같이 이미 구현된 하드웨어

---

1. 실행을 위한 파라미터 설정 – 옮긴이

인터페이스 목록이 포함돼 있다.

A. 조인트 명령 인터페이스(에퍼트, 속도, 위치)

B. 조인트 상태 인터페이스

C. 액추에이터 상태 인터페이스

- **ros::NodeHandle &nh:** 컨트롤러는 로봇 구성을 읽고 이 NodeHandle의 객체 nh를 사용해 토픽을 알릴 수 있다.

init() 함수는 컨트롤러 관리자^{controller manager}가 컨트롤러를 로드하는 동안 한 번만 실행된다. init() 함수가 성공하지 못하면 컨트롤러 관리자가 컨트롤러를 언로드 한다. init() 함수 내에서 오류가 발생할 때 나타나는 메시지를 사용자가 작성할 수 있다.

ROS 컨트롤러 시작

이 함수는 컨트롤러를 업데이트하고 실행하기 전에 한 번만 실행된다. starting() 함수 선언은 다음과 같다.

```
virtual void starting(const ros::Time& time);
```

컨트롤러를 언로드하지 않았다면 다시 시작할 때 **starting()** 메서드를 다시 호출 할 수 있다.

ROS 컨트롤러 업데이트

update() 함수는 컨트롤러를 활성 상태로 만드는 가장 중요한 함수다. 기본적으로 update()는 1,000Hz의 속도로 내부의 코드를 실행한다. 이는 컨트롤러가 1밀리초 내에 한 번의 실행을 완료한다는 것을 의미한다.

```
virtual void update(const ros::Time& time, const ros::Duration& period);
```

컨트롤러를 중지하고 싶을 때마다 다음 절에 설명된 함수를 실행한다.

컨트롤러 중지

stoping() 함수는 컨트롤러가 중지될 때 호출된다. stoping() 함수는 마지막 update() 호출로 실행되며 한 번만 실행된다. stoping()은 실패하지 않으며 값도 반환하지 않는다. 다음은 stoping() 함수의 선언이다.

```
virtual void stopping(const ros::Time& time);
```

지금까지 컨트롤러 내부에 존재하는 기본 함수를 살펴봤다. 다음 절에서는 ROS 컨트롤러 관리자를 알아본다.

controller_manager

controller_manager 패키지는 원하는 컨트롤러를 로드/언로드할 수 있다. 또한 컨트롤러 관리자는 컨트롤러가 조인트의 안전 한계보다 작거나 큰 목푯값을 설정하지 않게 한다. 또한 컨트롤러 관리자는 100Hz의 기본 속도로 /joint_state(sensor_msgs/JointState) 토픽에 조인트 상태를 발행한다. 다음 그림은 컨트롤러 관리자의 기본 작업 흐름workflow을 보여준다.

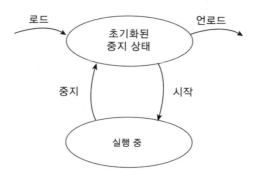

그림 13.2 ROS 컨트롤러 관리자의 작업 흐름

컨트롤러 관리자는 플러그인을 로드 및 언로드할 수 있다. 컨트롤러가 컨트롤러 관리자에 의해 로드되면 먼저 초기화되지만 실행되지는 않는다.

컨트롤러 관리자 내부에서 컨트롤러를 로드한 후 컨트롤러를 개별적으로 시작/중지할 수 있다. 컨트롤러를 시작하면 컨트롤러가 작동하기 시작하고, 컨트롤러를 중지하면 멈춘다. 중지한다고 해서 언로드된 것은 아니다. 그러나 컨트롤러가 컨트롤러 관리자에서 언로드되면 컨트롤러에 접근할 수 없다.

이 절에서는 컨트롤러 클래스 내부의 중요한 기능을 살펴봤다. 다음 절에서는 컨트롤러 클래스를 기반으로 새 컨트롤러를 만드는 방법을 살펴본다. 먼저 7-DOF 로봇 팔 시뮬레이션 패키지를 사용해 개발한 컨트롤러를 테스트하는 방법을 살펴보자.

ROS에서 기본 조인트 컨트롤러 작성

ROS 컨트롤러를 작성하기 위한 기본 전제 조건은 이미 충족됐다. 컨트롤러의 기본 개념을 살펴봤고, 이제 컨트롤러용 패키지를 생성할 수 있다.

로봇의 조인트에 접근해 정현파^{sinusoidal} 형태로 로봇을 움직일 수 있는 컨트롤러를 개발할 것이다. 특히 7-DOF 팔의 첫 번째 조인트 사인파^{sine wave} 모션을 따른다.

컨트롤러를 구축하는 절차는 앞에서 살펴본 다른 플러그인 개발과 유사하다. ROS 컨트롤러를 생성하는 절차는 다음과 같다.

1. 필요한 의존성을 포함하는 ROS 패키지를 생성한다.

2. C++로 컨트롤러 코드를 작성한다.

3. C++ 클래스를 플러그인으로 등록하거나 내보낸다.

4. XML 파일에 플러그인을 정의한다.

5. 플러그인을 내보내고자 CMakeLists.txt 및 package.xml 파일을 수정한다.

6. 컨트롤러에 대한 구성을 작성한다.

7. 컨트롤러 관리자를 사용해 컨트롤러를 로드한다.

각 단계를 자세히 살펴보자.

1단계: 컨트롤러 패키지 생성

첫 번째 단계는 모든 의존성을 포함하는 컨트롤러 패키지를 만드는 것이다. 다음 명령은 **my_controller**라는 컨트롤러용 패키지를 생성할 수 있다.

```
catkin_create_pkg my_controller roscpp pluginlib controller_interface
```

이 책의 코드와 함께 제공된 코드의 Chapter13/my_controller 디렉터리에서 기존 패키지를 가져온다.

패키지를 가져온 후 저장소에서 새 패키지로 각 파일을 복사하거나 다음 단계를 수행해 **my_controller** 패키지에 있는 각 파일의 함수를 이해할 수 있다.

2단계: 컨트롤러 헤더 파일 작성

my_controller/include/my_controller 디렉터리에서 my_controller.h 헤더 파일을 가져온다. 다음 코드 블록에는 my_controller.h의 헤더 파일 정의가 나와 있다. 이미 언급했듯이 이 헤더에서 controller_interface::Controller 클래스에 포함된 함수를 구현한다.

```cpp
#include <controller_interface/controller.h>
#include <hardware_interface/joint_command_interface.h>
#include <pluginlib/class_list_macros.h>

namespace my_controller_ns {

   class MyControllerClass: public controller_interface::Controller<hardware_
interface::PositionJointInterface>
   {
   public:
     bool init(hardware_interface::PositionJointInterface* hw,
ros::NodeHandle &n);
     void update(const ros::Time& time, const ros::Duration& period);
     void starting(const ros::Time& time);
     void stopping(const ros::Time& time);
   private:
     hardware_interface::JointHandle joint_;
     double init_pos_;
   };
}
```

앞의 코드에서 컨트롤러 클래스인 MyControllerClass를 볼 수 있으며 기본 클래스인 controller_interface::Controller를 상속하고 있다. 컨트롤러 클래스 내의 각 함수가 MyControllerClass 클래스에서 재정의됐음을 알 수 있다.

3단계: 컨트롤러 소스 파일 작성

먼저 패키지 내부에 src라는 디렉터리를 만들고 이전 헤더의 클래스 정의인 my_controller_file.cpp라는 C++ 파일을 만든다.

다음은 src 디렉터리 안에 저장해야 하는 my_controller_file.cpp에 대한 설명이다. **my_controller_ns::MyControllerClass**의 클래스가 선언돼 있는 my_controller.h 를 포함시킨다.

```
#include "my_controller.h"
namespace my_controller_ns {
```

다음은 컨트롤러를 초기화하는 함수다. **init()** 함수는 컨트롤러가 로드될 때 한 번만 실행된다. **init()** 내부에서 특정 조인트 제어를 위해 **elbow_pitch_joint**의 조인트 핸들을 얻는다. **joint_name** 파라미터는 패키지 내부에 있는 my_controller. yaml에 설정된다.

```
bool MyControllerClass::init(hardware_interface::PositionJointInterface* hw,
ros::NodeHandle &n)
{
  // 제어할 조인트 객체 검색
  std::string joint_name;
  if( !nh.getParam( "joint_name", joint_name ) ) {
    ROS_ERROR("No joint_name specified");
    return false;
  }
  joint_ = hw->getHandle(joint_name);
  return true;
}
```

다음은 컨트롤러의 startup() 함수에 대한 정의다. 이 함수에서는 elbow_pitch_joint의 초기 위치를 얻는다.

```
void MyControllerClass::starting(const ros::Time& time) {
    init_pos_ = joint_.getPosition();
}
```

다음 함수는 컨트롤러가 실행 중일 때 계속 실행되는 update()의 정의다. update()의 time 인자는 현재 시간을 제공하고 period 인자는 update()에 대한 마지막 호출 이후 경과된 시간을 제공한다. 함수 내에서 사인파 모션을 얻고자 지속적으로 elite_pitch_joint를 업데이트하고 있다.

```
void MyControllerClass::update(const ros::Time& time, const ros::Duration&
period)
{
    // --- joint shoulder_pan_joint가 사인파 모션을 수행
    double dpos = init_pos_ + 10 * sin(ros::Time::now().toSec());
    double cpos = joint_.getPosition();
    joint_.setCommand( -10*(cpos-dpos)); // 선택한 조인트에게 명령 인가
    //---
}
```

다음 stop() 함수는 컨트롤러가 중지될 때 실행된다. 지금은 함수에 아무것도 추가하지 않았다.

```
// 컨트롤러 중지
void MyControllerClass::stopping(const ros::Time& time) { }
}
```

다음 코드는 ROS에서 이 컨트롤러를 찾을 수 있도록 컨트롤러 클래스를 플러그인으로 내보내는 기능을 한다.

```
PLUGINLIB_EXPORT_CLASS(my_controller_ns::MyControllerClass, controller_
interface::ControllerBase);
```

다음 절에서는 코드의 각 부분에 대해 자세히 살펴본다.

4단계: 컨트롤러 소스 파일에 대한 자세한 설명

이 절에서는 코드의 각 부분을 더 자세히 설명한다.

```
/// 실시간으로 처리되지 않는 컨트롤러 초기화
bool MyControllerClass::init(hardware_interface::PositionJointInterface* hw,
ros::NodeHandle &n)
{
```

이 코드는 컨트롤러에서 init() 함수의 정의다. 컨트롤러 관리자가 컨트롤러를 로드할 때 호출된다. init() 함수 내에서 로봇 hw 및 NodeHandle의 상태 인스턴스를 만들고 컨트롤러와 상호작용하는 조인트의 관리자도 얻는다. 이 예에서는 my_controller.yaml 파일에서 제어할 조인트를 정의해 조인트 이름을 ROS 파라미터 서버에 로드한다. 이 함수는 컨트롤러 초기화의 성공이나 실패를 반환한다.

```
std::string joint_name;
if( !nh.getParam( "joint_name", joint_name ) )
{
  ROS_ERROR("No joint_name specified");
  return false;
}
```

```
joint_ = hw->getHandle(joint_name);
return true;
```

이 코드는 joint_라는 hardware_interface::JointHandle 객체를 초기화한다. 이 객체를 사용해 원하는 조인트를 제어할 수 있다. hw는 hardware_interface 클래스의 인스턴스다. joint_name은 컨트롤러를 연결할 원하는 조인트다.

```
/// 실시간으로 컨트롤러 시작
void MyControllerClass::starting(const ros::Time& time)
{
    init_pos_ = joint_.getPosition();
}
```

컨트롤러가 로드되면 다음 단계는 컨트롤러를 시작하는 것이다. 컨트롤러를 시작할 때 앞의 함수가 실행된다. 이 함수에서 조인트의 현재 위치를 검색해 init_pos_ 변수에 값을 저장한다.

```
/// 실시간으로 컨트롤러 업데이트 루프 실행
void MyControllerClass::update(const ros::Time& time, const ros::Duration&
period)
{
    //--- joint shoulder_pan_joint가 사인파 모션 수행
    double dpos = init_pos_ + 10 * sin(ros::Time::now().toSec());
    double cpos = joint_.getPosition();
    joint_.setCommand( -10*(cpos-dpos)); // 선택한 조인트에게 명령 인가
}
```

앞의 코드는 컨트롤러에서 update() 함수의 정의다. 이 함수는 컨트롤러가 작동을 시작할 때마다 계속 호출된다. update() 함수 내에서 my_controller.yaml 컨트롤러 구성 파일에 정의된 조인트 중 하나는 사인파 모션으로 계속 이동한다.

5단계: 플러그인 디스크립션 파일 작성

이 절에서는 컨트롤러에 대한 플러그인 정의 파일을 정의하는 방법을 살펴본다. 플러그인 파일은 controller_plugins.xml이라는 이름으로 패키지 디렉터리에 저장된다.

```
<library path="lib/libmy_controller_lib">
  <class name="my_controller_ns/MyControllerClass" type="my_controller_ns::
MyControllerClass" base_class_type="controller_interface::ControllerBase" />
</library>
```

컨트롤러 디스크립션 파일은 컨트롤러 클래스의 이름으로 구성된다. 컨트롤러에서 클래스 이름은 **my_controller_ns/MyControllerClass**다.

다음 단계는 플러그인 디스크립션 파일을 내보내도록 package.xml을 업데이트하는 것이다.

6단계: package.xml 업데이트

controller_plugins.xml 파일을 가리키도록 package.xml을 업데이트해야 한다.

```
<export>
  <controller_interface plugin="${prefix}/controller_plugins.xml" />
</export>
```

package.xml의 **<export>** 태그는 패키지 내부의 플러그인/컨트롤러를 찾는 데 도움이 된다.

7단계: CMakeLists.txt 업데이트

이 모든 작업을 수행한 후 패키지의 CMakeLists.txt를 작성할 수 있다.

```
## my_controller 라이브러리
add_library(my_controller_lib src/my_controller.cpp)
target_link_libraries(my_controller_lib ${catkin_LIBRARIES})
```

컨트롤러를 실행 파일이 아닌 ROS 라이브러리로 컴파일하고 빌드해야 한다. ROS 컨트롤러는 런타임에서 로드할 수 있는 백엔드로 pluginlib을 사용한다.

8단계: 컨트롤러 빌드

CMakeLists.txt를 완료한 후 catkin_make 명령을 사용해 컨트롤러를 빌드할 수 있다. 빌드 후 다음과 같이 rospack 명령을 사용해 컨트롤러가 플러그인으로 구성돼 있는지 확인한다.

```
rospack plugins --attrib=plugin controller_interface
```

이 명령을 사용하면 controller_interface와 관련된 모든 컨트롤러가 나열된다.

모든 것이 올바르게 수행된 경우 출력은 다음과 같을 수 있다.

```
velocity_controllers /opt/ros/noetic/share/velocity_controllers/velocity_
controllers_plugins.xml
diff_drive_controller /opt/ros/noetic/share/diff_drive_controller/diff_
drive_controller_plugins.xml
joint_state_controller /opt/ros/noetic/share/joint_state_controller/joint_
state_plugin.xml
my_controller /home/robot/master_ros_ws/src/my_controller/controller_
```

```
plugins.xml
```

다음 절에서 컨트롤러 구성 파일을 작성하는 방법을 살펴본다.

9단계: 컨트롤러 구성 파일 작성

컨트롤러를 적절하게 설치한 후 구성하고 실행할 수 있다. 첫 번째 절차는 컨트롤러 타입, 조인트 이름, 조인트 제한 등으로 구성된 컨트롤러의 구성 파일을 만드는 것이다. 구성 파일은 패키지 내부에 YAML 파일로 저장된다.

my_controller.yaml이라는 이름으로 YAML 파일을 만든다. 그 정의는 다음과 같다.

```
# 가제보 시작동안 로드되는 파일
my_controller_name:
  type: my_controller_ns/MyControllerClass
  joint_name: elbow_pitch_joint
```

이 파일은 컨트롤러의 구성이다. 특히 이 파일에는 컨트롤러 소스코드로 컴파일된 클래스 이름과 컨트롤러에 전달할 파라미터 집합으로 표시되는 컨트롤러 타입이 포함돼 있다. 이 경우 제어할 조인트의 이름이다.

10단계: 컨트롤러의 런치 파일 작성

이 컨트롤러의 동작을 보여주고자 할당된 조인트는 seven_dof_arm 로봇의 elbow_pitch_joint다. YAML 파일을 만든 후 launch 디렉터리 안에 런치 파일을 만들 수 있다. 이 파일은 컨트롤러 구성 파일을 로드하고 컨트롤러를 실행할 수 있다. 런치 파일은 my_controller.launch라고 하며 다음과 같다.

```xml
<?xml version="1.0" ?>
<launch>
    <include file="$(find my_controller)/launch/seven_dof_arm_world.launch" />
    <rosparam file="$(find my_controller)/my_controller.yaml" command="load"/>
    <node name="my_controller_spawner" pkg="controller_manager" type="spawner"
respawn="false" output="screen" args="my_controller_name"/>
</launch>
```

다음 코드에서 런치 파일을 설명한다.

```xml
<launch>
    <include file="$(find my_controller)/launch/seven_dof_arm_world.launch" />
```

여기에서는 수정된 버전의 **seven_dof_arm**을 실행하는 가제보 시뮬레이터를 시작한다.

```xml
    <rosparam file="$(find my_controller)/my_controller.yaml" command="load"/>
```

그런 다음 개발된 컨트롤러를 로드한다. 마지막으로 컨트롤러를 생성한다.

```xml
    <node name="my_controller_spawner" pkg="controller_manager" type="spawner"
    respawn="false" output="screen" args="my_controller_name"/>
```

이런 식으로 controller_manager는 args 목록에 지정된 컨트롤러를 실행한다. 이 경우 컨트롤러에서 구현한 init(), start(), update() 함수를 바탕으로 **my_controller_name**만 실행된다.

11단계: 가제보에서 7-DOF 팔과 함께 컨트롤러 실행

컨트롤러 런치 파일을 만든 후 로봇에서 테스트해야 한다. 다음 명령을 사용해 가제보 시뮬레이션을 실행할 수 있다.

```
roslaunch my_controller my_controller.launch
```

시뮬레이션을 시작하면 로봇과 관련된 모든 컨트롤러도 시작된다. ROS 컨트롤러의 목표는 컨트롤러 구성 파일에 정의된 대로 seven_dof_arm의 elbow_pitch_joint를 움직이는 것이다. 모든 것이 제대로 작동하면 로봇의 팔꿈치가 사인파 모션으로 움직이기 시작한다.

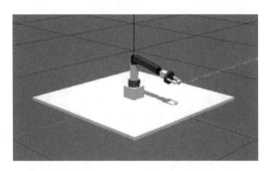

그림 13.3 가제보 시뮬레이션에서 my_controller 작업

기존 컨트롤러가 동일한 조인트를 처리하는 경우 컨트롤러가 제대로 작동하지 않는다. 이러한 상황을 피하려면 로봇의 동일한 조인트를 처리하는 컨트롤러를 중지해야 한다. 로봇의 컨트롤러 관리를 위해 controller_manager에 의해 서비스 세트가 노출된다.

예를 들어 다음 명령을 사용해 시스템에 로드된 컨트롤러의 상태를 확인할 수 있다.

```
rosservice call /controller_manager/list_controllers
```

이 명령의 출력은 다음과 같다.

```
controller:
  -
    name: "my_controller_name"
    state: "running"
    type: "my_controller_ns/MyControllerClass"
    claimed_resources:
      -
        hardware_interface: "hardware_interface::PositionJointInterface"
        resources:
          - elbow_pitch_joint
```

이전 스크린샷에서 컨트롤러(my_controller_name)가 실행 중임을 확인할 수 있다. 다음 명령과 같이 /controller_manager/switch_controller 서비스를 사용해 중지할 수 있다.

```
rosservice call /controller_manager/switch_controller "start_controllers:
['']
stop_controllers: ['my_controller_name']
strictness: 0
start_asap: true
timeout: 0.0"
```

작업이 성공하면 다음과 같이 출력된다.

```
ok: True
```

다음 명령을 사용해 실행 중인 컨트롤러 목록을 확인할 수 있다.

```
rosservice call /controller_manager/list_controllers
```

다음과 같은 컨트롤러 목록이 표시된다.

```
controller:
  -
    name: "my_controller_name"
    state: "stopped"
    type: "my_controller_ns/MyControllerClass"
    claimed_resources:
      -
        hardware_interface: "hardware_interface::PositionJointInterface"
        resources:
          - elbow_pitch_joint
```

이 예에서는 컨트롤러를 실행하고자 gazebo_ros_control 플러그인을 활용하고 있다. 이 플러그인은 시뮬레이션된 씬에서 로봇의 하드웨어 인터페이스를 나타낸다. 실제 로봇의 경우 로봇 액추에이터에 제어 데이터를 적용하고자 하드웨어 인터페이스를 작성해야 한다.

결론적으로 ros_control은 모든 종류의 로봇에 대해 effort_controllers, joint_state_controllers, position_controllers, 속도^{velocity} 컨트롤러와 같은 일반 컨트롤러의 표준 세트를 구현한다. 3장에서 이러한 ROS 컨트롤러를 사용했다.

여기에서는 ros_control을 사용해 seven_dof_arm을 위한 간단한 전용 위치 컨트롤러를 개발했다. https://github.com/ros-controls/ros_control/wiki에서 ros_control의 위키 페이지를 바탕으로 새 컨트롤러의 가용성을 확인할 수 있다.

다음 절에서는 RViz를 자세히 알아보고 플러그인을 작성해 RViz의 기능을 확장하는 방법을 살펴본다.

13 ROS 컨트롤러와 시각화 플러그인 | 571

⠿ RViz 도구와 플러그인 이해

RViz 도구는 ROS의 공식 3D 시각화 도구다. 이 도구를 바탕으로 거의 모든 종류의 센서 데이터를 볼 수 있다. RViz는 ROS 데스크톱 전체 설치 시에 함께 설치된다. RViz를 실행하고 RViz에 있는 기본 구성 요소를 살펴보자. 이러한 명령을 별도의 터미널(또는 탭)에서 실행하고 있는지 확인하라.

roscore를 시작한다.

```
roscore
```

rviz를 시작한다.

```
rviz
```

RViz GUI의 중요한 섹션이 표시되고 각 섹션의 용도가 다음 스크린샷에 표시된다.

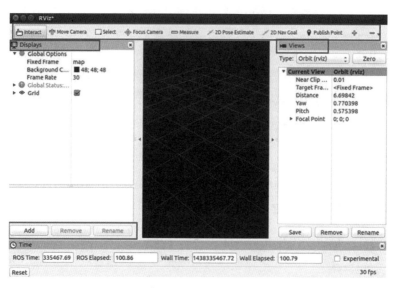

그림 13.4 RViz의 주요 섹션

지금까지 ROS에서 RViz로 작업하는 방법과 RViz에서의 주요 섹션을 살펴봤다. 다음 절에서는 RViz의 각 섹션을 자세히 알아본다.

디스플레이 패널

RViz 왼쪽에 있는 패널을 디스플레이^{Displays} 패널이라고 한다. 디스플레이 패널에는 RViz의 Display 플러그인 및 해당 속성 목록이 포함돼 있다. **Display** 플러그인의 주요 용도는 다양한 타입의 ROS 메시지, 주로 RViz 3D 뷰포트^{viewport}의 센서 데이터를 시각화하는 것이다. 카메라의 이미지, 3D 포인트 클라우드, LaserScan, 로봇 모델, TF 등을 보기 위한 많은 디스플레이 플러그인이 RViz에 이미 존재한다. 플러그인은 왼쪽 패널의 Add 버튼을 눌러 추가할 수 있다. 디스플레이 플러그인을 개발하고 추가할 수도 있다.

RViz 툴바

RViz 툴바에는 3D 뷰포트를 조작하기 위한 도구 세트가 있다. 툴바는 RViz의 맨 위에 있다. 로봇 모델과 상호작용하고, 카메라 보기를 수정하고, 탐색 목표를 제공하고, 로봇 2D 포즈 추정을 제공하는 도구가 있다. 플러그인 형태로 툴바에 사용자 정의 도구를 추가할 수 있다.

뷰 패널

뷰^{Views} 패널은 RViz의 오른쪽에 있다. 뷰 패널을 사용해 3D 뷰포트의 다른 뷰를 저장하고 저장된 구성을 로드해 각 뷰로 전환할 수 있다.

타임 패널

타임^{Time} 패널은 가제보 시뮬레이션으로 작업하는 동안 유용한 ROS 타임 및 웰 타임 wall time(http://wiki.ros.org/roscpp/Overview/Time)을 표시한다. ROS 백 파일을 재생할 때 시뮬레이션 된 시간을 확인하는 데도 유용하다. 이 패널을 사용해 RViz 초기 설정을 리셋할 수도 있다.

고정 가능한 패널

이전 도구 모음 및 패널은 고정 가능한^{dockable} 패널에 속한다. 고정 가능한 패널을 RViz 플러그인으로 만들 수 있다. 다음 절에서는 로봇 원격 조작을 위한 RViz 플러 그인으로 고정 가능한 패널을 만들 것이다.

⠶ 원격 조작을 위한 RViz 플러그인 작성

이 절에서는 RViz 플러그인을 만드는 방법을 처음부터 살펴본다. 이 플러그인의 목적은 RViz에서 로봇을 원격 조작하는 것이다. 일반적으로 로봇 제어를 위해 별도 의 원격 조작 노드를 사용하지만 이 플러그인을 사용하면 다음 스크린샷과 같이 teleop 토픽과 선형 및 각속도를 입력함으로 로봇을 제어할 수 있다.

그림 13.5 RViz teleop 플러그인

574

다음 절에서는 이 플러그인을 빌드하는 자세한 절차를 알아본다.

RViz 플러그인 빌드 방법론

원격 조작 플러그인 빌드를 시작하기 전에 일반적으로 RViz 플러그인을 작성하는 방법을 이해해야 한다. ROS 플러그인을 빌드하는 표준 방법은 이 플러그인에도 적용된다. 차이점은 RViz 플러그인이 GUI 기반이라는 것이다. RViz는 Qt라는 GUI 프레임워크를 사용해 작성됐으므로 Qt에서 GUI를 만들고 Qt API를 사용해 GUI 값을 가져와 ROS 시스템으로 보내야 한다.

다음은 이 원격 조작 RViz 플러그인이 작동하는 방식이다.

1. 고정 가능한 패널에는 Qt GUI 인터페이스가 있으며 사용자는 GUI에서 토픽, 선형 속도 및 원격 조작 각속도를 입력할 수 있다.

2. Qt 신호/슬롯^{signal/slot}을 사용해 GUI에서 사용자 입력을 수집하고 ROS 구독 및 발행 방법을 사용해 값을 발행한다(Qt 신호/슬롯은 Qt에서 사용할 수 있는 트리거 호출 기술이다. 신호/트리거^{signal/trigger}가 GUI 필드에 의해 생성되면 콜백 메커니즘과 같은 슬롯이나 함수를 호출할 수 있다).

3. 여기에서도 이전에 다른 ROS 플러그인을 빌드한 것과 같은 방식으로 RViz 플러그인을 빌드한다.

이제 이 플러그인을 빌드하는 단계별 절차를 살펴보자. Chapter13/rviz_teleop_commander에서 전체 패키지를 찾을 수도 있다.

1단계: RViz 플러그인 패키지 생성

teleop 플러그인을 만들기 위한 새 패키지를 만들어보자.

```
catkin_create_pkg rviz_telop_commander roscpp rviz std_msgs
```

패키지는 주로 rviz 패키지에 의존한다. RViz는 Qt 라이브러리를 사용해 구축됐으므로 패키지에 추가 Qt 라이브러리를 포함할 필요는 없다. 우분투 20.04 버전에서는 Qt5 라이브러리를 사용해야 한다.

2단계: RViz 플러그인 헤더 파일 작성

teleop_pad.h라는 src 디렉터리 안에 새 헤더를 작성해보자. 이 소스코드는 기존 패키지에서 가져온다. 이 헤더 파일은 플러그인을 선언하는 클래스와 메서드로 구성된다.

다음은 이 헤더 파일이다.

```
#ifndef Q_MOC_RUN
  #include <ros/ros.h>
  #include <rviz/panel.h>
#endif
```

이 코드는 이 플러그인을 빌드하는 데 필요한 헤더 파일에서 가져온 것이다. teleop 토픽을 발행하려면 ROS 헤더가 필요하고 새 RViz 패널을 만들고자 RViz 패널의 기본 클래스를 가져오려면 <rviz/panel.h>가 필요하다. #ifndef Q_MOC_RUN 매크로는 moc^Meta-Object Compiler에서 ROS 헤더를 건너뛰는 것이다. moc에 대해 알고 싶다면 https://doc.qt.io/archives/4.6/moc.html을 확인하자.

```
class TeleopPanel: public rviz::Panel
{
```

TeleopPanel은 RViz 플러그인 클래스며 rviz::Panel 기본 클래스를 상속한다.

```
Q_OBJECT
public:
```

TeleopPanel 클래스는 Qt 신호/슬롯(https://doc.qt.io/qt-5/signalsandslots.html)을 사용한다. 또한 Qt에서 Q_Object의 하위 클래스이기도 하다. 이 경우 Q_OBJECT 매크로를 사용해야 한다.

```
TeleopPanel( QWidget* parent = 0 );
```

이것은 TeleopPanel() 클래스의 생성자며 QWidget 클래스를 0으로 초기화하고 있다. teleop 플러그인의 GUI 구현을 위해 TeleopPanel 클래스 내부의 QWidget 인스턴스를 사용한다.

```
virtual void load( const rviz::Config& config );
virtual void save( rviz::Config config ) const;
```

이 코드는 RViz 구성 파일의 저장과 로드를 위해 rviz::Panel 함수를 재정의하는 방법을 보여준다.

```
public Q_SLOTS:
```

이 줄 뒤에 TeleopPanel 플러그인에 필요한 일부 public Qt 슬롯을 선언할 수 있다.

```
void setTopic( const QString& topic );
```

GUI에 토픽 이름을 입력하고 엔터키를 누르면 **setTopic()** 슬롯이 호출되고 GUI에 입력된 토픽 이름의 ROS 토픽 발행자를 초기화한다.

```
protected Q_SLOTS:
    void sendVel();
    void update_Linear_Velocity();
    void update_Angular_Velocity();
    void updateTopic();
```

이 코드는 속도를 전송하고, 선형 속도와 각속도를 업데이트하고, 기존 토픽의 이름을 변경할 때 토픽 이름을 업데이트하기 위한 **protected** 슬롯이다.

```
QLineEdit* output_topic_editor_;
QLineEdit* output_topic_editor_1;
QLineEdit* output_topic_editor_2;
```

이제 토픽 이름, 선형 속도, 각속도를 수신하고자 플러그인에 세 개의 텍스트 필드를 생성하기 위한 **QtQLineEdit** 객체를 생성한다.

```
ros::Publisher velocity_publisher_;
ros::NodeHandle nh_;
```

위 코드는 토픽을 발행하고 ROS 노드를 처리하기 위한 발행자 객체와 **NodeHandle** 객체다.

3단계: RViz 플러그인 정의 작성

이 단계에서는 플러그인 정의가 포함된 기본 C++ 파일을 만든다. 파일은 teleop_pad.cpp며 src 패키지 디렉터리에서 가져온다.

이 파일의 주요 역할은 다음과 같다.

- QLineEdit와 같은 Qt GUI 요소에서 텍스트 입력을 허용하는 컨테이너 역할을 한다.

- ROS 발행자를 사용해 명령 속도를 발행한다.

- RViz 구성 파일을 저장하고 복원한다.

다음은 코드의 각 부분에 대한 설명이다.

```
TeleopPanel::TeleopPanel( QWidget* parent )
  : rviz::Panel( parent )
  , linear_velocity_( 0 )
  , angular_velocity_( 0 ) {
```

이 코드는 TeleopPanel::TeleopPanel RViz 플러그인 클래스의 생성자다. 또한 QWidget으로 rviz::Panel을 초기화해 선형 및 각속도를 0으로 설정한다.

```
QVBoxLayout* topic_layout = new QVBoxLayout;
topic_layout->addWidget( new QLabel( "Teleop Topic:" ));
output_topic_editor_ = new QLineEdit;
topic_layout->addWidget( output_topic_editor_ );
```

이 코드에서는 토픽 이름을 처리하고자 패널에 새 QLineEdit 위젯을 추가한다. 유사하게 두 개의 다른 QLineEdit 위젯은 선형 속도와 각속도를 처리한다.

```
QTimer* output_timer = new QTimer( this );
```

이는 속도 토픽을 발행하는 함수를 업데이트하기 위한 QTimer 객체를 생성한다.

```
    connect( output_topic_editor_, SIGNAL( editingFinished() ), this, SLOT(
updateTopic() ));
    connect( output_topic_editor_, SIGNAL( editingFinished() ), this, SLOT(
updateTopic() ));
    connect( output_topic_editor_1, SIGNAL( editingFinished() ), this, SLOT(
update_Linear_Velocity() ));
    connect( output_topic_editor_2, SIGNAL( editingFinished() ), this, SLOT(
update_Angular_Velocity() ));
```

이 코드는 Qt 신호를 슬롯에 연결한다. 여기에서 신호는 **editFinished()**가 **true**를 반환할 때 트리거되고 여기의 슬롯은 **updateTopic()**이다. 엔터키를 눌러 **QLineEdit** 위젯 내부의 편집이 완료되면 신호가 트리거되고 해당 슬롯이 실행된다.

여기에서 이 슬롯은 플러그인의 텍스트 필드에서 토픽 이름, 각속도, 선형 속도 값을 설정한다.

```
    connect( output_timer, SIGNAL( timeout() ), this, SLOT( sendVel() ));
    output_timer->start( 100 );
```

이 줄은 **QTimer** 객체인 **output_timer** 시간이 초과될 때 신호를 생성한다. 타이머는 100ms마다 속도 토픽을 발행할 **sendVel()**이라는 슬롯을 실행한다.

이 코드 이후에 각 슬롯의 정의를 볼 수 있다. 이 코드는 설명이 필요 없으며 마지막으로 플러그인으로 내보내는 다음 코드를 볼 수 있다.

```
#include <pluginlib/class_list_macros.h>
PLUGINLIB_EXPORT_CLASS(rviz_telop_commander::TeleopPanel, rviz::Panel )
```

RViz 플러그인 코드의 중요한 부분을 살펴봤다. 이제 RViz 플러그인의 플러그인 디스크립션 파일을 작성하는 방법을 살펴보자.

4단계: 플러그인 디스크립션 파일 작성

plugin_description.xml의 정의는 다음과 같다.

```
<library path="lib/librviz_telop_commander">
  <class name="rviz_telop_commander/Teleop" type="rviz_telop_commander::
TeleopPanel" base_class_type="rviz::Panel">
    <description>
      A panel widget allowing simple diff-drive style robot base control.
    </description>
  </class>
</library>
```

플러그인 디스크립션 파일을 만든 후 이 파일의 경로를 package.xml 파일에 추가할 수 있다. 이는 ROS 노드가 RViz 플러그인을 찾고 적절한 플러그인 파일을 로드하는 데 도움이 된다.

5단계: package.xml에 export 태그 추가

플러그인 디스크립션을 포함하도록 package.xml 파일을 업데이트해야 한다. 다음은 package.xml의 업데이트다.

```
<export>
  <rviz plugin="${prefix}/plugin_description.xml"/>
</export>
```

package.xml의 `<export>` 태그를 업데이트한 후 플러그인 소스코드 빌드를 위해 CMakeLists.txt를 업데이트해보자.

6단계: CMakeLists.txt 수정

CMakeLists.txt 정의에 다음과 같은 내용을 추가해야 한다.

```
find_package(Qt5 COMPONENTS Core Widgets REQUIRED)
set(QT_LIBRARIES Qt5::Widgets)
catkin_package(
  LIBRARIES ${PROJECT_NAME}
  CATKIN_DEPENDS roscpp
               rviz
)
include_directories(include
  ${catkin_INCLUDE_DIRS}
  ${Boost_INCLUDE_DIRS}
)
link_directories(
  ${catkin_LIBRARY_DIRS}
  ${Boost_LIBRARY_DIRS}
)
add_definitions(-DQT_NO_KEYWORDS)
QT5_WRAP_CPP(MOC_FILES
  src/teleop_pad.h
  OPTIONS -DBOOST_TT_HAS_OPERATOR_HPP_INCLUDED -DBOOST_LEXICAL_CAST_INCLUDED
)

set(SOURCE_FILES
  src/teleop_pad.cpp
  ${MOC_FILES}
)
add_library(${PROJECT_NAME} ${SOURCE_FILES})
target_link_libraries(${PROJECT_NAME} ${QT_LIBRARIES} ${catkin_LIBRARIES})
```

Chapter13/rviz_teleop_commander의 **rviz_telop_commander** 패키지에서 완전한 CMakeLists.txt 소스코드를 얻을 수 있다.

catkin 작업 공간에서 RViz 플러그인을 빌드한 후 다음 단계에 따라 RViz에서 플러그인을 로드할 수 있다.

7단계: 플러그인 빌드와 로드

이런 파일을 생성한 후 catkin_make를 사용해 패키지를 빌드한다. 빌드가 성공하면 RViz에서 플러그인을 로드할 수 있다. RViz를 열고 Menu panel ❯ Add New Panel을 선택한다. 다음과 같은 패널이 표시된다.

그림 13.6 RViz Teleop 플러그인 선택

목록에서 **Teleop** 플러그인을 로드하면 다음과 같은 패널이 표시된다.

Teleop
Teleop Topic:
/cmd_vel
Linear Velocity:
1
Angular Velocity:
2

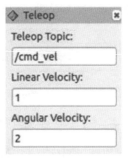

그림 13.7 RViz Teleop 플러그인

Teleop Topic 이름을 선택하고 Linear Velocity 및 Angular Velocity에 대한 값을 추가할 수 있으며 다음 명령을 사용해 Teleop Topic 값을 출력할 수 있다.

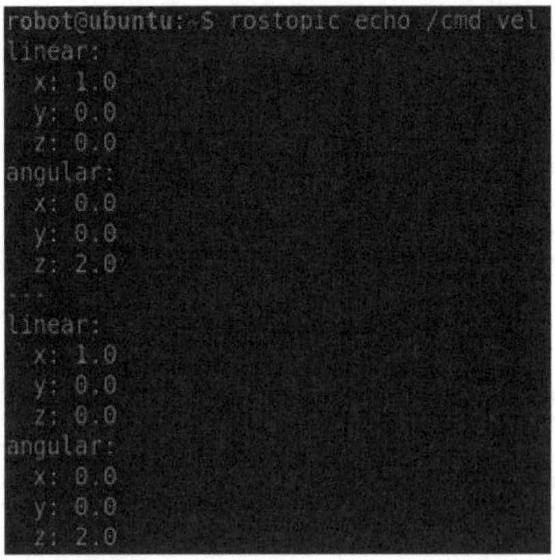

robot@ubuntu:~$ rostopic echo /cmd_vel
linear:
x: 1.0
y: 0.0
z: 0.0
angular:
x: 0.0
y: 0.0
z: 2.0
---
linear:
x: 1.0
y: 0.0
z: 0.0
angular:
x: 0.0
y: 0.0
z: 2.0

그림 13.8 터미널에서 속도 명령 출력

이 플러그인은 RViz에서 바퀴 로봇을 구동하는 데 도움이 될 수 있다. 또한 쉽게 이 플러그인을 수정해 GUI에 더 많은 제어 기능을 추가할 수 있다.

⠿ 요약

13장에서는 RViz용 플러그인 생성 및 기본 ROS 컨트롤러 작성을 살펴봤다. 이미 이전 장에서 기본 컨트롤러로 작업을 해봤지만 이 장에서는 조인트를 움직이기 위한 사용자 정의 컨트롤러를 개발했다. 컨트롤러를 빌드하고 테스트한 후 RViz 플러그인을 살펴봤다. 원격 조작을 위한 새로운 RViz 패널을 만들었다. 패널에 토픽 이름과 선형 및 각속도를 수동으로 입력할 수 있다. 이 패널은 다른 원격 조작 노드를 시작하지 않고 로봇을 제어하는 데 유용하다.

14장에서는 매트랩^{MATLAB}과 함께 ROS를 사용하는 방법을 알아본다. 매트랩은 매스웍스^{MathWorks}에서 개발한 강력한 수치 컴퓨팅 환경이다. 14장에서는 이 도구를 ROS와 인터페이스해 로봇 애플리케이션을 만드는 방법을 알아본다.

다음은 13장에서 다룬 내용을 기반으로 한 몇 가지 질문이다.

⠿ 질문

* ROS에서 로우레벨 컨트롤러를 작성하는 데 필요한 패키지 목록은 무엇인가?

* ROS 컨트롤러 내부에서 발생하는 다양한 프로세스는 무엇인가?

* `ros_control` 스택의 주요 패키지는 무엇인가?

* 다양한 타입의 RViz 플러그인에는 어떤 것이 있는가?

14

매트랩과 시뮬링크에서 ROS 활용

13장에서는 C++에서 ROS 노드를 구현하는 로봇을 시뮬레이션하고 제어하는 방법을 살펴봤다. 14장에서는 지상 차량, 매니퓰레이터, 휴머노이드 같은 자율 로봇 애플리케이션을 개발할 때 알고리듬 및 하드웨어 연결을 여러 툴박스^{toolbox}에 제공하는 소프트웨어인 매트랩^{MATLAB, MAtrix LABoratory}에서 ROS 노드를 생성하는 방법을 알아본다. 또한 매트랩은 모델 기반 설계를 위한 블록 다이어그램 환경인 시뮬링크^{Simulink}를 통합해 그래픽 편집기로 제어 프로그램을 구현할 수 있다. 14장에서는 시뮬링크를 사용해 로봇 애플리케이션을 구현하는 방법도 알아본다.

14장의 첫 번째 부분은 매트랩 및 로보틱스 시스템 툴박스^{Robotics System Toolbox}에 대한 간략한 소개다. ROS와 매트랩 간에 데이터를 교환하는 방법을 배운 후에는 차동 구동 모바일 로봇 터틀봇^{TurtleBot}에 대한 장애물 회피 시스템을 구현한다. 그 과정에서 로보틱스 시스템 툴박스에서 구현된 구성 요소를 사용하고 시스템 개발에 필요한 요소의 개수를 줄이는 것이 얼마나 간단한지 보여준다. 두 번째 부분에서는 초기 모델을 예로 보여주는 시뮬링크를 소개하고 시뮬링크와 ROS 통신 인터페이스를 보여주기 위한 발행자-구독자 모델도 살펴본다. 마지막으로 터틀봇의 방향을 조절하는 제어 시스템을 시뮬링크에서 개발하고 가제보 시뮬레이터에서 테스트할 것이다.

14장에서 다루는 내용은 다음과 같다.

- 매트랩 시작

- ROS 툴박스와 매트랩 시작

- 매트랩과 가제보를 사용한 로봇 애플리케이션 개발

- ROS와 시뮬링크 시작

- 시뮬링크에서 간단한 제어 시스템 개발

⋮⋮ 기술적 요구 사항

14장을 따라 하려면 우분투 20.04에 ROS Noetic이 설치된 노트북이 필요하다. 또한 ROS 툴박스, 로보틱스 시스템 툴박스, 내비게이션 툴박스를 선택해 매트랩 2020b 버전을 설치해야 한다.

14장의 참조 코드는 다음 깃허브 저장소에서 다운로드할 수 있다.

https://github.com/PacktPublishing/Mastering-ROS-for-Robotics-Programming-Third-edition/tree/main/Chapter14/ros_matlab_test

작동 중인 코드는 https://bit.ly/37WE0zy에서 볼 수 있다.

⁑ 매트랩 시작

매트랩은 산업, 대학, 연구 센터에서 널리 사용되는 다중 플랫폼 수치 컴퓨팅 환경이
다. 매트랩은 수학적 소프트웨어로 태어났지만 이제 제어 설계, 플로팅, 이미지 처
리, 로봇공학과 같은 다양한 영역에 대해 많은 추가 패키지를 제공한다. 매년 두
가지 새로운 버전의 매트랩이 출시된다. 첫 번째는 XXXXa(여기서 XXXX는 출시 연도)며 3월에
출시되고 두 번째는 XXXXb라고 하며 9월에 출시된다. 이 장에서는 매트랩 2020b
버전의 설치를 가정한다. 매트랩은 매스웍스의 독점 제품이며 무료 소프트웨어가
아니다. 일반적으로 무료 라이선스는 학생과 교육 기관에 배포된다. 윈도우, GNU/
리눅스, 맥OS에서 매트랩을 사용할 수 있다. 매트랩을 실행하면 다음 스크린샷과
같이 기본 레이아웃이 나타난다.

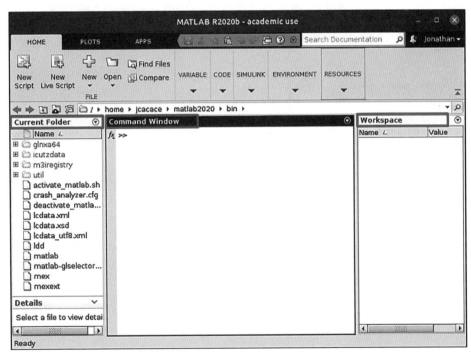

그림 14.1 기본 레이아웃의 매트랩 창

이 창에는 다음과 같은 세 가지 기본 패널이 있다.

- **Current Folder:** 로컬 파일을 보여준다.

- **Command Window:** 매트랩 명령을 입력하거나 매트랩 스크립트를 실행하기 위한 커맨드라인이다.

- **Workspace:** 명령 창이나 매트랩 스크립트에서 생성된 데이터를 보여준다.

명령 창을 사용해 수학 명령을 실행하고 작업 공간에 표시될 변수를 생성할 수 있다. 동일한 창을 사용해 매트랩 함수 문서를 볼 수 있다. 내장된 모든 매트랩 함수에는 함수 입력, 출력, 호출 구문에 대한 예제와 설명을 포함하는 지원 문서가 있다. doc 또는 help 명령을 사용해 문서에 접근할 수 있다. 첫 번째 창은 문서가 포함된 외부 창을 열고 두 번째 창은 명령 창에 문서를 표시한다. mean 함수에 대한 문서를 얻는 방법을 살펴보자.

```
>> doc mean
```

이 명령을 사용해 동일한 결과를 얻을 수도 있다.

```
>> help mean
```

매트랩을 간단히 소개했다. 다음 절에서는 ROS 기능을 사용을 위해 매트랩을 ROS 네트워크에 연결하는 방법을 살펴본다.

ROS 툴박스와 매트랩 시작

매트랩의 기본 설치에서 제공하는 표준 기능 외에도 여러 외부 툴박스를 바탕으로 다른 유틸리티 및 라이브러리에 접근할 수 있다. 매트랩에서 ROS를 사용하려면 ROS 툴박스(https://it.mathworks.com/products/ros.html)를 설치해야 한다. 이 툴박스는 실제 로봇 및 로봇 시뮬레이터에서 애플리케이션을 테스트하고 이식할 수 있게 매트랩과 ROS 간의 인터페이스를 구현한다. 로봇 애플리케이션을 구현하려면 로보틱스 시스템 툴박스(https://it.mathworks.com/products/robotics.html)와 내비게이션 툴박스(https://it.mathworks.com/products/navigation.html)를 설치하는 것도 유용하다. 경로 플래너path planners, 장애물 회피obstacle avoidance 방법, 상태 추정state estimation, 기구학kinematics, 동역학dynamics 알고리듬과 같은 자율 로봇 애플리케이션을 개발하는 데 도움이 되는 여러 알고리듬을 제공하기 때문이다.

매트랩을 설치하는 동안 패키지 목록에서 ROS 툴박스, 로보틱스 시스템 툴박스, 내비게이션 툴박스를 추가하거나 매트랩 웹 사이트에서 다운로드할 수 있다.

그림 14.2 매트랩 설치 중 ROS 툴박스 선택

ROS 툴박스를 사용해 매트랩을 ROS 노드로 변환시켜 토픽 및 서비스를 사용하는 시스템의 다른 노드와 정보를 교환하거나 시뮬레이션/실제 ROS 로봇을 직접 제어할 수 있다. 매트랩을 ROS 마스터 노드에 연결한 후 로봇이나 다른 ROS 노드에서 처리할 데이터를 가져올 수 있다. 매트랩은 자체적으로 네트워크 노드와의 통신 관리를 위해 ROS 마스터 노드를 초기화하거나 ROS 네트워크의 다른 요소처럼 다른 원격 ROS 마스터에 연결할 수 있다. 또한 애플리케이션의 최종 버전은 매트랩을 실행하지 않고 동작되도록 일반적인 C++ 노드로 배포할 수 있다. 다음 블록 다이어그램은 매트랩과 ROS 간의 연결을 보여준다.

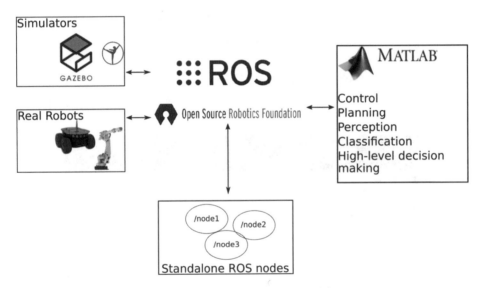

그림 14.3 ROS-매트랩 인터페이스 스키마

로보틱스 시스템 툴박스를 설치하면 리눅스에서 사용되는 것과 동일한 여러 ROS 명령에 접근할 수 있다. 이러한 명령을 나열하려면 명령 창에 다음 줄을 입력한다.

```
>> help ros
```

이 명령의 출력은 다음 그림에서 보여준다.

```
ros Toolbox
Version 1.2 (R2020b) 29-Jul-2020

Network Connection and Exploration
    rosinit            - Initialize the ros system
    rosshutdown        - Shut down the ros system
    rosaction          - Get information about actions in the ros network
    rosmsg             - Get information about messages and message types
    rosnode            - Get information about nodes in the ros network
    rosservice         - Get information about services in the ros network
    rostopic           - Get information about topics in the ros network
    rosparam           - Get and set values on the parameter server
    rosdevice          - Connect to remote ros device

    ros2               - Retrieve information about ros 2 network

Publishers and Subscribers
    rosmessage         - Create a ros message
    rostype            - View available ros message types
    rospublisher       - Create a ros publisher
    rossubscriber      - Create a ros subscriber
```

그림 14.4 ROS-매트랩 인터페이스 명령

ROS-매트랩 인터페이스 초기화를 위해 rosinit 명령을 사용하고 rosshutdown을 사용해 중지할 수 있다. 기본적으로 rosinit는 매트랩에서 ROS 마스터 노드를 만들고 matlab_global_node를 시작해 ROS 네트워크와 통신한다. rosnode list 명령을 사용해 roscore를 초기화한 후 활성 ROS 노드를 볼 수 있다.

```
>> rosinit
Initializing ROS master on http://DESKTOP-40TG18P:11311/.
Initializing global node /matlab_global_node_16208 with NodeURI http://DESKTOP-40TG18P:61762/
>> rosnode list
/matlab_global_node_16208
```

그림 14.5 ROS-매트랩 인터페이스의 기본 초기화

ROS-매트랩 인터페이스의 기본 구성을 사용해 ROS 네트워크의 다른 노드에서 ROS_MASTER_URI 환경 변수를 설정해야 한다. 이때 매트랩을 실행하는 컴퓨터의 IP 주소로 설정해야 한다. 윈도우에서 매트랩을 실행하는 경우 다음 명령을 사용해 컴퓨터의 IP 주소를 쉽게 얻을 수 있다.

```
>> !ipconfig
```

또는 리눅스에서 매트랩을 실행하는 경우 다음 명령을 사용할 수 있다.

```
>> !ifconfig
```

리눅스에서 이 명령의 출력은 다음 스크린샷에서 보여준다.

```
wlp4s0: flags=4163<UP,BROADCAST,RUNNING,MULTICAST>  mtu 1500
        inet 100.102.1.236 | netmask 255.255.0.0  broadcast 100.102.255.255
        inet6 fe80::63e0:7643:8c30:b6b  prefixlen 64  scopeid 0x20<link>
        ether 08:5b:d6:dc:09:6f  txqueuelen 1000  (Ethernet)
        RX packets 729463  bytes 909652975 (909.6 MB)
        RX errors 0  dropped 13  overruns 0  frame 0
        TX packets 261822  bytes 70550108 (70.5 MB)
        TX errors 0  dropped 0 overruns 0  carrier 0  collisions 0
```

그림 14.6 리눅스에서 실행되는 매트랩의 ifconfig 명령

또 다른 방법으로 매트랩을 활성 ROS 네트워크에 직접 연결할 수 있다. 이 경우 ROS 마스터가 실행 중인 컴퓨터/로봇의 주소를 ROS-매트랩 인터페이스에 알려야 한다. 이것은 다음 명령으로 수행된다.

```
>> setenv('ROS_MASTER_URI', 'http://192.168.1.131:11311');
>> rosinit
The value of the ROS_MASTER_URI environment variable, http://192.168.1.131:11311, will be used to connect
Initializing global node /matlab_global_node_75920 with NodeURI http://192.168.1.130:61991/
>> rosnode list
/matlab_global_node_75920
/rosout
```

그림 14.7 외부 ROS 네트워크에서 ROS-매트랩 인터페이스 초기화

다음 절에서는 ROS-매트랩 인터페이스를 초기화하고 매트랩 스크립트에서 직접 데이터를 추가하는 토픽 콜백 작업을 시작한다.

ROS 토픽 및 매트랩 콜백 함수로 시작

이 절에서는 매트랩 스크립트를 사용해 ROS 메시지를 발행하고 구독하는 방법을 알아본다. 분석할 첫 번째 스크립트는 로봇의 제어 루프를 개발하기 위한 일반적인 템플릿을 정의한다. 먼저 입력 토픽을 구독한 후 일정 시간 동안 출력 토픽으로 그 값을 다시 발행할 것이다. 전체 소스코드는 책과 함께 제공된 ros_matlab_test 패키지의 talker.m에 포함돼 있다.

talker.m 스크립트의 내용을 살펴보자.

```
rosinit
pause(2)
talker_sub = rossubscriber( '/talker' );
[chatter_pub, chatter_msg] = rospublisher('/chatter','std_msgs/String');
r = rosrate(2);        % 2Hz 루프 속도(rate)
pause(2)               % wait a bit the roscore initialization
for i = 1:20
   % 입력 토픽에서 데이터 획득
   data = talker_sub.LatestMessage;
   chatter_msg.Data = data.Data;
   % 출력 토픽으로 데이터 발행
   send(chatter_pub, chatter_msg);
   % 제어 루프 속도 동안 대기
   waitfor(r);
end
%ROS 연결 종료
rosshutdown
```

스크립트가 어떻게 작동하는지 살펴보자. 가장 먼저 할 일은 MATLAB-ROS 노드를 초기화하는 것이다. 이 예제에서는 매트랩을 로컬 ROS 네트워크에 연결하고 토픽에 대한 데이터를 읽고 쓸 수 있게 하려고 한다. 초기화가 완료될 때까지 기다리고자 init 명령 뒤에 일시 정지^{pause}를 포함하는 것이 편리할 수 있다.

```
rosinit
pause(2)
```

그런 다음 광고자[advertiser]를 std_msgs/String 타입의 /chatter 토픽으로 초기화하는 동안 /talker 토픽을 구독한다.

```
talker_sub = rossubscriber( '/talker' );
[chatter_pub, chatter_msg] = rospublisher('/chatter','std_msgs/String');
```

마지막으로 LatestMessage 함수를 사용해 /chatter 토픽에 대한 메시지를 발행하는 동안 입력 토픽에 대한 마지막 메시지를 가져온다.

```
data = talker_sub.LatestMessage;
send(chatter_pub, chatter_msg);
```

이 시점에서 매트랩 컴퓨터와 동일한 네트워크에서 실행되는 다른 리눅스 컴퓨터에서 터미널 명령으로 /talker 토픽에 원하는 메시지를 발행하고 /chatter 토픽에 발행된 메시지를 시각화할 수 있다.

이제 명령 창에 스크립트 이름을 입력해 스크립트를 실행할 수 있다.

```
>> talker
```

모든 것이 올바르게 설정됐으면 다음 스크린샷처럼 리눅스 시스템의 출력이 나타나야 한다.

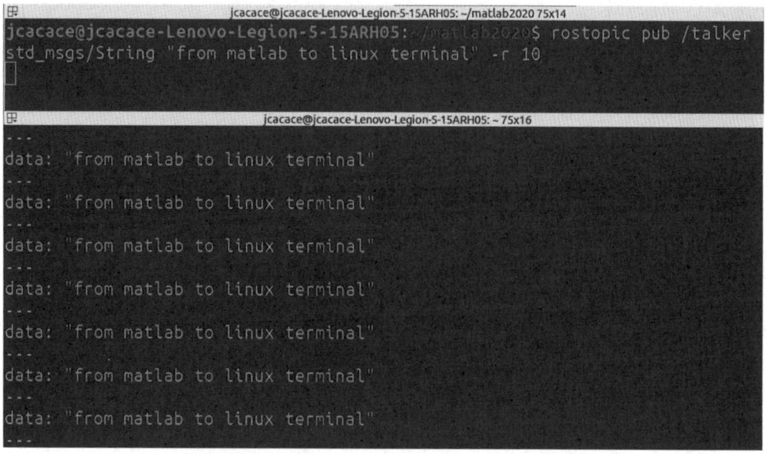

그림 14.8 매트랩과 ROS 간의 통신

앞의 스크립트는 자율 로봇의 제어 루프를 구현하기 위한 일반적인 템플릿을 정의한다. 토픽에 대해 수신된 마지막 메시지를 계속해서 요청하는 대신 새 메시지가 수신될 때마다 호출되는 콜백 함수를 정의할 수 있다. 이런 식으로 로봇 동작 처리를 위해 더 복잡한 제어 루프를 작성해 ROS 토픽으로 여러 정보를 비동기적으로 수신할 수 있다. 다음 예제에서는 ROS-매트랩을 가제보에 연결해 터틀봇^{TurtleBot} 로봇을 시뮬레이션하고, 매트랩을 사용해 레이저 센서의 값을 플로팅한다.

가제보 시뮬레이션을 실행할 때 turtlebot3_gazebo 패키지를 사용한다. turtlebot3 패키지에는 세 가지 다른 turtlebot3 모델에 대한 구성 및 소스 파일이 있다. burger 모델로 시뮬레이션을 할 것이므로 가제보 씬을 실행하기 전에 먼저 설정한다.

```
export TURTLEBOT3_MODEL=burger
roslaunch turtlebot3_gazebo turtlebot3_world.launch
```

아직 turtlebot3 패키지를 설치하지 않았다면 다음 명령으로 설치할 수 있다.

```
sudo apt-get install ros-noetic-turtlebot3*
```

가제보를 시작한 후 /scan을 비롯한 다양한 토픽이 발행된다. 이 예제에서는 다음 매트랩 함수가 필요하다.

- **plot_laser.m:** 원하는 레이저 스캐너 토픽을 구독하는 ROS-매트랩 인터페이스를 초기화하고 원하는 프레임 속도로 레이저 데이터를 플로팅한다.

- **get_laser.m:** 레이저 스캐너 데이터의 값을 받아 저장한다.

plot_laser 스크립트의 코드를 살펴보자.

```
function plot_laser()
  global laser_msg;
  % ROS_MASTER_URI
  rosinit
  pause(2)
  laser_sub = rossubscriber( '/scan', @get_laser );
  r = rosrate(2); % 2 Hz 루프 속도(rate)
  for i=1:50
    plot(laser_msg); % laser_msg 플로팅
    waitfor(r);
  end

  rosshutdown
  close all
end
```

ROS-매트랩 인터페이스를 설정한 후 레이저 스캔 토픽에 대한 구독자를 초기화한다.

598

```
laser_sub = rossubscriber('/scan', @get_laser );
```

이 줄에서 get_laser 함수가 /scan 토픽에 포함된 데이터를 처리하도록 요청한다. 그 밖의 매트랩 스크립트 간에 데이터 교환을 위해 전역 변수를 사용한다.

```
global laser_msg;
```

마지막으로 25초 동안 레이저 스캐너 데이터를 플로팅한다.

```
plot(laser_msg);
```

이제 get_laser 함수의 코드를 살펴보자.

```
function get_laser(~, message)
global laser_msg;
laser_msg = message;
End
```

이 함수에서는 레이저 스캐너 데이터의 값만 저장한다. 가제보 시뮬레이션을 시작한 후 매트랩 스크립트를 실행할 수 있다.

```
>> plot_laser
```

씬 객체의 기본 출력 위치는 다음 스크린샷과 같다.

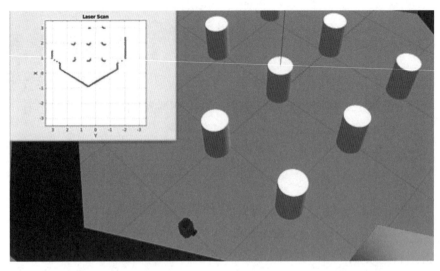

그림 14.9 매트랩에 표시된 가제보 레이저 스캐너 데이터

이 예제에서는 ROS 네트워크에서 데이터를 가져오는 방법을 보여줬다. 다음 절에서는 장애물 회피를 위해 시뮬레이션 환경에서 레이저 스캐너 데이터를 사용해 터틀봇을 구동하는 모션 알고리듬을 구현한다.

매트랩 및 가제보를 활용한 로봇 애플리케이션 개발

지금까지는 ROS 토픽을 사용해 데이터를 교환하는 데만 매트랩을 사용했다. 이절에서는 매트랩 및 내비게이션 툴박스를 사용해 모바일 로봇용 애플리케이션을만드는 것이 얼마나 쉬운지 보여준다. 여기에서는 터틀봇이 장애물과 충돌하지 않고 복잡한 환경을 탐색할 수 있게 하는 차동 모바일 로봇을 위한 장애물 회피 시스템을 설계할 것이다. 무작위 움직임을 생성을 위해 로봇의 제어 속도를 설정하는 매트랩 스크립트를 제시한다. 센서의 레이저 스캐너 데이터는 장애물을 피하는 데사용한다. 이 동작을 구현하고자 VFH^{Vector Field Histogram} 알고리듬에 의존해 범위 센서데이터를 기반으로 로봇의 장애물 없는 조향 방향을 계산한다. 이 알고리듬은 이미

600

controllerVFH 클래스의 내비게이션 툴박스에 의해 제공된다. 마지막으로 탐색 시간이 지나면 매트랩 기능을 사용해 일부 로그 데이터가 표시된다. 이것은 애플리케이션을 디버깅하는 데 도움이 될 수 있다.

앞으로 다룰 스크립트의 전체 소스코드는 vfh_obstacle_avoidance.m 파일에서 찾을 수 있으며 내용은 다음과 같다.

vfh_obstacle_avoidance라는 함수에 소스코드를 포함한다. 평소와 같이 시작할 때 ROS 인터페이스를 초기화한다.

```
function vfh_obstacle_avoidance()
    rosinit
pause(2)
```

그런 다음 레이저 스캔 메시지를 구독하고 로봇 제어 명령을 광고하는 변수를 선언한다. ROS 발행자 함수는 인스턴스화된 발행자인 **velPub**과 발행자로 보낼 메시지 타입인 **velMsg**를 모두 반환한다. 또한 로봇의 주행 거리 측정을 구독해 모션 중 속도를 추적한다.

```
laserSub = rossubscriber('/scan');
odomSub = rossubscriber('/odom');
[velPub, velMsg] = rospublisher('/cmd_vel');
```

이제 장애물 회피 시스템을 구현하고자 VFH 객체를 인스턴스화할 준비가 됐다.

```
vfh = controllerVFH;
```

VFH 알고리듬에 필요한 파라미터 목록은 다음과 같다.

- **DistanceLimits:** 유효한 레이저 측정을 사용할 때 2차원 벡터로 지정된 레이저 판독 값의 최소 및 최대 범위 한계

- **RobotRadius:** 미터 단위의 로봇 반경

- **MinTurningRadius:** 로봇의 최소 회전 반경(미터 단위)

- **SafetyDistance:** 로봇과 장애물 사이에 허용되는 최대 공간

다음과 같이 파라미터에 값을 설정한다.

```
vfh.DistanceLimits = [0.05 1];
vfh.RobotRadius = 0.1;
vfh.MinTurningRadius = 0.2;
vfh.SafetyDistance = 0.1;
```

이제 로봇의 움직임을 허용하는 제어 루프를 시작할 준비가 됐다. 먼저 제어 루프 속도를 정의한다.

```
rate = robotics.Rate(10);
```

다음은 모션 제어 루프를 살펴보자. 원하는 시간만큼 제어 루프를 수행하려고 한다. rate.TotalElapsedTime을 사용해 경과 시간을 추적할 수 있다. 이 함수는 rate 객체를 생성한 후 경과된 시간을 초 단위로 반환한다. 제어 루프 내에서 레이저 스캐너 토픽에서 센서 데이터를 읽는다.

```
while rate.TotalElapsedTime < 25
    laserScan = receive(laserSub);
    odom = receive(odomSub);
    ranges = double(laserScan.Ranges);
```

```
angles = double(laserScan.readScanAngles);
```

targetDir은 로봇 이동의 각도 방향을 지정한다. 그 값은 라디안으로 표현돼야 하며 로봇의 정방향은 0 라디안으로 간주된다. 이미 언급했듯이 이 예제의 목표 방향은 각 제어 루프에서 무작위로 계산된다.

```
targetDir = (r_max-r_min).*rand();
```

그런 다음 필드 히스토그램 메서드를 호출해 입력 레이저 스캐너 데이터와 실제 원하는 이동 방향을 기반으로 장애물 없는 조향 방향을 계산할 수 있다.

```
steerDir= vfh(ranges, angles, targetDir);
```

유효한 조향 방향이 존재하는 경우 로봇을 작동시키고자 보낼 회전 속도를 계산해야 한다. 이를 위해 다음 함수를 사용한다.

```
w = exampleHelperComputeAngularVelocity(steerDir, 1);
```

이 함수는 로봇 프레임의 조향 방향이 주어지면 rad/s로 표현되는 차동 구동 로봇의 각속도를 반환한다. 또한 함수의 두 번째 파라미터는 계산된 값을 제한하기 위한 최대 속도 값을 나타낸다. 마지막으로 로봇이 움직이는 동안 감지된 장애물로부터 로봇까지 최소 거리, 이동한 경로, 회전 각, 전진 속도를 플로팅한다.

```
figure(1);
plot( ob_dist, 'red-' );
figure(2);
```

```
plot( odom_vel_x, 'red' );
figure(3);
plot( odom_vel_z, 'blue' );
figure(4)
plot( odom_pos_x, odom_pos_y, 'red');
```

이 예제를 테스트하려면 먼저 roscore가 실행되는 컴퓨터에서 터틀봇 시뮬레이션 씬을 실행해야 한다.

```
roslaunch turtlebot3_gazebo turtlebot_world.launch
```

그런 다음 매트랩 스크립트를 호출해야 한다.

```
>> vfh_obstacle_avoidance
```

로봇이 그림 14.9에 표시된 것과 동일한 환경을 탐색하는 동안 매트랩 스크립트 출력의 예는 다음 스크린샷에 나와 있다.

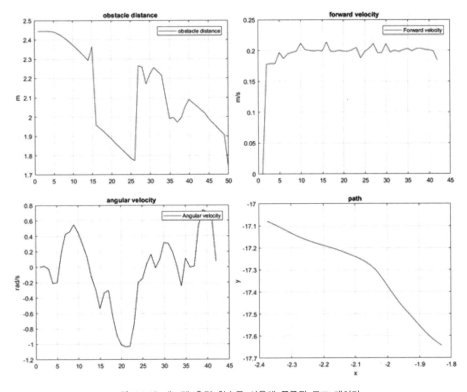

그림 14.10 매트랩 출력 함수를 사용해 플롯된 로그 데이터

이 스크린샷에는 시뮬레이션에서 도출한 다양한 데이터가 있다. 왼쪽 상단에는 장애물까지 최소 거리, 오른쪽 상단에는 선형 전진 속도, 왼쪽 하단과 오른쪽 하단에는 각속도와 이동 경로가 표시된다.

이전 플롯을 사용해 장애물 회피 알고리듬의 성능을 확인할 수 있다.

매트랩 소프트웨어의 또 다른 유용한 도구로 시뮬링크^{Simulink}라는 그래픽 도구를 사용해 제어 시스템을 사용, 생성, 모델링할 수 있다. 시뮬링크는 ROS 네트워크에 연결될 수 있으며 다음 절에서 설명하는 것처럼 ROS 함수를 사용할 수 있다.

⁝⁞ ROS 및 시뮬링크 시작

앞 절에서 매트랩을 사용해 ROS와 상호작용하는 방법을 살펴봤다. 이 절에서는 매트랩의 또 다른 강력한 도구인 시뮬링크를 사용한다. 시뮬링크는 동적 시스템을 모델링, 시뮬레이션, 분석하기 위한 그래픽 프로그래밍 환경이다. 시뮬링크를 사용해 시스템 모델을 만들고 시간 경과에 따른 동작을 시뮬레이션할 수 있다. 이 절에서는 ROS 프레임워크에서 첫 번째 간단한 시스템을 만든다. 시뮬링크를 사용해 ROS 애플리케이션을 개발하는 방법도 살펴본다.

시뮬링크에서 파형 신호 적분기 생성

새 시스템을 모델링하려면 먼저 시뮬링크를 열어 보자. 명령 창에 다음 명령을 입력해 열 수 있다.

```
>> Simulink
```

그런 다음 새 빈 모델을 생성하도록 선택해야 한다. 새 시스템을 만들려면 시스템을 구성하기 원하는 시뮬링크 블록을 가져와야 한다. 이러한 블록은 라이브러리 브라우저에서 모델 창으로 직접 끌어다 놓을 수 있다. 라이브러리 브라우저를 열려면 모델 창 도구 모음의 View ▶ Library를 선택한다. 첫 번째 시스템에는 4개의 블록이 필요하다.

- Sine wave사인파: 이것은 시스템의 입력을 나타내는 사인파Sine wave 신호를 생성한다.

- Integrator적분기: 입력 신호를 적분integration한다.

- Bus creator버스 작성기: 여러 신호를 하나의 신호로 결합한다.

- Scope스코프: 입력 신호를 그래픽으로 시각화한다.

이런 블록을 가져온 후의 모델 창은 다음 그림과 같다.

그림 14.11 sine wave, integrator, bus creator, scope 시뮬링크 블록

일부 블록은 파라미터로 올바르게 구성돼야 한다. 예를 들어 사인파 블록을 생성하려면 진폭^{amplitude}과 주파수^{frequency}가 필요하다. 이 값을 설정하려면 원하는 블록을 두 번 클릭해 블록 파라미터를 탐색할 수 있다. 시스템이 작동하게 하려면 다음 모델처럼 시뮬링크 블록을 올바르게 연결해야 한다.

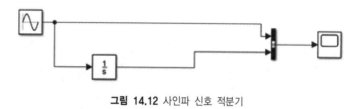

그림 14.12 사인파 신호 적분기

이제 모델 구성 요소가 연결됐으므로 시스템 동작을 시뮬레이션할 수 있다. 먼저 시뮬레이션 시작 및 중지 시간을 설정해 시뮬레이션 시간을 구성해야 한다. Simulation ▶ Model Configuration Parameters를 열고, 원하는 값을 입력한다. 이 예제에서는 시작 시간을 0으로, 중지 시간을 10.0으로 설정한다.

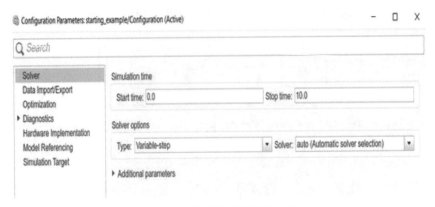

그림 14.13 시스템의 시뮬레이션 시간

이제 모델 창 도구 모음에서 play 버튼을 누르고 scope 블록을 두 번 클릭해 출력을 확인할 수 있다.

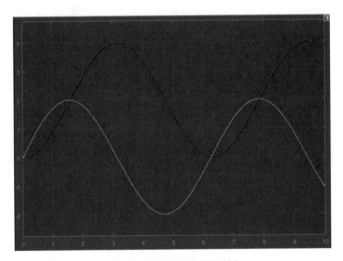

그림 14.14 사인파 및 적분 신호

시뮬레이션 시간을 10초로 설정하더라도 시뮬링크는 실시간으로 작동하지 않고 시간 단계^{step}의 증가만 시뮬레이션한다. 이런 식으로 시뮬레이션 중 유효 경과 시간은 매우 짧다. 이 예제에서 제안한 모델은 책 소스코드의 ros_matlab_test/staring_example.mdl 모델 파일에서 찾을 수 있다.

시뮬링크에서 ROS 메시지 작업

ROS용 시뮬링크 인터페이스를 사용하면 ROS 네트워크의 다른 노드에 연결할 수 있는 시스템을 모델링할 수 있다. 이 인터페이스에는 토픽으로 메시지를 보내고 받기 위한 시뮬링크 블록 라이브러리가 포함된다. 개발된 모델의 시뮬레이션을 시작하면 시뮬링크는 ROS 네트워크에 연결을 시도한다. ROS 네트워크는 시뮬링크가 실행되는 컴퓨터나 다른 원격 시스템에서 실행될 수 있다. 이 연결이 설정되면 시뮬링크는 시뮬레이션이 종료될 때까지 ROS 네트워크와 메시지를 교환한다. 앞 절에서 했던 것처럼 먼저 ROS 토픽을 사용해 데이터를 읽고 쓰는 방법을 보여주고 가제보에서 터틀봇 제어를 위해 더 복잡한 시스템을 만드는 방법을 살펴보자. 두 가지 다른 시뮬링크 모델을 생성해보자. 한 모델에서는 메시지 발행자를 개발하고 다른 모델에서는 단순 구독자를 구현한다. publisher.mdl과 subscriber.mdl로 구현된 모델은 소스코드 디렉터리인 ros_matlab_test에서 찾을 수 있다.

시뮬링크에서 ROS 메시지 발행

시뮬링크에서 ROS 메시지를 발행하려면 두 개의 블록이 필요하다.

- **Publish**: 이 블록은 ROS 네트워크에서 메시지를 보낸다. 블록 파라미터를 사용해 토픽 이름과 메시지 타입을 지정할 수 있다.

- **Blank message**: 이 블록은 지정된 메시지 타입으로 빈 메시지를 생성한다. /position이라는 새 토픽의 **geometry_msgs/Twist** 메시지 발행을 위해 이런 블록을 연결하는 방법을 살펴보자. 라이브러리 브라우저에서 blank message 블록을 가져와 두 번 클릭해 메시지 타입을 구성한다. 다음 스크린샷과 같이 블록 파라미터 창에서 Select 버튼을 눌러 목록에서 ROS 메시지 타입을 선택할 수 있다.

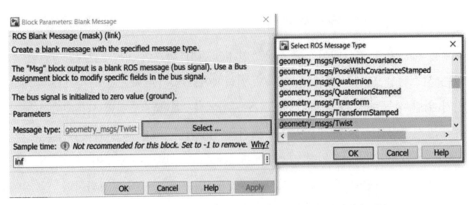

그림 14.15 시뮬링크 ROS blank message 블록에 대한 파라미터 구성

이제 ROS publish 블록을 가져올 준비가 됐다. 블록을 모델로 끌어다 놓고 두 번 클릭해 토픽 소스와 메시지 타입을 구성한다. 원하는 토픽 이름을 입력하려면 토픽 소스 필드에서 사용자 지정^{Specify your own}을 선택하자. 토픽 필드에 /position을 입력한다. 이미 봤듯이 발행할 메시지 타입을 선택할 수 있다.

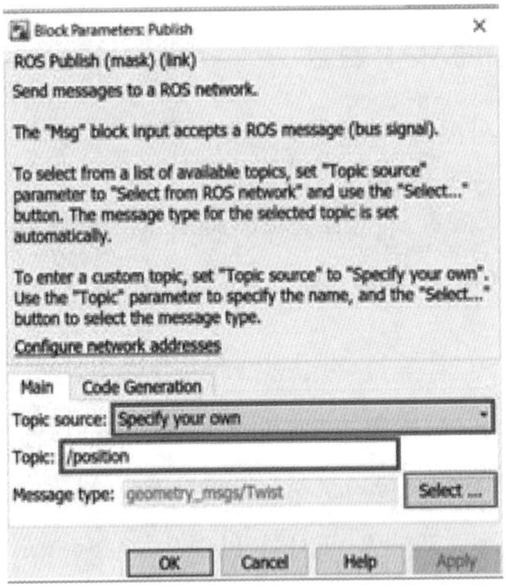

그림 14.16 시뮬링크 ROS publish 블록에 대한 파라미터 구성

이제 ROS 네트워크로 보내기 전에 발행할 ROS 메시지 필드를 채워야 한다. 이 작업을 수행하고자 두 개의 다른 시뮬링크 구성 요소를 사용할 것이다. 첫 번째는

610

사인파^{sine wave}로, 첫 번째 시뮬링크 예제에서 이미 사용된 사인파 신호다. 두 번째는 신호 버스 할당이다. 실제로 ROS 메시지는 시뮬링크 환경에서 버스 신호로 표시되므로 버스 신호 블록을 사용해 해당 필드를 관리할 수 있다. 빈 메시지 블록의 출력 포트를 BusAssignment 블록의 버스 입력 포트에 연결한다. BusAssignment 블록의 출력 포트를 ROS publish 블록의 입력 포트에 연결한다. 그런 다음 버스 신호 파라미터를 구성한다. BusAssignment 블록을 두 번 클릭한다. 왼쪽에 나열된 X, Y, Z(geometry_msgs/Twist 메시지를 구성하는 신호)가 표시돼야 한다. 오른쪽 목록에서 요소를 제거하고 왼쪽 목록에서 메시지의 선형 부분의 X와 Y 신호를 모두 선택하고 Select 》을 클릭한 다음 OK를 클릭해 블록 마스크를 닫는다. 이 경우 Twist 메시지에서 선형 부분의 처음 두 구성 요소만 할당한다.

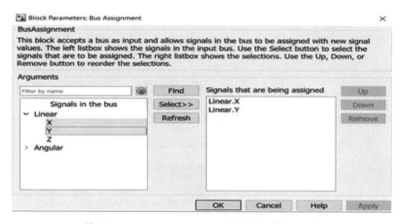

그림 14.17 geometry_msgs/Twist 메시지에 대한 버스 할당

버스 할당 모듈의 파라미터 구성을 완료한 후 블록의 모양이 변경돼 선택한 입력 신호의 값을 수락한다. 이제 이러한 구성 요소에 발행할 값을 할당해야 한다. 이전 예제에서와 같이 사인파 블록을 사용해 이를 수행할 수 있다. 버스 할당 블록에 연결하는 두 개의 사인파 신호 발생기를 끌어다 놓는다. 최종 모델은 다음과 같다.

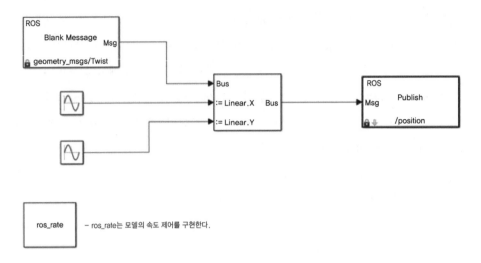

그림 14.18 발행자 시뮬링크 모델

발행자 시뮬링크 모델인 **ros_rate**가 추가 블록에 포함됐다. 이 블록은 ROS 속도 메커니즘을 구현하는 모델 실행 중 실시간 동작을 시뮬레이션하는 데 필요하다. 이 모듈이 없으면 실제로 이 노드의 실행률이 매우 높아 ROS 메시지를 최대 빈도로 발행한다. **ros_rate** 블록은 매트랩 **System** 블록이라고 하는 특수 모듈이며 이를 바탕으로 매트랩 클래스 객체를 인스턴스화하고 호출할 수 있다. 이 블록을 시스템 모델로 가져온 후 호출할 시스템 객체 이름을 선택하거나 새 이름을 만들어야 한다.

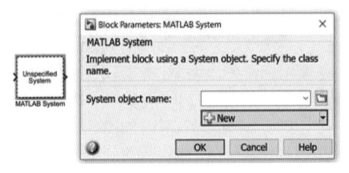

그림 14.19 매트랩 시스템 블록

ros_rate 코드 블록은 ros_rate.m 소스 파일에 있으며 앞으로 살펴볼 것이다. 이 코드에서는 ros_rate 클래스를 정의했다. 이 클래스에는 루프 주파수를 지정하는 rate와 rate 메커니즘을 구현하는 rateObj라는 두 개의 객체가 있다. 이 클래스의 가장 중요한 메서드는 시뮬레이션 시작 시 호출돼 클래스 항목을 초기화하는 데 사용되는 setupImpl(obj) 메서드와 시뮬레이션 실행 시간 조정을 위해 각 단계 시간에서 호출되는 stepImpl(obj) 메서드다.

```matlab
classdef ros_rate < matlab.System
  properties
    RATE;
end
  methods(Access = protected)
  function setupImpl(obj)
      obj.rateObj = robotics.Rate(obj.RATE);
  end
  function stepImpl(obj)
      obj.rateObj.waitfor();
  end
end
```

이제 모델이 완성됐다. 시뮬레이션 설정에서 시뮬레이션의 중지 시간을 inf 값으로 지정하면 끝없이 시뮬레이션이 지속된다. 이렇게 설정한 뒤 중지 버튼을 사용해 원할 때 시뮬레이션을 종료할 수 있다. 이제 시뮬레이션을 재생하고 /position 토픽에 발행된 콘텐츠를 읽을 수 있다. 다음 절에서는 구독자 구현을 알아본다.

시뮬링크에서 ROS 토픽 구독

ROS 토픽을 구독하려면 Subscribe 블록만 필요하다. 이 경우에도 읽을 메시지 타입과 토픽 이름을 구성해야 한다. 발행자 시뮬링크 모델이 ROS 네트워크로 보낸 데이터를 읽기 위해 /position 토픽을 선택하자. Subscribe 블록에는 두 가지 출력이 있다. **IsNew**는 새 메시지 수신 여부를 정의하는 불리언 신호이고 **Msg**는 수신된 메시지를 포함한다.

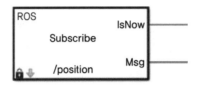

그림 14.20 시뮬링크 구독자 블록

발행자 모델에서 버스 작성자^{bus creator}를 사용해 하나의 메시지에 여러 데이터를 집계한 경우 메시지 데이터를 분할해야 한다. 이를 위해 하나의 입력과 두 개의 출력이 있는 **BusSelector** 블록을 사용할 것이다. 즉, **Twist** 메시지에서 선형 부분의 X와 Y 필드를 사용한다. 이 블록을 생성하려면 **Twist** 메시지의 **Linear.X** 및 **Linear.Y** 부분만 선택한 신호로 갖도록 구성한다.

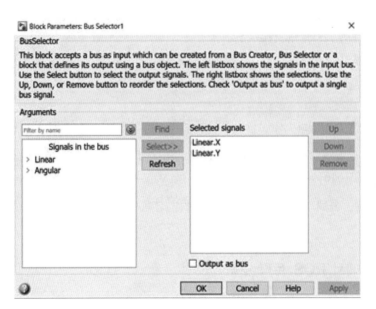

그림 14.21 `BusSelector` 블록

이 시스템 구현에서는 활성화 포트를 사용해 활성화/비활성화할 수 있는 또 다른 타입의 블록인 서브시스템에 버스 선택기^{bus selector}를 포함한다. 이런 식으로 발행자 블록의 **IsNew** 필드를 하위 시스템에 연결하고 새 메시지가 수신된 경우에만 출력을 활성화한다. 하위 시스템의 내용을 탐색하려면 다른 블록과 마찬가지로 하위 시스템을 두 번 클릭하면 된다. 마지막으로 두 개의 범위 블록을 추가해 하위 시스템의 출력을 플로팅할 수 있다. 최종 링크 모델은 다음 그림과 같다.

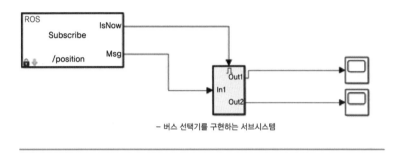

– 버스 선택기를 구현하는 서브시스템

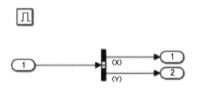

그림 14.22 구독자 시스템 모델

이제 발행자와 구독자 시스템을 모두 실행하고 범위 블록의 출력을 확인할 수 있다. 발행자 및 구독자 모델을 시작하기 전에 **roscore**가 컴퓨터에서 실행 중이어야 한다.

이 장을 마치기 전에 시뮬링크를 사용해 제어 시스템을 구현하는 방법을 알아보자.

시뮬링크에서 간단한 제어 시스템 개발

지금까지 시뮬링크와 ROS를 인터페이스하는 방법을 배웠으므로 실제 또는 시뮬레이션된 로봇을 제어할 수 있는 더 복잡한 시스템을 구현할 수 있다. 이제 가제보에서 터틀봇을 원하는 위치로 이동시키고자 방향을 제어하는 방법을 살펴본다. 다시 말해 주행 거리를 사용해 로봇의 방향을 측정하고, 이 값을 원하는 방향과 비교해 방향 오차를 얻는 제어 시스템을 구현한다. PID 컨트롤러를 사용해 원하는 방향에 도달하도록 로봇을 제어하는 속도를 계산하고 방향 오차를 0으로 설정한다. 이 컨트롤러는 이미 시뮬링크에서 사용할 수 있으므로 직접 구현할 필요가 없다. 모델의 모든 요소를 살펴보자.

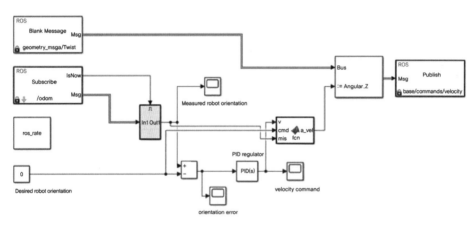

그림 14.23 시뮬링크에서 터틀봇 방향 제어 모델

시스템의 입력은 로봇의 실제 자세와 속도에 대한 정보가 포함된 /odom 메시지와 터틀봇의 원하는 방향을 지정하는 상수 블록으로 표시된다. 모델이 가장 먼저 하는 일은 /odom 메시지에서 방향orientation을 추정하는 것이다. 방향은 로봇의 각속도를 고려해 각 시간 스텝마다 적분해 추정된다. 매트랩 함수 블록을 사용해 /odom 메시지의 속도 값을 임곗값으로 지정해 노이즈 측정값을 삭제한다. 속도 데이터 통합을 위해 시뮬링크에서 제공하는 Integrator 블록을 사용한다. 다시 말하지만 이 부분을 하위 시스템에 포함시킨다.

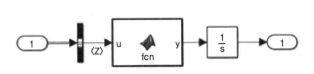

그림 14.24 매트랩 함수 블록

매트랩 함수 블록을 사용하면 개발자가 자신의 매트랩 함수를 시뮬링크 블록으로 변환할 수 있다. 이 경우 함수의 코드는 다음과 같다.

```
function y = fcn(u)
   y = 0.0;
   if abs( u ) > 0.01
     y = u;
   end
end
```

로봇의 회전 방향을 나타내는 z축에 대한 각속도 지정을 위해 수신된 Twist 메시지에서 Angular.Z 값을 추출한다. 0.01rad/s 미만의 값은 노이즈로 간주한다. 이제 로봇을 회전하는 방법을 알았으므로 시뮬링크 Sum 블록을 사용해 원하는 방향(일정한 방향)을 고려해 방향 오차를 계산할 수 있다. 원하는 방향을 변경하려면 **상수** 블록을 두 번 클릭하고 해당 파라미터를 구성할 수 있다.

마지막으로 로봇 컨트롤러를 구현할 수 있다. 이 경우 피드백 제어 루프 메커니즘에서 가장 많이 사용되는 PID 컨트롤러를 사용한다. 이런 종류의 컨트롤러는 산업 및 대학의 다양한 애플리케이션에서 널리 사용한다. 비례proportional 항, 적분integral 항, 미분derivative 항에 따른 제어 출력을 적용한 입력 오차 최소화를 위해 지속적으로 동작한다. 모델에서 이 컨트롤러를 끌어다 놓은 후 입력 데이터에 대한 응답은 블록 속성에서 적절하게 조정할 수 있는 P, I, D 항(게인gain이라고 함)에 따라 달라진다. 마지막으로 PID 컨트롤러가 생성한 데이터를 /cmd_vel 토픽에 발행해 가제보 시뮬레이션에서 로봇을 작동시켜야 한다. 평소와 같이 시뮬레이션을 시작한 후 방향 오류가 어떻게 감소하는지 scope 블록에서 확인할 수 있다. 계산된 속도를 적용하기 전에 다른 매트랩 함수 블록을 사용해 속도의 부호를 설정한다. 실제로 속도의 부호를 고려할 때 로봇은 두 가지 다른 방향으로 회전한다. 음의 속도는 로봇을 시계 방향으로 회전시키고 양의 속도는 로봇을 시계 반대 방향으로 회전시킨다. 이 경우 로봇이 원하는 방향으로 더 빨리 이동할 수 있는 방향을 선택하려고 한다.

```
function a_vel = fcn(v, cmd, mis)
    a_vel = 0;
    if (mis < cmd )
      a_vel = abs(v);
    elseif ( mis > cmd )
      a_vel = -abs(v);
    end
end
```

이 함수 블록은 계산된 속도, 명령된 방향, 로봇의 실제 방향을 입력으로 받는다. 측정된 방향이 명령된 방향보다 낮을 때 로봇은 시계 방향으로, 그렇지 않으면 반시계 방향으로 회전해야 한다.

시뮬링크 모델 구성

이제 모델이 완전히 연결됐으므로 구성을 마무리하고 시뮬레이션을 수행한다. 먼저 시뮬링크 시뮬레이션 동기화를 위해 ros_rate 모듈을 가져와야 한다. 이 경우 프레임 속도가 높을수록 더 나은 동작이 보장되므로 ros_rate 블록을 두 번 클릭하고 속도를 100Hz로 설정할 수 있다. 그런 다음 메인 메뉴 표시줄에서 Simulation ❯ Model Configuration Parameters를 더블 클릭하거나 Ctrl + E를 눌러 Model

Configuration Parameters를 사용한다. 제안된 구성은 고정 스텝 크기 솔버^{fixed-step size solver}를 사용해 원하는 스텝 크기를 지정하는 것이다(예를 들어 0.01초 사용).

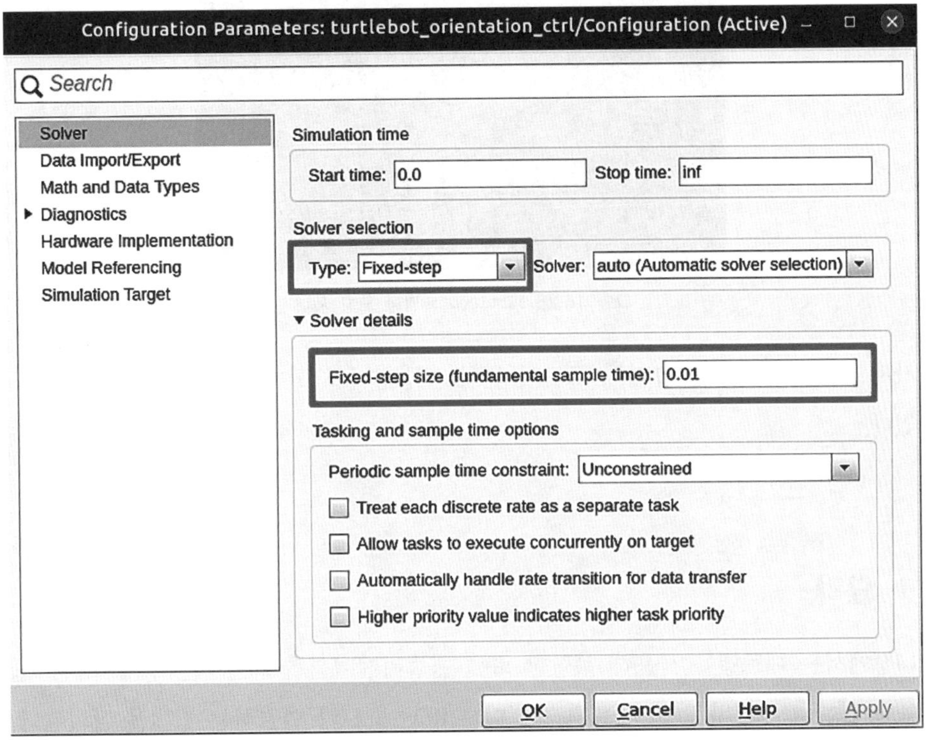

그림 14.25 Model Configuration Parameters

이제 모델이 구성됐으므로 시뮬레이션할 수 있다. 마지막 예제에서처럼 터틀봇 시뮬레이션을 시작한다.

```
roslaunch turtlebot3_gazebo turtlebot_world.launch
```

그런 다음 play 버튼을 눌러 시뮬링크 시뮬레이션을 시작한다. 가제보에서는 로봇이 원하는 방향에 도달하려고 시도하는 것을 볼 수 있고 시뮬링크에서는 scope 패널을 사용해 방향 오차와 생성된 속도 명령을 모니터링할 수 있다.

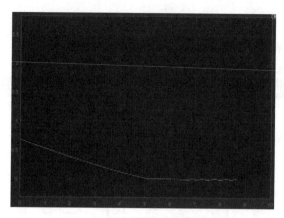

그림 14.26 turtlebot3 방향 오차 제어

가제보 시뮬레이터를 확인해 로봇이 원하는 방향에 도달하고 있는지 확인할 수도 있다.

⁝⁝• 요약

14장에서는 매트랩을 사용해 복잡한 로봇 애플리케이션을 개발하는 방법과 매트랩을 동일한 컴퓨터나 ROS 네트워크의 다른 ROS 노드와 연결하는 방법을 살펴봤다. 매트랩에서 토픽을 처리하는 방법과 매트랩 툴박스에서 사용 가능한 함수를 재사용해 차동 모바일 로봇을 위한 간단한 장애물 회피 시스템을 개발하는 방법을 살펴봤다. 그런 다음에 개발자가 동적 시스템 모델을 구현, 시뮬레이션, 검증할 수 있는 그래픽 기반 프로그램 편집기인 시뮬링크를 도입했다. ROS 네트워크에 데이터를 가져오고 설정하는 방법과 터틀봇의 방향을 제어하는 간단한 제어 시스템을 개발하는 방법을 살펴봤다. 15장에서는 산업용 로봇 매니퓰레이터를 ROS에 인터페이스하기 위한 ROS 패키지인 ROS-Industrial을 MoveIt!, 가제보, RViz와 같은 ROS의 강력한 툴을 사용해 제어하는 방법을 소개한다.

다음은 14장에서 다룬 내용을 기반으로 한 몇 가지 질문이다.

- 매트랩 및 로보틱스 시스템 툴박스란 무엇인가?

- 매트랩을 ROS 네트워크와 어떻게 연결할 수 있는가?

- 매트랩이 로봇 애플리케이션 개발에 유용한 이유는 무엇인가?

- 시뮬링크란 무엇인가?

- PID 컨트롤러란 무엇이며 시뮬링크를 사용해 어떻게 구현할 수 있는가?

15

산업용 로봇을 위한 ROS

지금까지는 주로 개인용 및 연구용 로봇과 ROS의 인터페이스를 살폈지만 로봇이 광범위하게 사용되는 주요 영역 중 일부는 제조, 자동차 산업, 포장과 같은 산업 분야다. ROS는 산업용 로봇 개발을 지원하는가? ROS를 사용해 제조 프로세스를 처리하는 회사가 있는가? ROS-Industrial은 산업용 로봇 매니퓰레이터를 ROS에 인터페이스하고 MoveIt!, 가제보, RViz와 같은 강력한 도구로 매니퓰레이터를 제어하는 솔루션을 제공한다.

15장에서는 다루는 내용은 다음과 같다.

- ROS-Industrial 패키지 이해 및 시작

- 산업용 로봇용 URDF 생성 및 MoveIt!과의 인터페이스

- Universal Robots 팔 및 ABB 로봇에 대한 MoveIt 구성

- ROS-Industrial 로봇 지원 패키지 이해

- ROS-Industrial 로봇 클라이언트 및 드라이버 패키지 이해

- IKFast 알고리듬 및 MoveIt IKFast 플러그인 작업

ROS-Industrial에 대한 간략한 개요부터 시작하자.

기술적 요구 사항

15장을 따라 하려면 우분투 20.04에 ROS Noetic이 설치된 노트북이 필요하다. 15장의 참조 코드는 다음 깃허브 저장소에서 다운로드할 수 있다.

https://github.com/PacktPublishing/Mastering-ROS-for-Robotics-Programming-Third-edition.git

코드는 Chapter15/abb_irb6640_moveit_plugins 및 Chapter15/ikfast_demo 디렉터리에 들어있다.

ROS-Industrial 패키지 이해

ROS-Industrial은 기본적으로 ROS 소프트웨어의 고급 기능을 제조 공정에 사용되는 산업용 로봇으로 확장한다. ROS-Industrial은 산업용 로봇을 제어하는 데 도움이 되는 많은 소프트웨어 패키지로 구성돼 있다. 이런 패키지는 BSD(레거시)/아파치 2.0(추천) 라이선스 프로그램으로, 산업용 하드웨어용 표준 솔루션과 함께 라이브러리, 드라이버, 도구를 포함한다. ROS-Industrial은 이제 ROS-Industrial 콘소시엄Consortium이 관리한다. ROS-Industrial(ROS-I)의 공식 웹 사이트는 http://rosindustrial.org/에서 찾을 수 있다.

ROS-Industrial의 목표

ROS-Industrial 개발의 주요 목표는 다음과 같다.

- ROS의 강점과 기존 산업 기술을 결합해 제조 공정에서 ROS의 고급 기능 적용

- 산업용 로봇 애플리케이션을 위한 안정적이고 강력한 소프트웨어 개발

- 산업용 로봇공학의 연구 및 개발을 쉽게 수행할 수 있는 방법 제공

- 산업용 로봇공학에 대한 연구원과 전문가가 지원하는 광범위한 커뮤니티 형성

- 산업 등급industrial-grade의 ROS 애플리케이션을 제공하고 산업 관련 애플리케이션 을 위한 원스톱 로케이션 형성

산업용 로봇 세트로 ROS-Industrial의 기능을 살펴보기 전에 ROS-Industrial 패키 지를 간단히 소개하고 역사, 아키텍처, 설치를 살펴보자.

ROS-Industrial 간략한 역사

2012년 ROS-Industrial 오픈소스 프로젝트는 Yaskawa Motoman Robotics(http:// www.motoman.com/), Willow Garage(https://www.willowgarage.com/), SwRI(http://www.swri.org/)의 협업으 로 시작됐다. SwRISouthwest Research는 산업 제조 분야에서 ROS를 사용하기 위한 연구소 다. ROS-I는 2012년 1월 숀 에드워즈Shaun Edwards가 설립했다.

2013년 3월에는 텍사스의 SwRI와 독일의 Fraunhofer IPA가 주도하는 ROS-I Consortium Americas와 Europe이 출범했다. 다음은 ROS-I가 커뮤니티에 제공하 는 장점이다.

- **ROS의 기능 적용:** ROS-Industrial 패키지는 ROS 프레임워크에 연결돼 있으므 로 산업용 로봇에서도 모든 ROS 기능을 사용할 수 있다. ROS를 사용해 각

로봇에 대한 맞춤형 역기구학 솔버를 생성하고 2D/3D 퍼셉션을 사용해 객체 조작을 구현할 수 있다.

- **즉시 사용할 수 있는 애플리케이션:** ROS 인터페이스는 로봇이 복잡한 물체를 집고 배치하는 작업에 대한 고급 퍼셉션을 가능하게 한다.

- **로봇 프로그래밍 단순화:** ROS-I는 로봇의 모션을 가르치고 플래닝할 필요가 없다. 대신 주어진 지점에 대해 충돌 없는 최적의 모션을 자동으로 계산한다.

- **오픈소스:** ROS-I는 제한 없이 상업적으로 사용할 수 있는 오픈소스 소프트웨어다.

ROS-Industrial 패키지 설치

ROS-Industrial 패키지의 주요 저장소는 https://github.com/ros-industrial 링크에서 찾을 수 있다. 이 저장소에서 PLC^Programmable Logic Controller와 같은 일반적인 산업용 도구 및 장치와 ROS 시스템을 인터페이스하는 데 사용되는 다양한 패키지를 찾을 수 있다. 또한 Kuka, abb, Fanuc와 같이 널리 사용되는 산업용 매니퓰레이터의 하드웨어 드라이버와 직접 통신할 수 있다. ROS-Industrial 리소스의 주요 저장소는 Industrial_core 스택이며 다음과 같이 깃허브 저장소에서 다운로드할 수 있다.

```
git clone https://github.com/ros-industrial/industrial_core
```

이 저장소는 ROS Noetic과의 완전한 호환성을 위한 개발이 진행 중이다. industrial-core 스택에는 다음과 같은 ROS 패키지 세트가 포함된다.

- **industrial-core:** 이 스택에는 산업용 로봇 시스템을 지원하기 위한 패키지와 라이브러리가 포함돼 있다. 패키지는 산업용 로봇 컨트롤러 및 산업용 로봇

시뮬레이터와 통신하기 위한 노드로 구성되며 산업용 로봇을 위한 ROS 컨트롤러도 제공한다.

- **industrial_deprecated:** 이 패키지에는 더 이상 사용되지 않을 노드, 실행 파일 등이 포함돼 있다. 이 패키지 내의 파일은 다음 ROS 버전의 저장소에서 삭제될 수 있으므로 콘텐츠가 삭제되기 전에 이런 파일의 대체 파일을 찾아야 한다.

- **industrial_msgs:** 이 패키지에는 ROS-Industrial 패키지에서 사용되는 메시지 정의가 포함돼 있다.

- **simple_message:** ROS-Industrial의 일부며 산업용 로봇 컨트롤러와 통신하기 위한 단순 메시징 프레임워크를 포함하는 표준 메시지 프로토콜이다.

- **industrial_robot_client:** 이 패키지에는 산업용 로봇 컨트롤러에 연결하기 위한 일반 로봇 클라이언트가 포함돼 있다. 산업용 로봇 컨트롤러는 산업용 로봇 서버를 실행하고 간단한 메시지 프로토콜을 사용해 통신할 수 있다.

- **industrial_robot_simulator:** 이 패키지는 ROS-Industrial 드라이버 표준을 따르는 산업용 로봇 컨트롤러를 시뮬레이션한다. 이 시뮬레이터를 사용해 산업용 로봇을 시뮬레이션하고 시각화할 수 있다.

- **industrial_trajectory_filters:** 이 패키지에는 로봇 컨트롤러로 전송되는 궤적을 필터링하기 위한 라이브러리와 플러그인이 포함돼 있다.

ROS-I는 다층 하이레벨 아키텍처를 구현해 다음 절에서 다룰 산업용 매니퓰레이터 애플리케이션을 구현한다.

ROS-Industrial 패키지의 블록 다이어그램

다음 다이어그램은 ROS 위에 구성된 ROS-I 패키지의 간단한 블록 다이어그램이다. ROS 레이어 위에 ROS-I 레이어를 볼 수 있다.

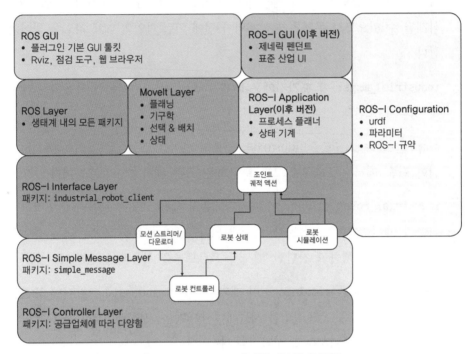

그림 15.1 ROS-Industrial의 상위 시스템 아키텍처

더 깊은 이해를 위해 각 레이어에 대한 간략한 설명은 다음과 같다.

- **ROS GUI**: 이 레이어는 RViz, **rqt_gui** 등과 같은 도구로 구성된 ROS 플러그인 기반 GUI 도구 레이어를 포함한다.

- **ROS-I GUI**: 이 GUI는 미래에 구현될 수 있는 산업용 로봇과 작업하기 위한 표준 산업용 UI다.

- **ROS Layer**: 모든 통신이 발생하는 기본 레이어다.

- **MoveIt Layer:** MoveIt 레이어는 플래닝, 기구학, 선택/배치picking/placing에서 산업용 매니퓰레이터에게 직접 솔루션을 제공한다.

- **ROS-I Application Layer:** 이 레이어는 제조 대상, 제조 방법, 제조 프로세스에 필요한 리소스를 플래닝하는 데 사용되는 산업 공정 플래너industrial process planner로 구성된다.

- **ROS-I Interface Layer:** 이 레이어는 단순 메시지 프로토콜을 사용해 산업용 로봇 컨트롤러에 연결할 수 있는 산업용 로봇 클라이언트industrial robot client로 구성된다.

- **ROS-I Simple Message Layer:** 산업용 로봇의 통신 레이어로, 로봇 클라이언트에서 컨트롤러로 또는 그 반대로 데이터를 전송하는 표준 프로토콜 세트다.

- **ROS-I Controller Layer:** 이 레이어는 공급업체별vendor-specific 산업용 로봇 컨트롤러로 구성된다.

기본 개념을 살펴봤으니 이제 ROS-Industrial을 활용해 산업용 로봇을 ROS에 인터페이스하기 시작한다. 먼저 산업용 로봇의 URDF 모델을 생성하는 방법과 이에 적합한 MoveIt 구성을 생성하는 방법을 살펴본다. 그런 다음 ROS-I 패키지의 모든 필수 요소를 분석해 실제 및 시뮬레이션된 유니버셜 로봇Universal Robots 및 Abb 산업용 매니퓰레이터를 제어하는 방법을 살펴본다. 마지막으로 Ikfast 알고리듬 및 플러그인을 사용해 MoveIt으로 기구학적 계산 속도를 높일 것이다.

산업용 로봇 URDF 생성

일반 로봇과 산업용 로봇에 대한 URDF 파일 생성은 동일하지만 산업용 로봇은 URDF 모델링 중에 다음과 같이 엄격하게 따라야 하는 몇 가지 표준이 필요하다.

- **URDF 디자인 단순화:** URDF 파일은 단순하고 읽기 쉬워야 하며 중요한 태그만 필요하다.

- **공통 설계 개발:** 다양한 공급업체에서 모든 산업용 로봇에 대한 공통 설계 공식을 개발한다.

- **URDF 모듈화:** URDF는 XACRO 매크로를 사용해 모듈화해야 하며 큰 번거로움 없이 큰 URDF 파일에 포함될 수 있다.

다음은 ROS-I URDF 설계의 주요 특징이다.

- **충돌 인식:** 산업용 로봇 IK 플래너는 충돌을 인식^{Collision-aware}하므로 URDF는 각 링크에 대한 정확한 충돌 3D 메시를 포함해야 한다. 로봇의 모든 링크는 적절한 좌표계를 사용해 STL 또는 DAE로 내보내야 한다. ROS-I가 따르는 좌표계는 각 관절이 0 위치에 있을 때 앞쪽을 가리키는 x축과 위쪽을 가리키는 z축이다. 또한 조인트의 원점이 로봇의 베이스와 일치하면 변형이 더 간단해진다. 로봇 기반 조인트를 0 위치(원점)에 배치하면 로봇 설계를 단순화할 수 있다. ROS-I에서 시각적 목적으로 사용되는 메시 파일은 매우 상세하지만 충돌에 사용되는 메시 파일은 충돌 검사를 수행하는 데 더 많은 시간이 소요되므로 상세하지 않다. 메시 세부 정보를 제거하고자 상단 표시줄의 메뉴 Filters ❯ Remeshing, Simplification and Reconstruction ❯ Convex Hull]에서 해당 옵션을 사용해 MeshLab(http://meshlab.sourceforge.net/)과 같은 도구를 사용할 수 있다.

- **URDF 조인트 규약:** 각 로봇 조인트의 방향 값은 단일 회전으로 제한된다. 즉, 세 가지 방향(롤, 피치, 요) 값 중 하나의 값만 있다.

- **xacro 매크로:** ROS-I에서 전체 매니퓰레이터 부분은 xacro를 사용해 매크로로 작성된다. URDF 파일을 생성하는 데 사용할 수 있는 다른 매크로 파일에 이 매크로의 인스턴스를 추가할 수 있다. 이 동일한 파일에 추가 엔드 이펙터 정의를 포함할 수도 있다.

- **표준 프레임**: ROS-I에서 base_link 프레임은 첫 번째 링크여야 하고 tool0 (tool-zero)은 엔드 이펙터 링크여야 한다. 또한 base 프레임은 로봇 컨트롤러의 기본 인스턴스와 일치해야 한다. 대부분의 경우 base에서 base_link로의 변환은 고정된 것으로 처리된다.

산업용 로봇용 xacro 파일을 빌드한 후 URDF로 변환하고 다음 명령을 사용해 확인할 수 있다.

```
rosrun xacro xacro -o <output_urdf_file> <input_xacro_file> check_urdf
<urdf_file>
```

다음으로 산업용 로봇에 대한 MoveIt 구성을 생성할 때의 특징을 설명한다.

⠿ 산업용 로봇을 위한 MoveIt 구성 생성

산업용 로봇 MoveIt 인터페이스를 생성하는 절차는 일부 표준 규칙을 제외하고는 다른 일반 로봇 매니퓰레이터와 동일하다. 다음 절차는 이러한 표준 규칙에 대한 명확한 아이디어를 제공한다.

1. 다음 명령을 사용해 MoveIt 설정 도우미^{setup assistant}를 시작한다.

```
roslaunch moveit_setup_assistant setup_assistant.launch
```

2. 로봇 디스크립션 디렉터리에서 URDF를 로드하거나 xacro를 URDF로 변환하고 설정 도우미를 로드한다.

3. 샘플링 밀도^{Sampling Density}가 ~ 80,000인 자체 충돌^{self-collision} 매트릭스를 만든다. 이 값은 로봇 팔의 충돌 검사 정확도를 높일 수 있다.

4. 다음 스크린샷과 같이 가상 조인트를 추가한다. 여기서 가상 및 상위 프레임 이름은 임의로 설정한다.

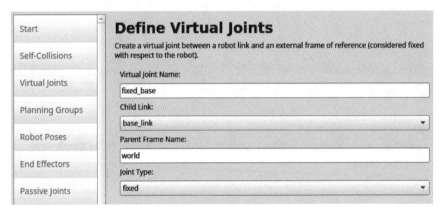

그림 15.2 MoveIt 추가 – 가상 조인트

5. 다음 단계에서는 매니퓰레이터 및 엔드 이펙터에 대한 플래닝 그룹을 추가한다. 여기에서도 그룹 이름은 임의로 설정한다. 기본 플러그인은 KDL이다. 플러그인은 매니퓰레이터에 대한 MoveIt 구성을 생성한 후에도 변경할 수 있다.

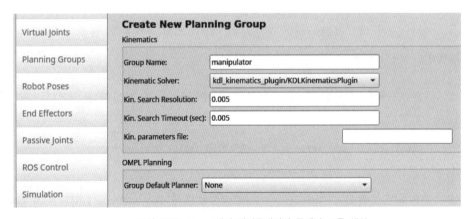

그림 15.3: MoveIt에서 매니퓰레이터 플래닝 그룹 생성

6. 그런 다음 엔드 이펙터에 대한 플래닝 그룹도 생성할 수 있다.

그림 15.4: MoveIt에서 엔드 이펙터 플래닝 그룹 생성

7. 플래닝 그룹, 즉 매니퓰레이터(arm)와 엔드 이펙터(endeffector) 구성은 다음과 같이 표시된다.

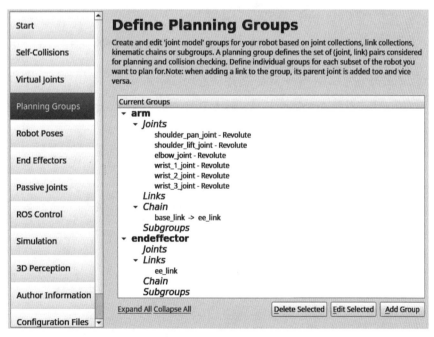

그림 15.5 MoveIt의 매니퓰레이터 및 엔드 이펙터 그룹 계획

8. 홈^{home} 포지션, 업^{up} 포지션 등과 같은 로봇 포즈를 지정할 수 있다. 이 설정은 선택 사항이다.

9. 다음 스크린샷처럼 엔드 이펙터를 할당할 수 있다. 이 또한 선택 사항이다.

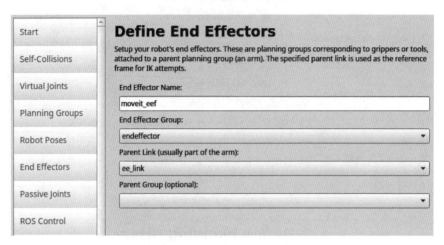

그림 15.6 MoveIt 설정 도우미에서 엔드 이펙터 설정

10. 시뮬레이션 또는 실제 로봇 팔을 작동하도록 ROS 컨트롤러를 구성한다. 다음 스크린샷처럼 Auto Add FollowjointsTrajectory Controllers 버튼을 사용해 이 작업을 수행할 수 있다.

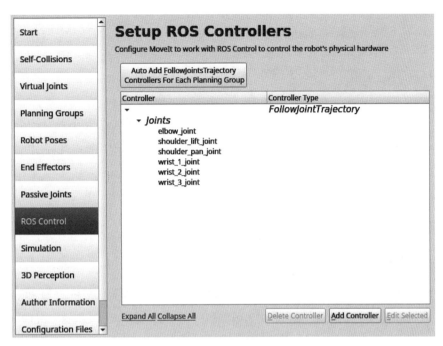

그림 15.7 ROS 컨트롤러 구성

11. 엔드 이펙터를 설정한 후 구성 파일을 직접 생성할 수 있다. `moveit-config` 패키지의 이름은 `<robot_name>_config`로 지정해야 한다. 여기서 `robots_name`은 URDF 파일의 이름이다. 또한 생성된 이 구성 패키지를 다른 PC로 이동하려면 `setup_assistant` 도구에서 생성한 패키지 내부에 숨겨진 파일인 `.setup_assistant` 파일을 수정해야 한다. 절대 경로를 상대 경로로 변경해야 한다. 다음은 `abb_irb2400` 로봇의 예다. 다음과 같이 이 파일에서 URDF 및 SRDF의 상대 경로를 언급해야 한다.

```
moveit_setup_assistant_config:
  URDF:
    package: abb_irb2400_support
    relative_path: urdf/irb2400.urdf
  SRDF:
```

```
        relative_path: config/abb_irb2400.srdf
    CONFIG:
        generated_timestamp: 1402076252
```

이제 로봇용 MoveIt 패키지 구성이 완료됐다. 다음 절에서 설명하는 것처럼 생성된 위치 궤적 로봇 조인트를 적절하게 스트리밍하도록 ROS 컨트롤러의 구성만 수정해야 한다.

⁙ MoveIt 구성 파일 업데이트

MoveIt 구성을 생성한 후 **ros_controllers**를 업데이트해야 한다. MoveIt 패키지의 config 디렉터리에 .yaml 파일이 있다. 다음은 ros_controllers.yaml의 예다.

```
controller_list:
  - name: ""
    action_ns: follow_joint_trajectory
    type: FollowJointTrajectory
    joints:
      - shoulder_pan_joint
      - shoulder_lift_joint
      - elbow_joint
      - wrist_1_joint
      - wrist_2_joint
      - wrist_3_joint
```

이 파일에서 **action_ns** 필드에 주의를 기울여야 한다. 이 필드는 궤적을 시뮬레이션 또는 실제 로봇 플랫폼으로 보내는 데 사용되는 작업 서버의 이름을 나타낸다. 구성하는 방법은 다음 절에서 다룬다.

또한 조인트 정보로 joint_limits.yaml을 업데이트해야 한다. 다음은 joint_limits.yaml의 코드다.

```
joint_limits:
  shoulder_pan_joint:
    has_velocity_limits: true
    max_velocity: 2.16
    has_acceleration_limits: true
    max_acceleration: 2.16
```

kinematics.yaml 파일을 편집해 기구학 솔버 플러그인을 변경할 수도 있다. 모든 구성 파일을 편집한 후 컨트롤러 관리자 런치 파일(⟨robot⟩_config/launch/⟨robot⟩_moveit_controller_manager.launch.xml)을 편집해야 한다.

다음은 controller_manager.launch.xml manager.launch 파일의 예다.

```
<launch>
  <arg name="moveit_controller_manager" default="moveit_simple_controller_
  manager/MoveItSimpleControllerManager" />
  <param name="moveit_controller_manager" value="$(arg moveit_controller_
  manager)"/>
  <!-- ros_controllers를 파라미터 서버로 로드 -->
  <rosparam file="$(find ur10_config)/config/ros_controllers. yaml"/>
</launch>
```

마지막으로, 필요한 모든 구성과 모션 궤적 실행에 필요한 추가 실행 파일을 시작하도록 demo.launch 파일을 구성해야 한다. 특히 demo.launch 파일에는 실제 궤적 실행 여부에 관계없이 모든 주요 MoveIt 실행 파일을 실행하는 역할을 하는 move_group.launch 파일이 포함돼 있다. 다음은 move_group을 포함하는 예다.

```
<include file="$(find ur10_config)/launch/move_group.launch">
  <arg name="allow_trajectory_execution" value="false"/>
  <arg name="fake_execution" value="true"/>
  <arg name="info" value="true"/>
  <arg name="debug" value="$(arg debug)"/>
  <arg name="pipeline" value="$(arg pipeline)"/>
</include>
```

이 예에서 allow_trajectory_execution 파라미터는 false로 설정됐다. 즉, 실제 또는 시뮬레이션된 로봇에 의존하지 않고 RViz 창에서 결과적으로 계획된 궤적을 확인할 수 있다. 다음 절에서는 move_group 노드를 가제보에서 시뮬레이션된 로봇에 연결하는 방법을 설명한다.

⁙ 유니버셜 로봇 팔을 위한 ROS-Industrial 패키지 설치

유니버셜 로봇^{Universal Robots}(http://www.universal-robots.com/)는 덴마크에 본사를 둔 산업용 로봇 제조업체다. 이 회사는 주로 UR3, UR5, UR10의 세 가지 로봇 팔을 생산한다. 로봇은 다음 그림에 나와 있다.

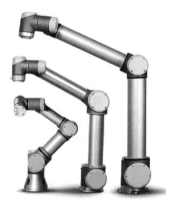

그림 15.8 UR3, UR5, UR10 로봇

이 로봇의 사양은 다음 표에 나와 있다.

로봇	UR-3	UR-5	UR-10
작업 반경	500 *mm*	850 *mm*	1300 *mm*
탑재 하중	3 *Kg*	5 *Kg*	10 *Kg*
중량	11 *Kg*	18.4 *Kg*	28.9 *Kg*
풋프린트	118 *mm*	149 *mm*	190 *mm*

그림 15.9 유니버셜 로봇의 로봇 속성

다음 절에서는 유니버셜 로봇 패키지를 설치하고 MovetIt 인터페이스를 사용해 가제보에서 산업용 로봇을 시뮬레이션할 것이다.

유니버셜 로봇용 ROS 인터페이스 설치

유니버셜 로봇 ROS-I 패키지는 다음 저장소에서 다운로드해 가져온다.

```
git clone https://github.com/ros-industrial/universal_robot.git
```

유니버셜 로봇 패키지는 다음과 같다.

- **ur_description:** 이 패키지는 UR-3, UR-5, UR-10의 로봇 디스크립션과 가제보 디스크립션으로 구성된다.

- **ur_driver:** 이 패키지에는 UR-3, UR-5, UR-10 로봇 하드웨어 컨트롤러와 통신할 수 있는 클라이언트 노드가 포함돼 있다.

- **ur_bringup:** 이 패키지는 실제 로봇 작업을 시작하고자 로봇 하드웨어 컨트롤러와 통신을 수행하기 위한 런치 파일로 구성된다.

- **ur_gazebo:** 이 패키지는 UR-3, UR-5, UR-10의 가제보 시뮬레이션으로 구성된다.

- **ur_msgs:** 이 패키지에는 다양한 UR 노드 간의 통신에 사용되는 ROS 메시지가 포함돼 있다.

- **urXX_moveit_config:** 유니버셜 로봇 매니퓰레이터의 moveit 구성 파일이다. 각 타입의 팔(ur3_moveit_config, ur5_moveit_config, ur10_moveit_config)에 대해 하나의 패키지가 있다.

- **ur_kinematics:** 이 패키지에는 UR-3, UR-5, UR-10용 기구학 솔버 플러그인이 포함돼 있다. MoveIt에서 이 솔버 플러그인을 사용할 수 있다.

유니버셜 로봇 패키지를 설치하거나 컴파일한 후 다음 명령을 사용해 UR-10 로봇을 가제보에서 시뮬레이션할 수 있다.

```
roslaunch ur_gazebo ur10.launch
```

이 명령을 실행하면 UR-10 로봇이 있는 가제보 씬이 열린다.

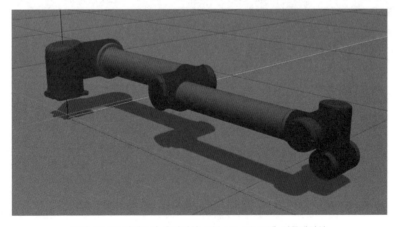

그림 15.10 가제보의 유니버셜 로봇 UR-10 모델 시뮬레이션

MoveIt 패키지와 인터페이스하기 위한 로봇 컨트롤러 구성 파일을 볼 수 있다. 다음 YAML 파일은 **JointTrajectory** 컨트롤러를 정의한다. ur_gazebo/controller 디렉터리에 arm_controller_ur10.yaml이라는 이름으로 들어있다.

```yaml
arm_controller:
  type: position_controllers/JointTrajectoryController
  joints:
    - elbow_joint
    - shoulder_lift_joint
    - shoulder_pan_joint
    - wrist_1_joint
    - wrist_2_joint
    - wrist_3_joint
  constraints:
    goal_time: 0.6
    stopped_velocity_tolerance: 0.05
    elbow_joint: {trajectory: 0.1, goal: 0.1}
    shoulder_lift_joint: {trajectory: 0.1, goal: 0.1}
    shoulder_pan_joint: {trajectory: 0.1, goal: 0.1}
    wrist_1_joint: {trajectory: 0.1, goal: 0.1}
    wrist_2_joint: {trajectory: 0.1, goal: 0.1}
    wrist_3_joint: {trajectory: 0.1, goal: 0.1}
  stop_trajectory_duration: 0.5
  state_publish_rate: 25
  action_monitor_rate: 10
```

시뮬레이션을 시작한 후 로봇은 **/arm_controller/follow_joint_trajectory** 서버에서 궤적 명령을 수신한다. 이제 모션 궤적을 플래닝하고 실행하도록 MoveIt 패키지를 구성할 준비가 됐다.

유니버셜 로봇 팔의 MoveIt 구성 이해

유니버셜 로봇 팔에 대한 MoveIt 구성은 각 **moveit_config** 패키지(UR-10 구성의 경우 `ur10_moveit_config`)의 config 디렉터리에 있다.

다음은 UR-10의 controller.yaml 파일의 기본 내용이다.

```
controller_list:
  - name: ""
    action_ns: follow_joint_trajectory
    type: FollowJointTrajectory
    joints:
      - shoulder_pan_joint
      - shoulder_lift_joint
      - elbow_joint
      - wrist_1_joint
      - wrist_2_joint
      - wrist_3_joint
```

MoveIt 쪽을 올바르게 연결하려면 올바른 **action_ns** 요소를 설정해야 한다. 이 파일을 다음과 같이 변경해보자.

```
controller_list:
  - name: ""
    action_ns: /arm_controller/follow_joint_trajectory
    type: FollowJointTrajectory
    joints:
      - shoulder_pan_joint
      - shoulder_lift_joint
      - elbow_joint
      - wrist_1_joint
      - wrist_2_joint
      - wrist_3_joint
```

같은 디렉터리에서 기구학적 구성(kinematics.yaml)을 찾을 수 있다. 이 파일은 로봇 팔에 사용되는 IK 솔버를 지정한다. UR-10 로봇의 경우 기구학적 구성 파일의 내용이 다음과 같다.

```
#manipulator:
# kinematics_solver: ur_kinematics/UR10KinematicsPlugin
# kinematics_solver_search_resolution: 0.005
# kinematics_solver_timeout: 0.005
# kinematics_solver_attempts: 3
manipulator:
  kinematics_solver: kdl_kinematics_plugin/KDLKinematicsPlugin
  kinematics_solver_search_resolution: 0.005
  kinematics_solver_timeout: 0.005
  kinematics_solver_attempts: 3
```

실행 디렉터리 내부의 ur10_moveit_controller_manager.launch 정의는 다음과 같다. 이 런치 파일은 궤적 컨트롤러 구성을 로드하고 궤적 컨트롤러 관리자를 시작한다.

```
<launch>
  <rosparam file="$(find ur10_moveit_config)/config/controllers.yaml"/>
  <param name="use_controller_manager" value="false"/>
  <param name="trajectory_execution/execution_duration_monitoring"
value="false"/>
  <param name="moveit_controller_manager" value="moveit_simple_controller_
manager/MoveItSimpleControllerManager"/>
</launch>
```

MoveIt 구성에서 구성 및 런치 파일을 편집한 후 로봇 시뮬레이션을 시작할 수 있으며 MoveIt 구성이 제대로 작동하는지 확인할 수 있다. 산업용 로봇을 테스트하는 단계는 다음과 같다.

1. 먼저 로봇 시뮬레이터를 시작한다. 여기서는 **ur_gazebo** 패키지를 사용한다.

```
roslaunch ur_gazebo ur10.launch
```

2. 그런 다음 **ur10_moveit_config** 패키지의 demo.launch 파일을 사용해 MoveIt 플래너를 시작한다. **allow_trajectory_execution** 및 **fake_execution** 파라미터 값을 변경하고 각각 **true** 및 **false**로 설정한다.

```
roslaunch ur10_moveit_config demo.launch
```

3. 이 런치 파일은 RViz도 실행한다. 인터페이스에서 로봇 엔드 이펙터의 원하는 대상 지점을 설정한 다음 Plan and Execute 버튼을 사용할 수 있다. MoveIt이 실행할 수 있는 궤적을 찾을 수 있으면 다음 그림과 같이 가제보 시뮬레이터에서도 실행된다.

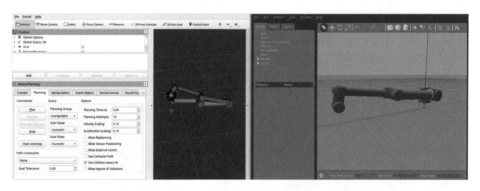

그림 15.11 가제보 및 RViz에서 UR-10 모델의 모션 플래닝

또한 Plan 버튼을 사용해 로봇의 엔드 이펙터 위치를 이동하고 모션을 플래닝할 수 있다. Execute 버튼 또는 Plan and Execute 버튼을 클릭하면 가제보 환경에서 모션을 수행하는 로봇으로 궤적이 전송돼야 한다.

실제 유니버설 로봇 하드웨어 및 ROS-I 시작

가제보를 사용해 시뮬레이션에서 제어 알고리듬을 테스트한 후 실제 유니버설 로봇 팔로 매니퓰레이션 작업을 수행할 수 있다. 모션 궤적을 시뮬레이션에서 수행하는 것과 실제 하드웨어에서 수행하는 것의 주요 차이점은 원하는 조인트 위치 설정을 위해 팔 컨트롤러에 연결할 드라이버를 실행해야 한다는 것이다.

유니버설 로봇 팔의 기본 드라이버는 ROS-I의 **ur_driver** 패키지와 함께 배포된다. 이 드라이버는 v1.5.7에서 v1.8.2까지의 시스템 버전에서 성공적으로 테스트됐다. 유니버설 로봇 컨트롤러의 마지막 버전은 v3.2이므로 ROS-I 드라이버의 기본 버전이 완전히 호환되지 않을 수 있다. 이런 시스템의 최신 버전(v3.x 이상)의 경우 비공식 **ur_modern_driver** 패키지를 사용하는 것이 좋다.

1. ur_modern_driver를 다운로드하려면 다음 깃허브 저장소를 사용한다.

```
git clone https://github.com/ros-industrial/ur_modern_driver.git
```

2. 이 패키지를 다운로드한 후 드라이버를 사용할 수 있게 작업 공간을 컴파일해야 한다.

3. 다음 단계는 유니버설 로봇 하드웨어를 구성해 컴퓨터에서 제어하는 것이다. 먼저 티치 펜던트^{teach pendant}를 사용해 유니버설 로봇 하드웨어의 네트워킹 기능을 활성화해야 한다. 네트워크와 호환되는 적절한 구성을 선택하려면 Robot ❯ Setup Network 메뉴를 살펴보자. 로봇에 고정된 인터넷 주소를 사용하려면 Static Address 옵션을 선택하고 원하는 주소 정보를 수동으로 입력해야 한다.

4. DHCP 옵션을 선택하는 자동 주소 할당 구성을 적용할 수도 있다. IP 주소를 설정한 후 로봇 컨트롤러에 **ping**을 보내 연결 상태를 확인하는 것이 유용하다.

```
ping IP_OF_THE_ROBOT
```

5. 컨트롤러가 ping 명령에 응답하면 연결이 성공적으로 설정되고 매니퓰레이터 제어를 시작할 수 있다.

6. 유니버셜 로봇 시스템의 버전이 v3.x보다 낮은 경우 다음 명령을 사용할 수 있다.

```
roslaunch ur_bringup ur10_bringup.launch robot_ip:=IP_OF_THE_ROBOT
[reverse_port:=REVERSE_PORT]
```

7. IP_OF_THE_ROBOT을 로봇 컨트롤러에 할당된 IP 주소로 바꾼다. 그런 후 다음 스크립트를 사용해 로봇의 움직임을 테스트할 수 있다.

```
rosrun ur_driver IP_OF_THE_ROBOT [reverse_port:=REVERSE_ PORT]
```

8. v3.x 이상의 시스템에서 작동하려면 ur_modern_driver 패키지에서 제공하는 런치 파일을 사용할 수 있다.

```
roslaunch ur_modern_driver ur10_bringup.launch robot_ip:=IP_OF_THE_ROBOT
[reverse_port:=REVERSE_PORT]
```

9. 다음 단계는 MoveIt을 사용해 로봇을 제어하는 것이다.

```
roslaunch ur10_moveit_config ur5_moveit_planning_execution.launch
roslaunch ur10_moveit_config moveit_rviz.launch config:=true
```

10. 일부 로봇 구성의 경우 MoveIt이 전체 조인트 제한이 있는 플래닝을 찾는 데 어려움을 겪을 수 있다. 조인트 제한에 대한 덜 엄격한 다른 버전이 있다. 이 작동 모드는 런치 명령에서 제한된 인수를 사용해 간단히 실행할 수 있다.

```
roslaunch ur10_moveit_config ur5_moveit_planning_execution.launch
limited:=true
```

유니버셜 로봇 팔을 시뮬레이션하고 제어하는 방법을 살펴봤다. 다음 절에서는 ABB 로봇으로 작업한다.

⫶ ABB 로봇용 MoveIt 구성

가장 인기 있는 ABB 산업용 로봇 모델인 IRB 2400과 IRB 6640으로 작업해보자. 다음은 이 두 로봇의 사진과 사양이다.

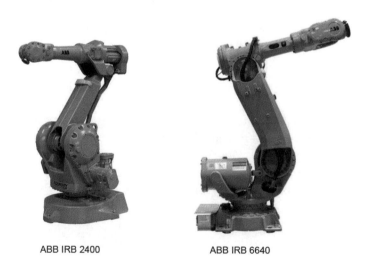

ABB IRB 2400   ABB IRB 6640

그림 15.12 ABB IRB 2400와 IRB 6640

이 로봇 팔의 사양은 다음 표에 나와 있다.

로봇	IRB 2400-10	IRB 6640-130
작업 반경	1.55 m	3.2 m
탑재 하중	12 Kg	130 Kg
중량	380 Kg	1310 Kg
풋프린트	723x600 mm	1107x720 mm

그림 15.13 ABB IRB 로봇 속성

ABB 패키지로 작업하려면 로봇의 ROS 패키지를 catkin 작업 공간에 복제한다. 다음 명령을 사용해 이 작업을 수행할 수 있다.

```
git clone https://github.com/ros-industrial/abb
```

그런 다음 catkin_make를 사용해 소스 패키지를 빌드한다. 사실 이 패키지는 주로 설정 파일을 담고 있기 때문에 C++ 코드와 관련된 어떤 것도 컴파일할 필요가 없다. 그러나 abb 디렉터리에는 역기구학 계산의 속도를 높이고자 기구학 플러그인을 정의하는 특정 패키지가 있다. 이 주제에 대한 자세한 내용은 다음 절에서 다룬다.

모션 플래닝을 위해 RViz에서 ABB IRB 6640을 실행하려면 다음 명령을 사용한다.

```
roslaunch abb_irb6640_moveit_config demo.launch
```

RViz 창이 열리고 RViz에서 로봇의 모션 플래닝을 시작할 수 있다.

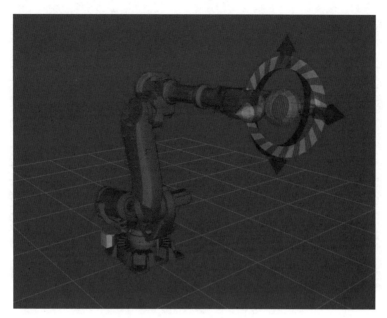

그림 15.14 ABB IRB 6640의 모션 플래닝

다른 인기 있는 ABB 로봇 모델 중 하나는 IRB 2400이다. 다음 명령을 사용해 RViz에서 로봇을 실행할 수 있다.

```
roslaunch abb_irb2400_moveit_config demo.launch
```

이전 명령과 마찬가지로 새 RViz 창에 ABB IRB 2400 로봇이 표시된다.

그림 15.15 ABB IRB 2400의 모션 플래닝

이 마지막 모델은 ABB 패키지에 있는 다른 로봇과 약간 다르다. 실제로 이 모델은 역기구학 문제 해결을 위해 특정 플러그인을 사용한다. 이 플러그인은 **abb_irb2400_moveit_plugins** ROS 패키지에서 구현되며 다음 그림과 같이 기본 기구학 솔버로 선택할 수 있다.

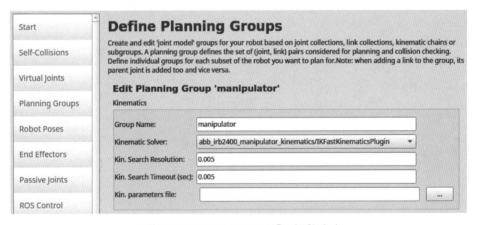

그림 15.16 ABB IRB 2400 로봇용 기구학 솔버

특히 이 로봇에 대한 MoveIt 구성 패키지가 생성되면 Kinematic Solver 필드가 이전에 사용된 기본 KDL 솔버와 달리 **IKFastKinematicsPlugin** 솔버로 채워진다. 이런 방식으로 특정 플러그인을 사용해 더 좋고 빠른 솔루션을 제공하는 모션 궤적을 플래닝한다.

ROS-Industrial 로봇 지원 패키지 이해

ROS-I 로봇 지원 패키지는 산업용 로봇을 위한 새로운 규약 convention 이다. 이런 지원 패키지의 목표는 다양한 공급업체의 산업용 로봇 타입에 대해 ROS 패키지를 유지 관리하는 방법을 표준화하는 것이다. 지원 패키지 내부에 파일을 보관하는 표준화된 방법 덕분에 내부 파일에 접근하는 데 혼란은 없다. 이제 ABB 로봇의 지원 패키지를 시연할 수 있고 디렉터리와 파일과 그 용도를 볼 수 있다.

이미 ABB 로봇 패키지를 복제했으며 이 디렉터리 내에서 세 가지 ABB 로봇을 지원하는 세 가지 지원 패키지를 볼 수 있다. 여기에서는 ABB IRB 2400 모델 지원 패키지인 **abb_irb2400_support**를 사용한다. 다음 목록은 이 패키지 내의 디렉터리와 파일이다.

- config: 디렉터리 이름으로 조인트 이름, RViz 설정, 로봇 모델별 설정 등의 설정 파일을 포함한다.

- joint_names_irb2400: config 디렉터리 안에 ROS 컨트롤러가 사용하는 로봇의 조인트 이름으로 시작하는 설정 파일이 있다.

- launch: 이 디렉터리에는 로봇의 런치 파일 정의가 있다. 이 파일은 모든 산업용 로봇에 대한 공통 규칙을 따른다.

- load_irb2400.launch: 이 파일은 파라미터 서버에 **robots_description**을 로드한다. 로봇의 복잡성에 따라 **xacro** 파일의 수를 늘릴 수 있다. 이 파일은

단일 런치 파일에 모든 xacro 파일을 로드한다. 다른 런치 파일에 robots_description을 추가하기 위한 별도의 코드를 작성하는 대신 이 런치 파일을 포함하기만 하면 된다.

- **test_irb2400.launch:** 이 런치 파일은 로드된 URDF를 시각화할 수 있다. RViz에서 URDF를 검사하고 확인할 수 있다. 이전 런치 파일을 포함하고 RViz에서 사용자와 상호작용하는 데 도움이 되는 joint_state_publisher 및 robot_state_publisher 노드를 실행한다. 이것은 실제 하드웨어 없이도 작동한다.

- **robot_state_visualize_irb2400.launch:** 이 런치 파일은 적절한 파라미터와 함께 ROS-Industrial 드라이버 패키지의 노드를 실행해 실제 로봇의 현재 상태를 시각화한다. 로봇의 현재 상태는 RViz 및 robot_state_publisher 노드를 실행해 시각화된다. 이 런치 파일에는 실제 로봇 또는 시뮬레이션 인터페이스가 필요하다. 이 런치 파일과 함께 제공되는 주요 인수 중 하나는 산업용 컨트롤러의 IP 주소다. 또한 컨트롤러는 ROS-Industrial 서버 노드를 실행해야 한다.

- **robot_interface_download_irb2400.launch:** 이 런치 파일은 산업용 로봇 컨트롤러와 ROS 간에 양방향 통신을 시작한다. 로봇의 상태를 발행하고(robot_state 노드), 조인트 명령 토픽을 구독하고 컨트롤러에 조인트 위치를 발행하기 위한 산업용 로봇 클라이언트 노드(joint_trajectory 노드)가 있다. 또한 이 실행 파일은 시뮬레이션이나 실제 로봇 컨트롤러에 대한 접근이 필요하며 산업용 컨트롤러의 IP 주소를 언급해야 한다. 컨트롤러는 실행에는 ROS-Industrial 서버 프로그램의 실행이 필요하다.

- **urdf:** 이 디렉터리에는 로봇 모델의 표준화된 xacro 파일 세트가 들어있다.

- **irb2400_macro.xacro:** 특정 로봇의 xacro 정의다. 완전한 URDF는 아니지만 매니퓰레이터 부분의 매크로 정의다. 이 파일을 다른 파일에 포함하고 이 매크로의 인스턴스를 만들 수 있다.

- **irb2400.xacro:** irb2400_macro에서 다룬 매크로의 인스턴스를 생성하는 최상

위 xacro 파일이다. 이 파일에는 로봇의 매크로 이외의 다른 파일은 포함돼 있지 않다. 이 xacro 파일은 이미 다룬 load_irb2400.launch 파일 내부에 로드 된다.

- **irb2400.urdf:** xacro 도구를 사용해 이전 xacro 파일에서 생성된 URDF다. 이 파일은 도구나 패키지가 xacro를 직접 로드할 수 없을 때 사용한다. 이 로봇의 최상위 URDF에 해당한다.

- **meshes:** 시각화 및 충돌collision 검사를 위한 메시를 포함한다.

- **irb2400:** 이 디렉터리에는 특정 로봇에 대한 메시 파일이 들어있다.

- **visual:** 이 디렉터리에는 시각화에 사용되는 STL 파일이 들어있다.

- **collision:** 이 디렉터리에는 충돌 검사에 사용되는 STL 파일이 들어있다.

- **tests:** 이 디렉터리에는 이전의 모든 런치 파일을 테스트하기 위한 테스트 런치 파일이 포함돼 있다.

- **roslaunch_test.xml:** 이 파일은 모든 런치 파일을 테스트한다.

모든 설정 파일 중 로봇과 MoveIt 간의 통신을 가능하게 하는 실제 노드는 로봇 클라이언트 패키지다. 다음 절에서는 이 클라이언트가 어떻게 프로그래밍되는지 살펴본다.

⁑ ROS-Industrial 로봇 클라이언트 패키지

산업용 로봇 클라이언트 노드는 ROS MoveIt에서 산업용 로봇 컨트롤러로 로봇 위치/궤적 데이터를 보내는 역할을 한다. 산업용 로봇 클라이언트는 궤적 데이터를 simple_message로 변환하고 simple_message 프로토콜을 사용해 로봇 컨트롤러와 통신한다. 산업용 로봇 컨트롤러는 서버를 실행하고 산업용 로봇 클라이언트 노드는 이 서버에 연결해 통신을 시작한다.

⫸ 산업용 로봇 클라이언트 노드 설계

Industrial_robot_client 패키지에는 산업용 로봇 클라이언트 노드를 구현하기
위한 다양한 클래스가 포함돼 있다. 클라이언트가 가져야 하는 주요 기능에는 로봇
컨트롤러에서 로봇의 현재 상태를 업데이트하고 컨트롤러에 조인트 위치 메시지를
보내는 것도 포함된다. 로봇 상태를 가져오고 관절 위치 값을 보내는 두 가지 주요
노드가 있다.

- **robot_state 노드**: 이 노드는 로봇의 현재 위치, 상태 등을 발행하는 역할을
  한다.

- **joint_trajectory 노드**: 이 노드는 로봇의 명령 토픽을 구독하고 단순 메시지
  프로토콜로 로봇 컨트롤러에 조인트 위치 명령을 보낸다.

다음 그림은 산업용 로봇 클라이언트에서 제공하는 API 목록을 보여준다.

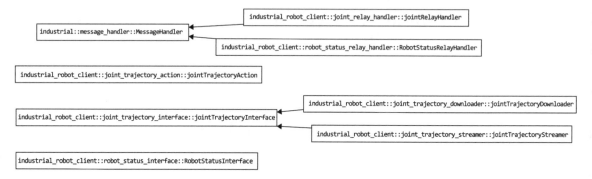

그림 15.17 산업용 로봇 클라이언트 API 목록

API와 그 기능을 간략하게 살펴보면 다음과 같다.

654

- **RobotStateInterface:** 이 클래스에는 로봇 컨트롤러에서 위치 데이터를 수신한 후 정기적으로 현재 로봇 위치 및 상태를 발행하는 메서드가 포함돼 있다.

- **JointRelayHandler:** RobotStateInterface 클래스는 MessageManager라는 클래스를 둘러싼 래퍼다. 그것이 하는 일은 Simple_message 로봇 연결을 수신하고 Messagehandlersnode를 사용해 각 메시지 처리 프로세스를 처리하는 것이다. JointRelayHandler는 메시지 처리기 프로그램이며 그 기능은 joint_states 토픽에서 조인트 위치를 발행하는 것이다.

- **RobotStatusRelayHandler:** 현재 로봇 상태 정보를 robot_status 토픽에 발행할 수 있는 또 다른 MessageHandler다.

- **JointTrajectoryInterface:** 이 클래스는 로봇이 ROS 궤적 명령을 받았을 때 컨트롤러에 로봇의 조인트 위치를 보내는 메서드를 포함한다.

- **JointTrajectoryDownloader:** 이 클래스는 JointTrajectoryInterface 클래스에서 파생된 것으로 send_to_robot() 메서드를 구현한다. 이 메서드는 전체 궤적을 메시지로 로봇 컨트롤러에 보낸다. 로봇 컨트롤러는 클라이언트에서 모든 시퀀스를 보낸 후에만 로봇의 궤적을 실행한다.

- **JointTrajectoryStreamer:** 이 클래스는 send_to_robot() 메서드의 구현을 제외하고 앞의 클래스와 동일하다. 이 메서드는 별도의 스레드에서 컨트롤러에 독립적인 조인트 값을 보낸다. 각 위치 명령은 기존 명령을 실행한 후에만 전송된다. 로봇 측에는 모션을 더 부드럽게 만들고자 위치를 수신하기 위한 작은 버퍼가 있다.

산업용 로봇 클라이언트 내부의 노드 목록은 다음과 같다.

- **robot_state:** 현재 로봇 상태를 발행할 수 있는 RobotStateInterface를 기반으로 실행된다.

- **motion_download_interface**: JointTrajectoryDownloader를 실행하고, Joint TrajectoryDownloader는 컨트롤러와 함께 궤적을 순서대로 다운로드한다.

- **motion_streaming_interface**: 스레딩을 사용해 병렬로 관절 위치를 전송하는 JointTrajectoryStreamer를 실행한다.

- **joint_trajectory_action**: 기본 actionlib 인터페이스를 제공한다.

마지막으로 클라이언트 패키지를 로봇의 하드웨어와 연결하려면 적절한 드라이버 패키지를 사용해야 한다. 이 패키지는 각 로봇 컨트롤러에 고유하며 다음 절에서는 ABB 로봇 드라이버 패키지를 설명한다.

ROS-Industrial 로봇 드라이버 패키지

이 절에서는 산업용 로봇 드라이버 패키지를 설명한다. ABB 로봇을 예로 들면 **abb_driver**라는 패키지가 있다. 이 패키지는 산업용 로봇 컨트롤러와 통신을 담당한다. 이 패키지에는 산업용 로봇 클라이언트가 포함돼 있으며 컨트롤러와 통신을 시작하기 위한 런치 파일을 실행한다. bb_driver/launch 디렉터리 내부를 살펴보자. 다음은 robots_interface.launch라는 런치 파일의 정의다.

```
<launch>
  <!-- robot_ip: 로봇 소켓 메시징 서버의 IP 주소 -->
  <arg name="robot_ip" />
  <!-- J23_coupled: J2/J3 병렬 연결에 대해 수정하려면 TRUE로 설정 -->
  <arg name="J23_coupled" default="false" />

  <!-- 다음 노드에서 사용을 위해 지정된 인자를 파라미터 서버에 복사 -->
  <param name="robot_ip_address" type="str" value="$(arg robot_ip)"/>
  <param name="J23_coupled" type="bool" value="$(arg J23_coupled)"/>
  <node pkg="abb_driver" type="robot_state" name="robot_state"/>
```

이전 지침을 사용해 로봇을 구성하면 이제 로봇 드라이버를 시작할 준비가 된다.

```
    <!-- motion_download_interface: 소켓 연결된 로봇의 DOWNLOADING 경로로 로봇 모션
명령 전송 -->
    <node pkg="abb_driver" type="motion_download_interface" name="motion_
download_interface"/>
    <!-- joint_trajectory_action: 하이레벨 로봇 제어를 위한 actionlib 인터페이스 제공 -->
    <node pkg="industrial_robot_client" type="joint_trajectory_action"
name="joint_trajectory_action"/>
</launch>
```

이 런치 파일은 표준 ROS-Industrial **simple_message** 프로토콜을 사용해 ABB 로봇에 대한 소켓 기반 연결을 제공한다. 로우레벨 로봇 통신과 하이레벨 **actionlib**을 지원하고자 다음과 같은 여러 노드가 실행된다.

- **robot_state:** 현재 조인트 위치와 로봇 상태 데이터를 발행한다.

- **motion_download_interface:** 로봇에 모션 포인트를 전송해 모션 플래닝을 명령한다.

- **joint_trajectory_action:** 로봇의 움직임을 제어하기 위한 **actionlib** 인터페이스다.

일반적인 사용법은 다음과 같다.

```
roslaunch [robot_interface.launch] robot_ip:=IP_OF_THE_ROBOT
```

abb_irb6600_support/launch/robot_interface_download_irb6640.launch 파일을 볼 수 있는데, ABB IRB 6640 모델용 드라이버다. 런치 파일의 정의는 다음 코드와 같다. 이 런치 파일에는 이전 드라이버 런치 파일이 포함돼 있다. 다른 ABB 모델의 지원 패키지에서는 다른 조인트 구성 파라미터 파일과 함께 동일한 드라이버를 사용한다.

```
<launch>
   <arg name="robot_ip" />
   <arg name="J23_coupled" default="true" />
   <rosparam command="load" file="$(find abb_irb2400_support)/config/
joint_names_irb2400.yaml" />
   <include file="$(find abb_driver)/launch/robot_interface. launch">
      <arg name="robot_ip" value="$(arg robot_ip)" />
      <arg name="J23_coupled" value="$(arg J23_coupled)" />
   </include>
</launch>
```

앞의 파일은 abb_driver의 robot_interface.launch의 매니퓰레이터별 버전이다.

- IRB 2400에 제공된 기본값: - J23_coupled = true

- 사용법: robot_interface_download_irb2400.launch robot_ip:=<value>

실제 로봇 컨트롤러와 통신을 시작하려면 드라이버 런치 파일을 실행해야 한다.
ABB 로봇 IRB 2400의 경우 다음 명령을 사용해 로봇 컨트롤러 및 ROS 클라이언트
와의 양방향 통신을 시작할 수 있다.

```
roslaunch abb_irb2400_support robot_interface_download_irb2400.launch
robot_ip:=IP_OF_THE_ROBOT
```

드라이버를 시작한 후 MoveIt 인터페이스를 사용해 플래닝을 시작할 수 있다. 또한
ABB 로봇을 구성해야 하며 로봇 드라이버를 시작하기 전에 로봇 컨트롤러의 IP를
찾아야 한다.

:: MoveIt IKFast 플러그인 이해

ROS의 기본 수치 IK 솔버 중 하나는 KDL다. 이 라이브러리는 URDF를 사용해 로봇의 정기구학 및 역기구학을 계산하는 데 사용한다. KDL은 주로 DOF > 6을 사용한다. DOF <= 6 로봇에서는 KDL과 같은 수치numerical 솔버보다 훨씬 빠른 분석 솔버를 사용할 수 있다. 대부분의 산업용 팔은 DOF <= 6이므로 각 조인트에 대한 분석 솔버 플러그인을 만드는 것이 좋다. 로봇은 KDL 솔버에서도 작동하지만 빠른 IK 솔루션을 원하는 경우 IKFast 모듈과 같은 것을 선택해 MoveIt용 분석 솔버 기반 플러그인을 생성할 수 있다. 로봇에 있는 IKFast 플러그인 패키지(예를 들어 범용 로봇 및 ABB)를 확인할 수 있다.

- **ur_kinematics:** 이 패키지에는 유니버셜 로봇의 UR-5 및 UR-10 로봇의 IKFast 솔버 플러그인이 포함돼 있다.

- **abb_irb2400_moveit_plugins/irb2400_kinematics:** 이 패키지에는 ABB 로봇 모델 IRB 2400용 IKFast 솔버 플러그인이 포함돼 있다.

MoveIt용 IKFast 플러그인을 빌드하는 과정을 이해하면 맞춤형 산업용 로봇 팔을 위한 IK 솔버 플러그인을 만들 때 유용하다. 산업용 로봇 ABB IRB 6640용 MoveIt IKFast 플러그인을 만드는 방법을 살펴보자.

:: ABB IRB 6640 로봇용 MoveIt IKFast 플러그인 생성

지금까지 ABB 로봇 IRB 6640 모델을 위한 MoveIt 패키지를 살펴봤다. 이 로봇은 기본 수치 솔버와 함께 작동한다. 이 절에서는 로젠 디안코프Rosen Diankov의 OpenRAVE 모션 플래닝 소프트웨어에서 제공하는 강력한 역기구학 솔버인 IKFast를 사용해 IK 솔버 플러그인을 생성하는 방법을 설명한다. 이 절의 끝에서는 사용자 지정 역기구학 플러그인을 사용해 이 로봇의 MoveIt 데모를 실행할 수 있다.

간단히 말해 로봇 ABB IRB 66400을 위한 **IKFast** MoveIt 플러그인을 빌드할 것이다. 이 플러그인은 MoveIt 설정 마법사^{setup wizard}에서 선택하거나 `moveit-config` 패키지의 config/kinematics.yaml 파일에서 언급할 수 있다.

MoveIt IKFast 플러그인 개발을 위한 전제 조건

다음은 MoveIt **IKFast** 플러그인 개발에 필요한 구성이다.

*   우분투 20.04 LTS

*   ROS Noetic 데스크톱 전체 설치

*   OpenRave

⁙ OpenRave 및 IKFast 모듈

OpenRave는 실제 애플리케이션에서 모션 플래닝 알고리듬을 개발, 테스트, 배포하기 위한 커맨드라인 및 GUI 도구 세트다. OpenRave 모듈 중 하나는 로봇 기구학 컴파일러인 IKFast다. OpenRave는 로젠 디안코프라는 로봇 연구원이 만들었다. **IKFast** 컴파일러는 로봇의 역기구학을 분석적으로 풀고, 최적화되고 독립적인 C++ 파일을 생성한다. 이 파일은 IK를 풀고자 코드에 배포할 수 있다. **IKFast** 컴파일러는 KDL에서 제공하는 수치 솔루션보다 훨씬 빠른 IK의 분석 솔루션을 생성한다. **IKFast** 컴파일러는 여러 DOF를 처리할 수 있지만 실제로는 `DOF <= 6`에 적합하다. **IKFast**는 IK 타입, 로봇 모델, 기본 링크의 조인트 위치 및 엔드 이펙터와 같은 인자를 사용하는 파이썬 스크립트다.

다음은 **IKFast**에서 지원하는 주요 IK 타입이다.

*   **Transform 6D:** 이 엔드 이펙터는 명령된 6D 변환을 계산해야 한다.

- **Rotation 3D:** 이 엔드 이펙터는 명령된 3D 회전을 계산해야 한다.

- **Translation 3D:** 이 엔드 이펙터 원점은 원하는 3D 직선 위치에 도달시켜야 한다.

MoveIt IKFast

MoveIt용 **ikfast** 패키지에는 OpenRave 소스 파일을 사용해 기구학 솔버 플러그인을 생성하는 도구가 포함돼 있다. 이 도구를 사용해 MoveIt용 **IKFast** 플러그인을 생성한다.

MoveIt IKFast 패키지 설치

다음 명령은 ROS Noetic에 **moveit-ikfast** 패키지를 설치한다.

```
sudo apt-get install ros-noetic-moveit-kinematics
```

OpenRave를 설치하고 사용하는 방법을 살펴보자.

우분투 20.04에 OpenRave 설치

최신 우분투(우분투 20.04)에 OpenRave를 설치하는 것은 쉬운 작업이다. 의존성을 설치하는 데 사용되는 편리한 스크립트로 OpenRave를 설치한다. OpenRave를 설치하려면 다음 단계를 따라 한다.

1. 첫 번째 단계는 다음과 같이 깃허브 저장소에서 스크립트를 다운로드한다.

```
git clone https://github.com/crigroup/openrave-installation
```

2. 원할 때 언제든지 다운로드할 수 있다. 이제 OpenRave 의존성을 설치할 준비가 됐다. 항상 sudo 프롬프트[1]에서 실행된다는 것에 주의하고 관리자 암호를 입력하자.

```
cd openrave-installation
```

3. 라이브러리 의존성 세트를 설치한다.

```
./install-dependencies.sh
```

4. OpenSceneGraph를 설치한다.

```
./install-osg.sh
```

5. Flexible Collision 라이브러리를 설치한다.

```
./install-fcl.sh
```

6. 마지막으로 OpenRave를 설치한다.

```
./install-openrave.sh
```

7. OpenRave를 설치한 후 다음 명령을 실행해 OpenRave가 작동하는지 확인한다.

```
openrave
```

---

1. sudo 프롬프트 환경을 위한 명령은 sudo su다. - 옮긴이

모든 것이 제대로 작동하면 3D 뷰 창이 열린다. 다음 절에서는 OpenRave를 사용해 매니퓰레이터의 역기구학 문제를 풀기 위한 플러그인을 생성한다.

OpenRave로 작업할 로봇의 COLLADA 파일 생성

이 절에서는 OpenRave와 함께 URDF 로봇 모델을 사용하는 방법을 설명한다. 먼저 URDF를 collada 파일(.dae) 포맷으로 변환하는 방법을 살펴보자. 이 파일은 IKFast 소스 파일을 생성하는 데 사용한다. URDF 모델을 collada 파일로 변환하고자 collada_urdf라는 ROS 패키지를 사용할 수 있다. 이 패키지는 다음 명령으로 설치 할 수 있다.

```
sudo apt-get install ros-noetic-collada-urdf
```

abb_irb6600_support 패키지의 /urdf 디렉터리에 있는 irb6640.urdf라는 ABB IRB 6640 로봇 모델로 작업할 것이다. 또 다른 방법으로 책의 소스코드와 함께 배포된 ikfast_demo 디렉터리에서 이 파일을 가져올 수 있다. 이 파일을 작업 디렉터리에 복사하고 변환을 위해 다음 명령을 실행한다.

```
roscore && rosrun collada_urdf urdf_to_collada irb6640.urdf irb6640.dae
```

이전 명령의 출력은 collada 파일 형식의 로봇 모델이다. 대부분의 경우 이 명령은 URDF 파일에 STL 메시가 포함돼 있어 실패하거나 예상대로 DAE로 변환되지 않을 수 있다. 로봇이 DAE 형식으로 맞물리면 제대로 작동한다. 명령이 실패하면 다음 절차를 따르자.

다음 명령을 사용해 메시를 보고 편집하기 위한 meshlab 도구를 설치한다.

```
sudo apt-get install meshlab
```

MeshLab에서 abb_irb6600_support/meshes/irb6640/visual에 있는 메시를 열고 파일을 같은 이름의 DAE로 내보낸다. irb6640.urdf 파일을 편집하고 STL 확장의 시각적 메시를 DAE로 변경한다. 이 도구는 시각적 목적으로만 메시를 처리하므로 최종 DAE 모델을 얻는다.

다음 명령으로 OpenRave를 사용해 irb6640.dae 파일을 열 수 있다.

```
openrave irb6640.dae
```

다음 스크린샷처럼 OpenRave에서 모델을 가져온다.

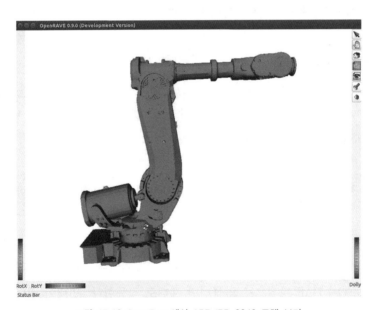

그림 15.18 OpenRave에서 ABB IRB 6640 모델 보기

다음 명령을 사용해 로봇의 링크 정보를 확인할 수 있다.

```
openrave-robot.py irb6640.dae --info links
```

로봇에 대한 링크 정보는 다음 형식으로 얻을 수 있다.

```
name            index  parents
------------------------------------
base_link       0
base            1      base_link
link_1          2      base_link
link_2          3      link_1
link_4          5      link_3
link_5          6      link_4
link_6          7      link_5
tool0           8      link_6
link_cylinder   9      link_1
link_piston     10     link_cylinder
------------------------------------
```

.dae 파일을 준비했으므로 이제 이 로봇에 대한 **IKFast** 소스 파일을 생성할 수 있다.

▶ IRB 6640 로봇용 IKFast CPP 파일 작성

링크 정보를 얻은 후 이 로봇의 IK를 처리하기 위한 역기구학 솔버 소스 파일을 작성할 수 있다. 이 절의 가이드를 따르는 데 필요한 모든 파일은 책과 함께 제공되는 소스코드 디렉터리 ikfast_demo에서 찾을 수 있다. 또는 다음과 같이 깃허브 저장소를 복제해 이 코드를 다운로드할 수 있다.

```
git clone https://github.com/jocacace/ikfast_demo.git
```

다음 명령을 사용해 ABB IRB 6640 로봇에 대한 IK 솔버를 생성한다.

```
python `openrave-config --python-dir`/openravepy/_openravepy_/ikfast.py
--robot=irb6640.dae --iktype=transform6d --baselink=1 --eelink=8
--savefile=ikfast61.cpp
```

앞의 명령은 ikfast61.cpp라는 CPP 파일을 생성한다. 여기서 IK 타입은 transform6d, baselink 링크의 위치는 1, 엔드 이펙터 링크는 8이다. robot 인자로 로봇 DAE 파일을 언급해야 한다.

이 코드를 MoveIt과 함께 사용하기 전에 ikfastdemo.cpp 데모 소스로 테스트할 수 있다. 이 ikfastdemo.cpp 소스코드는 헤더 파일 목록에서 볼 수 있듯이 ikfast61.cpp 소스코드를 포함하도록 수정됐다.

```
#define IK_VERSION 61
#include "output_ikfast61.cpp"
```

데모 소스 파일을 컴파일한다.

```
g++ ikfastdemo.cpp -lstdc++ -llapack -o compute -lrt
```

이 명령은 compute라는 실행 파일을 생성한다. 입력 인자 없이 실행하면 프로그램이 사용법^{usage} 메뉴를 출력한다. 주어진 조인트 각도 값에서 순기구학 솔루션을 얻으려면 다음 명령을 사용한다.

```
./compute fk j0 j1 j2 j3 j4 j5
```

여기서 **j0 j1 j2 j3 j4 j5**는 조인트 각도 값을 라디안 단위로 나타낸다. 임의의 조인트 각도 세트에 대해 **IKFast** 알고리듬이 소요한 평균 시간을 측정하려면 다음 명령을 사용한다.

```
./compute iktiming
```

역기구학 솔버 CPP 파일을 성공적으로 작성했으므로 이 소스코드를 사용해 MoveIt IKFast 플러그인을 생성할 수 있다.

⠿ MoveIt IKFast 플러그인 생성

MoveIt **IKFast** 플러그인을 만드는 것은 매우 쉽다. 코드를 작성할 필요는 없다. 일부 도구를 사용해 모든 것을 생성할 수 있다. 해야 할 유일한 작업은 빈 ROS 패키지를 만드는 것이다. 플러그인을 만드는 절차는 다음과 같다.

1. 이름에 로봇 이름과 모델 번호가 포함된 빈 패키지를 만든다. 이 패키지는 플러그인 생성 도구를 사용해 최종 플러그인 패키지로 변환된다.

```
catkin_create_pkg abb_irb6640_moveit_plugins
```

2. 그런 다음 **catkin_make** 명령을 사용해 작업 공간을 빌드한다.

3. 작업 공간을 빌드한 후 ikfast.h를 abb_irb6640_moveit_plugins/include에 복사한다.

4. 이전에 패키지 디렉터리에 생성된 ikfast61.cpp 스위치를 복사해 이름을 abb_irb6640_manipulator_ikfast_solver.cpp로 바꾼다. 이 파일 이름은 로봇의 이름, 모델 번호, 로봇 타입 등으로 구성된다. 이렇게 지정된 이름은 생성 도구에서 필요하다.

이 단계를 수행한 후 IK 솔버 CPP 파일이 있는 현재 경로에서 두 개의 터미널을 연다. 한 터미널에서 **roscore** 명령을 시작한다. 다음 터미널에서 패키지 생성으로 이동해 다음과 같이 플러그인 생성 명령을 입력한다.

```
rosrun moveit_kinematics create_ikfast_moveit_plugin.py abb_irb6640
manipulator abb_irb6640_moveit_plugins abb_irb6640_manipulator_
ikfast_solver.cpp
```

이 명령은 URDF 및 SRDF 파일에 지정된 로봇 이름의 불일치로 인해 실패할 수 있다. 이 오류를 해결하려면 abb_irb6640_mveit_config/config 디렉터리에 있는 SRDF 파일에서 로봇 이름을 변경해야 한다. 이 파일의 7번 줄을 <robot name="abb_irb6640_185_280">에서 <robot name="abb_irb6640">으로 변경한다. 또는 이 파일을 ikfast_demo 디렉터리에 포함된 파일로 바꾼다.

moveit_ikfast ROS 패키지에는 플러그인 생성을 위한 create_ikfast_moveit_plugin.py 스크립트가 포함돼 있다. 첫 번째 인자는 모델 번호가 있는 로봇 이름, 두 번째 인자는 로봇 타입, 세 번째 인자는 이전에 만든 패키지 이름, 네 번째 인자는 IK 솔버 CPP 파일의 이름이다. 이 도구가 작동하려면 **abb_irb6640_moveit_config** 패키지가 필요하다. 로봇 이름을 사용해 이 패키지를 검색한다. 로봇 이름이 틀리면 오류 발생 도구에서 로봇 **moveit** 패키지를 찾을 수 없다고 표시된다.

생성에 성공하면 터미널에 다음 메시지가 표시된다.

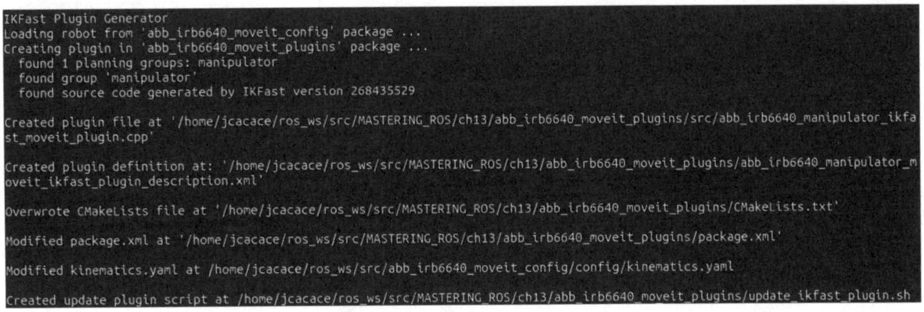

그림 15.19 MoveIt용 IKFast 플러그인 생성에 성공할 때의 터미널 메시지

메시지에서 볼 수 있듯이 플러그인 생성 후 abb_irb6640_moveit_config/config/ kinematics.yaml 파일이 업데이트돼 정기구학 솔버로 `abb_irb6640_manipulator_ kinematics/IKFastKinematicsPlugin`을 지정한다. 파일의 업데이트 버전은 다음 코드와 같다.

```
manipulator:
  kinematics_solver: abb_irb6640_manipulator_kinematics/
IKFastKinematicsPlugin
  kinematics_solver_search_resolution: 0.005
  kinematics_solver_timeout: 0.005
  kinematics_solver_attempts: 3
```

이제 `abb_irb6640_moveit_config` 패키지의 demo.launch 파일을 사용해 플러그 인을 설치하고 로봇을 새 `IKFast` 플러그인으로 실행하고자 작업 공간을 다시 빌드 할 수 있다. 이 플러그인은 MoveIt에서 모션 궤적을 요청할 때마다 사용한다.

░ 요약

15장에서는 ROS-Industrial이라는 산업용 로봇을 위한 ROS의 새로운 인터페이스 를 살펴봤다. 산업용 패키지를 개발하고 우분투에 설치하는 기본 개념을 살펴봤다.

설치 후 이 스택의 블록 다이어그램을 살펴보고 산업용 로봇 URDF 모델과 MoveIt 인터페이스 생성을 살펴봤다. 그 후 유니버설 로봇 및 ABB의 산업용 로봇 패키지를 설치했다. MoveIt 패키지의 구조를 배운 다음 ROS-Industrial 지원 패키지로 이동했다. 그것들을 자세히 살펴보고 산업용 로봇 클라이언트와 MoveIt IKFast 플러그인을 만드는 방법과 같은 개념을 살펴봤다. 마지막으로 ABB 로봇에서 개발된 플러그인을 사용했다.

16장에서는 ROS 소프트웨어 개발의 문제 해결 및 모범 사례를 살펴본다.

다음은 15장에서 다룬 내용을 기반으로 한 몇 가지 질문이다.

질문

- ROS-Industrial 패키지 사용의 주요 장점은 무엇인가?

- 산업용 로봇 URDF를 설계할 때 ROS-I가 따르는 규약은 무엇인가?

- ROS 지원 패키지의 목적은 무엇인가?

- ROS 드라이버 패키지의 목적은 무엇인가?

- 산업용 로봇에 기본 KDL 플러그인 대신 IKFast 플러그인이 필요한 이유는 무엇인가?

16

ROS에서 문제 해결 및 모범 사례

16장에서는 ROS 통합 개발 환경IDE, Integrated Development Environment 을 설정하는 방법, ROS의 모범 사례, ROS의 문제 해결 팁을 살펴본다. 16장은 마지막 장으로, ROS 개발을 시작하기 전에 표준 코드 작성 방법을 아는 것이 좋다.

16장에서 다루는 내용은 다음과 같다.

- 비주얼 스튜디오 코드 IDE에서 ROS 설정

- ROS 모범 사례

- ROS 패키지에 대한 베스트 코딩 사례

- ROS에 대한 중요한 문제 해결 팁

ROS에서 코딩을 시작하기 전에 IDE에서 ROS 개발 환경을 설정해야 한다.

코딩, 특히 ROS를 위한 IDE 설정이 필수는 아니지만 개발 시간을 절약할 수 있다. IDE는 자동 완성 기능은 물론 프로그래밍을 쉽게 만들어주는 빌드 및 디버깅 도구를 제공할 수 있다. ROS 코딩을 위해 Sublime Text 또는 Vim과 같은 편집기를 사용하거나 Gedit를 사용할 수 있지만 큰 ROS 프로젝트를 계획할 때는 특정 IDE를 선택하는 것이 좋다. 이런 이유로 이 장에서는 ROS 개발을 위해 쉽게 구성할 수 있는 IDE인 VScode^{Visual Studio Code}에 집중할 것이다.

비주얼 스튜디오 코드는 모든 종류의 프로그래밍 언어와 함께 사용할 수 있다. VScode는 단지 코드 편집기다. 하지만 추가 기능을 지원하고자 여러 익스텐션^{extension}을 사용할 수 있어 강력한 IDE로 변환할 수 있다. 적절한 익스텐션은 ROS 개발을 시각적이고 단순하며 관리하기 쉽게 만든다. 또한 비주얼 스튜디오 코드는 ROS 작업 공간 관리와 ROS 노드의 생성, 핸들링, 컴파일에 유용한 도구를 제공한다. 또한 ROS 도구를 지원 실행^{support-running}하는 데에도 유용하다.

⠿ 비주얼 스튜디오 코드에서 ROS 설정

리눅스에서는 NetBeans^(https://netbeans.org), 이클립스^{Eclipse}^(www.eclipse.org), QtCreator^(https://wiki.qt.io/Qt_Creator) 같은 여러 IDE를 사용할 수 있다. 이들은 다양한 프로그래밍 언어로 코딩하는 데 적합하다. IDE에서 ROS 프로그램을 빌드하고 실행하려면 ROS 환경을 설정해야 한다. 일부 IDE에는 이에 대한 구성 파일이 있을 수 있지만 ROS 소스 셸에서 IDE를 실행하는 것이 가장 쉬운 방법이다. 이 절에서는 비주얼 스튜디오 코드 IDE를 ROS와 함께 사용하는 방법을 알아본다. ROS로 구성할 수 있는 기타 IDE의 전체 목록은 http://wiki.ros.org/IDEs에서 찾을 수 있다.

비주얼 스튜디오 코드^(https://code.visualstudio.com/)는 리눅스, 윈도우, 맥OS에서 사용할 수 있는 다중 플랫폼 IDE다. 강력한 소스코드 편집기지만 동시에 매우 가볍다. 자바스크립트, 타입스크립트, Node.js와 같은 웹 기반 프로그래밍 언어를 지원하는 함수 세트와 함께 제공된다. 또한 다른 언어(예를 들어 C++, C#, 자바, 파이썬 등)를 위한 풍부한 익스텐션 생태계도 제공한다. 비주얼 스튜디오 코드 및 ROS를 시작하기 전에 우분투 시스템에 설치하는 방법과 기본 사용법을 알아보자.

비주얼 스튜디오 코드 설치/제거

우분투 20.04에 비주얼 스튜디오 코드를 설치하는 가장 쉬운 방법은 비주얼 스튜디오 코드의 공식 웹 사이트에서 사용할 수 있는 공식 .deb 파일을 사용하는 것이다. 다음 명령을 사용해 다운로드할 수 있다.

```
wget https://go.microsoft.com/fwlink/?LinkID=760868 -O vscode.deb
```

이때 dpkg 명령을 사용해 .deb 패키지를 설치할 수 있다.

```
cd /path/to/the/deb/file/
sudo dpkg -i vscode.deb
```

소프트웨어를 제거하려면 다음 명령을 사용할 수 있다.

```
sudo apt-get remove code
```

이제 비주얼 스튜디오 코드가 시스템에 설치됐으므로 해당 기능을 사용할 수 있다.

비주얼 스튜디오 코드 시작

vscode를 설치한 후에는 터미널 커맨드라인이나 시스템의 프로그램 런처에서 시작할 수 있다.

```
code
```

이 명령을 실행하면 다음 스크린샷처럼 vscode의 기본 창이 열린다.

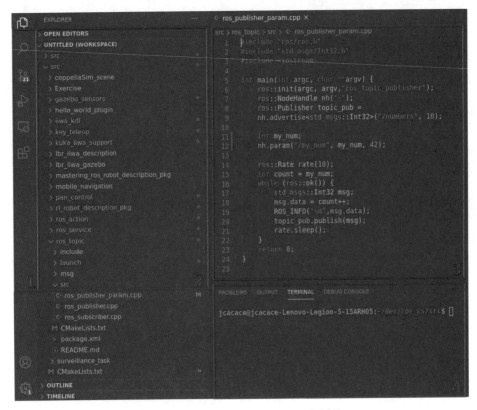

그림 16.1 비주얼 스튜디오 코드 사용자 인터페이스

위 창의 주요 요소는 다음과 같다.

1. **ACTIVITY BAR:** 이 패널을 사용하면 vscode의 다양한 기능과 플러그인 간의 전환이 가능하다. 코드를 보려면 Explorer 창을 선택해야 한다. 다른 버튼을 사용해 사용할 수 있는 익스텐션, 시스템의 버전 관리 인터페이스 등을 탐색할 수 있다.

2. **EXPLORER 창:** 이 패널은 코드 작업 공간의 내용을 보여준다. 이 패널에서 ROS 작업 공간에 설치된 모든 ROS 패키지를 탐색할 수 있다.

3. **EDITOR:** 이 패널에서 패키지의 소스코드를 편집할 수 있다.

4. **TERMINAL 및 OUTPUT:** 이 패널을 바탕으로 개발자는 IDE와 통합된 리눅스 터미널을 사용하고 컴파일 중에 가능한 오류를 확인할 수 있다.

vscode의 주요 기능은 IntelliSense라는 용어로 통합됐다. 이 용어는 매우 일반적이며 코드 완성, 함수 파라미터 정보, 클래스 멤버 목록 등과 같은 다양한 코드 편집 기능으로 구성된다. 기본적으로 파이썬 및 C++는 IntelliSense 시스템 vscode에서 지원하도록 구성돼 있지 않으므로 필요한 익스텐션을 설치해 구성해야 한다. 또한 처음 vscode를 시작하면 작업 공간이 구성되지 않았기 때문에 탐색기 창이 비어 있다. 이 장의 뒷부분에서 비주얼 스튜디오 코드에 소스코드 디렉터리를 추가하는 방법을 알아본다. 우선 로봇 프로그래밍을 위한 추가 익스텐션 세트를 설치하는 방법을 알아보자.

새 비주얼 스튜디오 코드 익스텐션 설치

새 익스텐션은 두 가지 방법으로 설치할 수 있다. 한 가지 방법은 익스텐션 패널을 사용해 다음 스크린샷처럼 원하는 익스텐션을 검색하고 설치할 수 있는 익스텐션 마켓플레이스를 여는 것이다.

그림 16.2 비주얼 스튜디오 코드 익스텐션 마켓플레이스

검색 패널을 사용해 새 익스텐션을 찾을 수도 있다. 익스텐션을 설치하는 또 다른 방법은 CTRL + P를 눌러 열 수 있는 vscode 빠른 열기 바^{Quick Open bar}를 사용하는 것이다. 예를 들어 빠른 열기 바를 사용해 이전 스크린샷에 표시된 C/C++ IntelliSense

지원 기능을 설치하려면 CTRL + P를 누른다. 편집기 창에서 다음 명령을 붙여넣는다.

```
>> ext install ms-vscode.cpptools
```

물론 이 경우 익스텐션에 대한 올바른 명령을 이미 알고 있어야 한다. 이 명령을 실행하면 비주얼 스튜디오 코드에 IntelliSense 및 디버깅 기능을 포함한 C/C++ 언어 지원 기능이 추가된다.

ROS 익스텐션을 설치하기 전에 다음 플러그인이 유용할 수 있다.

- **CMake:** 이 익스텐션은 CMakeLists.txt 파일에 IntelliSense 지원 기능을 설치한다. 이 플러그인을 설치하려면 `ext install twxs.cmake` 명령을 사용한다.

- **CMake Tools:** 이 익스텐션은 네이티브[native] 개발자에게 비주얼 스튜디오 코드의 CMake 기반 프로젝트에 대한 모든 기능을 갖춘 편리하고 강력한 워크플로를 제공한다. 이 플러그인을 설치하려면 `ext install ms-vscode.cmake-tools` 명령을 사용한다.

- **GitLens:** 이 익스텐션은 깃 기능을 사용할 수 있게 비주얼 스튜디오 코드에 내장된 추가 함수를 설치한다. 이 플러그인을 설치하려면 `ext install eamodio.gitlens-insiders` 명령을 사용한다.

- **Python:** 이 익스텐션은 파이썬에 대한 IntelliSense 지원 지능을 설치한다. 이 플러그인을 설치하려면 `ext install ms-python.python` 명령을 사용한다.

마지막으로 실제 로봇을 프로그래밍할 때 매우 유용한 추가 기능은 Remote - SSH 익스텐션이다. 이 익스텐션을 사용하면 SSH 서버가 있는 원격 시스템을 개발 환경으로 사용할 수 있다. 원격 호스트와 연결을 설정한 후 vscode 터미널을 사용해 원격 시스템에서 명령을 실행하고 소스 파일도 검사할 수 있다. Remote - SSH 익스텐션은 다음 명령으로 설치할 수 있다.

```
>> ext install ms-vscode-remote.remote-ssh
```

설명한 플러그인을 모두 설치했으므로 이제 vscode용 ROS 익스텐션을 설치하고 ROS 환경을 구성하는 방법을 알아보자.

비주얼 스튜디오 코드 ROS 익스텐션 시작

ROS 익스텐션을 설치하려면 vscode 인터페이스에서 CTRL + P를 누른 후 다음 명령을 사용할 수 있다.

```
>> ext install ms-iot.vscode-ros
```

이 플러그인의 주요 기능을 살펴보자. ROS 환경은 자동으로 구성되며 이 익스텐션을 설치하면 ROS 버전이 감지된다. 이 익스텐션은 ROS 작업 공간이 로드된 후에만 사용할 수 있다. 작업 공간을 로드하려면 vscode 창의 메인 바에서 File ❯ Open Folder를 연 후 원하는 작업 공간을 선택한다.

이때 다음 스크린샷과 같이 ROS 및 해당 버전에 대한 정보가 포함된 새 아이콘이 하단 상태 표시줄에 나타나야 한다.

그림 16.3 VSCode 하단 바의 ROS 상태 아이콘

이 경우 vscode는 ROS의 Noetic 버전이 설치됐음을 확인할 수 있다. ROS 버전의 왼쪽에 있는 십자 아이콘은 ROS 표시기^{indicator}며 **roscore**가 아직 활성화되지 않았음을 나타낸다. 이때 새로운 명령 세트를 사용해 ROS 노드와 전체 시스템을 생성, 컴파일, 관리할 수 있다. 이 컨텍스트에서 CTRL + Shift + P 단축키를 사용해 vscode에 새 명령을 삽입할 수 있다. 예를 들어 vscode에서 직접 **roscore**를 시작하려면

다음 명령을 사용해야 한다.

명령의 효과를 확인하려면 이전 스크린샷에 표시된 ROS 아이콘을 직접 클릭해 vscode 내에서 새 페이지를 열 수 있다. 이 페이지는 다음 스크린샷에서 볼 수 있으며 roscore의 상태와 활성 토픽 및 서비스를 보여준다.

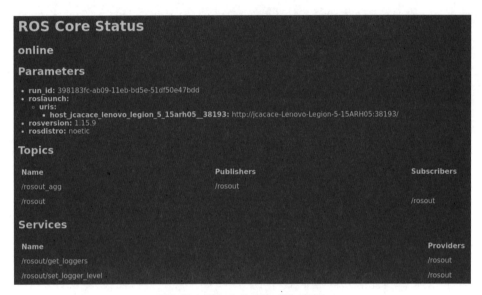

그림 16.4 VSCode의 ROS 상태 페이지

Show Core Status 명령을 사용해 동일한 결과를 얻을 수 있다.

마찬가지로 roscore를 중지하려면 다음 명령을 사용할 수 있다.

```
>> ROS: Stop Core
```

그러나 **roscore**는 리눅스 터미널에서 외부적으로 제어할 수도 있다. ROS 익스텐션을 사용해 vscode IntelliSense의 일부로 메시지, 서비스, 액션, URDF 파일과 같은 일반적인 ROS 파일에 대한 구문 강조 표시를 활성화할 수 있다.

ROS 작업 공간 검사와 구축

vscode에서 ROS 작업 공간을 로드한 후 CTRL + P 단축키로 활성화한 빠른 열기 바에서 소스 파일을 빠르게 열 수 있다. 이 패널에서 다음 스크린샷과 같이 이름의 일부만 입력해 모든 소스 파일을 검색할 수 있다.

그림 16.5 비주얼 스튜디오 코드의 빠른 열기 바

이제 vscode 명령을 사용해 작업 공간을 컴파일할 수 있다. 이것은 CTRL + Shift + B 단축키 명령으로 수행할 수 있다. 이 명령을 사용하면 실행할 빌드 작업을 선택할 수 있다. ROS는 **catkin** 컴파일 도구로 컴파일된다. 이 도구를 사용하려면 다음 컴파일 작업을 입력해야 한다.

```
>> catkin_make: build
```

컴파일 출력이 터미널 창에 표시된다. 이 창에는 최종 컴파일 오류가 표시된다. 다음 스크린샷과 같이 CTRL + Click 단축키를 사용해 편집기에서 이 오류를 생성한 코드 줄을 직접 열 수 있다.

그림 16.6 vscode 터미널 창의 컴파일 오류

다음 절에서 설명하는 것처럼 추가 명령을 사용해 ROS 패키지와 노드를 관리할 수 있다.

비주얼 스튜디오 코드를 사용해 ROS 패키지 관리

새 ROS 패키지를 생성하려면 다음 명령을 사용할 수 있다.

```
>> ROS: Create Catkin Package
```

vscode 편집기는 다음 스크린샷과 같이 패키지 이름과 의존성을 입력하라는 메시지를 표시한다.

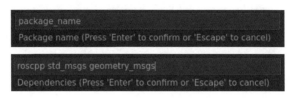
그림 16.7 vscode를 사용해 ROS 패키지 생성

새 패키지를 만들고 컴파일한 후 vscode에서 직접 해당 노드의 실행을 관리할 수 있다. 새 노드를 시작하려면 rosrun 및 roslaunch 명령을 모두 사용할 수 있다. 명령 창을 열고 run 키워드를 입력하자. 다음 스크린샷과 같이 원하는 작업을 선택하는 데 도움이 된다.

그림 16.8 vscode에서 노드 실행

물론 원하는 노드를 제대로 시작하려면 패키지가 포함된 패키지 이름, 실행 파일 이름, 노드에 대한 최종 인자 목록을 삽입해야 한다. 이 경우 vscode 창에 제안 사항이 제공된다. 같은 방식으로 여러 노드의 동시 시작을 위해 지정된 패키지의 런치 파일을 선택할 수 있다.

URDF 파일 프리뷰 시각화

비주얼 스튜디오 코드용 ROS 익스텐션에서 제공하는 다양한 기능 중에서 유용한 기능은 URDF 프리뷰^{preview} 명령이다. 이 명령은 URDF 파일의 결과가 실시간으로 표시되는 vscode 창을 연다. 이런 방식으로 로봇 모델 파일에 대한 수정 결과를 볼 수 있다. URDF 파일을 미리 보려면 편집기 창에서 로봇 모델 파일을 연다. 예를 들어 3장에서 개발한 팬-틸트 모델을 활용한다. 빠른 열기 바(CTRL + P)를 사용하고 pan_tilt 키워드를 입력해 빠르게 찾을 수 있다. 이 시점에서 다음 명령을 사용해 이 프리뷰를 시각화한다.

이 명령의 결과는 다음 스크린샷과 같다.

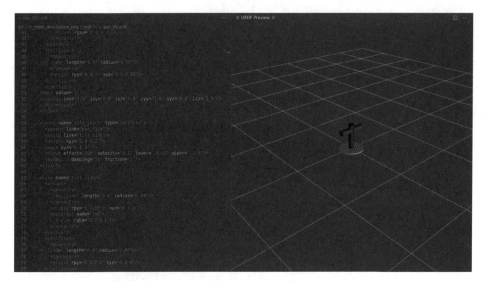

그림 16.9 vscode의 pan_tilt.urdf 파일에 사용된 URDF 프리뷰 명령

이때 URDF 파일의 파라미터와 요소를 변경해 URDF 프리뷰 창에서 시각화된 모델의 변경 사항을 확인할 수도 있다. 이 IDE로 작업하면 개발자가 로봇 애플리케이션을 설계하고 코딩하는 속도를 높일 수 있다. 다음 절에서는 ROS 개발의 모범 사례의 간략한 개요를 살펴본다.

⸭ ROS의 모범 사례

이 절에서는 ROS로 무엇을 개발할 때 따를 수 있는 모범 사례에 대한 간략한 아이디어를 제공한다. ROS는 QA^{Quality Assurance} 프로세스에 대한 자세한 튜토리얼을 제공한다. QA 프로세스는 C++ 및 파이썬 코드 스타일 가이드, 명명 규칙 등을 포함하는 자세한 개발자 가이드다. 우선 ROS C++ 코딩 스타일을 살펴본다

ROS C++ 코딩 스타일 가이드

ROS C++ 노드는 코드를 더 읽기 쉽고, 디버그가 용의하며, 유지 관리를 쉽게 하려는 목적으로 코딩 스타일을 따른다. 코드의 스타일이 올바르게 지정되면 현재 코드를 재사용하고 기여하기가 매우 쉽다. 이 절에서는 일반적으로 사용되는 몇 가지 코딩 스타일을 빠르게 살펴보자.

ROS에서 사용되는 표준 명명 규약

여기에서 HelloWorld라는 텍스트를 사용해 ROS에서 사용하는 이름 지정 패턴을 보여준다.

- **HelloWorld:** 이 이름은 대문자로 시작하고 새 단어는 각기 공백이나 밑줄이 없는 대문자로 시작한다.

- **helloWorld:** 이 명명 규약에서 첫 글자는 소문자지만 새 단어는 공백 없이 대문자로 표시된다.

- **hello_world:** 소문자만 포함한다. 단어는 밑줄로 구분된다.

- **HELLO_WORLD:** 모든 문자가 대문자다. 단어는 밑줄로 구분된다.

다음은 ROS의 각 구성 요소가 따르는 명명 규약이다.

- **패키지, 토픽/서비스, 파일, 라이브러리:** 이런 ROS 구성 요소는 hello_world 패턴을 따른다.

- **클래스/타입:** 클래스는 HelloWorld 명명 규칙을 따른다(예를 들어 class ExampleClass).

- **함수/메서드:** 함수는 helloWorld 명명 규칙을 따르는 반면 함수 인자는 hello_world 패턴을 따른다(예를 들어 void exampleMethod(int sample_arg);).

- **변수:** 일반적으로 변수는 hello_world 패턴을 따른다.

- **상수:** 상수는 HELLO_WORLD 패턴을 따른다.

- **멤버 변수:** 클래스 내부의 멤버 변수는 뒤에 밑줄이 추가된 hello_world 패턴을 따른다(예를 들어 int sample_int_).

- **전역 변수:** 전역 변수는 앞에 g_가 있는 hello_world 규약을 따른다(예를 들어 int g_samplevar;).

- **네임스페이스:** 네임스페이스는 hello_world 명명 패턴을 따른다.

이제 코드 라이선스 계약을 살펴보자.

코드 라이선스 계약

코드 상단에 라이선스 설명을 추가해야 한다. ROS는 오픈소스 소프트웨어 프레임워크며 BSD 라이선스를 따른다. 다음은 코드 상단에 삽입해야 하는 라이선스 코드다. 이 책의 깃허브 저장소에 있는 모든 ROS 노드에서 라이선스 계약license agreement을 얻을 수 있다. https://github.com/ros/ros_tutorials에서 ROS 튜토리얼의 소스코드에 존재하는 라이선스를 확인할 수 있다.

```
/*****************************************************************
* Software License Agreement (BSD License)
```

```
 *
 * Copyright (c) 2012, Willow Garage, Inc.
 * All rights reserved.
 *
 * Redistribution and use in source and binary forms, with or without
 * modification, are permitted provided that the following conditions
 * are met:
 *****************************************************************/
```

ROS의 다양한 라이선스 체계에 대한 자세한 내용은 http://wiki.ros.org/DevelopersGuide#Licensing을 참조하자.

ROS 코드 포맷

코드를 개발하는 동안 처리해야 하는 한 가지는 포맷formatting이다. 포맷에 대해 기억해야 할 기본 사항 중 하나는 ROS의 각 코드 블록이 두 개의 공백으로 구분된다는 것이다. 다음은 이러한 형식을 보여주는 코드다.

```
if(a < b)
{
  // 수행할 작업
}
else {
  // 수행할 다른 작업
}
```

다음은 ROS 표준 서식 스타일의 예제 코드 조각이다. 헤더 파일을 포함하고 상수를 정의하는 것으로 시작한다.

```
#include <boost/tokenizer.hpp>
#include <moveit/macros/console_colors.h>
#include <moveit/move_group/node_name.h>

static const std::string ROBOT_DESCRIPTION = "robot_description";  // 로봇
디스크립션의 이름(파라미터 이름으로 외부에서 변경할 수 있다)
```

그런 다음 네임스페이스가 정의된다.

```
namespace move_group
{
```

마지막으로 클래스 및 해당 멤버의 정의를 살펴보자.

```
class MoveGroupExe
{
public:

  MoveGroupExe(const planning_scene_monitor::PlanningSceneMonitorPtr& psm,
bool debug) : node_handle_("~")
  {
    // 사용자가 경로 실행을 비활성화하려면 이 ROS 매개변수를 false로 설정한다.
    bool allow_trajectory_execution;
    node_handle_.param("allow_trajectory_execution", allow_trajectory_
execution, true);
    context_.reset(new MoveGroupContext(psm, allow_trajectory_execution,
debug));

    // capabilities 실행
    configureCapabilities();
  }
  ~MoveGroupExe()
  {
```

이제 코드의 출력이 리눅스 터미널에 어떻게 표시돼야 하는지 알아보자.

콘솔 출력 정보

ROS 노드 내에서 디버그 메시지를 출력할 때 printf 또는 cout문을 피하자.

printf 또는 cout 함수 대신 rosconsole(http://wiki.ros.org/rosconsole)을 사용해 ROS 노드에서 디버그 메시지를 출력할 수 있다. rosconsole은 타임스탬프가 있는 출력 메시지를 제공하고 그를 자동으로 기록하며 5가지 레벨의 정보를 제공한다. 이러한 코딩 스타일에 대한 자세한 내용은 http://wiki.ros.org/CppStyleGuide를 참조하자.

이 절에서는 주로 ROS 노드 내부에서 소스코드를 올바르게 작성하는 방법에 중점을 뒀다. 다음 절에서는 ROS 패키지를 유지 관리하는 방법과 ROS 패키지를 컴파일하고 해당 노드를 실행할 때 발생하는 일반적인 문제를 해결하기 위한 몇 가지 중요한 팁을 설명한다.

ROS 패키지에 대한 최상의 코딩 방법

다음은 패키지를 만들고 유지 관리할 때 염두에 둬야 할 핵심 사항이다.

- **Version control:** ROS는 깃, 머큐리얼Mercurial, 서브비전Subversion을 사용한 비전 컨트롤Version control을 지원한다. 깃허브 및 비트버킷Bitbucket에서 코드를 호스팅할 수 있다. 대부분의 ROS 패키지는 깃허브에 있다.

- **Packaging:** ROS catkin 패키지 내부에는 package.xml 파일이 있다. 이 파일에는 작성자 이름, 콘텐츠 설명, 라이선스가 포함돼야 한다.

다음은 package.xml 파일의 예다.

```xml
<?xml version="1.0"?>
<package>
  <name>roscpp_tutorials</name>

  <version>0.6.1</version>

  <description>
    This package attempts to show the features of ROS step-by-step,
    including using messages, servers, parameters, etc.
  </description>

  <maintainer email="dthomas@osrfoundation.org">Dirk Thomas</maintainer>

  <license>BSD</license>

  <url type="website">http://www.ros.org/wiki/roscpp_tutorials</url>
  <url type="bugtracker">https://github.com/ros/ros_tutorials/issues</url>
  <url type="repository"> https://github.com/ros/ros_tutorials</url>
  <author>Morgan Quigley</author>
```

다음 절에서는 ROS 노드를 생성할 때 범하는 몇 가지 일반적인 오류와 실수를 살펴보자.

ROS의 중요한 문제 해결 팁

이 절에서는 ROS로 작업할 때 경험하는 몇 가지 일반적인 문제와 해결 방법에 대한 팁을 살펴본다.

ROS 시스템에서 문제를 찾기 위한 ROS의 내장 도구 중 하나는 roswtf다. roswtf 는 ROS의 다음 영역에서 문제를 확인하는 커맨드라인 도구다.

*   환경 변수 및 구성

- 패키지 또는 메타패키지 구성

- 런치 파일

- 온라인 그래프

이제 **roswtf**를 사용하는 방법을 살펴보자.

roswtf 활용

패키지로 이동해 **roswtf**를 입력하면 ROS 패키지 내부의 문제를 확인할 수 있다. 다음 명령을 입력해 ROS 시스템의 문제를 확인할 수도 있다.

```
roswtf
```

이 명령은 시스템 상태에 대한 보고서를 생성한다. 예를 들어 잘못된 ROS 호스트 이름 및 마스터 구성의 경우 다음 보고서가 표시된다.

```
Loaded plugin tf.tfwtf
==============================================================================
Static checks summary:

Found 1 warning(s).
Warnings are things that may be just fine, but are sometimes at fault

WARNING ROS_HOSTNAME may be incorrect: ROS_HOSTNAME [192.168.2.23] resolves to [192.168.2.23], which does
not appear to be a local IP address ['127.0.0.1', '192.168.1.7'].

==============================================================================

ROS Master does not appear to be running.
Online graph checks will not be run.
ROS_MASTER_URI is [http://192.168.2.2:11311]
```

그림 16.10 잘못된 ROS 호스트 이름 구성의 경우 roswtf 출력

런치 파일에서 **roswtf**를 실행해 잠재적인 문제를 검색할 수도 있다.

```
roswtf <file_name>.launch
```

roswtf 명령에 대한 추가 정보는 http://wiki.ros.org/roswtf에서 찾을 수 있다. 다음은 ROS로 작업할 때 직면할 수 있는 몇 가지 일반적인 문제다.

- **문제 1**: [localhost:11311]에서 마스터에 연결하지 못했다. 재시도 중...이라는 오류 메시지가 표시된다.

그림 16.11 마스터 연결 실패 오류 메시지

- **해결 방법**: 이 메시지는 roscore 명령을 실행하거나 ROS 마스터 구성을 확인하지 않고 ROS 노드가 실행될 때 나타난다.

- **문제 2**: 인바운드 연결을 처리할 수 없음이라는 오류 메시지는 토픽 타입이 일치하지 않음을 나타낸다.

```
jcacace@jcacace-Inspiron-7570:~$ rostopic pub /chatter std_msgs/Int32 "data: 1"
publishing and latching message. Press ctrl-C to terminate
[WARN] [1515176143.614150]: Could not process inbound connection: topic types do not
match: [std_msgs/String] vs. [std_msgs/Int32]{'topic': '/chatter', 'tcp_nodelay': '0'
, 'md5sum': '992ce8a1687cec8c8bd883ec73ca41d1', 'type': 'std_msgs/String', 'callerid'
: '/listener'}
```

그림 16.12 인바운드 연결 경고 메시지

- **해결 방법**: 토픽 메시지 불일치가 있을 때 발생한다. 여기서는 다른 ROS 메시지 타입으로 주제를 발행하고 구독한다.

- **문제 3**: 실행 파일을 찾을 수 없다는 오류 메시지가 표시된다.

```
jcacace@jcacace-Inspiron-7570:~$ rosrun roscpp_tutorials taker
[rosrun] Couldn't find executable named taker below /opt/ros/kinetic/sha
re/roscpp_tutorials
```

그림 16.13 실행 파일을 찾을 수 없음

- **해결 방법**: 이 오류는 여러 가지 이유로 발생할 수 있다. 한 가지 오류는 커맨드 라인에 잘못된 실행 파일 이름이 지정됐거나 ROS 패키지에서 실행 파일 이름이

누락된 것일 수 있다. 이 경우 CMakeLists.txt 파일 내에서 이름을 확인해야 한다. 파이썬으로 작성된 노드의 경우 chmod 명령을 사용해 관련 스크립트의 실행 권한을 변경하면 이 오류를 해결할 수 있다.

- **문제 4:** roscore 명령이 작동하지 않는다는 오류 메시지가 표시된다.

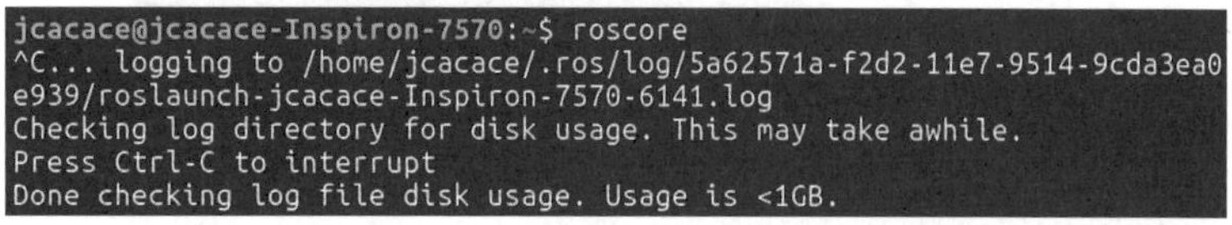

```
jcacace@jcacace-Inspiron-7570:~$ roscore
^C... logging to /home/jcacace/.ros/log/5a62571a-f2d2-11e7-9514-9cda3ea0
e939/roslaunch-jcacace-Inspiron-7570-6141.log
Checking log directory for disk usage. This may take awhile.
Press Ctrl-C to interrupt
Done checking log file disk usage. Usage is <1GB.
```

그림 16.14 roscore 명령이 제대로 실행되지 않음

- **해결 방법:** roscore 명령이 중단될 수 있는 이유 중 하나는 ROS_IP 및 ROS_MASTER_URI의 정의다. 여러 컴퓨터에서 ROS를 실행할 때 각 컴퓨터는 자체 IP를 ROS_IP로 할당한 다음 roscore를 실행하는 컴퓨터의 IP로 ROS_MASTER_URI를 사용해야 한다. 이 IP가 올바르지 않으면 roscore가 실행되지 않는다. 이 오류는 이런 변수에 잘못된 IP를 할당하면 발생할 수 있다.

- **문제 5:** 컴파일 및 연결 오류를 나타내는 오류 메시지가 표시된다.

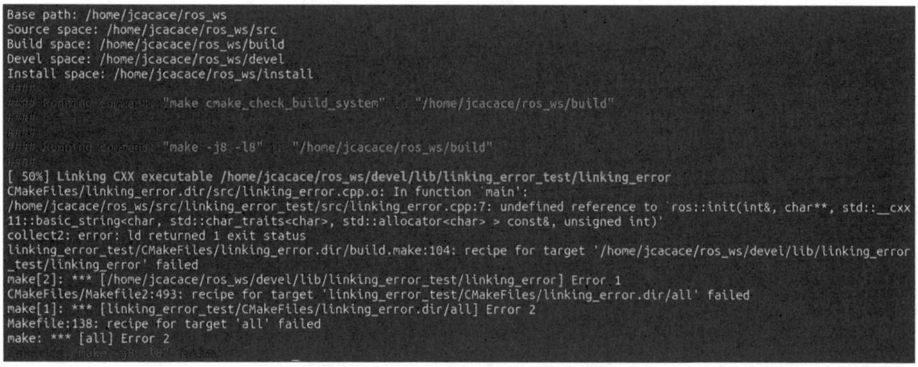

```
Base path: /home/jcacace/ros_ws
Source space: /home/jcacace/ros_ws/src
Build space: /home/jcacace/ros_ws/build
Devel space: /home/jcacace/ros_ws/devel
Install space: /home/jcacace/ros_ws/install

#### Running command: "make cmake_check_build_system" in "/home/jcacace/ros_ws/build"

#### Running command: "make -j8 -l8" in "/home/jcacace/ros_ws/build"

[ 50%] Linking CXX executable /home/jcacace/ros_ws/devel/lib/linking_error_test/linking_error
CMakeFiles/linking_error.dir/src/linking_error.cpp.o: In function 'main':
/home/jcacace/ros_ws/src/linking_error_test/src/linking_error.cpp:7: undefined reference to `ros::init(int&, char**, std::__cxx
11::basic_string<char, std::char_traits<char>, std::allocator<char> > const&, unsigned int)'
collect2: error: ld returned 1 exit status
linking_error_test/CMakeFiles/linking_error.dir/build.make:104: recipe for target '/home/jcacace/ros_ws/devel/lib/linking_error
_test/linking_error' failed
make[2]: *** [/home/jcacace/ros_ws/devel/lib/linking_error_test/linking_error] Error 1
CMakeFiles/Makefile2:493: recipe for target 'linking_error_test/CMakeFiles/linking_error.dir/all' failed
make[1]: *** [linking_error_test/CMakeFiles/linking_error.dir/all] Error 2
Makefile:138: recipe for target 'all' failed
make: *** [all] Error 2
```

그림 16.15 컴파일 및 링크 오류

- **해결 방법:** CMakeLists.txt 파일에 ROS 노드를 컴파일하는 데 필요한 의존성 패키지가 포함돼 있지 않으면 이 오류가 나타날 수 있다. 여기에서 package.

xml 및 CMakeLists.txt 파일에서 패키지 의존성을 확인해야 한다. 여기에서 **roscpp** 의존성에 대해 주석을 달아 이 오류를 해결한다.

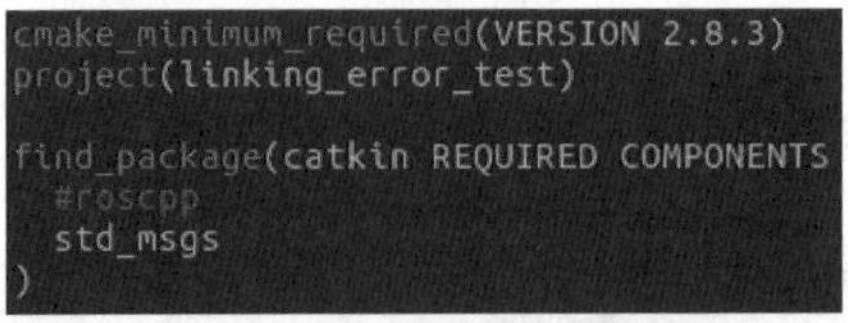

그림 16.16 패키지 의존성이 없는 CMakeLists.txt

앞의 목록은 ROS에서 프로그래밍을 시작할 때 저지르는 일반적인 실수를 다룬다. 추가 팁은 ROS 위키 페이지(http://wiki.ros.org/ROS/Troubleshooting)에서 찾을 수 있다.

⁛ 요약

16장에서는 비주얼 스튜디오 코드 IDE로 작업하는 방법, IDE 내에서 ROS 개발 환경을 설정하는 방법, 노드와 패키지를 만드는 방법, ROS 데이터를 관리하는 방법을 살펴봤다. 그런 다음 명명 규칙, 코딩 스타일, ROS 패키지를 만드는 모범 사례 등을 살펴봤다. 그 후 ROS 문제 해결 방법을 살펴봤다. ROS로 작업할 때 염두에 둬야 할 다양한 문제 해결 팁도 살펴봤다.

16장으로 이 책을 마친다. 이 책을 즐겁게 읽고 학습에 만족했기를 바란다.

다음은 16장에서 다룬 내용을 기반으로 한 몇 가지 질문이다.

∷ 질문

- ROS와 함께 작동하는 데 IDE가 필요한 이유는 무엇인가?

- ROS에서 사용되는 일반적인 명명 규칙은 무엇인가?

- 패키지를 생성할 때 문서화가 중요한 이유는 무엇인가?

- roswtf 명령의 용도는 무엇인가?

| 찾아보기 |

694

ROS 로보틱스 프로그래밍 3/e
자율주행 로봇 및 7-DOF 로봇 팔 개발

발 행 | 2022년 8월 29일

지은이 | 렌틴 조셉 · 조나단 카카체
옮긴이 | 배 진 호

펴낸이 | 권 성 준
편집장 | 황 영 주
편 집 | 조 유 나
         김 진 아
디자인 | 윤 서 빈

에이콘출판주식회사
서울특별시 양천구 국회대로 287 (목동)
전화 02-2653-7600, 팩스 02-2653-0433
www.acornpub.co.kr / editor@acornpub.co.kr

한국어판 ⓒ 에이콘출판주식회사, 2022, Printed in Korea.
ISBN 979-11-6175-673-8
http://www.acornpub.co.kr/book/ros-robotics-3e

책값은 뒤표지에 있습니다.